教育部全国高等学校体育教学指导委员会审定

体育与健康教程

江苏省教育厅组织编写

主　编⊙丁兆雄
副主编⊙曹科枢　葛明刚

师范高专公共课教材

南京大学出版社

图书在版编目(CIP)数据

体育与健康教程/丁兆雄主编. —南京:南京大学出版社,2016.6(2023.7重印)
ISBN 978-7-305-17247-2

Ⅰ.①体… Ⅱ.①丁… Ⅲ.①体育-高等学校-教材 ②健康教育-高等学校-教材 Ⅳ.①G807.4

中国版本图书馆 CIP 数据核字(2016)第 148028 号

出版发行	南京大学出版社
社　　址	南京市汉口路22号　邮　编　210093
网　　址	http://www.NjupCo.com
出 版 人	王文军
书　　名	体育与健康教程
主　　编	丁兆雄
责任编辑	铁　路　　　　编辑热线　025-83592320
照　　排	南京紫藤制版印务中心
印　　刷	丹阳兴华印务有限公司
开　　本	787×1092　1/16　印张 22.75　字数 553 千
版　　次	2016年6月第1版　2023年7月第15次印刷
ISBN	978-7-305-17247-2
定　　价	42.00 元

发行热线　025-83685951
电子邮箱　Press@NjupCo.com
　　　　　Sales@NjupCo.com(市场部)

* 版权所有,侵权必究
* 凡购买南大版图书,如有印装质量问题,请与所购
  图书销售部门联系调换

编写委员会

顾　问　季　浏　潘绍伟　常　生
主　任　杨九俊
副主任　崔春霞　黄正平　丁兆雄　葛明刚
委　员　（按姓氏笔画顺序）

丁跃进　王淑芬　王春燕　石　勤
邢　菊　李小和　许李军　陆正华
陆永宽　陈志强　杜志章　邱晓强
杨　山　张卫平　张建明　张彩虹
周　军　周德刚　赵　俊　姜慧钧
铁龙海　浦涌涛　曹科枢　蒋　铭
童宪明

主　编　丁兆雄
副主编　曹科枢　葛明刚

序

对于人的发展来说,体育能"强筋骨,增知识,调情感,磨意志";对于教育的发展来说,体育对德育、智育、美育具有不可低估的基础作用和促进意义。因此,体育是全面发展教育中的一个重要组成部分,是一个专业,是一项事业,必须潜心研究,孜孜以求。

然而,长期以来,学校体育并没能在学校教育的快车道上奋进,这个有着无限生机、活力的"专业"和"事业",或被视为无足轻重的一门"边缘学科",淹没在"升学教育"的"肆虐洪峰"里;或被视为竞技体育的"翻版"和"附庸",远离了促进人发展的本真目标。于是,有体育却无健康、无快乐,成了长期困扰人们的一种怪异现象。

克服困扰,走出困境,自是一项系统工程,其中,最关键的莫过于有一批具有全面发展意识和现代体育教育理念的教师,"振臂一呼,应者云集",引领学校体育的追求和发展方向。从这个角度来说,培育师资的师范所起作用的重要性是异乎寻常的。尤其是现在正处于基础教育课程改革的攻坚时刻,成败系于教师,师范及师范体育若能顺时应变,改革创新,占得"新课程,新理念,新操作"的先机,就能极大地推动体育课程改革的顺利进行。

丁兆雄教授主编的《体育与健康教程》的出版,就是在此背景下采取的应对之策和迈出的关键一步。兆雄是我的学兄和好友,现任南通师范高等专科学校党委书记、江苏省高等师范学校体育协作组组长,长期从事体育教育研究,他所领导的师范学校在体育教学和师资培养方面,创下了特色,树立了榜样,曾多次成功地承担国家级、省级体育课题的研究,举办过省级运动会,有厚实的体育文化底蕴。由兆雄领衔、高等师范教师为主、专家加盟的编写队伍,可谓强强联合,使得本教材的水准处在一个较高的"平台"上。

该教材的特点大致有以下几方面:

1. 教材的编写体系突破了以学科为中心的教材编写窠臼,不一味追求逻辑严密、体系完整,而是从学习者的角度出发,注重激发兴趣,引导自主学习。如五项球类,教材中除编写了基本活动内容和方法外,还介绍了比赛方法与简要规则,以及如何欣赏球类比赛等内容。关于运动实践,教材中都列有检测内容与检测标准,便于学习者自我检测与评价。

2. 教材的基本内容突破了以竞技体育为中心的编写框限,面向学前专业为主,以健身、娱乐、休闲为基本模块,突出了"健康第一"的指导思想,韵律体操、健美操、体育游戏等写得有所侧重,第一次尝试把休闲体育列入师范教材,以适应现代教育的发展趋势和幼儿(小学)教师的职业特点,蕴含着终身体育、快乐体育、健康体育的重要思想。

3. 教材的使用预期突破了以教材为本的思想,全书分理论知识和运动实践两大篇,各为系统,尤其是教材未分年级编写,五个年级共用一本,各地、各校的教师和学生使用时有较大的选择空间及灵活性。新课程的理念告诉我们:课程不是预设的,而是生成的;课程不是体现于编写者的脑海里,而是体现于具体的学校和课堂教学中。本教材编写者把使用教材的主动权交给教师和学生,乐于把自己辛苦编写的教材作为教师和学生发展的"拐杖",体现了基础教育课程改革的精神。

自然,由于编写时间仓促,教材中还可能存在种种不足。作为教材,最有发言权的永远是使用教材的教师和学生。我愿意把本教材介绍给大学,期盼它在实践应用中趋于完善。

是为序。

华东师范大学体育与健康学院院长、博士生导师、心理学博士、教授
国家中小学体育与健康课程标准研制组组长
教育部全国高校体育教学指导委员会理论组组长
中国运动心理学专业委员会副主任
教育部全国中小学体育教学指导委员会副主任

2016 年 6 月

前 言

《体育与健康教程》是受江苏省教育厅师资处委托,根据教育部颁发的《全国普通高等学校体育课程教学指导纲要》以及《普通高级中学〈体育与健康〉课程标准(实验稿)》要求而编写,面向五年制师范高专院校,供以五年制学前专业为主、其他专业和学制的学生同时使用的公共体育课程教材。

《体育与健康教程》一书,分理论知识和运动实践两大篇,共20章。另附录了教育部、国家体育总局2014年7月7日颁发的《国家学生体质健康标准》高中与大学时期的评分表以及教育部2011年颁发的《教师教育课程标准》(试行)和《教师专业标准》。教材内容重点突出,文字简洁,图表恰当,通俗易懂,便于学生自主学习。教师在组织体育课教学时可根据各年级学生的实际情况,有计划、有选择地使用。

本教材遵循健康性、兴趣性、科学性、师范性和发展性等编写原则,理论知识部分既注意保持其系统完整,又注意师范生知识水平和实际应用需要;运动实践部分力图突破竞技运动体系的框架,以健身、娱乐、休闲的指导思想组织教材体系,同时考虑到师范生未来从事幼儿(小学)教师工作的需要和终身体育的需求,各类体育项目的基本内容、方法和学法指导有所侧重,力求贴近新课程改革的要求,较好地体现师范体育教育的特点。

本版教材增设了基于二维码技术的开放式学习平台,教学资源得到了拓展。学生可以通过微信、QQ的"扫一扫"功能(建议在Wi-Fi环境下使用),观看相关视频资料,有助于激发和调动学生参加体育活动的积极性。

本教材由丁兆雄任主编,曹科枢、葛明刚任副主编,季浏、潘绍伟、常生任顾问。参加编写的人员有:丁兆雄、丁跃进、王春燕、倪胜勇、石勤、邢菊、李小和、陆正华、陆永宽、陈志强、杜志章、邱晓强、杨山、张彩虹、张建明、张卫平、周德刚、周军、姜慧钧、赵俊、浦涌涛、铁龙海、常生、曹科枢、葛明刚、蒋铭、童宪明。最后由丁兆雄、曹科枢、葛明刚统稿定稿。

本教材是在原《体育与健康》高等师范公共课教材的基础上修编的,修编过程中,华东师范大学体育与健康学院、扬州大学体育学院、南通大学体育学院、南通师范高等专科学校、南京大学出版社以及全省五年制师范高专院校

《体育与健康教程》编委会的同志们给予了大力支持;我们还参考和引用了多位专家、学者的研究成果,在此一并表示感谢!

本教材经教育部全国高等学校体育教学指导委员会审定。

由于水平所限,教材难免有不完善之处,敬请使用本教材的老师和学生批评指正。

编　者

2016 年 6 月

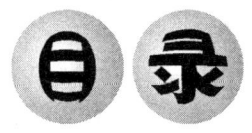

理论知识篇

第一章 终身体育的摇篮——师范体育 / 001
    第一节 体育概述 / 001
    第二节 师范体育 / 009

第二章 和谐发展的追求——体育文化 / 023
    第一节 奥林匹克运动 / 023
    第二节 校园体育文化 / 035

第三章 幸福生活的保障——健康体育 / 040
    第一节 健康与健康的生活方式 / 040
    第二节 运动卫生与自我监督 / 058

第四章 身心发展的基础——幼儿体育 / 068
    第一节 幼儿体育概述 / 068
    第二节 幼儿体育教学 / 071

运动实践篇

第五章 展现基础本能的运动——跑、跳跃、投掷 / 080
    第一节 跑 / 080
    第二节 跳跃 / 084
    第三节 投掷 / 088
    第四节 田径比赛的欣赏 / 091

第六章 突显团队精神的运动——足球 / 095
    第一节 足球的基本内容与方法 / 095
    第二节 足球竞赛与欣赏 / 101
    第三节 足球的学法与评价 / 106

第七章 演绎绝伦配合的运动——篮球 / 111
    第一节 篮球的基本内容与方法 / 111
    第二节 篮球竞赛与欣赏 / 118
    第三节 篮球的学法与评价 / 122

第八章 展示巧妙合作的运动——排球 / 129
    第一节 排球的基本内容与方法 / 129
    第二节 排球竞赛与欣赏 / 135
    第三节 排球的学法与评价 / 139

第九章 呈现灵敏机智的运动——乒乓球 / 147

　　　　第一节　乒乓球的基本内容与方法 / 147
　　　　第二节　乒乓球竞赛与欣赏 / 155
　　　　第三节　乒乓球的学法与评价 / 158

第十章　表现轻巧灵活的运动——羽毛球 / 161
　　　　第一节　羽毛球的基本内容与方法 / 161
　　　　第二节　羽毛球竞赛与欣赏 / 166
　　　　第三节　羽毛球的学法与评价 / 171

第十一章　体现精巧华美的运动——体操 / 174
　　　　第一节　队列队形基本内容与方法 / 174
　　　　第二节　徒手体操和轻器械体操基本内容与方法 / 180
　　　　第三节　技巧和支撑跳跃基本内容与方法 / 186

第十二章　突破水上阻力的运动——游泳 / 195
　　　　第一节　熟悉水性 / 195
　　　　第二节　蛙泳　仰泳　踩水的基本方法 / 196
　　　　第三节　水中救护的基本方法 / 200

第十三章　彰显人文底蕴的运动——民族传统体育 / 205
　　　　第一节　武术 / 205
　　　　第二节　实用防身技术 / 213
　　　　第三节　民间体育 / 217
　　　　第四节　民族传统体育的学练方法 / 219

第十四章　塑造俊俏形态的运动——韵律体操与健美操 / 222
　　　　第一节　韵律体操的基本内容与方法 / 222
　　　　第二节　健美操的基本内容与方法 / 231
　　　　第三节　健身健美操的创编 / 240
　　　　第四节　韵律体操和健美操的学法与评价 / 243

第十五章　彰显活力动感的运动——幼儿基本体操 / 248
　　　　第一节　幼儿基本体操的特点与创编 / 248
　　　　第二节　幼儿基本体操的教学训练与自我评价 / 251

第十六章　体现一定规则的运动——体育游戏 / 259
　　　　第一节　游戏与体育游戏 / 259
　　　　第二节　体育游戏的结构 / 261
　　　　第三节　幼儿体育游戏的创编 / 266
　　　　第四节　体育游戏的教学 / 269

第十七章　显现美妙步伐的运动——体育舞蹈与排舞 / 275
　　　　第一节　国际标准舞 / 275
　　　　第二节　街舞 / 281
　　　　第三节　校园集体舞 / 284
　　　　第四节　排舞 / 287

第十八章　成就轻盈体态的运动——瑜伽 / 295
　　　　第一节　概述 / 295
　　　　第二节　瑜伽组合练习 / 296

第十九章　注重礼仪礼节的运动——跆拳道　/ 305
　　　　第一节　跆拳道运动概述　/ 305
　　　　第二节　跆拳道基本技术　/ 306
　　　　第三节　跆举道比赛规则简介　/ 311
第二十章　挑战极限可能的运动——轮滑　/ 314
　　　　第一节　轮滑运动概述　/ 314
　　　　第二节　轮滑基本技术　/ 317

附件1　《国家学生体质健康标准》评分表　/ 323
附件2　《国家学生体质健康标准》登记卡　/ 334
附件3　教师教育课程标准（试行）　/ 336
附件4　幼儿园教师专业标准（试行）　/ 342
附件5　小学教师专业标准（试行）　/ 346

参考文献　/ 350

理论知识篇

第一章

终身体育的摇篮——师范体育

【学习要点】
- 懂得体育的概念
- 了解体育的发展和功能
- 明确师范体育的目标和师范体育的课程目标

第一节 体育概述

一、体育的概念

"体育"一词最早出现于19世纪,19世纪末20世纪初从日本传入我国,日本则是从西方引进的。体育是从人类生产和生活、个体和社会、生理和心理等方面的激励而产生的一种社会活动,它产生于劳动过程之中。英语中体育为physical education,直译为身体的教育,以后又有sport game athletics,译为运动、比赛等,其中包括竞技运动和非竞技运动并带有游戏和娱乐的性质,具有观赏和娱乐的价值。广义的体育亦称体育运动,是人们根据社会生产和生活的需要,遵循人体生长发育和机能活动规律,以运动动作作为基本手段,为增强体质、提高运动技术水平、丰富文化生活而进行的一种有意识、有组织的身体运动和社会活动。体育属于社会文化教育范畴,已成为现代文明的重要组成部分,它受一定社会政治经济的影响和制约,也为一定社会的政治经济服务。广义体育的范围包括三个组成部分,即学校体育、群众体育、竞技体育。

学校体育,习惯上称"狭义体育",又称体育教育。它是现代体育的基础,也是现代教育的重要组成部分,是全面发展学生身体,增强体质,传授体育知识技能,培养优良道德品质和促进个性发展的一种有目的、有组织、有计划的教育过程。它与学校德育、智育相互配合,共同促进学生的全面发展。

群众体育(也称社会体育或体育锻炼),是指以健身、健美、医疗、娱乐为目的,内容丰富、形式多样、因人而异的一种群众性的健身活动。这种活动一般是自愿参加的,并特别追求自我教育、精神和情绪的放松以及锻炼效果。因此,体育锻炼是现代人的需要,也是提高生活质量必不可少的手段。

竞技体育(又称竞技运动),是为了最大限度地发挥和提高个人以及集体在体格、体能等方面的潜力,以取得优异成绩为目的而进行的科学系统的训练和竞赛。这种竞赛具有激烈的对抗性、竞争性和高度的技艺性,必须按照一定的规则进行,竞赛成绩为社会所承认。竞技运动是整个体育中最活跃、最积极的因素,也是促进各类体育发展的重要条件。

师范体育是师范教育的重要组成部分,按照学校体育的要求,在促进师范学生身心发展的同时,还要进行小学体育的职业训练,为他们将来成为全面发展的合格小学教师奠定基础。

二、体育发展概况

1. 国内体育的发展

我国的体育是随着社会的发展而发展的。夏、商、周时代，由于奴隶主阶级的统治需要和频繁的战争，刺激了军事武艺的发展和对军队身体训练的重视，一些与军事有关的体育项目如射、御、角力、拳击、奔跑、跳跃、剑术及其他武艺都很盛行。随着社会经济文化的发展，特别是文字的出现，产生了学校体育，有关体育的内容也有了文字记载。周代学校教育实行文武结合，主要内容是礼、乐、射、御、书、数，其中射、御和乐中的舞都包含体育的因素。同时，奴隶主阶级为了满足自己享乐的需要，发展了一些娱乐性的体育活动，如泛舟、划船、打猎，等等。

春秋时期是一个动荡时期。这个时期出现了许多思想家、政治家和军事家，他们的哲学思想、军事思想、教育理论、体育实践对这一时期的体育活动具有很大的推动作用。例如，孙武的《孙子兵法》就包括了不少有关身体训练的体育内容。孔子除在他兴办的私学中进行六艺教育外，还主张学生进行郊游和游泳。他本人也爱好射箭、打猎、钓鱼、登山等体育活动，并注意卫生保健，因而身体强健。

战国时期正是奴隶制崩溃、封建制确立的时期，新兴地主阶级正处于上升阶段，对社会的发展起着进步作用。各国在变法中都很注重尚武，提倡结合军事训练开展体育活动，诸子百家也多提倡讲武，如墨子主张把善射御定为贤士的标准，依此予以赏罚等。由于社会政治、经济的迅速发展，城市繁荣，医学、养生学和民间的体育活动也得到了一些发展，民间的体育娱乐非常活跃。

汉代，由于政策宽松，人民得以休养生息，出现了政治巩固、经济文化繁荣的"文景之治"。为了抵御外来侵扰，需要加强军备，使人民强身祛病，最终促使汉代体育在先秦体育的基础上获得了很大的发展。以士兵为主的军事体育，如骑射、刀术等武艺有了很大的发展；以健身为主要目的的医疗体育如导引养生、五禽戏等也出现了，特别是名医华佗所创的五禽戏，以唯物主义哲学思想，根据人体结构和血脉流通的生理机制，通过模仿虎、鹿、熊、猿、鸟的动作，以活动身躯，促进体内血气运行，颇有强身祛病的价值，成为我国古代医学和体育的宝贵遗产。由于汉代雄厚的物质基础，宫廷和民间的娱乐性体育活动丰富多彩，名目繁多。角抵戏兴盛于世，其中包括角抵（角力、摔跤等）、杂技（倒立、爬绳、爬竿、柔术等动作）、舞蹈（剑戟舞、蹴鞠舞等），以及秋千、舞龙、耍狮、高跷等活动。这些活动有的逐渐发展成竞技运动项目，有的至今仍是民间喜爱的身体娱乐活动。

两晋、南北朝时期，出现了混乱、分裂的局面。在体育方面，汉代那些能促使人民强身祛病的活动量大的项目如角抵、蹴鞠等被废弃，而那些可供统治者享乐的歌舞、百戏等项目得到提倡，致使体育走上歧途，但相应地也促进了娱乐性体育和养生的发展。

在我国封建社会的中期即隋、唐、五代时期，特别是唐朝，由于加强了中央集权制，使得全国统一、社会安定、经济发达、繁荣昌盛的局面保持了100多年。在这种社会条件下，体育的发展也出现了空前的繁荣景象。在军事上实行府兵制，规定"凡民二十为兵，六十而免"，并且通过练兵讲武活动，使一般男性农民都受到了严格的军事训练。考试制度上，武则天首创了武举制度，提倡考武状元，这一制度的实行，大大鼓励了民间练武之风，对体育的发展也起了促进作用。隋唐时期的体育活动的特点是范围广、规模大，上起宫廷，下至文官武将、平民百姓均参与其中，如隋炀帝召集全国体育、杂技、乐舞能手综合表演的角抵大戏"经月而罢"，相当于一次全国运动会。由于隋唐时期的生产技术的提高，促进了体育场地和器材的改进，如唐代出现了充气的足球和球门，用油料浇筑球场。体育运动项目繁多，技艺高超，仅球类运动就有马球、蹴鞠、步打球、十五柱球、踏球、抛球等。同时，医学和各种养生术都有新的发展，特别是我国古代伟大的医学家孙思邈的著作中关于养生、导引、按摩的理论，对当时和后世都有不可忽视的贡献。在军事武艺方面，骑射、剑术、角抵、硬气功等，不论是教习方法还是技艺水平，都较汉代有了发展和提高。另外，民间体育活动如拔河、秋千、竞渡、滑雪、滑冰、登高、射鸭（一种嬉水活动）、棋类等也都非常盛行。

到了封建社会的宋、元、明、清时代，体育随着社会的变革而变化发展。北宋时代由于沿袭了武举制，又加上王安石变法，提倡富国强兵，对体育的发展起了刺激作用。明代开国皇帝朱元璋设武举，立武学，仿古代寓兵于农，实行卫所制度，"农时则耕，闲时习武"，因而粮多兵强，武艺高超。清初为了抵御沙俄侵略，执行了讲武绥远、御敌防疆的政策。在康乾盛世，考试制度上也沿袭了武举制，甚至规定文科考试先考骑术，不合格者不准参加笔试；练兵制度也比较完善，因而，不仅军队精良，民间也涌现出许多武艺高强的名人壮士。在明清之际，少林寺基地的发展，民间十八般武艺体系的形成，使中国武术的发展又出现了一个新的高潮。但乾隆之后，政治腐败，民不聊生，特别是鸦片战争以后，鸦片大量输入，毒害了广大人民的身体，加之清朝中央政府为了维护其统治，"禁民习武"，致使民族体质日衰，被外人辱为"东亚病夫"，体育也从此一蹶不振。

1949年中华人民共和国的成立，为体育运动的发展开辟了广阔的前景，体育运动在整个国家的地位得到大大提高。1949年9月，在中华人民共和国成立前夕通过的《中国人民政治协商会议共同纲领》中就明文规定："提倡国民体育。"10月开国大典刚结束，就在北京召开了全国体育工作代表大会，并及时地将原"中华全国体育协进会"改组为"中华全国体育总会"。当时的中央人民政府副主席朱德出席了大会，并作了重要讲话。1950年毛泽东亲自为新中国第一本体育杂志《新体育》题了刊头。1952年为了祝贺中华全国体育总会第二次会议的召开，毛泽东为大会作了"发展体育运动，增强人民体质"的题词，朱德作了"普及人民体育运动，为生产和国防服务"的题词。我国宪法第21条也明文规定："国家发展体育事业，开展群众性的体育活动，增强人民体质。"第46条规定："国家培养青年、少年、儿童在品德、智力、体质等方面全面发展。"1952年11月成立了中华人民共和国体育运动委员会，以后又陆续健全了各省、市、自治区和地、县的体育运动委员会。紧接着又相继建立了中国体育科学学会和协会、地方体育科学学会和协会及单科学会，由此，使政府机构、社会组织和群众团体互相配合，形成了一个领导和管理我国体育运动的完整体制。由于党和政府对体育的重视，体育工作者的社会地位也得到提高，体育工作者当选为全国人民代表大会的代表一届比一届多。随着人民的物质文化生活水平的提高，群众性的体育活动也得到了全面的发展，特别是党的十一届三中全会以来，体育出现了新的发展势头，在公园、校园、街头及体育场所里到处可见做操、跑步、打球、游戏等各种体育活动，武术热、健身操热、健美操热更是一浪高过一浪，人民的精神面貌发生了根本的改变。体育已逐渐成为当今人们日常生活所不可缺少的重要组成部分。

2. 国外体育的发展

古希腊灿烂的文化、发达的哲学思想和教育思想，带来了体育的繁荣。那时，兴建了许多规模宏大的体育设施，造就了一批优秀的运动员，增强了国民的体质，出现了经济、文化和体育的繁荣。古希腊哲人亚里斯多德第一个从理论上论证了体育、德育、智育的关系，主张国家应负责对儿童进行公共教育，使他们的身体、道德和智慧得以和谐发展。

古希腊各城邦间的频繁的军事交战，更加促使了他们对体育的重视，其中最典型的是斯巴达人，他们不仅注重尚武教育，同时很注意优生。在尚武的教育下，斯巴达人被培养成身体强壮、刻苦耐劳、勇敢善战的战士。由于注重了对青年的身体训练，斯巴达人才保留了他们在古代奥运会上百年的垄断地位，同时他们的士兵精悍骁勇，称雄希腊。

中世纪，欧洲进入了黑暗的封建社会阶段，反对舞蹈和其他身体活动，体育则比古希腊奴隶制时倒退了。14～15世纪意大利的文艺复兴运动，在教育思想方面则重视对儿童的身体教育，主张把读书和运动结合起来；在体育方面，要求继承古希腊的体育遗产，赞赏斯巴达的军事体育，推崇柏拉图的关于开设体操课程的主张。文艺复兴以后，第一个倡导"三育"的英国哲学家、教育家洛克，明确地把教育分成体育、德育、智育三部分，主张在宫廷学校中开设体育课程。

18世纪启蒙运动的代表人物，法国的启蒙思想家、哲学家、教育家、文学家卢梭主张在教育上要顺应儿童的本性，让他们身心自由发展，从此古希腊的体育思想又得以复苏。19世纪，西欧由于资本主义发展的不平衡和民族主义的倾向，各国之间接连不断地发生战争，许多国家都蒙受战争失败的屈辱。这些失败刺激各国要重建军备，并认识到对人民进行身体训练，使之适应服兵役需要的重要性。正是出于这些强国强民的需要，各国对体育的重视程度普遍加强，因而相继出现了体育领袖和著作。这些不仅受到本民族的欢迎，成了本国人民的财产，而且逐渐流传到各大洲，推动了世界体育运动的发展。

正当欧洲各国纷纷采用和效仿德国和瑞典体操时，英国却凭借其独特的社会条件，兴起了符合本民族特点的户外运动、娱乐和竞技运动，其形式丰富多彩，有射箭、羽球、板球、保龄球、曲棍球、橄榄球、足球、游泳、网球、划船、田径、高尔夫球、登山、滑雪、滑冰等。随着英国殖民主义的扩张及斯宾塞著作的流传，这些运动逐渐在美国、欧洲及其他国家得到传播。

20世纪，现代科学技术的迅速发展影响了整个社会生活和人们的生命活动。随着社会现代化水平的不断提高，体育的社会价值和地位也日益得到提高。由于体育具有独特的、多方面的社会功能，它逐渐成为各国政府特别是一些国家领导人和政界人物特别重视的一项社会活动。激烈的国际比赛所产生的巨大影响，促使各国政府不得不以更加积极的态度来支持体育运动，体育已被纳入各国政府的工作日程和各国的学校教育制度之中，各国把体育列为学校的必修课，从青少年时代起就反复进行教育和强化。

竞技运动在许多国家迅速渗入人们生活的各个领域，日益成为人们最感兴趣的社会活动之一，特别是在重大国际比赛中所表现出来的热情，更是达到了狂热的地步。1972年慕尼黑奥运会期间，有10亿人通过电视"游览"了奥运会的各个比赛场所。10年后的1982年，第11届世界杯足球决赛时，就有一百多个国家出高价购买电视转播权转播比赛实况，12亿人通过电视观看了这次精彩的足球大赛。1984年洛杉矶奥运会各赛场直接观众达579万人次，电视观众每天达20亿人次，观看者总数达700亿人次，真可谓举世瞩目。在所有的社会活动中，很难有一个像体育运动那样博得社会众多成员如此持久着迷和狂热，这是对体育运动的社会地位的一个深刻诠释。

3. 我国学校体育的发展

我国学校体育的沿革大体可分为：古代、近代及新中国成立以来三个时期。本教材重点介绍新中国成立以来学校体育的发展概况。

新中国成立后，学校体育进入了一个全新的发展阶段，并取得了巨大成就，但也走过了曲折的发展道路，大致分为以下四个阶段。

(1) 初创阶段(1949~1957)：新中国建立之始，党和政府就非常重视学校体育工作，十分关心青少年学生的身体健康。早在1950年和1951年毛泽东曾两次作出"健康第一"的指示。1951年7月中华全国学生第15届代表大会的决议中也提出要"积极开展学校中的体育和文化娱乐活动，努力改进全国同学的健康状况，要使每一个同学都具有强健的体魄，能够胜任紧张的学习和繁重的工作。为了适应祖国国防建设的需要，应该注意提倡军事体育活动"。特别是1951年8月，中央人民政府政务院发出了"关于改善各级学校学生健康状况的决定"，1953年毛泽东又将"身体好"作为三好学生的第一条，更是强调了增进学生健康的重要性，对纠正轻视学校体育、忽视学生健康的状况起了重要作用。

为了加强对学校体育工作的领导，1952年中华人民共和国教育部开始设立体育处，国家体委也设有群众体育司学校体育处。此后各省、市、自治区也于1953年相继在教育行政部门设立体育机构，使学校体育的发展有了组织保证。1952年教育部和国家体委联合颁布了《学校体育工作暂行规定》，其中明确指出我国学校体育的基本目标是"促进学生身心发展，增强体质，并对学生进行道德品质的教育，使他们能很好地完成学习任务，从事社会主义建设和保卫祖国"，从而使我国学校体育的开展有了明确的目标。为了达到这一目标，教育部于1952年在《各级各类学校教育计划》中正式规定，从小学一年级到大学二年级均开设体育必修课，每周2学时。1953年5月教育部发出《关于中学体育成绩暂时考查办法的通知》，又指出体育课是中学课程的一科，其成绩与其他各科成绩相同，按一门学科计算。为了提高体育课的教学质量，1953年教育部组织翻译了前苏联十年制体育教学大纲向全国体育教师进行介绍。1956年在此基础上编辑出版了我国第一部中小学体育教学大纲，并于1957年出版了中小学体育教学参考书，从而使体育教学工作有了统一的规范要求。

为了推动我国群众体育，特别是青少年儿童积极参加体育锻炼，国家体委于1954年在参照苏联模式并结合我国国情的基础上制定并颁布了《准备劳动与卫国体育制度》(简称《劳卫制》)，并要求初中毕业生达到《劳卫制》少年级标准，高中毕业生达到《劳卫制》一级标准。这一制度的实施对我国学校体育的开展起到了重要的推动作用。针对建国之初体育教师数量不足、质量不高的问题，党和人民政府采取了一系列措施，于1952年创办了中国历史上第一所体育学院——华东体育学院(1956年改为上海体育学院)。此后，全国先后在中南、西南、西北等地办起了6所体育学院，创办了11所体育学校和中等体育专科学校，并在38所高等师范院校设立了体育系科，同时加强了在职教师的业余进修，从而缓解了体育教师严重不足的问题，提高了师资的质量。总之，学校体育在建国后短短几年间得到了前所未有的迅速发展。

(2) 曲折发展阶段(1958~1965)：1958年在"大跃进"的影响下，教育战线也受到"左"的思想的干扰，学校正常的教学秩序被打乱，在学校体育工作中，也曾出现以劳动代替体育、盲目追求指标、脱离实际等错误做法，违背了学校教育和学校体育的规律。加上自1960年开始的三年经济困难,学校体育课和课外体育活动被迫减少或停止,学生体质普遍下降。但在党中央"调整、巩固、充实、提高"的方针指引下,通过及时总结正反两方面的经验,采取措施使学校教育和学校体育又重新步入了正轨。学校体育在指导思想、体育课程建设、各项体育工作的措施以及师资队伍建设等方面,都有了新的发展。

1961年人民教育出版社组织人力、物力及时编辑出版了中小学体育教材,第一次明确提出学校体育应从增强学生体质出发的指导思想。根据我国国情把教材分为基本教材和选用教材,以满足各地不同的需求,从而促进了体育教学质量的进一步提高。特别是1963年教育部在北京召开了各省、市、自治区教育厅(局)体育干部座谈会,会议讨论了中小学如何搞好体育、卫生工作,重点试用中小学体育教材,提高教学质量,积极开展各种活动和运动竞赛,以及提高在职教师的业务水平等一系列问题,推动了学校体育工作的重新发展。

随着国民经济的全面好转,我国政府有关部门针对当时的实际情况提出,学校体育要面向广大学生,首先上好每周两节体育课,同时坚持做好早操和课间操,安排好每周两次课外体育活动,在广泛开展群众性体育活动的基础上,适当组织学生的运动竞赛,并且鼓励有条件的学校开始试行《青少年体育锻炼标准》,从此学校体育运动又蓬勃开展起来。随着体育课质量的提高、课外体育活动的广泛开展、运动队训练的恢复以及运动竞赛的正常进行,学生的体质有所增强。

(3) 严重破坏阶段(1966~1976):"文化大革命"使教育蒙受了巨大损失,学校体育也遭到极大的破坏。建国17年来学校体育所取得的成就被否定,管理失控,体育课由于受极"左"思潮的影响,普遍被军训和劳动代替,教学工作全面混乱,教师队伍受到冲击和摧残,场地器材受到严重破坏。直至1971年学校体育开始出现了转机,特别是周恩来在全国体育工作会议上充分肯定了"文化大革命"前17年体育工作的成绩,使全国体育教师备受鼓舞;1972年全国召开了业余体校工作会议,使部分学校开始了业余训练;1973年全国中学生运动会的召开,更对学校体育逐步走上正规起到了推动作用。然而,正当学校体育出现了较好的势态时,1974年的"批林批孔"使刚刚复苏的学校体育再次受到冲击。因此,从总体看,在"十年动乱"期间,我国学校体育基本处于混乱和停止状态。

(4) 改革开放,新的发展阶段(1977至今):1976年10月,长达10年之久的"文化大革命"动乱终于结束。中国共产党召开的第十一届三中全会是一次具有深远历史意义的会议。全会之后,党和政府拨乱反正,实行了一系列改革开放政策,国民经济迅速恢复并发展,学校体育也进入了一个蓬勃发展的新阶段,学校体育的管理机构逐渐恢复并得到加强。1977年教育部设立了体育司,国家体委恢复了学校体育处,各省、市、县教育厅(局)也相应设立体育卫生处(科),并设有专门研究体育教学的体育教研室。我国各级各类学校内部的管理体系也逐步健全。目前我国已建立并健全了学校体育的管理机构,从而保证学校体育工作向着规范化、制度化、科学化的方向发展。

我国颁布实施了一系列学校体育的法规制度。1979年5月在扬州召开了"全国学校体育、卫生工作经验交流会"。这次会议标志着我国学校体育卫生工作开始进入科学管理阶段。同年10月,教育部和国家体委联合下发了《高等学校体育工作暂行规定》(试行草案)和《中小学体育工作暂行规定》(试行草案)。两个体育工作暂行规定对学校体育工作的基本任务,学校体育工作成绩的评定作了明确的规定;对体育课教学、课外活动、体育场地、器材、体育教师、组织领导、教学与科研等分别作了规定。在通过近10年施行的基础上，1990年3月12日经国务院批准颁布了《学校体育工作条例》，从而使我国学校体育工作开始真正进入法制化轨道。为了保证《条例》更好实施，国家教委还分别制定了大、中、小学生体育合格标准。自1992年起在全国9省(市)试行初中毕业生升学考试加试体育，1998年在全国试行。总之，这些法规的颁布和新举措的实行，对推动我国学校体育工作具有深远的战略意义。

学校体育科学研究得到重视，学术气氛空前活跃。为了加强学校体育的科学研究，我国相继成立了中国教育学会体育研究会、中国高等教育学会体育研究会和中国体育科学学会学校体育研究会以及十几个学校体育科研机构，并创办了《中国学校体育》和《体育学刊》等杂志，出版了一批专著和教材。1983年在苏州召开了首届全国学校体育论文报告会，至今全国性的学校体育学术报告会和研究会已召开多次，并广泛开展了学校体育的国际交流，学术气氛十分活跃。

为了研究和掌握我国青少年儿童的体质状况，国家于1979年对16个省(市)20多万学生进行体质调查研究，1985年再次对28个省、市、自治区的50多万7~22岁学生进行了体质和健康的调查研究。通过两次大规模的调研，初步掌握了我国青少年儿童的体质状况、特点和规律，制定和完善了我国青少年儿童生长发育、身体机能、身体素质的评价标准。这一重大科研成果为加强和改进学校体育卫生工作提供了依据。在此后的1990年和1995年分别进行了大规模的体质测试。

随着学校体育改革的深入，体育教学改革方兴未艾。"十年动乱"以后，为了进一步改革体育教学，1978年国家重新制定并颁发了全日制十年制中小学体育教学大纲和教材。这套大纲和教材在总结以往经验和教训的基础上有了突破性的进展，对我国体育教学的改革起到了重要的推动作用。1987年对这套大纲和教材进行了修订，并在此基础上于1993年颁发了九年制义务教育体育教学大纲和教材。1997年《全日制普通高级中学体育教学大纲》(试行)也在部分省、市高级中学试行，并拟于2000年在全国范围内实施。全国普通高校也颁发了体育教学指导纲要，全国近20个省、市、自治区还在此基础上结合本地区实际编写了体育课本和参考书。为了深化体育教学改革，各地普遍进行了各种模式体育课的改革实验，体育教学模式已由比较单一发展到比较多样化。近几年，国家对基础教育体育课程进行了重大改革，制订了《体育与健康课程标准》(简称《课标》)，随着《课标》的实施，将会大大提高体育课的教学质量。

学校课外运动训练工作不断发展，课外体育活动丰富多彩。为了提高我国的体育运动水平，为国家培养大批优秀的体育后备人才，我国已初步形成了"一条龙"的学校课外运动训练体制。目前全国已有26000多所体育传统项目学校，并在270多所中学进行培养体育后备人才试点，100多所高等学校试行高水平运动队训练，同时在部分高校筹建中国大学生体育训练基地，大大提高了学校体育运动技术水平。

在课外体育活动方面，组织形式更加多样，内容丰富。修订后的《国家体育锻炼标准》更加切合实际，灵活性大，易于推广，从而推动了课外体育活动的开展。目前，学校运动竞赛十分活跃，从全国到省、市以及学校的运动会已基本形成制度。

体育师资队伍建设发展较快。为了加强对体育师资的培养，从根本上解决我国体育师资严重不足的状况，党和政府采取了多种措施，在有条件的师范院校和综合性大学建立体育系、科，同时扩大现有体育系、科的招生名额；在中等师范学校增设体育班，并举办了不同类型、不同层次的函授班、进修班等，加快对体育师资的培养，以满足社会的需要。与此同时，我国还培养了一批体育硕士生和博士生来充实高校师资队伍，使我国体育师资短缺的问题得到了一定的缓解，师资质量明显提高。

为了进一步调动体育教师的积极性，稳定教师队伍，我国于1980年在全国范围内开展了评选千名优秀体育教师的活动，1990年又举办了全国农村千名优秀体育教师的评选活动。通过两次评选活动不仅树立了先进典型和学习榜样，而且使全国人民增加了对体育教师这个职业的了解，提高了体育教师的社会地位。

学校体育场馆器材设备建设有所加强。体育场馆器材设备是保证体育教学和课外体育活动正常进行必不可少的物质条件，至今全国各级各类学校采取了多种措施积极改善学校体育的物质设备条件，特别在经济发达地区，不少中小学已有了标准塑胶田径场、体育馆、游泳池，并增添了大量体育器材；一些经济比较落后的地区也本着勤俭节约、自力更生的精神，因陋就简、就地取材，自制简易器材设备，以缓解场地器材不足的矛盾。1990年国家教委印发了《中、小学体育器材设备配备目录》，更促使各地对学校体育器材设备进行投资和规范化建设。

1997年7月1日我国恢复了对香港行使主权，使香港又回到了祖国的怀抱。香港回归祖国之前，实行的是英国的教育制度，学校一直没有规定体育为必修课程。直到20世纪80年代末，学校体育才有了很大变化：香港中文大学率先规定体育为大学一年级必修课，并给学分；浸会学院也把体育列为必修课；香港地区教育署于1985年和1986年先后颁布了《小学体育课程纲要》和《中学体育课程纲要》（初稿）；1991年首次举行中学体育会考，从而大大推动了香港地区学校体育的发展。香港地区学校每日有较短的课外活动时间，但学校运动竞赛比较频繁。

澳门地区的体育法令对学校体育教学没有制定具体的规定，由各校自行安排；体育课从小学三年级开始安排，每周两节，教学内容因地制宜。由于受场地器材限制，多数学校不安排早操，但比较重视运动队的训练。

台湾地区的学校体育有较完善的体育法规和充裕的经费保证。小学每周5个学时体育活动，约占周总课时的1/4，体育课大多由班主任执教；中学每周体育活动不得少于5学时，约占周总课时的1/6，体育课由专职教师执教。

总之，建国以来我国学校体育走过了曲折的发展道路，也取得了丰硕的成果。但我们应清醒地看到，学校体育发展还很不平衡，整体水平还不够高，在学校体育改革的进程中还有不少困难和问题需要解决，还要深入研究，使学校体育有更大的发展。

三、体育的功能

体育的功能是体育本质属性的反映，是确定体育目标的主要依据。研究体育的功能可以使我们加深对体育的理解，进一步认识体育对社会发展的重大意义，从而更有效、更自觉地发挥体育的功能，为培养和造就全面发展的一代新人服务。体育的功能取决于体育本身的特点和社会的需要，主要体现在促进社会物质文明和精神文明建设两个方面。由于体育是一个有机整体，是一个多功能、多目标的系统，因此，体育的功能可归纳为健身、娱乐、教育、经济、社交和政治六大功能。

1. 体育的健身功能

体育是通过身体运动的方式进行的。它要求人的身体直接参与活动,这是体育的最本质的特点,这个特点决定了体育具有健身功能。

体育的健身功能主要表现在:改善、提高大脑的工作能力;促进有机体的生长发育;提高人体器官系统的功能;调节人的心理;提高人体的适应能力。

2. 体育的娱乐功能

随着现代化的发展,人们的生活中余暇时间增多,如何善度余暇成了一个社会性问题。体育是调节心理状态和使精神得到放松的有效手段,通过体育活动,可以获得乐趣,满足心理的某些需要,使郁闷的心情得以排遣;可以使人精神愉悦,得到松弛,消除学习、工作中的疲劳。

体育的娱乐功能主要表现在:获得乐趣,心理满足;精神愉悦,消除疲劳;积极健康,丰富生活。

3. 体育的教育功能

所谓教育,是指使受教育者按一定的目的形成特定的个性品质,包括世界观、政治思想、道德品质、情操、美感等。马克思认为:"生产劳动同智育和体育相结合,不仅是提高社会生产的一种方式,而且是造就全面发展的人的唯一方法。"这是我们论述体育的教育功能的理论依据。

体育的教育功能主要表现在:激发爱国热情;促进文化建设;促进思想建设;磨练意志品质;培养拼搏精神和竞争、合作意识。

4. 体育的经济功能

经济学界认为,劳动生产力的提高是社会经济发展的重要标志,人是决定生产力诸因素中的最重要的因素。人的素质通常包含身体素质、文化素质、道德素质等方面,而身体素质从某种意义上而言,是诸素质的物质基础,它对生产力的提高起着至关重要的作用。

体育的经济功能主要表现在:体力投资,提高能力;提供消费,提高效益。

5. 体育的社交功能

社交能力是现代人的一项重要素质,体育的社交功能包括人际交往和国际交往两个方面。

体育社交功能主要表现在:情感交流,加深友谊;平等参与,增进团结。

6. 体育的政治功能

政治对体育起主导和支配作用,也是确定体育目标的依据;同时,体育以特有的方式能动地影响和作用于政治,为政治服务。

体育政治功能主要表现在:

(1) 提高民族、国家的威望和地位。

(2) 振奋民族精神,增强国民凝聚力。

第二节 师范体育

一、师范体育课程的性质

师范体育课程是一门以身体练习为主要手段,以学习体育与健康知识、技术和方法为主要内容,以发展学生体能和增进学生健康,培养终身体育意识和能力为主要目标的必修课程。它具有鲜明的基础性、实践性和综合性,是师范院校课程体系的重要组成部分,是实施师范生职业素质教育和培养德智体美全面发展人才不可缺少的重要途径。通过本课程的学习,掌握体育与健康的基础知识、基本技术和科学进行体育锻炼的方法,提高体育文化素养,促使师范生的身体、心理和社会适应能力的发展,并具有指导幼儿、小学生进行体育活动的能力,使师范生成为综合型、适应性强的幼儿、小学教师。

二、师范体育课程的目标

目标是人们想要达到的境地或标准。它是人们通过努力,在一定时期内期望所能达到的预期结果,它对实践活动具有导向和激励的作用。五年制师范高专体育课程的目标是指在一定的时期内,体育实践要达到的预期结果,它是五年制师范高专体育目标的重要组成部分,也是五年制师范高专体育课程的出发点和归宿。

1. 五年制师范高专体育目标的结构层次

五年制师范高专体育的目标是通过体育教学、课外体育活动、课余运动训练、运动竞赛和教育实践等途径向学生进行体育理论与方法的教学和身体锻炼的实践,全面锻炼学生身体,增进健康,促进身心全面发展,培养学生热爱幼儿(小学)教育事业并初步具有担任幼儿(小学)体育工作的能力,成为德智体等方面全面发展的幼儿(小学)教师。

五年制师范高专体育的目标是一个由多个要素组成的结构系统。结构是指事物或系统内部各要素之间相互联系的、稳定的组织形式。根据结构理论,五年制师范高专体育的目标可以由条件目标、过程目标和效果目标等具有内在联系的要素组成。条件目标是指为实施五年制师范高专体育目标所必需的主、客观条件,主要包括体育教师的数量和质量、场地器材设备和体育经费等条件;过程目标是指在一定的阶段里,五年制师范高专体育目标实施的经过或发展的经历,主要包括工作计划、组织管理、体育课教学、课外体育锻炼、课外运动训练与竞赛、卫生保健、科学研究以及体育教师进修提高等实施措施、经历;效果目标是实施五年制师范高专体育的最终效果,主要包括五年制师范高专体育过程的教育、教养、发展、增强体质和课外运动训练等达到的实际效果。这三个组成部分相互联系、相互制约,条件目标、过程目标是为了实现效果目标,效果目标依赖于条件目标和过程目标。

五年制师范高专体育的目标又是一个多层次的系统。层次是表示系统内部结构不同等级的范畴。根据体育工作的特点和要求,五年制师范高专体育目标可以分解成体育教学目标、课外体育锻炼目标、课外运动训练目标、课外运动竞赛目标、科学研究目标、学校体育管理目标等层次的目标。依此,还可以分解成多个具体目标。譬如,体育教学目标是人们为达到体育教学的某个目的在行动中设立的各个阶段以及最后的预期成果。它既是师范高专体育目标的子目标,又是师范高专体育目标在教学领域的延伸,包含在师范高专体育目标体系之中,不可分割。就体育教学目标内部而言,按照教学过程的持续时间,体育教学目标还可分为学年(学期)体育教学目标、单元教学目标、课时(课堂)体育教学目标。

通过上述分析,我们可以清晰地看到五年制师范高专体育目标是一个具有结构性、层次性的体系,为我们整体性地把握五年制师范高专体育课程的分层目标提供了清晰的认识框架。

2. 五年制师范高专体育课程的分层目标

体育课程是以发展学生体能，增进学生身心健康为主的一种特殊的教学课程，它既是学校教育的组成部分，又是纳入学校教学计划的体育方面的有目的、有计划、有组织的活动，它是一种动态的教育现象。在实施过程中，我们就应该较为准确地把握特定教育阶段体育课程力图促进学生身心发展所要达到的预期程度或标准。从这个角度来说，五年制师范高专体育课程不仅要有其作为课程总体方向的总目标，还应具有时限性、具体性、预测性和操作性的学习领域目标和水平目标等下位层次的目标。有了对分层目标的把握，我们才能为体育课程的内容、体育教学方法的选择以及教学的组织、实施、评价提供合理的依据(图1-1)。

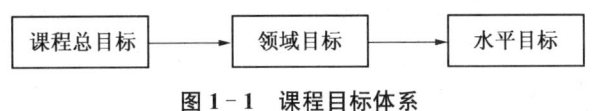

图1-1 课程目标体系

(1) 五年制师范高专体育课程的总目标：五年制师范高专体育课程目标是实现五年制师范高专体育目标的主要途径。参照国家《体育与健康课程标准》规定的总目标，依据五年制师范高专体育"健康性"和"职业性"的双重特殊要求，我们设定的五年制师范高专体育课程的总目标是：通过体育课程的学习，学生将提高体能和运动技能水平，加深对体育与健康知识和技能的理解；学会体育学习的评价，增强创新意识和提高体育实践能力；形成运动的爱好和专长，培养终身体育的意识和习惯；发展良好的心理品质，增强人际交往技能和团队意识；提高对个人健康和群体健康的社会责任感，逐步形成健康的生活方式；塑造健康的体魄，形成积极进取、充满活力的人生态度；培养学生热爱幼儿(小学)教育事业的情感与态度，初步具有担任幼儿(小学)体育工作的知识和能力，成为德、智、体全面发展的幼儿(小学)教师。

(2) 五年制师范高专体育课程的学习领域目标：学习领域是指在体育课程中，按学习内容性质的不同划分的学习范畴。而学习领域目标则是指期望各个学习领域达到的相应水平。根据三维健康观、体育课程自身的特点、国内外体育课程发展趋势以及五年制师范的特点，参照国家《体育与健康课程标准》的相关内容，我们将五年制师范高专体育课程学习领域的目标划分为五个方面。

这五个领域的学习目标分别是：

● 运动参与目标——参与体育学习和锻炼；感受体验运动的乐趣与成功；养成体育意识和习惯。

● 运动技能目标——学习体育知识和原理；掌握运动技术与战术，提高安全意识和能力；提高身体对外界适应力。

● 身体健康目标——掌握保健知识和方法；塑造良好体形与形态；发展体能和运动素质。

> **小贴士**
>
> **制定现实的目标**
>
> 制定较小的、可以达到的目标。
>
> 用演进而不是跃进的方法思维。跃进式的变化只能导致倒退。
>
> 在走出下一步之前，要向有经验的人征求意见。
>
> 选定一项计划，要努力预见到可能发生的问题，并找出解决问题的方法。

● 心理健康与社会适应目标——形成坚强意志和毅力；能合理调控情绪并有自信；形成集体精神和能力；具有良好的体育道德和行为习惯。

● 职业技能目标——获得从事体育工作的基础知识、技术和技能，初步具备从事幼儿（小学）体育工作的能力。

（3）五年制师范高专体育课程的水平目标：体育课程的水平目标是指不同年龄（学段）的学生在各个领域中预期达到的相应水平，它体现了根据不同年龄学生身心发展的特点实施体育课程的理念。其目的是为了在一定的阶段内，更好地加大教材内容的弹性，以满足不同学段的学生以及不同性质学校人才培养的特殊需要。

我们依据五年制师范生身心发展特征以及未来的职业需要，将五年制师范高专的体育学段划分为两级学习水平，并在各个学习领域按水平设置相应的水平目标。其中，一、二、三年级为一级水平，四、五年级为二级水平。一级水平和二级水平的前四个领域目标及其相应的水平目标参照国家《体育与健康课程标准》的水平五和水平六。根据五年制师范高专的职业性需要，我们把第五个职业技能领域目标按一级和二级两个水平确定为如下：

一级水平——获得从事体育工作的基础知识、技术和技能，达到该目标时学生将能够：正确认识体育与健康课程在教学中的地位和作用；做出正确的身体基本活动及基本技术的动作；掌握体育教学的一般理论；了解如何开展课外体育活动的一般方法；知道做一名合格体育教师的基本素养和必要条件。

二级水平——获得从事幼儿（小学）体育工作的能力，达到该目标时学生将能够：初步具有体育课教学能力；具有指导班级开展课外体育活动的能力；懂得体育科研的一般方法。

3. 五年制师范高专体育课程的核心目标

课程的核心目标是由课程的核心价值来决定的。核心价值是课程基本特征的反映，也是一种课程区别于其他课程的重要标志。确定一种课程的核心目标，既要考虑到多元目标中非核心目标的实现有赖于核心目标的实现进程，又要考虑一种课程的核心目标应是其他课程无法替代的目标。

正确认识和理解五年制师范高专体育课程的核心目标，是我们准确把握五年制师范高专体育课程总目标及学习领域目标和水平目标、理顺五年制师范高专体育课程设计教学活动的基本思路、合理开展体育教学活动的基础。

如何确定五年制师范高专体育课程的核心目标？我们认为：五年制师范高专体育课程的核心目标，首先要牢牢确立有效提高学生身体健康水平这一生物观的核心目标，同时还应时刻明确五年制师范高专培养目标和体育课程总目标中的职业性目标，即突出师范性，增进师范生的身体健康，培养学生初步具有从事幼儿（小学）体育工作的知识、能力和素养。

在通常意义上，体育与健康课程是一门以学习体育与健康知识、技术和方法为主要内容，以身体练习为主要手段，以发展终身体育意识和能力为主要目标的必修课程。从体育与健康课程的基本性质与核心价值的角度来看，体育与健康课程的核心目标无疑是"通过学习和掌握运动技能的进程增进学生身体健康"。这主要是因为"增进身体健康"是体育与健康课程的首要价值、首要任务、首要目标。

但是,这并不能否认和忽视五年制师范高专的"职业性"目标。师范教育是一种特殊的职业教育,教师的专业化必然成为师范生的职业要求。在实施五年制师范高专体育课程的过程中,我们必须促进"健康性"、"职业性"二者的有机整合,将增进健康与掌握体育知识以及体育指导的能力互相渗透、相互为用,在提高学生增进身体健康的自觉性和有效性的同时,培养学生承担起相应的幼儿园(小学)体育运动指导工作的技能与能力。

只有认识到了五年制师范高专体育课程的这一核心目标,我们才能找准自身的功能定位,真正有效地实现五年制师范高专体育的目标,为幼儿园(小学)教师的培养作出应有的贡献。

三、师范体育课程的内容标准

为保证绝大多数学生能达到课程目标,使每个学生都能体验到学习和成功的乐趣,促进学生不断进步和发展,五年制师范高专体育课程的设计要根据课程目标来确定课程内容标准,在确定课程总目标的基础上,从运动参与、运动技能、身体健康、心理健康与社会适应、职业技能五个领域描述具体目标,并在水平目标的基础上构建课程的内容标准,即师范生应达到的基本要求,它进一步指明了学生在行为、情感、态度等方面的具体变化,也是对教师"教什么"和"怎么教"的建议。具体目标、水平目标是制定内容标准的前提和依据,内容标准是具体目标、水平目标与具体内容之间的中介,是具体目标、水平目标的具体细化(图1-2)。

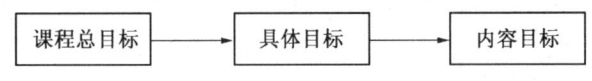

图1-2　课程目标体系与课程内容标准的关系

五年制师范高专体育课程内容标准的确定,要充分体现课程内容的基础性、时代性、选择性、职业性等特征。我们把五年制师范高专前三年划定为一级水平,后两年划定为二级水平,并在五个学习领域按水平设置同一水平的学习目标及相应内容标准(表1-1、1-2)。

表1-1　五年制师范高专一级水平(1~3年级)体育课程的内容标准

五年领域的具体目标		一级水平的具体目标	达到该水平的目标时,学生将能够
运动参与	自觉参与体育锻炼	经常参与体育锻炼	描述有规律的体育锻炼对健康的益处
			有规律地进行体育锻炼
	应用科学的方法参加体育锻炼	制定并实施简单的个人锻炼计划	知道科学锻炼的基本原理
			根据自身情况制订简单的个人锻炼计划
			按计划进行体育锻炼
		评价体育锻炼效果	应用简单的方法测试自己的体能,如台阶试验、坐位体制前屈测试、仰卧起坐测试等
			评价体能测试的结果
			描述经过一段时间体育锻炼后自身健康状况的变化

续　表

五年领域的具体目标		一级水平的具体目标	达到该水平的目标时,学生将能够
运动技能	获得和应用运动基础知识	认识多种运动项目的价值	讨论竞技运动与健身运动的区别
			认识多种运动项目对改善健康、心理健康,提高社会适应能力的价值
		关注国内外的重大体育赛事	阅读报纸、杂志中有关重大体育赛事的报道
			对某些重大体育赛事做出简单的评论
	掌握和运用运动技能	提高运动技能的水平(完成右列内容之一)	提高田径类项目中某些项目(如长跑、跳高等)的运动技能水平(三年内至少必修1学分)
			较好地掌握球类项目中某一或某些项目(如篮球、足球、乒乓球)的技术与战术
		提高运动技能的水平(完成右列内容之一)	较好地掌握成套的体操、健美操和舞蹈动作,或掌握健美运动的练习手段和方法
			提高水上或冰雪类项目中某一或某些项目(如蛙泳、滑冰等)的运动技能水平
			提高民族民间体育类项目中某一或某些项目(如有一定难度的武术套路或对练等)的运动技能水平
			提高新兴运动类项目中某一或某些项目(如攀岩、轮滑等)的运动技能水平
		增加运动技能的运用能力	参加班内体育比赛或组合、选编运动动作
			自觉运用所掌握的运动技能参加课外体育活动
	具有安全进行体育活动的能力	掌握运动创伤时和紧急情况下的简易处理方法	掌握常见运动创伤的简易处理方法
			了解并学会常用救生方法,如人工呼吸等
身体健康	全面发展体能	增强体能	通过多种练习提高心肺功能和有氧耐力
			通过多种练习提高肌肉力量和肌肉耐力
			通过多种练习增强灵敏性、协调性和柔韧性,提高速度和反应时
			提高多种练习控制体重
	提高预防疾病的意识和能力	了解传染性疾病的传播途径和预防措施	了解艾滋病的传播途径和预防措施
			了解性病的传播途径和预防措施
			了解常见传染病(如流行性感冒、病毒性肝炎和细菌性痢疾等)的传播途径和预防措施
		了解非传染性疾病的起因和预防措施	了解心血管疾病、癌症和糖尿病的起因和预防措施
			了解其他疾病(如常见遗传性疾病、地方病等)的起因和预防措施

续表

五年领域的具体目标		一级水平的具体目标	达到该水平的目标时,学生将能够
身体健康	理解营养、环境和生活方式对身体健康的影响	掌握和应用营养知识	了解食物营养价值与合理膳食的构成
			懂得学习、劳动等过程中对饮食营养卫生的要求
			初步制订2～3个有特色的简单营养配餐处分
		懂得环境对身体健康的影响	懂得环境因素对身体健康的影响
			避免在不利于身体健康的环境(如大雾、灰尘、噪声等)中进行体育活动
		逐步形成健康的生活方式	自觉注意合理的营养和饮食卫生
			较合理地安排作息时间,如安排好学习、锻炼与体育的时间等
			自觉做到不吸烟、不酗酒、远离毒品
	改善身体健康状况	关注和改善自己的身体健康状况	认识体育活动是促进身体健康的积极手段和方法
			制订改善自己身体健康状况的计划,并予以实施
		了解我国传统养生保健方法与现代体育锻炼方法的异同	比较我国传统养生保健方法与现代体育锻炼方法
			学会一两种我国传统养生保健方法
心理健康和社会适应	培养积极的自我价值感	在体育活动中努力获得成功感	通过合理设置目标使自己在体育活动中不断获得成功
			分析体育活动中成功与失败的原因
			在体育活动中充分展示自己的运动能力
			在不断进步的过程中培养自尊和自信
		发展学习能力	通过体育活动发展自主学习能力
			通过体育活动发展探究学习能力
			努力将体育活动中发展的学习能力迁移到日常学习和生活中
	提高调控情绪的能力	表现出调控情绪的意愿与行为	懂得不良情绪对健康的危害
			了解自己在日常学习和生活中的情绪变化特征
			运用所学方法调控自己在体育活动和比赛中的情绪,如紧张、恐惧、精神不振和疲劳感等
			努力在日常学习和生活中自觉运用适宜的调控情绪的方法
	形成坚强的意志品质	表现出坚强的意志品质	了解体育活动对形成坚强意志品质的重要作用
			在体育活动中表现出坚强的意志品质
			努力将体育活动中培养的坚强意志品质迁移到日常学习和生活中

续 表

五年领域的具体目标		一级水平的具体目标	达到该水平的目标时,学生将能够
心理健康和社会适应	具有预防心理障碍和保持性心理健康的能力	提高预防和消除心理障碍的意识和能力	了解心理障碍(如抑郁、焦虑、恐慌等)的产生原因
			了解体育活动对预防和消除心理障碍的作用
			自觉通过体育活动预防或消除心理障碍
		正确对待性心理变化	了解性成熟的心理特征
			认识自己的性心理变化
			努力控制由于性吸引产生的干扰
			正确认识正常的异性交往和性罪错的区别
			增强性问题上的守法观念
	具有和谐的人际关系、良好的合作精神和体育道德	具有和谐的人际关系和良好的合作精神	通过体育活动提高人际交往技能
			正确处理体育活动与其他活动中竞争与合作的关系
			与同伴一起分担和处理体育活动与其他活动中遇到的困难和问题
		表现出良好的体育道德	尊重他人对体育活动的兴趣和需要
			在体育活动中不故意伤害他人
			在体育比赛中遵守规则和服从裁判
			成为体育比赛中的文明观众
	具有积极的社会责任感	认识个人参与体育与健康活动的权利和义务	在学校和社区体育与健康活动中履行自己的权利和义务
			尊重他人参与学校和社区体育与健康活动的权利和义务
			了解国家有关体育与健康的主要法规
		表现出有责任感的社会行为	了解个人健康与群体健康和社会发展之间的关系
			在体育与健康活动中表现出负责任的社会行为,如爱护公共体育设施与器材,保护运动场内外的环境卫生等
职业技能	获得从事体育工作的基本知识、技术和技能		正确认识体育与健康课程在教学中的地位和作用
			做出正确的身体基本活动及基本技术的动作
			掌握体育教学的一般理论
			了解如何开展课外体育活动的一般方法
			知道做一名合格小学体育教师的基本素养和必要条件

表 1-2 五年制师范高专二级水平(4～5 年级)体育课程的内容标准

五年领域的具体目标		一级水平的具体目标	达到该水平的目标时,学生将能够
运动参与	自觉参与体育锻炼	在坚持参与体育锻炼的基础上带动同伴进行体育锻炼	将体育活动作为生活中不可缺少的组成部分
			利用余暇时间带动同伴经常参与体育锻炼
			收集同伴参与体育锻炼的反馈信息,并给予适当的指导
	应用科学的方法参加体育锻炼	在科学锻炼的基础上帮助同伴制订简单的锻炼计划	为自己制订科学的锻炼计划
			按计划进行科学的体育锻炼
			帮助同伴制订简单的锻炼计划
运动技能	获得和应用运动基础知识	利用互联网资源为体育实践服务	通过互联网获取体育知识和方法
			对有关体育网站进行比较和评价
			利用互联网资源制订体育锻炼计划
		了解国内外重大体育事件	对某些重大体育事件有较系统的了解,如申办奥运会等
			写出有关重大体育事件的文章
			初步了解当代体育文化的发展趋势
	掌握和运用运动技能	在提高所选运动项目技能水平的基础上组织和参加课外体育比赛	进一步提高所学运动项目的技能水平
			组织和参加课外体育比赛,如班级间、年级间、学校间、社区间的比赛等
			担任课外体育比赛的裁判工作
	具有安全进行体育活动的能力	自觉关注社会中与体育活动有关的安全问题	调查体育活动过程中影响安全的因素
			对学校、家庭、社区中与体育活动有关的不安全因素提出改进建议
身体健康	全面发展体能	在不断增强体能的基础上帮助同伴改善体能状况	进一步通过体育活动增强体育体能
			分析同伴体能变化的原因
			对改善同伴的体育状况提出建议
	提高预防疾病的意识和能力	提高对艾滋病和性病的认识	了解艾滋病和性病的国内外流行趋势
			理解艾滋病和性病对人类社会发展造成的危害
			积极参与预防艾滋病和性病的宣传和教育活动
	理解营养、环境和生活方式对身体健康的影响	在形成健康生活方式的基础上帮助同伴养成良好的生活习惯	形成健康的生活方式
			劝说同伴消除不良生活习惯
			向同伴提出有利于形成健康生活方式的建议
	改善身体健康状况	在不断增进身体健康的基础上帮助同伴改善身体健康状况	通过多种手段和方法进一步增进自己的身体健康
			对改善同伴的身体健康状况提出建议

续 表

五年领域的具体目标		一级水平的具体目标	达到该水平的目标时,学生将能够
心理健康和社会适应	培养积极的自我价值感	逐步形成积极进取的人生态度	理解体育活动对形成积极人生态度的作用
			表现出珍惜生命、积极进取、自强不息的人生态度
	提高调控情绪的能力	具有帮助同伴调控情绪的意愿和行为	在体育活动中运用所学方法帮助同伴消除不良情绪
			帮助同伴选择调控情绪的适宜方法
	形成坚强的意志品质	在具有挑战性的活动中表现出坚强的意志品质	勇于参加具有挑战性的体育活动和其他活动,如攀岩、跳水等
			在具有挑战性的体育活动和其他活动中为达到既定目标努力奋进、拼搏
			在具有挑战性的体育活动和其他活动中努力控制个人的不合理行为,如蛮干、过分表现自己等
	具有预防心理障碍和保持性心理健康的能力	在不断提高心理健康水平的基础上关注同伴的心理健康	通过体育活动不断提高自己的心理健康水平
			表现出为同伴创设良好心理环境的意愿和行为
			自觉运用所学知识分析同伴的心理健康状况
			与同伴一起通过体育活动增进心理健康
	具有和谐的人际关系、良好的合作精神和体育道德	表现出团队意识和行为	在体育活动和比赛中明确自己的角色与团队的关系
			在体育活动和比赛中与同伴齐心协力取得集体的成功
			将体育活动和比赛中培养的团队意识和行为迁移到日常学习和生活中
	具有积极的社会责任感	关心社会的体育与健康问题	评价学校和社区的体育与健康环境
			调查影响学校和社区开展体育与健康活动的社会因素
			积极为学校和社区的体育与健康活动服务
			主动参与学校和社区体育与健康环境的创设工作
职业技能	获得从事幼儿(小学)体育工作的能力		初步具有体育课的教学能力
			具有指导班级开展课外体育活动的能力
			懂得体育科研的一般方法

四、师范体育课堂教学的评价

教学评价是根据一定的教学目标,运用科学可行的评价方法,对教学过程和教学效果给予定量或定性评价。教学评价不仅是对整个教学流程的评判和鉴定,还为改进教学提供了可靠的信息和科学的依据,有效地利用教学评价结果,对优化教学系统、提高教学质量具有十分重要的意义。

教学评价的主要对象是课堂教学,而课堂教学是教师的教和学生的学相统一的过程,因此,笔者认为,对体育课堂教学的评价,理应包含对学生学习的评价和对教师教学的评价两方面的内容。

1. 体育课堂教学评价的现状分析

《基础教育课程改革纲要(试行)》中明确指出:"评价不仅要关心学生的学习成绩,而且要发现和发展学生各方面的潜能,了解学生发展中的需求,帮助学生认识自我,建立自信。"由于受传统的教育教学思想和评价观念的影响,我国现行的体育课堂教学评价呈现出明显的以教师为主体、以技能为中心、重刚性标准、重评价结果的特征,具体表现为:

(1) 在评价对象上,过多注重课堂教学中教师的"表演",而不太关注课堂气氛、学生的学习需求、学习情绪和学习结果。

(2) 在评价内容上,偏重于生物性评价,突出表现为过多注重体能的发展和运动技能的掌握,而很少关注学生的情感、态度和价值观等非智力因素的发展。

(3) 在评价的标准上,对少数权威人士制定的标准过分依赖,在评价时"一刀切",对学生的个体差异性关注不够,学生间的横向比较较多,较少关注作为个体的学生体育水平的发展变化情况。

(4) 在评价的形式上,只采用单一的教师对学生的评价,把考试和评价等同起来,过分依赖标准对学生进行测试和打分,而缺少学生与学生之间的评价、学生对教师的评价、教师的自我评价等多种评价形式的有机结合。

(5) 在对体育教师的评价上,过分注重他们的工作结果,往往以奖牌论英雄,以奖惩为目的,终结性评价太多,发展性和诊断性评价较少。

体育课堂教学评价中存在的诸多弊病对体育教育产生了很大的负面效应,不仅压抑了体育教师的工作积极性和创造性,而且不利于学生浓厚的运动兴趣、良好的运动习惯和健康的情感态度的养成,并进而影响到学生的全面发展。

2. 现代体育课堂教学评价的发展方向

教学评价可以分为形成性评价和终结性评价。终结性评价是对教学结果的定量评价,评价的结果就是分类排档,甚至是选拔淘汰的依据。而形成性评价作为教学矫正性反馈系统的重要环节,其主要功能是对教学的得失成败进行总结和反思,并把评价结果作为改进教学的依据,以提高教学质量。早在上世纪五六十年代,在掌握学习理论研究上取得卓越成就的美国教育学家布卢姆就提出,要更加重视形成性评价。体育新课程标准也明确指出:"课堂教学评价的目的是通过注重发展性的评价促进教学工作的不断改进。"体现了现代体育课堂教学评价重视发挥反馈、调节和激励功能的发展方向。具体表现在:

(1) 在学生学习评价上,现代体育课堂教学评价重视学生的主体地位,要求教师树立以学生发展为中心的理念,促进每一位学生在已有发展水平的基础上取得最大的发展。新课程标准强调要"了解学生的学习情况与表现,以及达到学习目标的程度",分析学生学习进步与不足的原因,改进教学,为学生提供展示自己能力、水平、个性的机会,并鼓励和促进学生的进步与发展,培养学生自我认识、自我提高的能力,达到教育与自我教育相互促进的目标。

(2) 在评价的内容上,新课程标准增加和完善了体能、知识和技能、学习态度、情绪表现与合作精神等评价内容,注重建立多元化的评价体系,十分重视综合评价,以促进学生的全面发展。

(3) 在评价标准、方法上,新课程标准更注重建立多样化的评价体系,不仅注重对教学结果的评价,而且重视对教学过程的评价;不仅注重定量评价,而且重视定性评价;不仅注意绝对性评价,而且重视相对性评价、个体差异性评价。体育教师可根据学生现有的体育水平制订灵活的评价标准,以便更好地提高学生体育学习的自信心和积极性。

(4) 在评价形式上,新课程标准倡导评价主体的多元化。在对学生学习成绩进行评定时,既要有教师从外部对学生进行的评定,还要有学生对自己的学习情况进行的评价、学生互相之间的评价等。

(5) 在对体育教师的评价上,侧重强调体育教师对体育课程目标的理解、学生对体育课和体育活动的兴趣、体育教师的专业素质、课堂教学的效果以及创造性工作能力等的评价。

随着体育新课程标准的颁布实施,现有的体育课堂教学评价模式已经成为体育教学改革的制约因素和阻遏力量,对体育课堂教学评价进行改革已经成为势在必行的现实需要。体育新课程标准不仅使体育课堂教学评价的改革成为必要,而且,其中蕴含的诸多先进理念和操作方法也为改革课堂教学评价提供了理论支撑和实践平台。

3. 体育课堂教学评价的改革对策

学校体育教育的关键在于课堂教学,而课堂教学总是依据一定的教学目标和教学内容开展的,因此,改革体育课堂教学评价的前提是要弄清楚体育课堂教学评价的目的和评价的内容。

课堂教学评价是对教学过程和教学效果的评价。在体育课堂教学评价中,一方面要对教学的整个组织、实施过程进行全程监控和评价,另一方面也要注重教学活动的有效性,即对实现教学目标的有效程度进行评价。因此,对体育课堂教学的评价,不但要注重对体育教师的教学思想、教学行为进行评价,更要注意对学生在学习过程中的表现、学生学习前后发生的变化进行评价。具体可从教学目标是否得到实现、学生主体地位是否得到体现、学生的体育学习兴趣是否得到激发、教师的课堂教学实践能力是否得到合理运用、课堂教学的创新意识是否得到体现等多个方面来进行评价(表1-3)。

表1-3 体育课堂教学的评价内容

评价内容	评价等级			
	优秀	良好	及格	不及格
设置的课堂教学目标	很合理	合理	较合理	不合理
撰写的教案	很实用	实用	较实用	不实用
选用的课堂教学组织形式	很合理	合理	较合理	不合理
了解学生的体能、运动知识和技能的程度	很全面	全面	较全面	不全面
学生的学习情绪	很活跃	活跃	较活跃	不活跃
学生的学习态度	很积极	积极	较积极	不积极
学生自主学习的机会	很多	多	较多	很少
师生互动情况	很充分	充分	较充分	不充分
学生达成学习目标情况	很好	好	较好	不好
多种教学方法的运用情况	很熟练	熟练	较熟练	不熟练
利用与开发体育与健康课程资源的情况	很好	好	较好	不好
课堂教学的创新程度	很显著	显著	较显著	不显著
综合评价(等级)				

结合评价内容和评价目的,在体育课堂教学评价的实施过程中,要注意以下几点:

(1) 在评价方式上,可采用即时性评价与阶段性评价相结合、定性评价与定量评价相结合、他人评价与自我评价相结合、评语式与等级制评价相结合、终结性与过程性评价相结合、绝对性与相对性评价相结合等评价方法,强调评价主体的多元化,关注师生的主动性和创造性,以促进师生的全面发展。

(2) 在评价环节上,可把握住体育课堂教学的常规、体育课的结构、体育知识和技能的教学技艺、体育课的密度与运动负荷、人的认知和身心发展的规律等几个主要方面来进行评价。

(3) 在评价步骤上,可根据事先确定的评价目标和评价内容,划分评价的等级,设计出详细的定量和定性评价表(表1-4),通过看教案、听说课、观摩体育教学的过程,运用现代教学的理念,针对教学活动的有效性、目标的达成度,客观地作出综合性的评价。

表1-4 体育课堂教学评价的定量与定性评价表

评价项目	权重分数	评价要点	评价得分 A B C D	得分
教学目标	10	目标确定符合《课程标准》和学生的实际状况	4 3 2 1	
		领域目标全面、具体、可评价	3 2 1 0	
		贯穿在教学的各个环节	3 2 1 0	
教学内容	15	教材选择的使用价值及针对性	4 3 2 1	
		掌握教材知识的准确性和教材的教育因素	4 3 2 1	
		教学内容组织的合理性、实效性	3 2 1 0	
		教学方案设计的系统性、层次性	4 3 2 1	
教学过程	10	教学过程的功能性、艺术性	5 3 2 1	
		教学过程分配的合理性	5 3 2 1	
教学方法	25	教师教学主导作用、教学方法的选择及应用	6 4 3 2	
		学生的主体性、学法的设计与应用,主动学习	4 3 2 1	
		教学组织形式的多样化	5 3 2 1	
		教学艺术,导入、质疑、解疑、情境教学	4 3 2 1	
		师生关系和谐,教学民主、互动	3 2 1 0	
		媒体的运用手段及能力	3 2 1 0	
教学效果	20	教学目标的达成	6 4 3 2	
		学生体育课的参与态度与行为	4 3 2 1	
		学生自主学习的能力与表现	5 3 2 1	
		学生的情意行为表现	5 3 2 1	

续 表

评价项目	权重分数	评价要点	评价得分 A B C D	得分
教学基本功	20	教师的语言表述及动作示范的感染力	8 6 4 3	
		教师教态、仪表、举止、情感	5 3 2 1	
		驾驭调控能力及应变能力	4 3 2 1	
		现代化教学手段的运用能力	3 2 1 0	
综合评价		评价总分		

注：综合评价：优、良、一般、差
90～100 分为优，80～89 为良，60～79 分为一般，59 分以下为差

总之，"好看不好用"的课不是好课，"教师作主角"的课不是好课，"只达到体能和运动技能目标"的课同样也不是好课；发展多元智能、学生主动参与的课才是好课，从实际出发、有创新的课才是好课，以学生发展为本、促进学生全面发展的课才是好课。体育课堂教学评价要以此为旨归，最大程度地发挥评价的正向效应，促进学生体育知识的丰富和体育能力的提高，促进学生健康的情感、态度、价值观的形成，促进学生的全面、和谐、健康发展。

【思考与体验】

■ 什么是体育？你对师范体育如何理解？
■ 试述建国以来学校体育的发展。
■ 体育具有哪些功能？为什么说体育的功能是潜在的？
■ 讨论师范体育的课程目标、维度目标和水平目标。

第二章
和谐发展的追求——体育文化

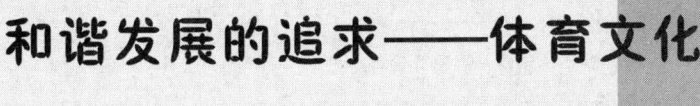

【学习要点】
- 了解奥林匹克运动的发展、贡献、宗旨、格言、精神以及奥林匹克主义
- 熟悉奥林匹克运动会的概况及其主要仪式
- 了解校园体育文化的概念、特点及其价值
- 懂得组织和实施学校体育节的一般程序和方法

第一节 奥林匹克运动

一、奥林匹克运动

"奥林匹克"（Olympic）是世界语言，奥林匹克运动是在奥林匹克主义指导下，以体育运动和四年一届的奥林匹克庆典为主要活动内容，促进人的生理、心理和社会道德全面发展，促进全世界人民之间的相互了解，在全世界普及奥林匹克主义，维护世界和平的国际社会运动。奥林匹克运动包括以奥林匹克主义为核心的思想体系，以国际奥委会、国际单项体育联合会和各国奥委会为骨干的组织体系和以奥运会为周期的活动体系。

1. 奥林匹克运动的发展

1894年6月23日，当法国人皮埃尔·德·顾拜旦与72个国家和地区的79名代表决定成立国际奥委会、开创奥林匹克运动时，这一壮举曾一度成为人们讽刺的对象。而在百年后的今天，奥运会已成为普天同庆的节日，成为举世瞩目的盛会，奥林匹克运动吸引了200个国家和地区的积极参与。1998年，著名的《生活》杂志刊载了历史学家精选的过去千年中最重要的100个事件和人物，1896年顾拜旦恢复奥运会的壮举也跻身其中，被誉为千年盛事之一。

奥林匹克运动是人类社会的一个罕见的杰作。它将体育运动的多种功能发挥得淋漓尽致，影响力远远超出了体育的范畴，在世界的政治、经济、哲学、文化、艺术和新闻媒介等诸多方面产生了一系列不容忽视的影响。奥林匹克运动不仅构成了现代社会所特有的体育文化景观，以其特有的文化魅力愉悦人们的身心，而且更以其强烈的人文精神催人奋进。

奥林匹克运动是时代的产物，由于工业革命大大扩展了世界各民族之间在经济、政治和文化等方面的联系，各国交往日益密切，迫切需要以各种沟通手段来加强国际间的相互了解，奥林匹克运动正是为适应这一社会需要而出现的，它是人类社会发展到一定阶段的必然产物。但是，历史的必然性丝毫没有减少奥林匹克运动在发展中遇到的种种困难，反而使其进程中的先进与落后、改革与保守之间的矛盾变得更为尖锐。百年奥运，跌宕起伏，大致经过以下发展过程：

(1) 艰难的探索(1894～1914年)：

主要进展：
- 提出了奥林匹克主义的概念。
- 提出了体育运动与文化艺术相结合,以达到身心均衡发展的重要思想。
- 提出了"重要的不是取胜,而是参与"的奥林匹克名言。

主要问题：
- 对奥林匹克运动的认识不一致。
- 奥运会设项不稳,场地设计不统一。
- 比赛缺乏必要的规范。
- 经费紧缺。

(2) 初具形态(两次世界大战之间)：

主要进展：
- 冬季运动项目的加入和女子体育的发展,使奥运会变得更为均衡和完整。
- 奥运会场地设施日趋规范。
- 奥林匹克标志和仪式问世。
- 奥林匹克组织发展迅速。
- 奥林匹克格言:"更快、更高、更强"的出现。
- 奥运会与科学技术的相互结合取得重要进展。

主要问题：
- 运动员业余身份问题所引起的冲突。
- 政治势力试图将其作为政治工具的意图日益暴露。

(3) 发展与危机(1945～1980年)：

主要进展：
- 奥运会规模扩大,项目剧增。
- 竞技运动水平迅速提高。
- 奥运会举办地趋于全球化。
- 各大洲的综合运动会相继问世。
- 奥林匹克艺术、教育得到发展。
- 场馆设施呈现了大型化、科学化和艺术化。
- 展示了巨大的经济效益和社会效益。
- 1979年中华人民共和国恢复了在奥林匹克运动中的合法席位。

主要问题：
- 政治格局的变化对奥运会的影响。
- 竞技运动商业化和运动员职业化的进程开始加快。
- 举办奥运会出现经济危机。

(4) 改革与创新(1980年至今)：

主要进展：
- 全面的改革,其核心内容是变封闭为开放。
- 引进了市场经济机制,建立坚实的经济基础。

- 废除了参赛者业余身份的限制。
- 增强了国际奥委会政治上的独立性。
- 改革了奥林匹克运动的组织制度。
- 奥林匹克运动在法治的道路上迈进了一大步。
- 奥林匹克的相关组织相继问世。
- 开始积极与官方、非官方国际组织密切合作。
- 拓展了更加广阔的领域。

主要问题：
- 如何控制商业化的副作用，保持奥林匹克运动高尚的道德目标。
- 如何在各种政治力量斗争中保持奥林匹克运动的独立性。

2. 奥林匹克运动的贡献

奥林匹克运动对人类社会的贡献是多方面的，它促进着人类和平进步事业的发展。

（1）提出了独特的体育思想体系：通过体育首先使个人得到和谐发展，进而扩展到改善社会、促进社会发展，最终扩大到整个国际社会，使人类有一个和平而美好的世界。为达此目的，奥林匹克运动提出一系列极其重要的观点：如体育和教育与文化密切结合；重在参与和"更快、更高、更强"；团结、友谊与公平竞争的道德观等。这些思想极大地丰富了人类社会体育思想的宝库，赋予体育运动极强的教育价值、文化价值和道德价值，为体育功能的开发利用开辟了新的道路。

（2）构建了世界性的体育组织结构：在奥林匹克运动的推动下，一个全球性的体育组织体系在20世纪形成。这个体系的核心就是国际奥委会、各国奥委会和国际单项体育联合会"三大支柱"。正因为有了这个跨国家、跨地区的组织网络，世界体育才在20世纪有了突飞猛进的发展。

（3）促进了体育运动在全世界的普及：奥林匹克运动以体育运动作为实现自身思想目标的主要手段，将体育运动规范化、标准化，使之突破民族和地域的限制，走上国际化的道路。又通过四年一届的奥运会，使奥林匹克运动周期性地出现高潮，一浪高过一浪地将现代体育推向地球的各个角落。

（4）促进了社会物质文明的发展：奥林匹克运动的发展以社会提供的物质条件为基础，但又给予社会的物质文明以极大的促进。同时，在百年奥运实践中，奥林匹克运动向现代科学技术提出了无数次挑战，并为高科技提供了良好的实验条件，极大地促进了现代科技的发展。

（5）促进了社会精神文明的发展：奥林匹克运动强调体育与教育融为一体，使体育过程与教育过程并行，使人的身心全面发展；奥林匹克运动又主张体育与文化紧密结合，使体育过程成为美的历程，各种艺术形式都在这里找到用武之地，使人们受到极好的熏陶。

3. 奥林匹克宗旨

《奥林匹克宪章》中的"基本原则"部分指出，奥林匹克运动的宗旨是"通过没有任何歧视、具有奥林匹克精神——以友谊、团结和公平精神互相了解——的体育活动来教育青年，从而为建立一个和平而美好的世界做出贡献"。奥林匹克运动宗旨有以下基本含义：

首先，奥林匹克运动的目标是促进人类社会向真善美的方向发展。奥林匹克运动试图架设沟通各国人民之间联系的桥梁，增进不同民族、不同文化的人们之间的相互了解，促进世界和平、减少战争的威胁。奥林匹克宗旨与人类社会正义事业所要达到的目标是一致的,并在一定程度上满足了现代国际社会的需要,对进入现代社会以来的人类有直接的现实意义。奥林匹克宗旨成为世界和平事业的一个重要组成部分,从而确定了它在当代国际社会中的重要地位。

其次,奥林匹克运动试图以富有人文精神的体育运动作为实现自己宗旨的途径,在世界各国青年间建立起友谊的纽带。正如国际奥委会第4任主席埃德斯特隆所说:"奥运会无法强迫人们接受和平,但是它为全世界的青年人像亲兄弟一样欢聚一堂提供了机会。"事实的确如此,如在伊拉克和科威特战争结束仅一年后举行的巴塞罗那奥运会上,伊、科两国的运动员就同时出现在赛场上。

将体育运动的作用提高到不仅是促进人的全面发展,而且与社会的发展联系起来,明确地将体育运动作为一种改造社会的力量,并有意识地将这种力量应用到这样广阔的范围,应该说是奥林匹克运动的一大创举。这不仅反映了进入现代社会以来体育运动内涵的扩展和功能的增加,也反映了人类对体育运动的认识进入了一个新阶段。

4. 奥林匹克主义(Olympism)

"奥林匹克主义"一词出现于1991年6月16日生效的《奥林匹克宪章》中,这也是国际奥委会第一次给奥林匹克主义以正式的定义:"奥林匹克主义是将身心和精神方面的各种品质均衡地结合起来并使之得到提高的一种人生哲学。它将体育运动与文化、教育融为一体。奥林匹克主义所要开创的人生道路是以奋斗中所体验到的乐趣、优秀榜样的教育价值和对一般伦理的基本原则的尊敬为基础的。"

这个定义明确提出:

(1) 奥林匹克主义的中心思想是人的和谐发展。
(2) 奥林匹克主义强调人的和谐发展的关键是生活方式的改善。
(3) 奥林匹克主义将体育运动作为实现人的和谐发展的途径。
(4) 为达到人的和谐发展的目的,体育运动必须与教育、文化相结合。
(5) 奥林匹克主义强调奥运选手的榜样作用。

5. 奥林匹克格言(Olympic Motto)

奥林匹克格言亦称奥林匹克口号。奥林匹克运动有两句格言:"重要的不是胜利,而是参与"、"更快、更高、更强",前一句格言是启迪运动员要为团结、和平、友谊而参加体育盛会;后一句格言最为著名,它充分表达了奥林匹克运动所倡导的不断进取、永不满足的奋斗精神。它不仅要求人们在竞技运动中要不畏强手,敢于斗争,敢于胜利,而且鼓励人们在自己的生活和工作中不甘于平庸,要朝气蓬勃,永远进取,超越自我,将自己的潜能发挥到极限。

6. 奥林匹克精神(Olympic Spirit)

《奥林匹克宪章》指出,奥林匹克精神就是相互了解、友谊、团结和公平竞争的精神。奥林匹克精神对奥林匹克运动具有十分重要的指导作用,主要表现在:奥林匹克精神强调对文化差异的容忍和理解,强调竞技运动的公平与公正。

二、奥林匹克组织

1. 奥林匹克大家庭(Olympic Family)

奥林匹克大家庭是对所有参与奥林匹克运动的组织和个人的统称,包括以下成员:

国际奥委会、国家奥委会、国际单项体育联合会、夏季和冬季奥运会组委会以及参与奥林匹克运动的运动员、教练员、官员、大众传媒等。

奥林匹克大家庭的所有成员在组织上是独立的,在地位上是平等的,它们之间的合作是以相互承认为基础,以《奥林匹克宪章》为准则的。如何维护各成员之间的团结,以便协调一致,互相配合,维持奥林匹克运动的正常发展一直是国际奥委会关注的一个核心问题。

2. 奥林匹克三大支柱(Olympic Tripartite)

在奥林匹克大家庭的诸多成员中起支撑作用的是国际奥委会、国家奥委会和国际单项体育联合会。由于这3个组织系统对奥林匹克运动的生存与发展起着至关重要的作用,缺一不可,故被人们称之为"奥林匹克三大支柱"。

三大支柱在奥林匹克运动中承担着不同的任务:国际奥委会负责领导和协调;国际单项体育联合会负责各种技术性事务;国家奥委会则负责在本地区开展各种活动,组队参加奥运会等。国际奥委会十分重视这种团结合作的关系,采取各种措施加强三者之间的联系。

(1) 国际奥林匹克委员会(International Olympic Committee,IOC):国际奥林匹克委员会简称国际奥委会,是一个国际性的、非政府的、非赢利的组织。它于1981年9月17日得到瑞士联邦议会的承认,确认其为无限期存在的具有法人资格的协会。

国际奥委会是奥林匹克运动的最高权力机构,按照《奥林匹克宪章》领导奥林匹克运动,其主要机构有国际奥委会全体委员会、执行委员会、总部和专门委员会。

我国自1922年王正廷担任国际奥委会委员以来,先后有孔祥熙、董守义、徐亨、何振梁、吴经国、吕圣荣、邓亚萍、杨阳进入国际奥委会,何振梁现任国际奥委会执委会委员和文化委员会主任,曾任国际奥委会副主席。

(2) 国际单项体育联合会:国际单项体育联合会是在世界范围内管辖一个或几个运动项目,并接纳若干管辖这些项目的国家和地区级团体的国际性非政府组织。它保持其管理各自体育运动项目的独立性和自主权,但是如果要得到国际奥委会的承认,其章程和各种实践活动须与《奥林匹克宪章》一致。

(3) 国家奥林匹克委员会(NOC):国家奥林匹克委员会简称国家奥委会,是按照《奥林匹克宪章》的规定建立的,得到国际奥委会承认并负责在一个国家或地区开展奥林匹克运动的组织。它是奥林匹克运动的基本功能单位,是一个国家或地区奥林匹克运动惟一合法的组织者和领导者。目前得到国际奥委会正式承认的国家奥委会有200个,其中非洲54个、亚洲43个、欧洲48个、美洲42个和大洋洲13个。①

三、奥林匹克运动会

四年一届的奥林匹克运动会已成为举世瞩目的盛会,我国成功举办了2008年北京奥运会,这是我国体育史上的一件盛事。奥运会分为古代奥运会和现代奥运会。奥运会的历史既是体育的发展史,也是人类社会发展的缩影。

1. 古代奥林匹克运动会

古代奥林匹克运动会起源于古希腊,因举办地点在古希腊的奥林匹亚而得名。2000

---

① 奥林匹克运动会的起源,视频链接网页来源于爆米花网。

多年以前运动已成为古希腊人生活中的一个重要组成部分,公元前776年在奥林匹亚村举行了第1届古代奥运会,运动会每隔四年举行一次,后来人们把这一周期称为奥林匹亚德。

古代奥运会从公元前776年起至公元394年止,历时1170年,共举行了293届。按其起源、发展、衰落大致经历了三个时期:即公元前776年至公元前338年为鼎盛期;公元前338年至公元前146年为开始衰落期;公元前146年至公元394年为毁灭期。罗马帝国统治整个希腊后,公元393年罗马皇帝狄奥多西斯一世宣布基督教为国教,他认为古奥运会有违基督教教义,是异教徒活动,翌年宣布废止奥运会。公元426年狄奥多西斯二世下令烧毁奥林匹亚建筑物的残余部分。公元521年、522年接连发生的两次强烈地震,使奥林匹亚遭到彻底的毁灭。就这样,延续了1000余年的古奥运会终结了,繁荣一时的圣地奥林匹亚变成了一片荒野。

古代奥运会最初竞技项目极少,主要是祭典活动。从第1~13届只有一项短跑,全程为192.27米,后来随着规模的扩大,先后增设了长跑、五项全能、摔跤、拳击、角斗、赛马、四马战车、武装赛跑、少年拳击等。

往日的奥林匹亚,今已荡然无存了;昔日繁华热闹的景象,如今已无处寻觅。但是这个延续了1000多年的古希腊灿烂文化的遗址,并未因岁月流失景物变迁而失去光彩,今日它仍是体育运动的圣地,并为世人留下了光辉灿烂的历史,激励和鼓舞着人们为奥林匹亚精神而奋斗拼搏。

2. 现代奥林匹克运动会

古奥运会遭到禁止,沉睡了1000多年之后,19世纪末又重新出现在世界舞台上。1888年法国教育家、现代奥林匹克创始人皮埃尔·德·顾拜旦(1863~1937年),提出了恢复奥运会的建议,并指出"奥运会不能照搬过去的模式,要把过去只限希腊人参加的奥运会扩大到世界范围里去"。顾拜旦的主张顺应了历史的潮流,1892年他遍访欧洲诸国,宣传奥林匹克思想,1893年他为恢复奥运会召开了第一次国际体育会议。经过顾拜旦多方筹措及其同代人的共同努力,有72个国家和地区的79名代表参加了恢复奥运会的代表大会,于1894年6月16日在法国巴黎胜利召开。6月23日大会通过决议,成立了国际奥委会,批准了顾拜旦制定的第一部奥林匹克宪章,同时选举希腊诗人译麦特里乌斯·维凯拉斯为国际奥运会第一任主席,顾拜旦为秘书长,选举产生了14名国际奥委会委员,并决定1896年在希腊的首都雅典举行第一届现代奥林匹克运动会。

现代奥运会自1896年到现在有100多年的历史,共举办了30届奥运会,其中因战争原因有3届未举行,第29届奥运会于2008年在中国北京成功举行。

> **小贴士**
>
> **奥林匹克神圣休战与授奖**
>
> 古奥运会前,奥林匹克所在地伊利斯城邦要派三名纯希腊血统的使者前往希腊各城邦,宣告奥运会即将举行,不再允许任何战争行为发生,不允许带武器进入比赛地。这一规定使奥运会成为一个独立于战争之外的和平与友谊的盛会。
>
> 古奥运会的优胜者被视为英雄,享有极高的荣誉。首先由裁判庄严宣布优胜者的姓名和父亲的姓名,再由神的代表——祭司授予橄榄枝花冠。

表 2-1　历届夏季奥运会一览表

届数	年份	地　　点	国家（地区）数	运动员数	比赛项数	单项数	金牌数首位国
1	1896	雅典（希腊）	13	311	8	43	美国（11）
2	1900	巴黎（法国）	22	1330	9	56	法国（26）
3	1904	圣路易（美国）	12	625	9	73	美国（70）
4	1908	伦敦（英国）	22	2034	23	109	英国（56）
5	1912	斯德哥尔摩（瑞典）	28	2547	16	107	瑞典（24）
6	1916	因战争未举行	第一次世界大战中断				
7	1920	安特卫普（比利时）	29	2607	22	158	美国（41）
8	1924	巴黎（法国）	44	3092	19	131	美国（45）
9	1928	阿姆斯特丹（荷兰）	46	3014	16	122	美国（22）
10	1932	洛杉矶（美国）	37	1408	17	126	美国（41）
11	1936	柏林（德国）	49	4066	21	144	德国（33）
12	1940	因战争未举行	第二次世界大战中断				
13	1944	因战争未举行	第二次世界大战中断				
14	1948	伦敦（英国）	59	4099	18	136	美国（38）
15	1952	赫尔辛基（芬兰）	69	4925	19	149	美国（40）
16	1956	墨尔本（澳大利亚）	67	3184	19	151	苏联（37）
		斯德哥尔摩（瑞典）	29	158	19		
17	1960	罗马（意大利）	84	5348	21	150	苏联（43）
18	1964	东京（日本）	94	5140	21	163	美国（36）
19	1968	墨西哥城（墨西哥）	112	5531	20	172	美国（45）
20	1972	慕尼黑（德国）	121	7147	21	196	苏联（50）
21	1976	蒙特利尔（加拿大）	88	6189	21	198	苏联（49）
22	1980	莫斯科（苏联）	81	5872	21	203	苏联（80）
23	1984	洛杉矶（美国）	140	7960	21	221	美国（83）
24	1988	汉城（韩国）	160	9572	23	227	苏联（55）
25	1992	巴塞罗那（西班牙）	172	9360	25	257	独联体（45）
26	1996	亚特兰大（美国）	197	10788	26	271	美国（44）
27	2000	悉尼（澳大利亚）	199	10720	28	300	美国（39）
28	2004	雅典（希腊）	202	10864	28	301	美国（35）
29	2008	北京（中国）	204	11020	28	302	中国（51）
30	2012	伦敦（英国）	205	10500	26	300	美国（46）

表 2-2 历届冬季奥运会一览表

届数	年份	地点	国家(地区)数	运动员数	比赛项数	单项数目
1	1924	夏蒙尼(法国)	16	293	5	14
2	1928	圣莫里茨(瑞士)	25	491	6	14
3	1932	普莱西德湖(美国)	17	309	6	14
4	1936	加来斯—帕藤基兴(德)	28	758	6	18
5	1948	圣莫里茨(瑞士)	28	878	6	23
6	1952	奥斯陆(挪威)	30	732	6	22
7	1956	科蒂纳丹佩佐(意)	33	924	6	24
8	1960	斯阔谷(美国)	31	924	4	27
9	1964	因斯布鲁克(奥地利)	36	1260	4	28
10	1968	格勒诺布尔(法国)	37	1158	6	29
11	1972	札幌(日本)	35	1012	6	29
12	1976	因斯布鲁克(奥地利)	37	1368	6	36
13	1980	普莱西德湖(美国)	37	1283	6	37
14	1984	萨拉热窝(南斯拉夫)	49	1483	6	39
15	1988	卡尔加里(加拿大)	59	1750	6	46
16	1992	阿尔贝维尔(法国)	64	2174	12	57
17	1994	利勒哈默尔(挪威)	67	1901	12	61
18	1998	长野(日本)	72	3400	14	72
19	2002	盐湖(美国)	77	2500	15	78
20	2006	都灵(意大利)	80	2633	15	84
21	2010	温哥华(加拿大)	82	2730	15	86
22	2014	索契(俄罗斯)	88	2876	15	98

3. 奥林匹克运动会的仪式

(1) 圣火：奥林匹克圣火象征着和平、胜利和光明。1934 年国际奥委会在雅典会议上正式作出决定：奥运会期间要燃烧圣火，圣火火种要取自奥林匹亚，圣火传递要以人进行接力迎送。1936 年第 11 届奥运会首次正式按照国际奥委会的规定，举行了这一庄严的仪式，以后无论在哪个国家举行奥运会，都要进行隆重的火种点燃仪式。首先在奥运会发源地奥林匹亚女神赫拉(宙斯神之妻)庙前举行点火仪式，由身穿雅典娜式飘逸古装的希腊美丽少女，用聚光镜采集阳光引燃火种，然后火种由各个国家和地区的运动员通过长跑(如遇高山峻岭、江河湖海则用飞机或轮船运送)一程又一程向东道国传递。火种所到之处，当地成千上万的群众倾城迎送，火种于奥运会开幕式前一天到达举办的城市。奥运会开幕时，由东道国著名运动员接最后一棒火种进入运动场，绕场一周，在点燃塔上点燃火焰,一直燃烧到运动会闭幕时熄灭。

(2) 会旗:1920年,在比利时安特卫普举行的第7届奥运会上,第一次升起有蓝、黄、绿、红、黑五环的国际奥委会会旗——五环旗。五环旗是国际奥委会的永久标志。

五环旗是由顾拜旦精心设计的,他解释道:"蓝、黄、绿、红、黑五环,象征世界上承认奥林匹克运动并准备参加奥林匹克竞赛的五大洲;白色底,意指所有国家都毫不例外能在旗帜下参加比赛。"顾拜旦用这5个紧紧扣在一起的环,表达着奥林匹克运动为各民族间的和平事业服务的思想。

(3) 会歌:1896年在雅典第一届奥运会的开幕式上,合唱队唱起了由古希腊人创作的一首庄严而动听的歌曲《奥林匹克圣歌》。国际奥委会在1958年于东京举行的第55次全会上最后确定用《奥林匹克圣歌》作为奥林匹克会歌,其乐谱存放在国际奥委会总部(瑞士洛桑)。从此,每届奥运会的开、闭幕式上都能听到这首悠扬的古希腊乐曲。

(4) 誓言:宣誓的传统来自古奥运会,但现代奥运会上的这个仪式是由顾拜旦于1913年提出的。在奥运会开幕式中,各代表团的旗手绕讲台形成半圆形,主办国的一名运动员登上讲台,他左手执奥林匹克旗的一角,举右手,宣读以下誓言:

"我以全体运动员的名义,保证为了体育的光荣和我们运动队的荣誉,以真正的体育道德精神参加本届奥林匹克运动会,尊重并遵守指导运动会的各项规则。"

紧接着,主办国的一名裁判员以同样的方式宣读以下誓言:

"我以全体裁判员和职员的名义,保证以真正的体育道德精神,公正无私地执行本届奥林匹克运动会的职务,尊重并遵守指导运动会的各项规则"。

四、中国与奥林匹克运动

1. 中国早期的奥林匹克组织

(1) 中国早期的竞赛活动:中国人最初是通过奥运会来认识奥林匹克运动的。1904年中国许多报刊报道了第3届奥运会在美国圣路易斯举行的消息,但当时并未能在社会上引起反响。1907年以后,一些基督教青年会和教会学校人士开始在社会上宣传奥林匹克运动。1907年10月24日,著名的教育家、体育家张伯苓先生在天津青年会第5届学校运动会的演说中提出:虽然许多欧洲国家获奖机会甚微,但仍然派出选手参加奥运会。他建议中国加紧准备,争取早日参加奥运会。

1908年,《天津青年》在一篇题为"竞技运动"的文章里提出了争取在中国举办奥运会的建议。在"争取早日参加奥运会"和"争取在中国举办奥运会"的口号鼓舞下,1910年10月18~22日在南京举行了"全国学校区分队第一次体育同盟会",即第1届全国运动会。

1913年开始举办的远东运动会(最初名为"远东奥林匹克运动会"),是奥林匹克运动在亚洲的先驱,中国是发起者之一。

从此,以举办全运会、参加远东运动会和奥运会为中心的竞赛制度逐步确立,现代体育加速从学校走向社会。这是奥林匹克运动在中国结出的第一个硕果。

(2) 中国早期的奥林匹克组织:

● 中国基督教青年会。在全国性奥林匹克组织出现前,中国的体育运动竞赛主要由该组织发起与组织。其中贡献最大的是第一位来华的美国体育干事埃克斯纳。

● 中华全国体育协进会。1924年8月成立。该会的成立,标志着中国体育的发展和中国奥林匹克运动的开展,都已进入一个新的阶段,基本结束了由外国人在中国办体育的局面。

2. 中国与国际奥委会

(1) 中国应邀参加国际奥委会:在中华体育协进会成立前,由于中国积极筹办和参加远东运动会,从而与国际奥委会发生了联系。1915年国际奥委会曾致电邀请中国参加第6届奥运会和奥委会会议,但由于第一次世界大战而未能实现。1922年王正廷担任国际奥委会委员后,中国便与国际奥委会建立了直接的联系。

(2) 中国参加奥运会:1928年中国获准可派代表团参加在荷兰阿姆斯特丹举行的第9届奥运会,但由于准备不足,只派了宋如海一人作为观察员出席而未参加比赛。1932年,国际奥委会正式承认"中华全国体育协进会"为中国的奥委会后,中国参加了第10届、第11届和第14届奥运会。

第10届奥运会,1932年在美国洛杉矶举行。在张学良将军的热心资助下,派出了一个3人代表团:代表沈嗣良,选手刘长春,教练宋君复。这是中国运动员第一次正式进入奥运会赛场。

第11届奥运会,1936年在德国柏林举行。中国参加了田径、篮球、足球、游泳、举重、拳击、自行车比赛以及武术表演。除符保卢撑竿跳高进入复赛外,其他各项在初赛中即被淘汰。但武术表演却引起了各国体育界人士的极大兴趣。

第14届奥运会,1948年在英国伦敦举行。中国参加了田径、足球、篮球、游泳、自行车等项比赛。各项均未进入决赛。

(3) 中国退出奥委会:1952年,中华全国体育总会(中国奥委会)宣布中国将派运动员参加第15届奥运会。然而,当时国际奥委会中的一些人却违背《奥林匹克宪章》的规定,拒不邀请我国参加。经过斗争虽得到邀请,但国际奥委会同时也邀请了台湾的体育组织参加。在此后的几次国际奥委会上,都对中国奥委会代表权问题进行了激烈的讨论。1954年5月,在雅典举行的国际奥委会第49次会议上,终于以23票对21票通过决议,承认中华全国体育总会为中国国家奥委会。但是,国际奥委会主席布伦戴奇却将中国台湾的体育组织以"中华民国"的名义列入国际奥委会名单中,制造"两个中国"。在这种情况下,1958年8月,我国宣布中断与国际奥委会以及有关的9个国际单项协会的联系。

(4) 中国重返奥运会:1979年4月,在国际奥委会全会上,中国奥委会代表何振梁明确表示:根据《奥林匹克宪章》,只应承认一个中国奥委会,即设在北京的中国奥委会;考虑到让台湾的运动员亦应有参加国际比赛的机会,可允许台湾的体育组织作为一个地方机构,以中国台北奥委会的名义留在奥林匹克运动内,但它的旗、歌和章程等应作相应的变动。1979年11月,中国的意见,获得了国际奥委会全体委员以通讯表决方式通过,中国在国际奥委会的合法席位最终得到了恢复。

1984年7月29日,在美国洛杉矶举行的第23届奥运会的第一天,中国射击运动员许海峰为中国取得了第一枚金牌,打破了中国在奥运奖牌史上"零"的纪录,掀开了中国体育史上的崭新一页。这届奥运会中国共取得15块金牌。

1988年,在参加韩国汉城举行的第24届奥运会上,中国获得5块金牌。

1992年,在西班牙巴塞罗那举行的第25届奥运会上,中国获得16块金牌。

1996年,在美国亚特兰大举行的第26届奥运会上,中国获得16块金牌。

2000年,在澳大利亚悉尼举行的第27届奥运会上,中国获得28块金牌。

2004年,在希腊雅典举行的第28届奥运会上,中国获得32块金牌。
2008年,在中国北京举行的第29届奥运会上,中国获得51块金牌。
2012年,在英国伦敦举行的第30届奥运会上,中国获得38块金牌。

(5) 中国申办奥运会:中国人早就有申办奥运会的想法,但在相当长的时间内,中国都不具备举办奥运会的能力和条件。改革开放以来,由于我国经济的持续发展,政治和社会的稳定,人民生活水平的不断改善提高,我国体育事业的巨大发展以及北京亚运会的成功,大大地提高了我国在国际上的地位和在国际奥林匹克运动中的影响。中国已具备了承办重大国际比赛和奥运会的能力。1991年2月26日,中国奥委会和北京市决定向国际奥委会申请在北京举办2000年第27届奥林匹克运动会,并于同年12月4日递交了承办申请书,1993年9月在决定承办城市的奥委会投票中,中国以43:45两票之差输给了澳大利亚悉尼。1999年我国再次申办2008年第29届奥运会,2001年7月13日,在莫斯科召开的国际奥委会第112次全会上,中国北京以56票赢得了2008年第29届奥运会的主办权。全国13亿人民欢欣鼓舞,全世界华人一片欢腾。2001～2008年7年中,北京城建总投资约2800亿人民币用于城市基础设施、能源交通、水资源和城市环境建设;奥运会运行资金投入约20多亿美元;奥运会场馆建设投入约130亿人民币(图2-1)。2008年的北京为全世界各地的运动员创造了一流的比赛环境和条件,为世界各国和地区的朋友们提供了最好的设施和服务,使第29届奥运会成为了最突出的一届奥运会。

图2-1

(6) 第29届奥运会会徽——"中国印·舞动的北京":2002年7月2日,北京奥委会正式向全球1500多名专业设计师抛出绣球,征集北京奥运会会徽设计。最后,获得第1名的是1498号作品"中国印"。

"中国印"作为第29届奥运会会徽包括三个部分:一是印形部分,二是"Beijing 2008"字样,三是奥林匹克五环。因为印形极富中国文化特色,"Beijing 2008"字样也应与之相配,特别是采用了中国书法艺术、汉字简化体的笔意,风格独特(图2-2)。

据北京奥组委介绍,"中国印·舞动的北京"有4项含义。

其一,中国特点、北京特点与奥林匹克运动元素的巧妙结合。以印章为主体表现形式,将中国传统的印章和书法等艺术形式手法夸张变形,巧妙地幻化成一个向前奔跑、舞动着迎接胜利的运动人形。人的造形同时形似现代"京"字的神韵,蕴含浓重的中国韵味。

主体图案基准颜色选择红色,具有代表国家、喜庆、文化传统的特点。印章早在四五千年前就已在中国出现,至今仍是一种广泛使用的社会诚信表现形式,寓意北京将实现

图2-2

"举办历史上最出色的一届奥运会的庄严承诺"。这个标志生动地表达出北京张开双臂、欢迎八方宾客的热情与真诚,传递着奥林匹克的热情与精神。印章中的运动人形刚柔相济,形象友善,充满了动感,体现了"更快、更高、更强"的奥林匹克格言的意蕴,以及以运动员为核心的奥林匹克运动原则。

其二,城市加年份的标准字体设计别出心裁、独树一帜。"中国印·舞动的北京"字体部分采用了汉字竹简文字的风格,将这一字体的笔画和韵味有机地融入到"Beijing 2008"字体之中,自然、简洁、流畅,与会徽图形和奥运五环浑然一体。

其三,总体结构与独立结构比例协调。"中国印·舞动的北京"中的中国印、Beijing 2008 和奥运五环三部分之间在布局及比例关系方面近乎完美。每一部分独立使用时比例合理,不失调。

其四,有利于形象景观应用与市场开发。国际奥委会知识产权注册机构认为,"中国印·舞动的北京"之主体图案具有作为独立商标注册的条件,在城市景观布置、场馆环境布置等方面蕴含着巨大的潜力。

图 2-3

(7) 第 29 届奥运会吉祥物——福娃:福娃是北京 2008 年第 29 届奥运会吉祥物(图 2-3),其色彩与灵感来源于奥林匹克五环、来源于中国辽阔的山川大地、江河湖海和人们喜爱的动物形象。福娃向世界各地的孩子们传递友谊、和平、积极进取的精神和人与自然和谐相处的美好愿望。

福娃是五个可爱的亲密小伙伴,他们的造型融入了鱼、大熊猫、藏羚羊、燕子以及奥林匹克圣火的形象。

每个娃娃都有一个琅琅上口的名字:"贝贝"、"晶晶"、"欢欢"、"迎迎"和"妮妮",在中国,叠音名字是对孩子表达喜爱的一种传统方式。当把五个娃娃的名字连在一起,你会读出北京对世界的盛情邀请"北京欢迎你"。

(8) 第 29 届奥运会开幕式:2008 年 8 月 8 日晚 8 时,举世瞩目的北京第 29 届奥运会开幕式在国家体育场(图 2-4)隆重举行。国家主席胡锦涛出席开幕式并宣布本届奥运会开幕。具有两千多年历史的奥林匹克运动与具有五千多年传承的灿烂中华文化交相辉映,共同谱写人类文明气势恢弘的新篇章。

随着一道耀眼的光环、一声声强劲有力的击打,2008 名演员击缶而歌,吟诵着"有朋自远方来,不亦乐乎",表达了对世界各地奥运健儿和嘉宾的欢迎;象征第 29 届奥运会的 29 个巨大的脚印在天空绽放;巨幅图轴缓缓展开,以"美丽的奥林匹克"为主题的大型文艺表演拉开了帷幕……艺术家们历经 3 年多精心准备的这台演出,以新颖的创意、浓郁的中国风情、富有感染力的表现手法,向世界奉献了一部奥林匹克与中华文明交融交汇的华丽乐章。

0时04分,在空中奔跑的李宁点燃了巨大的火炬,熊熊燃烧的圣火,辉映成七色彩虹,人们的欢呼声震耳欲聋。

图 2-4

欢歌劲舞庆盛事,火树银花不夜天。这是13亿中国人民永难忘怀的时刻,这是现代奥林匹克运动又一辉煌的瞬间!国际奥委会主席罗格感叹地说"这是一届真正的无与伦比的奥运会"。

2015年7月31日,北京市携手张家口市获得了2022年第24届冬奥会举办权。在奥林匹克百年历史中,从未有一座城市同时举办夏季和冬季奥运会,北京无愧于"体育之都",成历史首座"通吃"夏冬奥城。

第二节　校园体育文化

一、校园体育文化的范畴

1. 校园体育文化的概念

任何文化的诞生,必须具备三个基本条件,即创造的主体、对象以及一定的文化创造进行的手段和环境。所谓文化,从宏观的意义上说,是人类社会历史实践过程中所创造出来的全部物质财富与精神财富。文化包括物质和精神两大层次,物质文化或精神文化又包含着许多层面。校园文化是整个人类文化的一个组成部分,属于精神文化范畴,它是一个多层次主体化的有机的整体。作为这个整体重要组成部分的校园体育文化,可以说是推动校园文化发展的最有力的催化剂,是校园文化的重要内容。体育活动与文艺活动一起,构成了校园文化最有活力、最富创新意识的"两朵鲜花。"这是与校园文化自身所具有的特色相一致的。校园文化的主体是学生,这一群体具有年轻、有朝气、富于幻想、富有活力的特点,因此,作为校园文化重要载体的体育活动就以其特有的观赏性、挑战性、普及性而受到广大师生的欢迎。校园体育文化是以校园为空间,以学生、教师参与为主体,以身体练习为手段,以多种多样的体育锻炼项目为主要内容,具有独特表现形式的一种群体文化。

校园体育文化是校园文化和体育文化两种体系交汇产生的,两者互相影响、融合、渗透、促进和发展,有着密不可分的联系。校园体育文化可通过多种形式来体现,其主要形式有:早操、课间操、课外体育活动、运动队训练、小型运动竞赛、体育讲座、专题报告会、体育技能表演、学校体育节等,其中体育节是近年来发展比较快的一种校园体育文化活动,成为目前校园文化的亮点之一,因为,它以自身独特的风格吸引着全体师生来参与体育活动,起到活跃校园生活的作用。

2. 校园体育文化的特点

学校作为社会重要的组成细胞,不能脱离民族的、时代的文化背景而存在,与其他亚文化形态一样,校园体育文化在一定程度上是社会文化的缩影,也是社会大文化中一个具体的组成部分。校园体育文化的生存发展既受到社会文化特性的制约,又有其自身的独特表现。

(1) 校园体育文化的客观性:师范院校的校园文化更强调为人师表、完善自身素质的特征。校园体育文化是在长期的师范教育实践中逐步形成的,是一种文化的历史积淀,它在社会文化环境和学校本身发展的合力作用下形成,尽管不排除人为的主观努力,但从总体上看是客观的、独立的。教育界有个共识:凡是育人工作有特色、对外声誉高的学校,一般都有优良的、健康向上的校园文化,更有丰富多彩、生动活泼的校园体育文化。而体育活动开展不好、群体活动不普及的学校大多是管理无生气、育人不景气。校园体育文化作为一种客观存在的形态,不管你是否意识到,它总是会对学校的发展产生作用。

(2) 校园体育文化的连续性和继承性:校园体育文化和其他亚文化一样,同样具有历史延续性,是可以形成传统和风气的。学校体育传统和风气是指一个学校在体育活动方面形成并进行的带有普遍性、重复出现和相对稳定的一种集体行为风尚,是学校教育的一种氛围与环境,是师生员工共同创建的校园文化,是校风的有机组成部分。这种传统和风气作为一种社会文化现象,既有区别又有联系。一般认为,传统多指纵向性的继承,风气更多指横向性的传播,某种风气的长期存在也可能逐渐形成传统。校园体育文化开展得如何,主要看学校体育传统和体育风气。因此,校园体育文化不是在短时间内可以形成的,需要长期的积累和人们坚持不懈的努力。

(3) 校园体育文化的时代性:任何文化都是时代的产物,都具有在一定程度上反映时代本质的特征,同时又随着时代的发展前进而不时地演化自己的形态。学校离不开时空环境,时空环境是影响学生生存发展的重要因素。在校园体育文化的形成和发展中,其内容与形式都受到一定时代的政治体制、经济体制、教育体制以及社会结构、文化风尚等的制约,因此容易受时代特征的影响,这就是校园体育文化的时代性。如20世纪50年代我国实行的全民健身热、贯彻劳卫制,在校学生的体育成绩要达到等级运动员的标准;60年代中期至70年代末期的"文化大革命",体育几乎处于瘫痪状态;80年代学习女排热;90年代初期又是足球热;而今是学校要落实全民健身计划以及《体育与健康课程标准》的改革。每个时代的政治经济改革,都深深地影响着学校,甚至成为那个特定时代校园体育文化的主旋律。总之,时代的体育精神特点感染着校园体育文化,校园体育文化反映着时代的体育面貌。

(4)校园体育文化的新颖性:体育活动的最大特色就在于它的新颖性。譬如在每年春季运动会上推出团体操、健美操、武术表演以及广播体操比赛、趣味性游戏等内容,某些师范院校对所有师范生在毕业前进行队列、口令指挥及广播操的过关测试等。在发扬优良传统的同时,结合师范职业特点,努力创新,不断开拓体育活动的新思路。

(5)校园体育文化的闭合性:从组织观念看,学校是一个大组织,其内部由一个个小组织构成,因此,具有组织层次分明、组织单位集中的特点,这给校园体育文化带来了新的特点。一方面在内容上向开放方面发展,但另一方面也存在形态上相对闭合,从而形成一个个"体育文化圈",如师范院校里的专业、年级、班级以及自发组成的专项体育协会等。这些群体组织形成的相对闭合的体育文化圈,形成相对独立的集体、相对固定的群体、相对定向的实际对象,可以这样讲,校园体育文化环境就是由一个个的体育文化圈组成的,没有体育文化圈,就没有校园体育文化。

(6)校园体育文化的动态性:师范校园体育文化形成的主体是师范生。他们天生好动,不习惯于长期静坐和沉默。一般而言,校园的课堂教学活动是一种静态性的教育形式,长时间的"三点一线"式的学习生活,往往使许多好动的学生感到枯燥无味。因此,在学习之余所钟情的是既能调剂生活,又能获取各种瞬息万变、充满强烈动感的校园体育文化。在紧张学习的闲暇,组织一场小型的体育比赛或一场舞会,这样既能调节学习生活节奏、和谐心灵、陶冶情操,又能使学生得到积极的休息。特别是在节假日到来的时候,如果进行以上的活动,就能使宁静的校园又"动"了起来。

二、校园体育文化的价值观

1. 校园体育文化的社会价值

(1)校园体育文化是提高学生社会道德水准的规范文化:校园体育文化是一种群体文化,它有赖于群体的共建,同时又反作用于每个个体,使个体把这种集体的行为风尚,内化为自我要求。因此,在客观上它对学生的行为方式必然产生一种学校"规范"和"约束"的效果,对学生体育锻炼行为习惯的养成产生规范约束的作用。它正像前苏联教育家苏霍姆林斯基所指出的"用学生创造的周围情景,用丰富的集体精神生活的一切东西进行教育,这是教育过程中最微妙的领域之一"。

(2)校园体育文化是一种促进社会文明的精神文化:文明孕育体育,体育促进文明。作为校园文化一部分的校园体育,一方面对学生个体自身文明素质的培育与提高产生积极作用,同时,还会通过多种形式和传播载体,对家庭体育、学校体育、社区体育乃至社体育的内容、形式及风气产生直接与间接的影响。另一方面,当他们进入社会,转变角色以后,学生时期形成的对体育的兴趣、爱好和锻炼习惯,会随着他们的生活方式、行为习惯传播于社会,从而使这种良好的体育行为产生应有的社会效应,对体育的社会化和社会精神文明建设有重大的促进作用。

(3) 校园体育文化是促进学生身心健康发展的人体文化：校园体育文化是通过身体运动的方式进行的,它要求人体直接参与活动,这是校园体育文化最本质的特点之一,并决定了校园体育具有促进学生身心健康的功能。主要表现在能改善和提高人的中枢神经系统的工作能力;促进机体的生长发育,提高运动能力;促使学生身体机能的提高;调节学生的心理,使人朝气蓬勃,充满活力。

(4) 校园体育文化是提高审美意识的情感文化：校园体育文化对提高人们的审美意识有很好的促进作用。体育本身是一种健与美统一的活动,体育锻炼能使学生体魄健美,体形匀称,姿态端正,动作矫健,这些既是健康的标志,又是人体美的表现。校园体育文化能以丰富的内容和独特的形式,培养学生的形体美、动作美、姿态美、仪表美和心灵美,使学生树立正确的审美观,提高感受美、鉴赏美、表达美、创造美的能力。

2. 校园体育文化的教育价值

(1) 校园体育文化与德育：对学生进行共产主义思想品德教育,既是德育的任务,也是体育的任务,两者在全面教育中是很难截然分开的,在学校教育中往往寓德育于体育之中。事实证明,校园体育文化是培养学生共产主义品德及完善个性的重要手段。这主要是因为：校园体育文化以它丰富多彩的活动内容,吸引着我们的师范生;校园体育文化多以集体为单位,便于进行群体教育;校园体育文化活动经常采用竞赛、评比和奖励优胜等方法,有助于培养学生的竞争意识和开拓精神;作为一种进行教育和充实余暇时间的手段,对于防止和矫正学生的不良品德,教育犯有过失的学生,具有显著的作用。

(2) 校园体育文化与智育：校园体育文化对促进学生的智力发展有着重要作用。其根本原因是：健康的体质,特别是健全的神经系统,是智力发展的物质基础。通过体育锻炼,可以培养敏锐的感知能力、灵活的思维能力、丰富的想像能力、良好的注意力和记忆力;可以使学生进行积极性休息,清除大脑的疲劳,恢复和提高大脑的工作能力,从而提高学习的效率。$8-1>8$(指从8小时中拿出1小时进行身体锻炼,其学习和工作的效率大于8小时连续工作)这个富有哲理的公式,就充分说明了这个道理。

(3) 校园体育文化与美育：校园体育活动对学生美的修养更具促进作用。美,作为人个性的和谐发展和精神文明的综合标志,是寓于德育、智育和体育之中的。思想品德和情操的美,是德育的主要内容,而风度美、语言美、环境美等又是与一个人的文化知识水平和美学修养直接有关的。至于美与健的关系更为密切,离开了健去谈美是不可思议的,而没有美,健也会失去光彩。只有体育与美育相结合,才能培养出集健与美于一体的人。

总之,校园体育文化是一种精神文化,校园体育文化有助于创造生动丰富的校园文化;有助于冲破校园文化的封闭性,增强开放性;有助于弘扬校园文化的创新精神。

三、校园体育节

1. 校园体育节的意义和作用

师范生是师范校园体育文化建设的主体,营造一个活跃、丰富、向上的体育文化氛围,有利于师范生的身心健康发展。近年来兴起的校园体育节活动是培养学生全面素质的途径之一。体育节的活动能有效地提高学生对体育的兴趣,调动学生体育锻炼的积极性,对增强学生的体育意识,提高体育素养,扩大知识面,培养综合能力等方面都有重要意义。

2. 学校体育节的组织与形式

搞好学校体育节必须抓好制定方案、思想发动、组织实施几个基本环节:

(1)制定方案:根据活动的工作环节、内容等具体要求,先由学校主管体育工作的领导拟定一个基本框架,然后由承办部门拟定实施方案。实施方案分三个层次:

● 组织领导。建立由校长或主管体育的校长挂帅,有相关部门负责人参加的体育节领导小组。下设活动组织组、新闻宣传组、安全保卫组等办事机构,并由领导小组组长或副组长具体负责各办事机构的工作,分解各办事机构的主要任务,统筹协调和落实领导管理工作。

● 活动形式与时间。总的实施方案中要确定体育节整个活动的时间,并对采取的形式作出具体的规定,学校体育节的形式一般有各种体育比赛、体育表演、体育讲座、体育知识竞赛等。开展范围有全校性的、以专业为单位的、以班级或年级为单位的等。

● 制定活动规程。首先应明确本次活动的目的任务、主办单位、活动时间和地点、参加单位及级别等。这些内容根据组织方案决定。其次应根据体育节的性质、规模、参加级别、参加者的实际水平情况设置比赛项目。对有关项目的比赛规则、器材的重量和规格应作相应的要求,尽量体现师范生参加体育比赛的特点,领导小组要对其活动提出原则要求,加强宣传,以掀起全校性群众体育锻炼的热潮。

(2)思想发动:

● 召开领导小组会议,讲清实施方案中的各项任务、要求,统一思想,统一步调。

● 通过学校的宣传媒体进行广泛宣传报道。

● 对所有参加体育节活动的工作人员进行思想动员,引起足够重视,高起点、高标准地做好体育节活动期间的准备工作。

● 做好全校师生的思想教育和组织工作,使其充分认识开展学校体育节的目的和价值,号召大家积极参加这一全校健身活动。

(3)组织实施:搞好活动,制定好实施方案只是第一步,要把方案落到实处,取得理想的效果,严密细致的组织实施是十分重要的。所谓组织,就是使人的活动更有效地协调一致的手段,是有意识地调整人的各种活动以及各方面的力量,为实现所要达到的目标,而规定各成员应起的作用及他们之间的相互关系,使之在整体实施过程中,作为一个有机体发挥作用。

【思考与体验】

■ 试述现代奥林匹克运动的发展简史。

■ 怎样理解以奥林匹克主义为核心的奥林匹克运动的思想体系,谈谈你对此的认识。

■ 结合自身的经历说说你对奥林匹克运动会主要仪式的理解和感受。

■ 何为校园体育文化?结合校园体育文化的特点和价值谈谈你的认识。

第三章
幸福生活的保障——健康体育

【学习要点】
- 了解健康三维观：身体、心理和社会各方面都完美的状态
- 了解健康五要素：身体健康、情绪健康、智力健康、精神健康、社会健康
- 学会健康的生活方式：合理饮食、适量运动、戒烟、饮酒切忌过量
- 懂得参加体育锻炼的卫生，了解女性体育锻炼与经期的卫生
- 懂得参加体育锻炼的自我监督方法，了解锻炼中出现伤害事故的急救措施

第一节　健康与健康的生活方式

一、健康的涵义

1. 健康三维观

人类在发展历程中，经常因外界环境或自身的因素，而引发躯体疾病，并因此导致贫困和灾难，所以人们普遍认为无病即是福，无病即健康。早在古希腊时代，医生就相信健康是身体的完全平衡，传统观念将健康单纯理解为"无病、无残、无伤"。生物医学模式的健康观念是建立在完好的躯体基础之上的，我国学者认为"健康就是没有病"，即"人体各器官系统发育良好，功能正常，体质健壮，精力充沛，并且具有良好的劳动效能。通常用人体测量、体格检查和各种生理指标来测量"。在美国也有类似的看法，美国健康专家贝克尔认为，健康是"一个有机体或有机体的部分处于安宁状态，它的特征是机体有正常的功能，以及没有疾病"。但是，随着社会的发展和科学技术的进步，人们突破了原先的思维模式，对健康的概念有了新的认识。

世界卫生组织对健康提出了一个明确和全面的定义："健康是指在身体、心理和社会各方面都完美的状态，而不仅是没有疾病和虚弱。"从而使对健康的评价不仅基于医学和生物学的范畴，而且扩大到心理和社会学的领域。由此可见，一个人只有在身体和心理上保持健康状况，并具有良好的社会适应能力，才算得上真正的健康。

人在身体、心理上的健康状况以及良好的社会适应能力三个方面的有机结合，构成人的生命质量。在人的生命这个三维立方体中，身体、心理和社会三种属性的面积越大，则生命立方体的体积越大，在自然和社会中所占的位置也越高，与社会的接触面也越大，显示出该个体的生命质量也越高；反之，如果这三种属性的面积过小，则个体与社会的接触面也越小，生命质量就越低。许多健康者的经验告诉我们，生命体的质量越高，则健康长寿的可能性就越大；相反，个体如果心理压抑和自我封闭，则极易产生疾病，缩短寿命。这就说明，一个人只有从生物、心理和社会三个方面着手，才能有效地保证其健康幸福的生活，并提高生命质量。

美国学者奥林斯提出了一种三维健康模式,强调从生物、心理和社会三个方面来评价人的生命状态,每个方面均包含着健康和疾病两极,由此得出关于人的健康状况的三维表象。根据这种表象所确定的方案,可以大致区分出普通人的8种健康模型(表3-1)。

表3-1　8种健康三维模型

类型	标志	身体方面	心理方面	社会方面
1	正常健康	健康	健康	健康
2	悲观	健康	不健康	健康
3	社会方面不健康	健康	健康	不健康
4	患疑难病症	健康	不健康	不健康
5	身体不健康	不健康	健康	健康
6	长期受疾病折磨	不健康	不健康	健康
7	乐观	不健康	健康	不健康
8	严重疾病	不健康	不健康	健康

资料来源:奥林斯,F.D.《健康社会学》,1992。

2. 健康五要素说

美利坚大学的国家健康中心提出一个与健康三维观相似的健康定义,即个体只有在身体、情绪、智力、精神和社交五个方面都健康(也称健康五要素)才称得上真正的健康,或称之为完美状态(图3-1)。目前,也常用完美一词来替代健康。

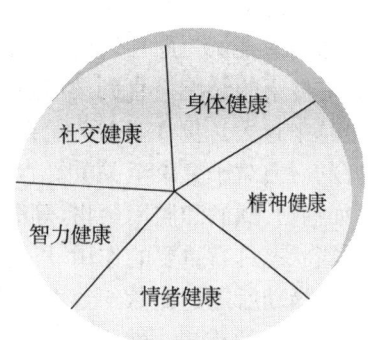

图3-1　健康五要素

(1) 身体健康:身体健康不仅指无病,而且还包括体能,后者是一种满足生活需要和有足够的能量完成各种活动任务的能力。具备这种能力,就可以预防疾病,增进健康,提高生活质量。

(2) 情绪健康:情绪涉及到我们对自己的感受和对他人的感受,情绪健康的主要标志是情绪的稳定性。所谓情绪稳定性是指个体应对日常生活中人际关系和环境压力的能力。当然,生活中偶尔情绪高涨或情绪低落均属正常,关键是在生活的大部分时间里要保持情绪稳定。

(3) 智力健康:智力健康指在长期的学习和生活中,大脑始终保持活跃状态。有许多方法可以使大脑活跃敏捷,如听课、与朋友讨论问题和阅读报刊书籍,等等。努力学习和勤于思考还能使人有一种成就感和满足感。

(4) 精神健康:精神健康对于不同宗教、文化和国籍的人意味着不同的内容,主要包括理解生活基本目的的能力和关心尊重所有生命体的能力。

(5) 社交健康:社交健康指形成与保持和谐人际关系的能力,此能力将使你在交往中有自信感和安全感。与人友好相处,也会使你少生烦恼,心情舒畅。

健康的五个要素相互联系、相互影响(图3-2)。例如,身体不健康会导致情绪不健康;缺乏精神上的健康会引起身体、情绪和智力的不健康等。

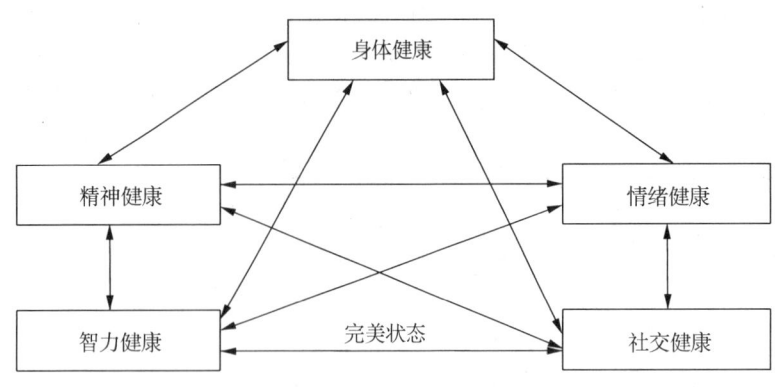

图 3-2　健康五要素之间的关系

在人的生命长河的不同时期,健康的某一要素可能会比另一些要素起更重要的作用,但长久地忽视某一要素就可能存在健康的潜在危险。只有每一种健康要素平衡地发展,人才称得上处于完美状态,才能真正健康幸福地生活,并享受美好人生。

身体完美状态或健康状态是通过健康的生活方式来形成和保持的。生活方式是指人们长期受一定文化、民族、经济、社会、风俗、家庭等影响而形成的一系列生活习惯、生活制度和生活意识。人类在漫长的发展过程中,虽然很早就认识到生活方式与健康有关,但由于人们一直认为危害人类生命的各种传染病是人类死亡的主要原因,从而忽视了生活方式对健康的影响。直到 20 世纪 60 年代后,人们才逐步发现生活方式在全部死因中的比重越来越大。例如,1976 年美国年死亡人数中,50% 与不良生活方式有关,可见,养成良好的习惯对于健康至关重要。生活方式包括有规律的体育锻炼、营养适宜、消除不良习惯(如抽烟、酗酒和滥用药物,等等)以及控制精神压力等。适宜的营养对于增强体能和保持健康状态具有重要的作用,可以促进人体生长发育和修复机体组织,还可以满足人们每日身体活动所需的能量。营养吸收太少会削弱体能和引起疾病,因此,保持足够的营养应引起每个人的重视。然而,营养吸收又不能过分,暴饮或暴食都会导致肥胖症,肥胖症可引起心脏病、糖尿病,等等。不管你目前的健康状况如何,都应该树立健康的生活方式,从而达到完美状态。怎样才能形成健康的生活方式呢？首先,你应该清楚自己目前的生活方式和影响自己健康的潜在危险因素,然后再通过自己的努力去改变生活方式中的不良习惯。

表 3-2 是生活方式自评量表,可以使你了解自己的生活方式。量表分 6 部分,每个题目有 3 个选择,请你在符合你的情况的数字上画圈,并在每一部分最后的横线上填上你的分数。

表 3-2　生活方式自评量表

	一直	有时	从未
一、吸烟			
1. 我避免吸烟	2	1	0
2. 我仅吸低焦油和低尼古丁的香烟	2	1	0
你的吸烟分数：_____			

续　表

	一直	有时	从未
二、酒精和药物			
1. 我避免喝酒	4	1	0
2. 我一天喝酒不超过一次	2	1	0
3. 当服某些药（如安眠药、止痛药、感冒药等）时，我不喝酒	2	1	0
4. 当我服药时，我遵医嘱	2	1	0
你的酒精和药物分数：_____			
三、饮食习惯			
1. 我每日吃各种食物	4	1	0
2. 我少吃高脂肪的食物	2	1	0
3. 我少吃盐含量高的食物	2	1	0
4. 我避免吃太多的甜食	2	1	0
你的饮食习惯分数：_____			
四、锻炼和体能			
1. 我保持理想的体重，避免过重或太轻	3	1	0
2. 我至少一周进行三次有氧练习（跑步、游泳、散步等），每次15～30分钟	3	1	0
3. 我至少一周进行三次以提高力量为主的运动（健美操、各种力量练习等），每次15～30分钟	2	1	0
4. 我常利用余暇时间参与个人的、家庭的或集体的活动（打保龄球、球类运动等）	2	1	0
你的锻炼和体能分数：_____			
五、应激控制			
1. 我喜欢学习或其他工作	2	1	0
2. 我发现自己容易放松和自在地表达情感	2	1	0
3. 我常对可能有压力的事件和情景早作准备	2	1	0
4. 我有亲密的朋友、亲戚，能与他们谈论隐私，并在需要时，请求他们的帮助	2	1	0
5. 我常参与集体活动	2	1	0
你的应激控制分数：_____			
六、安全			
1. 我睡觉前会检查门是否关好	2	1	0
2. 我骑自行车或开车时不追求速度	2	1	0
3. 我不乱穿马路	2	1	0
4. 当使用有害物质或产品时（如电线板开关、灭蚊子的药水等）时，我会很小心	2	1	0
5. 我从不在床上吸烟	2	1	0
你的安全分数：_____			

资料来源：自评量表选自 Prentice,W.E.Fitness and Wellness for Life,1999
自评量表的分数解释：
9～10分　说明你意识到某一方面对你健康的重要性，并已经注意保持良好的生活习惯。
6～8分　说明你在某一方面有良好的生活习惯，但仍有需要改进的地方。
3～5分　说明你存在健康方面的问题，需要咨询医生如何减少健康方面存在的潜在危险。需要注意的是，对于吸烟这一部分而言，3～4分说明你保持着良好的生活习惯。
0～2分　说明你存在着健康方面的潜在危险，但你可能并没有意识到危险的存在。对于吸烟这部分来说，0～1分意味着你有健康方面的潜在危险。

二、合理营养与饮食

营养是指人体摄取、消化吸收和利用食物中养料以维持生命活动的整个过程。营养是构成机体组织的物质,也是保证人体正常生长发育,保持健康,预防疾病,提高学习和工作效率的重要因素。遗传因素决定着人体生长发育的可能性,营养因素决定其生长发育的速度和最后达到的程度。食物中具有营养功能的物质称为营养素,包括蛋白质、脂类、碳水化合物、维生素、无机盐、水和膳食纤维等。每种食物都含有一定的营养素,但没有包含所有营养素的食物,各种食物中所含的营养素的种类和含量不相同,人体必须尽可能地从较多种类的食物中摄取各种营养素。

1. 营养素

任何一种营养素都不可能具备各种营养素的功能,它们对人体的作用是各不相同的。

(1) 蛋白质:自然界中蛋白质种类很多,其元素组成很相似,都是由50%~56%的碳,6%~8%的氢,19%~24%的氧,13%~19%的氮组成。大多数蛋白质含有4%以下的硫,有的含有金属元素,个别蛋白质含有碘。蛋白质是构成人体细胞的基本成分之一,约占体重的17%,主要存在于肌肉组织和内脏器官中,骨骼、牙齿和脂肪组织中含量较少。人体的生长发育、衰老的组织更新,损伤组织的修补都依赖蛋白质。蛋白质还可调节生理功能,构成生命活动所需的酶和激素,免疫蛋白还可增强机体抵抗力,为生命活动提供热能。

蛋白质在体内的贮存量极少,过多的蛋白质进入体内被肝脏分解,成为尿素等被排出体外。每天应适当摄入一定量的蛋白质,既能满足机体的需要,又不会加重肝脏的负担。蛋白质的供给量为每人每天每千克体重1~1.5克,运动员、发育阶段的青少年、孕妇每日需要量宜高于此数值,可达到2克。

蛋白质中有20多种氨基酸,其中8种是人体内不能合成的,必需从食物中摄取,称为必需氨基酸。含蛋白质较多的食物有肉类、鱼类、豆类,全部的必需氨基酸都可从中得到,因此每日饮食中应适当补充这些食物,且以动物蛋白质和植物蛋白质各占50%为宜。

(2) 脂类:脂类包括脂肪和类脂,主要是由碳、氢、氧三种元素组成。脂类是构成人体组织细胞的重要成分:磷脂是细胞膜的主要成分,脑和外周神经组织都含有磷脂;体内许多激素都是由固醇类合成的。存在于内脏器官周围的脂肪起着固定和保护的作用,皮下脂肪可保持体温,并对机械撞击有缓冲作用,还可防止皮肤干裂、毛发脆断等。脂肪是脂溶性维生素A、D、K、E及胡萝卜素的良好溶剂。脂肪是体内富含热能的营养素,1克脂肪在体内氧化可产生37.665千焦的热量。

青少年每日脂肪供能应占总热能的25%~35%,成人占20%~25%。每日膳食中有50克脂即可满足人体需要,脂肪供应过多,会产生肥胖。肥胖会引发如糖尿病、高血脂、冠状动脉粥样硬化等疾病。脂肪的代谢与遗传、性别、年龄、体力、饮食习惯都有密切的关系。

在体内不能合成但不可缺少的脂肪酸称为必需脂肪酸,如亚油酸、亚麻油酸、花生四烯酸等,必需从食物中摄取。动物性食物如猪油、牛油、羊油、奶油、鱼油、骨髓及蛋黄,植物性食物如芝麻、菜籽、大豆、花生等,都含有丰富的脂肪酸。

（3）碳水化合物：糖类的化学结构式为$C_n(H_2O)_n$，故又称为碳水化合物，可以分为单糖（包括葡萄糖、果糖、半乳糖等）、双糖（蔗糖、麦芽糖、乳糖等）和多糖（纤维素、淀粉等）。糖是体内最经济和最重要的能量来源，1克葡萄糖在体内氧化可产生16.74千焦的热量。糖类构成体内许多组织成分，保护肝脏，维持中枢神经系统的功能，促进蛋白质吸收利用，帮助脂肪的正常代谢。

人体每日所需热能的60%～70%由糖类提供。摄入过多糖，超过机体所需的量，糖便会在体内转化为非必需脂肪酸，以脂肪形式贮存。糖的主要食物来源是植物性食品，如谷类（米、面、玉米、高粱等）、豆类、根茎类（白薯、马铃薯、萝卜等）和水果类。

> **小贴士**
>
> **增进健康的简单改变**
>
> 每天多吃一些水果或蔬菜。
> 获得充足的睡眠。
> 忙里偷闲放松自己。
> 减轻1斤体重。
> 进行体育锻炼。
> 每天喝8杯水。
> 多做好事。

（4）维生素：维生素是维持机体正常生理功能所必需的一类有机化合物。维生素不构成人体组织，不提供能量，是生命活动过程中的调节因素。大多数维生素不能在体内合成，需由食物供给。若缺乏某种维生素，会引起机体发生相应的疾病；过量摄入维生素，可增加机体排出量，或引起体内代谢紊乱，甚至引起机体中毒。应合理使用维生素。维生素可分为脂溶性维生素（维生素A、D、K、E等）和水溶性维生素（如B族维生素、维生素C等）。

维生素A是眼内感光物质视紫红质的主要成分，可促进人体生长发育和维持上皮组织的正常功能。缺乏维生素A时，视觉减退，暗适应能力减弱，出现夜盲症；严重时可发生干眼病、角膜炎、皮肤干燥起鳞片等病症；若摄入过量，则可导致中毒。成人每天维生素A的需要量接近1毫克（或6毫克胡萝卜素），维生素A最高耐受量3毫克。维生素A在动物的肝脏、鱼卵、奶油、禽蛋、胡萝卜以及红、黄、绿色等色泽鲜艳的水果和蔬菜中含量较丰富。

维生素D其主要作用是促进人体对钙、磷的吸收，促进骨骼和牙齿的钙化和生长发育。儿童缺乏维生素D可引起佝偻病；成人缺乏可致骨质软化症或骨质疏松症。户外活动时，紫外线照射可致维生素D合成增加，动物肝脏、鱼肝油、蛋黄、乳类等食品中富含维生素D。成人每日维生素D的需要量是5微克，儿童和孕妇需要量较多，最高耐受量20微克。

维生素E具有保护细胞，抗氧化、抗衰老作用，能提高人体活动能力。维生素E缺乏会引起肌肉营养不良和其他组织病变。维生素E广泛分布于动植物中。

维生素B_1又称硫胺素。较耐高温，在中性和碱性环境中易被破坏。维生素B_1能辅助糖代谢，加速糖元分解，维持神经系统的正常功能。缺乏维生素B_1时糖代谢发生障碍，会引起食欲下降、肌肉无力、疲倦、记忆力减退。如长期缺乏，则有可能患脚气病，表现为多发性神经性神经炎、肌肉萎缩、水肿、失眠、心悸、胸闷等。机体能量消耗越多，维生素B_1需要量也就越多；一般成人每日需要量为1～1.5毫克，大强度运动或过度脑力劳动时需要量会随之增加，最高耐受量50毫克。动物内脏、豆类、酵母、硬果类中含有一定的维生素B_1，粮谷类食物中硫胺素主要存在于胚芽和表皮部分，过度碾磨和过分水洗的精米和精面,会造成硫胺素大量流失。

维生素 B_2 又称核黄酸。在中性和酸性环境中稳定,在碱性环境中易被破坏。其主要作用是促进体内物质代谢的正常进行,保护眼睛、皮肤、口舌和神经系统的正常功能,缺乏时会产生口角炎、唇炎、舌炎等。人体需要量与硫胺素相同。主要来源是奶类、蛋类、肉类、谷类、根茎类及绿叶蔬菜等,过分加工的谷类,核黄酸损失65%。若膳食调配不当,则易缺乏。

维生素 C 又称抗坏血酸,酸性,溶于水,在中性和碱性环境中易被破坏。铜制器具有加速维生素 C 破坏的作用。其主要作用是保护结缔组织,参与体内氧化还原反应,促进造血,改善机体工作能力,能消除疲劳,增强机体抵抗力等。缺乏时会产生坏血病,皮下、粘膜、关节处易出血。一般成人每日需要量为70～75毫克,儿童少年、患者需要量相对增加。维生素 C 分布较广,新鲜蔬菜、水果中含量较高,以枣、柚、山楂、蒜苗、甜椒等食物中的含量最为丰富。

维生素 PP 又称尼克酸,溶于水,性质稳定。在机体代谢过程中有重要作用,可维持皮肤、神经和消化系统的正常功能。成人每日需要量为15～20毫克。广泛存在于动植物食物中。

(5) 无机盐:人体中除碳、氢、氧、氮主要元素以外的各种元素都称为无机盐,总量约占体重的5%～6%,在体内含量较多的钙、钾、钠、磷、镁、硫称为常量元素,含量极少的铁、铜、锌、锰、碘、硒等称为微量元素。无机盐不提供热量,但它们是构成机体和调节生理机能的重要物质。

钙:人体内含量最多的元素之一,约占体重的2%,是骨骼和牙齿的主要成分。钙还是机体的组成部分,可维持神经系统的正常兴奋性,参与凝血过程,促进肌肉收缩。我国规定成人每日的供给标准为800毫克,最高耐受量为2000毫克。含钙的食物来源较广,一般动物性钙比植物性钙容易吸收,奶类、豆制品和海产品含钙丰富,蔬菜的外部含钙较菜心多。但一些含草酸较多的蔬菜如菠菜、茭白、竹笋、菠萝等会影响钙的吸收。

磷:也是骨骼和牙齿的主要成分,参与体内物质代谢,参与构成体内缓冲体系,维持血液的酸碱平衡。成人每日需要量约为2克。磷广泛存在于动植物组织中,如果膳食中有足够的蛋白质和钙,也就有足够的磷。

铁:在人体中含量很少,是血红蛋白的主要成分,参与体内能量代谢过程;缺铁会患缺铁性贫血。成人体内的铁约有3～7克,男性每日需要量约为15毫克,女性需20毫克,最高耐受量为50毫克。动物肝脏、猪血、肉类、豆类、海带、黑木耳等含有丰富的铁,做菜使用铁锅也能增加铁的吸收。

锌:参与体内蛋白质和核酸代谢,是身体发育阶段不可缺少的重要元素。人体缺锌表现为生长停滞,性发育迟缓,自发性味觉减退和组织损伤后愈合缓慢。锌每日供给量约15毫克,可从动物性食品、豆类和谷类食品中获得。

氯和钠:是细胞生存环境中最重要的离子,来源于食盐,在一般情况下不会缺乏,而在炎热天气或剧烈运动后,出汗较多,如果只补充了水,易使机体缺钠而致中暑。所以大量出汗后,补水也要补盐。

碘:是合成甲状腺素的原料,甲状腺素是调节人体物质代谢的重要激素,在生长发育及各器官的功能活动中有重要的作用。缺碘会患甲状腺肿大,甲状腺素分泌量减少,阻碍青少年生长发育,影响智力发育等。成人每日需要量为 150 微克,最高耐受量为 1000 微克。海带、紫菜中碘含量较丰富,应食用碘盐以防碘缺乏病。

(6) 水:水是机体的重要组成成分,约占体重的 60%～70%,体内各种生理活动都是在水环境下进行的,机体损失 20% 的水就会危及生命。水的比热大,能调节机体的温度,使体温不因外界环境的温度变化而有明显改变;水在体内有润滑作用。成人一般每日需要水 2000～3000 毫升,其中部分来源于食物和代谢产生,除此之外另需补充水 1000～1500 毫升。夏季或运动时排汗较多,宜适当增加饮水量,但饮用时以少量多次为好。

(7) 膳食纤维:膳食纤维指不被消化吸收的食物性物质,包括纤维素、半纤维素、木质素、果胶、藻胶等,是粪便的最佳"稀释剂",有通便、减肥、维护肠道生态平衡、预防心血管疾病和防癌作用。成人每日需要量是至少 25 克。粗杂粮、水果、蔬菜中含量丰富。

2. 膳食指南和平衡膳食宝塔

(1)《中国居民膳食指南》:1997 年 4 月,中国营养学会公布了《中国居民膳食指南》,其内容有 8 条:

一是食物多样,谷物为主。每种食物所含营养成分不完全相同,平衡膳食结构必须由多种食物组成,它包括:第一类为谷类及薯类,主要提供碳水化合物、蛋白质、膳食纤维及 B 族维生素;第二类为动物性食物,如鱼、肉、禽、奶、蛋等,主要提供蛋白质、脂肪、无机盐、维生素 A 和 B 族维生素;第三类为豆类及其制品,主要提供蛋白质、脂肪、膳食纤维、无机盐和 B 族维生素;第四类为蔬菜、水果类,主要提供膳食纤维、无机盐、维生素 C 和胡萝卜素;第五类为纯热能食物,如植物油、食用糖、酒类,主要提供能量,植物油可以提供必需脂肪酸和维生素 E。《中国居民膳食指南》提出以谷类为主,是为了提醒人们要保持我国膳食的优良传统,避免发达国家膳食的弊端。

二是多吃蔬菜、水果和薯类。蔬菜和水果含有丰富的维生素、无机盐和膳食纤维。红、黄、绿等深色蔬菜中维生素含量丰富,它们是胡萝卜素、维生素 C、维生素 B_2 的重要来源;红、黄色水果也是维生素 C 和胡萝卜素的丰富来源。薯类含有丰富淀粉、膳食纤维、无机盐、多种维生素,应该鼓励多吃,这对保持心血管健康、预防某些癌症有十分重要的作用。

三是常吃奶类、豆类及其制品。奶类除含丰富优质的蛋白质和维生素外,含钙量较高,利用率也很高,是天然钙的极好来源。豆类含优质蛋白质、不饱和脂肪酸、钙、维生素 B_1、维生素 B_2 等。为防止城市中过多消费肉类而带来不利影响,也为提高农村人口的蛋白质摄入量,应大力提倡吃豆类。

四是经常吃适量鱼、禽、蛋、瘦肉,少吃肥肉和荤油。鱼、禽、蛋、瘦肉是优质蛋白质、脂溶性维生素和无机盐的良好来源。有些人吃动物性食物量不够,应适当增加;但有些人吃动物性食物过多,吃谷类和蔬菜不足,也对健康不利。肥肉和荤油为高能量高脂肪食物,摄入过多往往会引起肥胖,并且是导致某些慢性病的危险因素,应当少吃。

五是食量与体育活动要平衡,保持适宜体重。食物提供能量,体力活动要消耗能量,如果进食量过大而活动不足,就会肥胖;相反,就会引起消瘦。体重过高或过低都是不健康的表现,经常性锻炼会增进健康。三餐分配要合理,一般以早、中、晚餐的能量占总能量的 30%、40% 和 30% 为宜。

六是吃清淡少盐的膳食。饮食不要太油腻,不要太咸,也不要过多地食用动物性食物和油炸、烟熏食物。钠的摄入量与高血压病的发病率是正相关关系,卫生组织建议每人每日食盐用量不超过 6 克为宜。

七是饮酒应限量。除酒精外,酒中不含营养素。过量饮酒会损害健康,应严禁酗酒。

八是吃清洁卫生、不变质的食物。选择无杂物,没变色、变味,并符合卫生标准的食物,严把病从口入关。

(2) 中国居民平衡膳食宝塔:中国居民膳食指南专家委员会根据《中国居民平衡膳食指南》制定了形象化的膳食结构宝塔图(图 3-3)。宝塔图内所建议的各食物摄入量是一个平均值,个体可根据饮食习惯稍加调整,但相差不能太大,各种食物比例应该基本一致。大学生正处在长身体、长知识的重要时期,身体能量消耗很大,必须保证合理饮食和充足的食物量,以补偿生长发育、生活、学习、锻炼所消耗的能量。一日三餐热量的分配比例,早餐摄入的热量占 30%,午餐占 40%,晚餐占 30%。人们常称为:早餐要吃好,午餐要吃饱,晚餐要吃少。

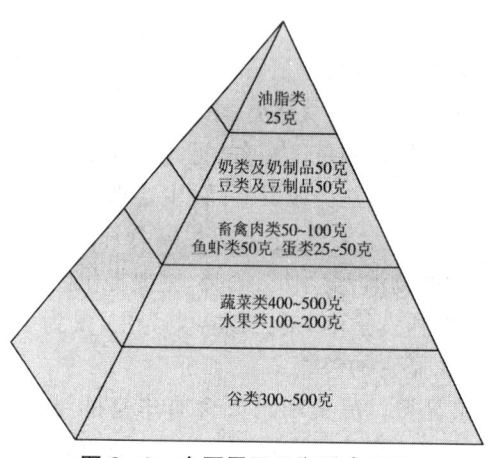

图 3-3　中国居民平衡膳食宝塔

三、适量运动

体育锻炼是指运用各种体育手段,结合自然力(阳光、空气、水)和卫生措施,以发展身体、增强体质、调节精神和丰富文化生活为目的的身体活动过程。

人类的进化历史表明,人体的发展与一切动物体一样,是遵循"用进废退"的规律而变化的。人和动物的区别,在于人能认识自身的进化过程,并能运用有关的科学知识,针对具体时期的社会生产和生活需要,提出对人体发展的种种要求并尽可能地提供条件,从而促进人类的身体发展日趋完善。荟萃古今中外的养生之道,归结为一点,就是"生命在于运动"。

综观身体发展的生命历程,影响身体健康的因素是多方面的。人人向往健康长寿,但并非都能如愿以偿。人们从吃好睡好并不足以使富有者长生不老的事实中,从适度体力活动可导致劳动者延年益寿的经验中,逐渐认识到适当的体育锻炼是增进健康、增强体质最积极、最有效的手段。实践证明,体育锻炼必须讲究科学,按其本身固有的特点,去探明它的理论依据、锻炼原则和方法,选择有效的锻炼内容,安排可行的锻炼计划,才能获得最佳的锻炼效果。

1. 体育锻炼的理论依据

体育锻炼的理论依据主要有：锻炼过程的新陈代谢理论，运动负荷的价值阈理论和个体适应环境能力动态平衡理论等。

(1) 锻炼过程的新陈代谢理论：生命现象的新陈代谢是一个十分复杂的过程，人的机体是由细胞、组织、器官和系统组成。细胞是机体结构与功能的最小、最基本的单位。新陈代谢一般是指有生命的物质与周围环境进行交换和自我更新的过程。人体进行物质代谢的同时，也进行着能量的转换。体育锻炼等身体活动是促进新陈代谢的一种刺激，能引起组织发生兴奋，加速物质代谢和能量转换。身体活动必然会增加能量消耗从而出现代谢的不平衡。科学家已经揭示：体育锻炼能增强体质是由于身体活动引起能量物质的消耗，随后便能引起同化作用的加强，加速恢复过程，可使体内活动细胞内部得到更多补充，合成新的物质，使有机体获得更多更旺盛的活力，从而促使机体得以发展和发达，体育锻炼是经过科学的身体活动，使机体向着完善的方向转化，这就是体育锻炼可以增强体质的生理过程和理论依据(图 3-4)。

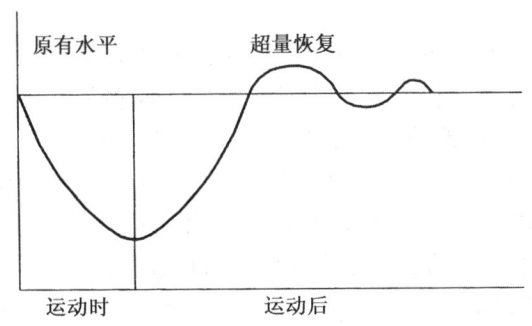

图 3-4 运动超量恢复

人体的发展代代相传，存在着遗传变异，但遗传是相对的，变异是绝对的。因此，人种和种族体质存在着差异。遗传学家的研究表明，人体在正常体征和生理功能方面，如肤色、发色、眼型、鼻型、身高、体重、体型、血型等都是遗传的，但又是渐变的，总的趋势是用进废退。因此，可以认为，提倡体育锻炼，是塑造未来完善的身体和改善民族体质的积极手段之一。

(2) 运动负荷价值阈理论：运动负荷价值阈，是指按一定的心率区间去确定运动负荷的计量标准。体育锻炼要针对个人的不同特点安排运动负荷，不可能有一个最佳运动负荷价值阈的绝对标准，但正常人之间的差异均较接近，所以，运动负荷价值阈对多数人来说，具有普遍的现实意义。

近年来，国内外的学者普遍重视对运动负荷价值阈理论的探讨和实际运用。有些国家采用电脑控制仪、心电图记录器和基础体力测定器等装置，为体育锻炼提供健康变化的各种数据。

在体育锻炼过程中，达到心搏量极限的程度，需要有一段发动期。随后，心搏量急剧上升，再经过一段时间，心搏量达到极限。从心搏量急剧上升，到心搏量极限，这段数据称为心搏量极限区间。心搏量极限区间低值和高值之间，即为运动负荷的有效价值阈范围。体育锻炼时心搏量在这个区间内波动，并达到锻炼时间的 2/3 左右，可取得理想的锻炼效果。

从有利于增强体质理念出发,一般人的体育锻炼,应以有氧代谢为主,中等强度为宜。学术界曾提出如下的结论,即心率在 110 次/分以下时,机体的血压、血液成分、尿蛋白和心电图等都没有明显变化,健身的价值不大;达到心率在 130 次/分的运动负荷时,每搏输出量接近和达到一般人的最佳状态,健身效果明显;达到心率在 150 次/分的运动负荷时,每搏输出量开始出现缓慢下降;心率增加到 160 次/分～170 次/分之间,虽无不良的异常反映,但亦未能呈现出更好的健身迹象。因此,通常把一般人的健身效果的最佳区间定在 120 次/分～140 次/分的心率之间。而每次保持在 120 次/分～140 次/分心率时间,占一次锻炼总时间的 2/3 左右为最佳。

生理学实验证明:心率在 140 次/分～180 次/分时,每分输出量最大。因此,在体育锻炼中,安排强度较大、持续时间不长的无氧代谢,对提高负氧债能力也有一定的意义。

对上述结论的分析,还必须注意到由于年龄、体质的不同,所承受有氧代谢的运动负荷也应有所不同。国外运动负荷的计量标准有以下几条:

● 卡沃氏的公式,即接近极限负荷的脉搏次数,减去安静时的脉搏次数乘以 70%,再加安静时脉搏次数。

● 以脉搏频率 150 次/分钟以下(平均 130 次/分钟)的运动负荷为指标。

● 以 180 减去锻炼者的年龄数,作为锻炼者每分钟的平均脉搏数。

采用这三种方法所得出的数据与最佳价值阈相近。但不论采用何种计量方法,都必须考虑到自我的感觉要舒适,并以不影响正常的工作、学习和生活为准。

(3) 人体适应环境能力的动态平衡理论:适应环境能力,是指人体在适应外界环境时所表现的机能能力,它包括对客观环境的适应能力和对疾病的抵御能力。

客观环境包括自然环境和社会环境。环境的变化常给人体发展带来多方面的影响。良好的环境,促进人体朝着健康的方向发展;恶劣的环境,妨碍人体的正常发展,甚至可能危及人们的生命安全。人体发展的首要条件,是不断地与客观环境取得动态平衡。人是万物之灵,他不仅是消极地适应环境,更主要的是能积极地改造环境,利用环境来为人类服务,从而为人体的完善发展创造条件。

阳光、空气和水等自然因素是生命的源泉,人体的发展一刻也离不开它们。人体是恒温的有机整体,只有保持在 37℃的体温条件下,才能保证生理功能的正常运行,上下逾越 1℃以上,就意味着有病状。而光照、气温、风速、湿度、气压等气象条件,却总是变化的。为了适应自然环境的变化,人们除了采取积极的御寒防暑手段外,关键在于通过改善营养和进行体育锻炼等,使机体内部的产热和散热过程更加旺盛,体温调节机能更加灵敏。实践证明,广泛利用自然因素,不仅能有效地改善机体的体温调节能力,而且具有多方面的健身价值。为此,体育锻炼最好在阳光和煦、空气新鲜的户外进行,并可根据需要与可能,采用日光浴、空气浴和冷水浴等锻炼形式。

人体的生存和发展离不开社会环境,并受物质条件的制约。不同的社会制度和历史阶段,不同的经济地位,都对人体发展产生综合的影响,这种影响不仅限于肉体,而且波及精神,时时、事事都起着或大或小作用。在具体的社会环境中,不同的劳动方式、职业工种、生活习惯、体育锻炼、休息娱乐等,也都是构成环境条件的重要因素,都对人体的发展产生直接或间接的影响。

实践证明,在自然因素和社会环境基本接近的前提下,能否坚持经常的体育锻炼,对人体与环境所表现的动态平衡能力存在着明显的差异。

2. 体育锻炼的基本原则

体育锻炼是以增进健康、增强体质、丰富文化生活为目的，使身体朝着更完善的方向发展，所以体育锻炼必须与掌握的体育知识、技能相结合，以科学理论为依据，遵循人体发展规律，否则会适得其反。体育锻炼应遵循如下的基本原则。

（1）自觉性原则：人体的发展、身体素质的提高都是一个长期的积累过程，只靠一朝一夕的努力是达不到的，因此体育锻炼需要自觉性。比如有的学校要求每天早锻炼，这是在同学们尚未养成自觉锻炼习惯的情况下的规定，其目的也是培养同学们锻炼的习惯。同学们开始也有一定积极性，但当天气冷了、快考试了、学习任务加重时，就会退缩，自觉性还不强。只有提高对体育的认识，明确锻炼的目的，把自己的个人需要与对社会承担的责任紧密结合起来，才会自觉塑造自己成为德、智、体全面发展的人。经过努力锻炼从中得到益处，如娱乐身心、增进健康水平等，才会逐渐作为个人需要自觉参加。

大学生已经接受了十余年的体育教育，应该说对体育锻炼的认识和要求具有一定的基础，而且不少同学已经养成了习惯，但是还有相当一部分同学不能自觉参与。在此希望这些同学赶快行动起来，当你从体育锻炼中获得快乐和健康时，它将成为你自觉的行动。

人体的活动由中枢神经指挥和控制。长期从事脑力劳动时，中枢神经系统主管思维的大脑皮层长期处于兴奋状态，会产生疲劳，效率下降，此时如适当进行体育锻炼，让其得到抑制、休息，兴奋点转移至运动中枢，然后继续学习，其效率会大大增加。

（2）全面性原则：人体是统一的有机体，各个组织、器官、系统之间相互联系、相互制约，体育锻炼的主要目的是促进人体体质的全面发展。尽管体育锻炼的形式、内容、手段是多种多样的，但在选择和使用上都不能脱离全面性原则，否则，将会导致身体发展不协调。比如目前很多年轻人注重塑造自己的体型，喜欢健美运动，运用各种力量练习发展身体各部分肌肉，使肌肉结实、比例匀称，但他们往往忽视心肺功能耐力的练习，造成心肺功能的发展落后于体型发展，这种锻炼是不科学的，也是不全面的，因此，要求参加者要进行全面身体锻炼，全面发展。全面锻炼不是要求每人从事所有项目的锻炼，而是通过某些项目的锻炼，使身体得到全面均衡的发展，尤其应当注意身体薄弱环节的锻炼。

（3）渐进性原则：人体为适应体育锻炼的需要，在人体组织和功能上会发生一系列变化，这是一个逐步适应、提高的过程。人体这一生理特点要求人们在进行身体锻炼时要遵守循序渐进的原则，如果违背这一原则，不仅收不到预期的锻炼效果，反而会有损身体健康，甚至发生伤害事故。人体由静止状态进入运动时，不可能一开始就能发挥机体的最高工作能力，需要一个逐步提高的适应过程，这是人体的基本活动规律。在体育锻炼时，运动负荷要由小到大，动作要由易到难、由简到繁。不仅在一次锻炼中如此，在长期锻炼上也要体现循序渐进原则，既不能急于求成、拼命蛮干，也不能长期保持、停滞不前。

（4）经常性原则："用进废退"同样适于人类。"持之以恒"、"贵在坚持"是人们长期参加体育锻炼总结出来的宝贵经验。人体结构和功能的变化是逐渐积累、逐渐提高和逐渐完善的，只有坚持经常性的体育锻炼，才能使这些变化得到巩固和扩大。骨骼的坚实、韧带的牢固、肌肉的粗壮、肺活量的增大等都是通过肌肉活动进行反复多次的强化而实现的，只靠一两次锻炼是不可能实现的。如果断断续续地锻炼，而不是持之以恒，前次的作用痕迹已经消失，后一次积累性影响就小了。研究证明，肌肉组织72小时～96小时不进行适当的超负荷训练,肌肉就会逐渐变弱变小;每周一次力量训练只能保持原有力量,每周二次训练可以增加力量。持之以恒才能取得良好的锻炼效果。学生每周坚持两课、两操、两活动,保持每人每天有1小时的体育活动,这是有科学根据的,符合经常性原则。相反,突击性锻炼和比赛对身体无益,还容易产生运动损伤和过度疲劳。

（5）差异性原则：人体生理结构虽然基本相同,但由于年龄、性别、身体功能、基本活动能力等方面存在个体差异,所以进行体育锻炼时,在选择锻炼的内容、方法、运动负荷等方面也应有所区别,要因人而异,区别对待。比如采取男女生分班上课,就是看到男女之间的差异而采取的区别对待;为体质较差的同学开设素质班,采取选项课等都是按照差异性原则进行区别对待的具体体现。个人进行体育锻炼时,也应注意这点,特别是体质较弱和锻炼基础较差的同学更应如此。

体育锻炼的五项原则是相互联系、相互制约的,不能片面强调某一原则,而应把五项原则紧密联系起来,体育锻炼才能收到显著的效果。

3. 体育锻炼的内容与选择

体育锻炼所选择的项目不同、内容不同、方法不同,对人体产生的影响也不相同。不同的运动项目、方法具有各自的特征,有的可以提高身体素质、增进健康;有的可以强身自卫、调节精神、丰富文化生活;有的可以防病、治病、消除生理功能障碍。每个参加锻炼的人应根据个人年龄、性别、身体条件、兴趣爱好、专业需要和时间、场地、器材等情况,选择锻炼的项目、时间和方法。

（1）体育锻炼的时间选择：什么时间进行体育锻炼效果最好呢？这需要根据人体一天中的生理变化规律、每天学习工作的时间、生活秩序安排和锻炼目的等多种因素决定。通常大学生参加体育锻炼选择时间可考虑在上午、下午、晚上、节假日等进行。

有人认为早锻炼最好,其实不然。人体刚从睡眠中醒来,机体没有达到最佳工作状态。从晚饭到清晨有十余个小时,人体能量贮备较低,因此晨练运动量不宜太大,如果要进行时间较长、运动量较大的活动,如登山、越野跑等,应补充一些富有热量的食物。早晨的空气质量也不好,早锻炼应选择开阔地带,远离污染源。对于有心血管系统病的人来说还要格外小心,清晨是心血管疾病的高发时间,尤其是寒冷的冬季,血管变细变脆更要注意。早晨适宜做些慢跑、散步、早操等活动。

上午学习两个小时以后,这时大脑出现疲劳,尤其在多人听课的大教室上课,经过两节课后,教室空气质量很差,到室外做做广播操、韵律操、打打拳、跳跳绳,这对松弛高度兴奋的神经,产生愉快的情绪大有好处。此时进行锻炼可以使头脑清晰、思维灵活、记忆增强,为下段学习提供良好条件。

下午课外活动时间,是大学生进行体育锻炼的最佳时间。这时空气较好,人体运动系统也进入最佳状态,适合进行负荷较大的体育锻炼,每天的1小时锻炼最好安排在这时。

有的同学还喜欢在晚上进行锻炼,这要自己体会,锻炼后睡觉质量如何,第二天醒来是否有精神,如锻炼后很难入睡、大脑兴奋,就应该考虑调整锻炼时间了。

双休日和节假日。目前双休日和节假日的增加,给大学生更多的自由支配时间,可以开展丰富多彩的体育活动,如郊游、爬山、滑雪、攀岩及各种各样的锻炼和比赛活动。

（2）体育锻炼项目的选择：

● 定时跑。如5分钟、10分钟、12分钟跑等,一般健康人应将心率控制在每分钟

140~170次为宜。锻炼初期和体质较弱者锻炼时间和距离不要太长,可根据身体状况逐渐增加次数、时间、距离、强度,也可在开始阶段走、跑交替进行。

目前比较盛行的"库柏"12分钟跑是测试、检查自己的奔跑能力和耐力水平。具体方法是根据跑步12分钟所完成的距离,以及自己的性别、年龄来查表评定水平(表3-3)。

表3-3 12分钟跑标准

年龄/岁	很不好/千米	不及格/千米	及格/千米	好/千米	很好/千米
30岁以下者	1.6以下	1.6~1.9	2~2.4	2.5~2.7	2.8以上
30~39	1.5以下	1.5~1.8	1.9~2.2	2.3~2.6	2.7以上

注:女子评定标准比男子低一个年龄组,即女子30岁以下者标准相当于男子30~39岁。

● 间歇跑。一种由跑的距离、速度、次数和间歇时间组合而成的跑的练习。例如,距离400米,要求90秒完成,次数3或4组,间歇时间4~5分钟,间歇的时间可视心率恢复情况而定,就是当心率恢复到120次/分钟左右时进行下一组练习。这种练习对学生提高800米、1000米、1500米等项目的成绩很有帮助。

● 间距跑。是各种不同段落的组合,以达到发展速度耐力的效果。例如,6×60米、4×100米、2×200米、4×60米×2组,每组之间的间歇时间可根据自己的实际水平确定。

● 变速跑。采用快跑与慢跑放松交替进行,水平差的可采取快跑距离稍短,慢跑距离稍长的方法,当达到一定水平后,可加长快跑距离,缩短慢跑距离。变速跑可有效地发展耐力,提高心血管系统、呼吸系统功能。

● 越野跑。在公路、田野、公园进行的自由跑,可随意变换跑速,距离也可视体力而定。但要注意距离从短逐渐加长,循序渐进。跑步时,应穿着合适的有弹性的鞋,选择比较平坦的道路,并注意交通安全。

● 广播操、健美操、韵律操。通常在早操或课间进行,在伴有音乐的情况下运动,会感到更轻松和愉快。做操时注意动作幅度和质量。健美操越来越向节奏快、力度大的方向发展,普遍受到充满活力的女大学生的青睐,是融健身、健心、健美为一体,对增强体质、塑造体型美有明显效果。

● 太极拳。这是我国的传统体育项目,它动作柔和、体态舒松,呼吸自然,运动量不大,尤其适合体质较弱的人锻炼,终身锻炼终身受益。锻炼时应注意基本功练习和动作质量。

● 球类、体操、器械项目。这些项目对发展灵巧性、速度、力量、耐力等有明显作用。锻炼时应注意安全保护。

● 游泳、爬山、自行车。这些都是很好的运动项目,对发展耐力、力量有良好的效果。

● 日光浴。紫外线可杀菌,促进人体对钙、磷的吸收,促进新陈代谢、血液循环。日光浴应选择适宜时间,夏季在上午10点以前,下午在4点以后,时间不宜过长,过量紫外线照射对皮肤有害。日光浴时尽量让皮肤暴露在阳光下,但应避免阳光直晒眼睛与头部,日光浴时可戴草帽或墨镜。

● 空气浴。新鲜空气中氧气丰富,负离子含量多,对人体神经系统、循环系统、呼吸系统有良好作用,加以低温刺激能改善体温调节功能。进行空气浴必须注意应从温暖季节开始逐渐过渡到寒冷季节,服装宽松单薄,尽量增加皮肤与空气的直接接触机会,并选择空气新鲜的场所。

● 水浴。水浴可分为热水浴、冷水浴和温水浴。热水浴和温水浴能扩充血管,减弱肌肉张力,加速血液循环,消除疲劳。冷水浴能提高神经兴奋性,调节皮肤毛细血管的收缩与舒张,提高人体适应外界温度变化的能力,增强意志,提高抵抗疾病的能力,并能有效增强心血管系统的功能,使血管弹性增加,减少血管壁胆固醇的沉积。冷水浴还有助于防止动脉硬化,对促进健康、增强体质大有益处。

冷水浴或冬泳应根据个人身体条件区别对待,循序渐进,从夏季开始一直坚持到冬季;剧烈运动后、饭前饭后、发烧感冒时均不宜进行冷水浴;冷水浴和冬泳时应注意进行自我医务监督。

3. 运动性疲劳的产生与消除

(1) 运动性疲劳的生理本质:运动性疲劳是指人体运动到一定的时候,运动能力及身体功能能力出现暂时下降的现象。

运动性疲劳分为两个阶段:一是代偿性疲劳。这个阶段的运动能力靠增强中枢神经系统的兴奋性和机体其他系统更加紧张的活动得以维持,这时每一工作单位的能量消耗多,动作的结构也发生变化。例如,在步幅缩小的情况下,通过增加动作速率维持跑速。二是非代偿性疲劳。这个阶段的特点是运动能力下降,尽管运动员越来越用力,但仍无法克服这种状态。

运动性疲劳是人体运动过程中发生的正常生理现象,对人的身体并无损害。它是一种警报信号,或者说是一种健康的保险阈。

生理学家通过研究认识到,运动性疲劳是一种综合性的生理过程,它是以中枢神经系统的作用为主导,在中枢神经系统和周围组织相互影响下发生的神经系统、运动系统、内分泌系统等器官系统出现的复杂而相互联系的变化。

运动能力与身体素质的变化是导致运动性疲劳的因素。人体的运动能力和身体素质与身体各器官系统功能紧密联系。身体素质就是人体各器官功能在肌肉工作中的综合反映。各器官功能的下降,必然影响运动能力与身体素质。譬如,长时间肌肉活动导致肌肉功能下降时,力量、速度等当然下降,于是在完成练习时,往往会力不从心而觉得疲劳;在耐力性运动中,如果心肺功能下降,承受耐力负荷的能力就会下降,机体就会疲劳而降低工作能力。

体内能源贮备的减少和身体各器官功能的降低。当人体从事运动导致疲劳时,往往伴随体内能源物质大量消耗,如极量运动2~3分钟至非常疲劳时,肌肉内的磷酸肌酸(能源物质)可降至接近最低点;长时间的持续运动中,由于糖的大量消耗,肌糖元及血糖均下降。能源贮备的消耗与减少,会导致各器官功能的降低。加之肌肉活动时代谢产物(如乳酸等)的堆积及水盐代谢变化等影响,机体工作能力就会下降而出现疲劳。

精神意志因素与疲劳密切相关。运动中人体各器官系统的活动都是在神经系统指挥下完成的,神经系统功能的降低会使疲劳加深。例如,在一定强度和一定持续时间的体育活动过程中,会出现胸闷、呼吸困难、心率急增、肌肉酸软无力、动作迟缓而不协调、情绪低落甚至想停止运动等主客观情况的变化,这种状态称为"极点"。此时,如果依靠意志力和稍缓速度继续运动下去,不久这种难受感觉会减轻或消失,动作变得轻松有力,呼吸变得均匀自如,心率减慢,这种现象称为"第二次呼吸"。这样就可以推迟疲劳的出现或减轻疲劳的程度。

（2）运动性疲劳的判断：科学地判断运动性疲劳的出现及其程度，对合理安排锻炼、体育教学和运动训练等具有指导意义。有关评定方法很多，归纳起来可分为三个方面。

观察法：观察锻炼者的表现，如出现脸色苍白、眼神散乱、表情淡漠、连打哈欠、反应迟缓、精神不易集中、情绪改变（易激动或沉默寡言）、运动成绩下降等现象，就可初步判断为疲劳。

生理指标测定法：

● 闪烁值法。疲劳时，闪烁下降。

● 膝跳反射阈法。疲劳时，用叩诊锤叩击四头肌腱，力量加大才引起反射，即反射阈上升。

● 呼吸耐力测定。连续测 5 次肺活量，每次间隔 30 秒。疲劳时，肺活量一次比一次下降。

主观感觉法：疲劳时，主观感觉到身体疲乏、腿疼、心悸，甚至头疼、胸闷、恶心等等。

由于运动性疲劳时表现出运动能力下降、疲劳感和某些客观生理指标发生改变等几个方面的变化，而且这些变化随所观察对象的年龄、性别、训练水平、思想、情绪和运动条件等方面的差异而各有不同，所以不能单独用一种方法评定疲劳，只有综合观察，才比较可靠。

（3）锻炼中推迟疲劳出现的方法：在体育锻炼中，如果运动性疲劳出现迟一些，对提高锻炼效果会有裨益，通常可采取以下方法：

● 应坚持长期不懈的锻炼，努力提高自己的身体素质。

● 应合理安排训练内容，如上下肢练习的交替进行、力量和耐力项目练习的交替进行等，避免因局部负担过重而产生局部疲劳。

● 注意发展与运动项目相适应的供能能力。不同的运动项目，供能系统各有特点，这里以短跑、中跑、长跑为例进行说明（表 3-4）。

表 3-4 不同距离跑的主要供能系统及训练方法

项　　目	短　跑	中　跑	长　跑
主要供能系统	ATP-CP 系统（磷酸原系统）	乳酸能系统	有氧代谢系统
训练手段	10 秒以内的全速跑进行重复练习，间歇 30 秒以上	全速或接近全速跑 30～60 秒，间歇 2～3 分钟	较长时间的中等或较低强度的匀速跑，或较长段落的中速间歇训练等

发展不同的供能系统的练习方法各有特点，在锻炼中如能了解这些特点，着重发展该系统能力，对该项目疲劳的推迟会有帮助。

● 加强意志品质与心理训练，提高心理素质，有利于疲劳时精神意志因素改善，从而推迟疲劳的出现。

● 饮食营养的合理安排和科学饮食方法对体内能源的贮备有积极意义。

（4）加速消除疲劳的方法：加速消除疲劳，对提高机体工作能力及提高锻炼效果具有重要意义，同时也是预防由于疲劳的累积而导致过度疲劳的积极措施。一般我们可采用以下几种方法：

● 睡眠。没有充足平静的睡眠就不可能有充分的休息。锻炼导致身体疲劳之后，保证良好而充分的睡眠是使身体得到恢复的重要措施。成年人每日一般要睡眠 7~9 小时，儿童需要的时间较成年人长。为保证正常睡眠，必须遵守一定的作息制度。

● 活动性休息。所谓活动性休息就是指人们在休息时进行其他活动，也叫积极性休息。当局部肌肉疲劳后，可利用未疲劳的另一些肌肉进行一些适当活动，借以促进全身代谢过程，加速疲劳消除。当全身疲劳时，也可通过一些轻松的、兴趣高的体力活动，来达到加速消除肌肉代谢产物的目的。因此，我们在体育锻炼中应多采用转换活动内容的方法作为休息手段。

应当注意，作为活动休息而安排的练习，应是习惯的练习，同时强度不应过大，时间不宜过长，否则将影响活动性休息的效果。

物理性恢复手段。按摩、光疗、电疗等对促进疲劳肌肉的代谢过程，加速疲劳的消除具有良好作用。此外，吸氧、空气负离子吸入、沐浴（温水浴、蒸气浴、漩涡浴、海水浴等）、局部负压法、针灸、气功等方法，也有益于消除疲劳。

合理补充营养。为了补充因活动而消耗的物质、修复失常的体内器官系统、消除疲劳，补充适当的营养是非常重要的。通常需及时补充的物质有维生素（C、B_1、B_2、A、E）、糖、蛋白质以及矿物质（如钙、铁）等。

心理调节。快乐的情绪可加速消除疲劳，例如欣赏优美的音乐、进行自我心理调控与放松调节等，对体力恢复有很大益处。

四、克服不良的嗜好

1. 戒烟

吸烟对人体健康有害。1998 年 4 月 7 日是第一个"世界无烟日"，世界卫生组织呼吁全世界所有吸烟者在这一天停止或放弃吸烟。科学家们也大声疾呼："吸烟是人类死亡的重要原因。"

研究证明，香烟中有害物质有几百种，这些有害物质首先对呼吸器官的天然防病机能有很大的破坏作用。吸烟者患咳嗽、多痰、肺部感染及肺机能损害的比不吸烟者显著增多；如果吸烟已成习惯，还会得慢性气管炎、肺气肿，甚至肺心病，严重影响健康。据统计，吸烟的人患肺癌的概率比不吸烟的人要高 10 倍以上。吸烟开始的年龄越早，肺癌发病率越高。吸烟对人体的危害，具体表现在以下几个方面。

（1）神经系统：吸烟对中枢神经系统虽有短暂的兴奋作用，但随后即产生持久性麻痹，扰乱大脑皮层兴奋与抑制过程的动力平衡，引起植物神经功能紊乱。有研究表明，吸烟者晚上上床入睡的时间比不吸烟者多 18.8 分钟；在同样的条件下，不吸烟者记忆好于吸烟者。还有人对运动员进行测试，发现吸烟后运动员的速度、耐力和灵敏性都降低，而且要求高度准确的动作也受影响。例如，篮球运动员吸烟后，投篮命中率降低 4%。

（2）心血管系统：烟草中的尼古丁可以刺激植物性神经系统，引起肾上腺素分泌增加，使心跳加快、血管痉挛、血压升高，同时还可以使血液中游离脂肪酸和胆固醇的含量增加，从而加速动脉硬化的发生和发展。有统计表明，吸烟者中冠心病患者的死亡率比不吸烟者高 5 倍。

（3）呼吸系统：吸烟时，在烟尘和有毒物质刺激下，呼吸道的粘膜组织遭到损害，这时微生物侵入便会继发感染。有人统计，在慢性支气管炎患者中，有 90% 与吸烟有密切的关系。

（4）消化系统：烟草的有毒成分会抑制消化腺分泌消化液，使消化机能下降；同时吸烟可刺激口腔粘膜，引起慢性炎症，还可引起味觉异常、食欲不佳、恶心或呕吐、腹泻或便秘等症状。

（5）吸烟与癌症：据上海肿瘤医院报道，在660例肺癌患者中，吸烟者占90%；法国统计发现，一天吸入10支香烟者患癌症的机会比不吸烟者高13倍；美国统计发现，一天吸入40支香烟得肺癌的机会比不吸烟者大65倍。这些惊人的数字证实吸烟越多，癌症发病率越高。

（6）吸烟与胎儿畸形：研究发现，吸烟的母亲所生的孩子先天性心脏病的发生率为7.3%，而不吸烟的为4.7%。有人对17000名11岁儿童调查发现，吸烟母亲所生的孩子阅读和数学计算能力都较差，成绩落后的程度与母亲吸烟的量成正比。

（7）吸烟的公害：德国一位肿瘤防治专家根据自己的研究得出一个惊人结论，吸烟者对周围人的损害，超过对吸烟者本人。依据是，烟雾里有40余种致癌物质，其中10余种还会促使癌症发展，这些物质大部分扩散在空气中被不吸烟者吸入。这位专家在29个健康中心对91540名40岁以上吸烟者家庭主妇作了长期的观察研究，发现每天吸烟20支以上者的妻子，每10万人群中每年肺癌的死亡率为8.7%。

根据世界卫生组织提供的资料，世界上每年约有250万人死于和吸烟有关的疾病，也就是说，每13秒钟，就有一个人被烟草夺去生命。据测算，吸一支烟，生命会缩短5分30秒，大约和吸一支香烟时间相等。

2. 饮酒切忌过量

通常人们总认为酒会误事，酒能致命，其实，酒对人的健康有害也有益，关键是怎样饮、饮什么样的酒。少量饮酒能活血，增加食欲，能治病，但大量饮酒将影响人体的健康。酒对人体产生毒害作用的主要成分是乙醇，又叫酒精，如果大量饮进体内，会毒害人体细胞，对身体产生破坏作用，酒精的浓度越高，对人体的危害越大。当酒精进入人体后，首先对中枢神经产生影响，使大脑的兴奋过程增强，从而表现为兴奋性高的假相，人变得比平时"健谈"起来。随着人体内酒精的增加，整个大脑受到抑制，人的反应就迟钝了，表现为步履蹒跚、动作失调、说话颠三倒四，严重时会使人的高级中枢神经受抑制而死亡。经常饮酒可导致慢性酒精中毒，使细胞受损、头脑不清、智力迟钝、记忆力下降，加快人体动脉硬化的过程，使心肌受损、冠心病发病率增加，使肝细胞受损，甚至肝硬化。

3. 远离毒品

吸毒是指持续性并不断加大剂量的、自行摄入非医疗用途毒品的行为，是一种慢性成瘾过程。毒品是指鸦片、海洛因、吗啡、大麻、可卡因以及国家法令规定管制的其他能够使人形成瘾癖的麻醉药品和精神药品。目前国家管制的毒品已达200种左右，主要毒品有以下6类：

（1）鸦片：鸦片又称"烟土"、"大烟"、"烟膏"、"阿芙蓉"等，为罂粟科植物罂粟的花果中的白色汁液炼制而成，在空气中变为黑色，成固体状，含有多种生物碱，主要成分是吗啡。

（2）吗啡：吗啡由鸦片提炼而成，是一种白色结晶粉末，有苦味。

（3）海洛因：海洛因是由吗啡与醋酸酐等合成的二乙酰吗啡，俗称"白面"或"老海"，其毒性最大,被称为"世界毒品之王"。

(4) 大麻:大麻是一种生长在温热带的草本植物,有四氢大麻酚等毒素。

(5) 可卡因:可卡因是从灌木古柯叶中提炼出的生物碱,呈白色粉末状。

(6) 其他:还有苯丙胺及其衍生物,如甲基苯丙胺(去氧麻黄素),又称冰毒;右旋苯丙胺,又称摇头丸等。

吸毒除口吸、鼻吸外,还有口服、注射等形式,对人体危害极大,可以产生急性和慢性中毒。急性中毒多因吸毒量过大而死亡;慢性中毒则使躯体和精神产生对毒品的依赖,摧残健康。毒品毒害机体各系统器官,破坏免疫功能,极易传染乙型肝炎、病毒性心肌炎、菌血症和艾滋病等。吸毒者对毒品会产生强烈的躯体(生理)依赖性,毒瘾发作时,全身肌肉疼痛、抽搐、颤抖,眼泪、鼻涕一起流,腹痛、腹泻、呕吐,非常痛苦,以至于有人自伤或自杀。毒品能改变脑内部的化学物质,引起神经错乱、智力衰退、注意力和记忆力下降,使人性情乖僻,丧失事业心、责任感和道德观,对毒品产生巨大的心理依赖。吸毒需要很大的花费,为了吸毒,许多人走上犯罪的道路。

吸毒不仅损害个人健康,也给家庭、社会带来极大的危害。我们必须认清其严重性,提高反毒品意识,支持国家禁毒委员会提出的"禁贩、禁种、禁吸"的禁毒要求,做到"珍爱生命,拒绝毒品",为全国禁毒宣传工作尽一份力量。

4. 不良性行为

由于部分人群思想观念的变化,对家庭和社会的责任感淡漠,导致性关系随便和混乱,以及社会道德沦丧,并使性病和艾滋病在这类人群中流行,这不仅损害个人健康,也给社会带来不稳定因素,为此提出几点建议,供参考。

● 努力汲取各方面的知识,提高精神素养,学会尊重别人,控制自己的各种行为,使之符合道德规范。

● 与异性朋友尽量避免"一对一"的私下交往,特别在夜晚或幽静的环境。

● 要学会说"不"和"请尊重我"。切不可为了"爱",而使对方有过分亲热的举动。

第二节 运动卫生与自我监督

一、运动卫生

1. 体育锻炼的卫生

体育锻炼是以身体练习为主的锻炼过程,因此要有合理的卫生措施,才能达到锻炼的目的。

(1) 准备活动:准备活动是体育锻炼、运动训练和比赛前有目的地进行的各种身体练习。充分做好准备活动,对机体加速进入工作状态、预防运动性创伤、调整心理因素有着重要的意义。归纳起来,做好准备活动具有以下作用:

准备活动可以提高和调节中枢神经系统的兴奋性,使之达到适宜的兴奋水平,有利于中枢神经系统调节好有关器官系统之间的联系,加强各器官系统的活动,缩短机体进入工作状态的时间,尽快地达到最佳活动水平,使锻炼或比赛顺利进行。

通过准备活动可以提高各器官、各系统的机能活动水平,克服有机体机能活动的生理惰性,避免或减缓暂时性内脏器官活动落后于运动系统的需要而发生的胸闷、呼吸困难、腹痛、心率骤增等现象,减轻"极点"等不适感觉,为正式的锻炼或比赛做好充分的生理准备。

做准备活动可以使体温升高,肌肉血流量增加,提高体内酶的活性,使肌肉得到充足的养料和氧气供应,减少肌肉活动的粘滞性,提高肌肉、肌腱、韧带、关节等组织的弹性和伸展性,能预防或减少运动损伤的发生。

准备活动还能调节心理状态,减少外界环境对运动者的干扰,消除或减缓练习前或赛前的紧张状态,为正式练习或比赛做好心理上的准备。

准备活动分为一般性准备活动和专项准备活动。一般性准备活动有慢跑、徒手跑、轻器械体操、游戏等;专项准备活动是与各个运动锻炼的项目密切相关的专门性准备活动,如武术基本功、球类的基本技术、体操的熟悉器械的练习等。准备活动要根据运动项目的特点,从自身的实际出发,因地因时制宜。准备活动要有一定的强度和量,一般说应该控制在前额微微出汗,心率在110～140次/分钟之间。准备活动结束与正式锻炼或比赛之间的间隔时间不宜过长。

(2)整理活动:整理活动是指在锻炼或比赛结束后所进行的较轻松的身体练习,目的是使身体由紧张的运动状态逐步过渡到相对安静状态,促进体力恢复。整理活动的作用主要体现在以下几个方面。

整理活动可以偿还氧债,消除疲劳,避免发生"重力休克"现象。

整理活动可使人体由紧张剧烈的肌肉活动状态逐步过渡到相对安静状态,是加速消除疲劳、促进体力恢复的良好措施。

整理活动可以调整神经系统的兴奋性和心理状态,使神经系统的兴奋性和心理状态逐步过渡到相对平静的状态。

整理活动应根据运动项目的特点,有针对性地选择慢跑、徒手放松、轻音乐放松操或运动量较小的游戏等,活动量逐渐减小,使身心过渡到相对安静的状态。

(3)冬季体育锻炼的注意事项:冬季锻炼能有效地提高身体素质,又能提高人体对外界环境的适应能力,锻炼克服困难的顽强毅力,但是必须注意科学的锻炼方法和卫生措施,预防伤病发生。

防寒防冻,注意保暖。冬季寒冷,体育锻炼时穿太多的衣服会妨碍运动,增加排汗量,但又不能穿得太少或运动前过早脱掉外衣。正确的做法是:随着准备活动的进展逐步脱去过多的衣服,轻装上阵。休息时要穿上衣服保持肢体温暖,休息时间也不宜过长。运动后应及时脱掉汗湿的衣服,用干毛巾擦干身体,换上干净的衣服。对于耳、鼻、手等裸露或散热较快的部位,更要注意保护。遇到寒潮及气温特低情况,不宜在室外锻炼。

预防伤害事故。冬季寒冷,人体肌肉、关节、韧带的弹性和柔韧性以及身体的协调性较差,锻炼时容易发生肌肉拉伤、韧带撕裂、关节扭伤等事故,所以锻炼前必须做好充分的准备活动,使全身活动开,以避免和减少伤害事故的发生。

学会正确的呼吸方法。冬季体育锻炼时呼吸不当,会引起上呼吸道感染。锻炼时一般应用鼻呼吸,使冷空气经过鼻腔时得到过滤、润湿和加温,减轻对咽喉的直接刺激。如果鼻呼吸不能满足运动的需要时,可以采用鼻吸口呼或者鼻口同时进行呼吸,特别是在迎风跑时,只能半张口吸气,避免冷空气直接刺激咽喉部位。

早晨多雾天气不宜长时间运动。冬季早晨多雾,雾中除水汽外还凝结着浮游在空气中的尘埃等有害物质,在雾中长时间的运动,势必会大量吸进水分和尘埃,降低肺和呼吸道的呼吸功能,导致疾病。水汽导热性能高,身体会因此而散失大量的热能,继而引发疾病。故在雾天锻炼对身体健康是不适宜的。

(4) 夏季体育锻炼的注意事项:

防止被阳光晒伤。夏季,阳光紫外线特强,为了避免头部受强烈的紫外线照射,锻炼时头部可戴太阳帽。长时间日光照射,皮肤会产生瘙痒、刺痛和灼烧感,严重的会起水泡。所以皮肤裸露日晒时间不能过长,要逐步使皮肤适应日光的刺激。

预防中暑。盛夏,在日光直接照射下,在闷热的环境中或病后恢复期,如长时间地进行锻炼,都容易引起中暑。中暑时会出现头晕、头痛、眼花、胸闷、恶心、闭汗和皮肤发烫等症状,重者会出现高烧、晕厥、血压下降、呼吸微弱等重症,甚至可危及生命。在锻炼时如发现上述症状,应立刻停止锻炼,到荫凉通风处解衣散热,喝些清凉饮品,症状会逐渐消失。重症中暑要一边抢救一边快送医院治疗,所以,夏季锻炼最好在上午 9 时以前和下午 4 时以后进行,锻炼的时间也不能太长,中间休息的次数也要增加,以选择在荫凉通风处锻炼为佳。

锻炼后水的补充方法。夏季,由于气候炎热,运动又使人体内的热能大量释放,这种情况下,要散发人体蓄积的大量热量,主要靠排汗来完成,通过汗液的蒸发来散发热量,降低人体的温度,保持体温的恒定。但是大量排汗会造成体内缺水缺盐,影响人体的正常生理机能,引起口渴、脉率加快、肌力减弱、体温升高,以至脱水中暑等,所以夏季运动必须注意适时、适量补充水分和盐。补充的水量与失水量基本持平,补充水分要采用少量多次的原则。在补充水的同时要补充适量的盐,以保证体内盐水代谢平衡,维护细胞内液和外液的酸碱平衡。补充盐的方法是自行配制浓度为 $0.25\%\sim0.5\%$ 的淡盐水,水盐一起补充。

有时运动中或运动后口渴,并不完全由缺水所致,部分原因是由于运动时张口呼吸,使口腔、咽喉等呼吸道粘膜水分散发,变得干渴不适,只需凉水漱口润喉,便可缓解,不必饮水。

游泳的安全卫生。游泳是夏季最受人喜爱的项目,既能锻炼身体,又可消暑纳凉,是一项很有价值的体育运动。游泳前最好进行身体检查,凡患有心脏病、严重高血压、肺结核、癫痫、传染性肝炎、红眼病以及其他传染病的人不能游泳。伤风感冒、发热、妇女月经期间、酒后饭足、激烈运动后,都暂不适宜游泳。在下水前应进行适当的准备活动和淋浴等。游泳时发生头昏眼花、心慌、第二次发冷等不良反应时,应立即终止游泳。游泳结束后还要全身淋浴,并注意保暖。若是耳朵进水,可张口并用同侧脚单足跳动使耳内水流出,或用卫生棉球入耳内吸出,切忌用手指或其他不清洁之物探挖。若在野外江河湖泊游泳,最好熟悉水下状况,选择无急流漩涡、非水上要道、无水草和无污染的场所,以保证游泳的安全和身体健康。

2. 女性体育锻炼与经期卫生

(1) 女性的体育卫生:女性进行体育锻炼不但可以增进健康,而且有其特殊的意义。体育锻炼对保持女性子宫的正常位置与分娩有较大作用,对下一代的健康有直接影响,因此女性在体育锻炼时需要注意以下几点。

女性进入青春发育期后,由于身体形态、机能、素质、心理、生殖系统等方面发生很大变化,因此,体育锻炼项目的选择、运动负荷量的安排应当区别于男性,并符合女性的生理和心理特点。

女性心血管系统、呼吸系统、运动器官系统的机能均不及男性,绝不能与男性同等对待,体育锻炼时必须男女有别。

女性肩带窄,肌肉力量差,有氧与无氧代谢能力较差,因此,不宜做单一支撑、悬垂摆动等练习。

女性肌肉的薄弱环节是肩带肌、腰背肌、骨盆后肌和骨盆底肌,在体育锻炼时要加强这些部位肌肉力量的发展,这样有利于子宫正常位置的维持。

(2) 女性月经的体育卫生:月经期的体育锻炼适当与否,会影响女性健康。月经期既不能什么活动都不参加,也不能蛮干。身体健康,平时有锻炼习惯,月经正常,经期无不舒服之感觉,月经期也可适当参加体育活动,但运动负荷量要小;若平时无体育锻炼习惯,月经期进行体育锻炼应特别注意,以免引起不良反应。

> **小贴士**
>
> **病人不同,运动处方不同**
>
> 糖尿病人,运动项目有步行、游泳、慢跑等,每天运动40~60分钟。
>
> 肥胖病人,运动项目有游泳、慢跑等。每天坚持30分钟以上中强度运动。
>
> 高血压病人,可选择步行、游泳、打太极拳、骑自行车等项目。每天运动20~30分钟。
>
> 冠心病人适合快走、慢跑等运动,运动量适中不宜大。

月经初潮后1~2年的少女,由于其腺性分泌周期未稳定,经期往往不准,故在体育锻炼时只可做一些缓和而轻松的活动。为此,月经期应当做到以下几点。

不做剧烈震动的跑、跳动作和静力性的憋气动作,如中长跑、快速跑、跳高、跳远、举重、负重蹲起、排球的扣球、篮球的跳投等。

月经期有痛经、腰背酸痛、下腹痛、经血过多或过少、经期延长或缩短、盆腔炎症等,均应停止一切体育活动。

女性月经期间一般应停止游泳,以免引起子宫颈挛缩、影响行经或细菌侵入发生炎症。

一般女性月经期不宜参加体育竞赛活动。若平时有参加训练和竞赛习惯者,也可以参加,但应特别注意自我监督。

二、自我监督

1. 主观感觉

(1) 一般感觉:正常感觉时,运动后机能恢复快,精神饱满,体力充沛,渴望运动。有不良感觉时则表现出全身乏力,心情不佳,厌烦运动等。在自我监督表中写明感觉"良好"、"不好"或具体记载。

(2) 运动心情:运动心情是指在参加体育运动前、运动中、运动后的心理状态。正常时,表现出心情愉快,渴望训练,运动过程中无不适感觉。如健康状况不佳或发现了过度训练,就会出现一些特殊的心情,比如,游泳运动员"怕水",田径运动员"怕跑道",球类运动员"怕球"等。在自我监督表中,可填上渴望训练,不想训练,厌烦训练,害怕训练。

(3) 睡眠:睡眠状况如何往往能够反应训练或比赛的强度和运动负荷以及赛前状态。良好的睡眠状态是入睡快,睡得深,不做梦,醒后精力充沛。相反,不良的反应则是入睡慢,夜间多梦,易醒,失眠,醒后仍感到疲劳。在自我监督表中,可填写"良好"、"一般"或入睡迟、夜间易醒、失眠等。

（4）食欲：参加体育运动时，能量消耗大，正常情况下运动后食欲良好，想进食，进食量大。如果运动后不想进食，食量减少，并在一定时期内不能恢复食欲，表明胃肠消化和吸收机能下降。可能与运动负荷安排不合适，或运动员身体机能和健康状况不佳有关，但运动后马上进食和过多吃零食，也会影响食欲，应区别对待。在自我监督表中可填写"食欲良好"、"食量大"、"食欲一般"或"不佳"等。

（5）排汗量：运动时排汗量的多少与运动负荷大小、训练程度、饮水量、气温、气候、衣着厚薄以及神经系统状况有密切关系。在外界条件相同情况下，未经训练者的排汗量多，随着训练程度的增长，排汗量可减少。如果在相同的情况下，排汗量比过去明显增多，特别在夜间睡眠中出现大量冷汗，表明身体极度疲劳，也可能是内脏器官患病的征兆，应特别注意。在自我监督表中，可填写排汗量一般、较多或明显增多、夜间出冷汗等。

2. 客观指标

（1）脉搏：脉搏可以代表心脏跳动的频率，是心脏节律性收缩舒张引起大动脉对四肢血管压力变化的一种搏动现象，故也称心率。它是反映运动者的身体状况和机能水平比较灵敏的简易指标。在测量脉搏时除应注意搏动的频率外，还应注意节律。

晨脉的测量应在早晨起床前进行，通常以 30 秒的脉搏数再乘以 2，即每分钟的脉搏数。在自我监督表中检查脉率变化还须注意年龄、性别的差异和体温状况。我国大学生男生的心率为 75.6 ± 8.78 次/分种，女生为 77.3 ± 8.38 次/分种。成年人安静时平均每分钟为 75 次，变动范围为 60~100 次，低于每分钟 60 次称为"心动过缓"，高于 100 次称为"心动过速"。年龄越小，心率越快。

人的晨脉状况与自我感觉有一定联系。当晨脉增加 6 次/分种时，20%的人自我感觉不良；增加 12 次/分种时，40%的人自我感觉不良；增加 18 次/分种，60%的人自我感觉不良。

如果发现脉搏节律不齐或有停跳现象，可能是心脏机能异常的征象，应采用心电图等方法作进一步检查。在自我监督表上填写减少、增加、心跳不齐、停跳等情况。

一般经常从事运动训练和运动水平较高的人，表现为心脏面积和自重增大，每搏输出量增加，心率下降，其安静心率在 50 次/分种左右。在训练期间，若每分钟晨脉比过去减少或无明显改变，节律齐，表明运动员身体机能反应良好，有潜力。若比过去多 12 次/分种以上，表明机能反应不良，可能与疲劳未消除或身体有病有关。如果晨脉数比过去增加明显，且长期不能恢复到原数，可能是早期过度训练的表现，应深入检查。

（2）体重：在一般情况下，人的体重不会有很大变化。儿童少年时期，随着年龄增大而增加体重，这是正常现象。在体育锻炼的过程中，体重出现小的波动是由于体内储存的脂肪和多余的水分被消耗而使体重下降。一般出现在体育锻炼的初期，在这一阶段，体重一般下降 2~3 千克，对较胖的人或没有系统参加过锻炼的人，体重下降的幅度更大些。经过一段时间的锻炼，由于锻炼的作用，肌肉发达了，体重也有所增加，直到保持在一定的水平上。如果体重出现"进行性下降"，并感觉到有其他异常征象时，可能是过度疲劳或患有其他慢性消耗性疾病。少年儿童的体重长期不增加，甚至出现下降，是健康状况不良的表现，应认真查明原因。

（3）运动成绩：运动成绩长期不提高或下降，可能是身体机能状况不良的反映，也可能是早期过度训练的表现。

在客观指标中,除上述几种外,还可根据设备条件和专项特点,定期测握力、肺活量、呼吸频率以及其他的生理指标。

三、急救措施

急救是对一些突发的疾病、意外伤害、急性中毒和一些慢性疾病骤然急性发作所采取的一系列紧急治疗措施。掌握一些简单的急救方法对挽救生命、改善病情、预防并发症及进一步治疗有着极其重要的作用。

1. 急救的基本原则

(1) 急救时必须抓紧时间迅速进行,对一些危重病人一边进行抢救,一边通知医生(或打120急救电话)。

(2) 急救一般就地进行,如有出血则立即止血,窒息病人应立即施行人工呼吸,心脏骤停的病人应立即进行心肺复苏。

(3) 如需紧急手术治疗或需转送医院者,应就近转送。

(4) 在急救时必须保持清醒的头脑,抓住重点,首先处理最有可能危及生命的情况。

(5) 熟练掌握各种急救方法,在缺乏急救设备时,要善于就地取材。

(6) 抢救病人时动作要轻,尽量避免增加不必要的痛苦。

2. 八种常见伤的急救常识

日常生活中,难免会遇到一些常见伤。处理得当,可化险为夷;反之,则可能导致更大危险。下面列出了8种常见伤的急救常识。

(1) 鼻子出血:让病人身体稍微前倾,捏住鼻子5~15分钟,或在鼻梁上压冰袋。切忌不要头部后仰(出血容易下咽,可能呛入肺中,造成危险)。20分钟还止不住鼻血应立刻求医。

(2) 眼中有异物:病者应该多眨几次眼,将异物弄出。如果不行,可捏住眼皮,用自来水冲洗眼睛。切忌不要揉眼睛(哪怕是很小的异物也会划伤角膜,导致感染)。如果漂白粉等化学品溅入眼中应立即求医。

(3) 扭伤:让病者每隔20分钟换冰袋冷敷。用弹性绷带包裹受伤关节,抬高受伤部位,至少24小时不要动。之后,热敷以促进患部血液循环。不要做:带伤工作(会导致更严重的损伤,比如韧带撕裂等)。如果几天后伤势仍未好转,有可能是发生了骨折、肌肉或韧带撕裂应立即就医。

(4) 烧伤:让病者凉水冲洗烧伤处,或用湿毛巾冷敷。一级伤(皮肤发红)或二级伤(起水泡)可宽松包扎。不要做:将冰袋放在烧伤处(冰会损伤皮肤,加重伤情);刺破水泡或在烧伤处抹抗生素(易造成感染)。二度烧伤面积超过手掌大小;三度烧伤(皮肤烧破烧焦)、电烧伤、化学物烧伤,以及患者咳嗽多泪或呼吸困难应立即求医。

(5) 头部受重击:如果受伤者不省人事,立即拨打急救电话;如果受伤部位出血,应做临时止血处理,但应听从医生指导,因为可能有脑内伤;头部小肿块可用冰袋冷敷。不要做:将受伤者独自留下,特别是伤者睡着的时候。正确做法是:每3~4小时叫醒他一次,让其回答一些简单的问题,确信没有伤及大脑。伤者出现痉挛、头昏、恶心、呕吐等症状时,应立即就医。

(6) 窒息：立即拨打急救电话。也可让他前倾，用手掌在其肩胛骨之间拍击5次。如无效让患者平躺，将一只拳头置于肚脐上方，另一只手握住拳头，上下按压5次。不要做：患者咳嗽时，让其喝水或吃东西。

(7) 中毒：患者无意识或呼吸困难，立即拨打急救电话。务必要说清是何物中毒、时间及用量、患者年龄及体重等。切忌不要轻易使用催吐药，不要随便给患者吃喝东西。

(8) 外伤：马上在伤口处用纱布压迫止血。较小的割伤或划伤，用肥皂水清洗后，抹一层凡士林或抗生素药膏，再用创可贴包好。不要做：对大而深、出血多的伤口清洗抹药；轻易拔出伤口上的刺入物。伤口有钉子等异物，伤口较深，伴有发烧、红肿应该立即求医。

3. 急救方法

(1) 人工呼吸：患者呼吸停止，必须立即用人工方法帮助呼吸，以保证脑、肝、肾等重要器官的功能。

口对口人工呼吸方法。口对口人工呼吸法效果最好。具体方法是：让患者仰卧，头部尽量后仰，打开口腔并盖上一块纱布，救护者一手托起患者下颚并用掌根轻压环状软骨，使之压迫食道，以解除因舌后坠而造成的呼吸梗阻和防止吹入的空气进入胃内；另一手捏住患者的鼻孔。救护者先深吸一口气后，对准患者口部吹入，吹气后迅速松开捏住鼻子的手（图3-5）。如此反复进行，每分钟吹气16~18次左右，直至患者恢复自主呼吸为止。吹气的压力和气量在开始时宜大些，10~20次后宜逐渐减少，以维持在上胸部微微升起为宜。若遇牙关紧闭者，可采用口对鼻吹气法，用一手闭住患者的口，以口对鼻进行吹气，其他操作方法同口对口人工呼吸法。

图3-5 口对口人工呼吸

图3-6 口对鼻人工呼吸

口对鼻人工呼吸方法。如果病人口腔紧闭或者口腔有严重的损伤，难以做到口对口封闭时，可采用口对鼻吹气（图3-6）。方法及频率等同口对口法。

心脏胸外挤压法。病人取仰卧位，双肩垫高，松解衣领及裤带。胸外按压的部位是胸骨中、下1/3处，小儿是胸骨中部。操作方法是：术者将一手掌根部放在按压区与病人胸骨长轴方向平行，另一手掌重叠放在前一手背上，按压时肘应伸直，依靠上半身的重力，垂直向下用力按压，使胸骨压低约3~5厘米，随后突然放松，按压频率为80~100次/分钟，和人工呼吸必须同时进行（图3-7）。如单人进行复苏，每按压心脏15次，人工呼吸2次；如有两人参加复苏，则按压心脏4~5次，人工呼吸1次。心脏胸外按压时，要求平稳、均匀、有规律、

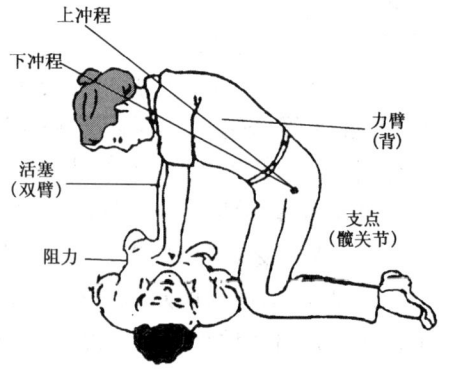
图3-7 心脏胸外挤压法

不间断;按压不宜太重或太轻,过重有可能导致骨折、内脏器官受损,过轻效果差;按压部位要正确,按压要有耐心,直到脉搏和血压都有一定的恢复为止;需要暂时停止时,时间不能超过15秒。当脉搏和血压都有一定的恢复后,送医院做进一步治疗。

俯卧压背法。病人取俯卧位,即胸腹贴地,腹部可微微垫高,头偏向一侧,两臂伸过头,一臂枕于头下,另一臂向外伸开,以使胸廓扩张。救护人面向其头,两腿屈膝跪地于伤病人大腿两旁,把两手平放在其背部肩胛骨下角(大约相当于第七对肋骨处)、脊柱骨左右,大拇指靠近脊柱骨,其余四指稍开微弯。救护人俯身向前,慢慢用力向下压缩,用力的方向是向下、稍向前推压(图

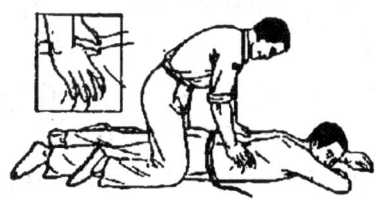

图3-8 俯卧压背法

3-8)。当救护人的肩膀与病人肩膀将成一直线时,不再用力。在这个向下、向前推压的过程中,即将肺内的空气压出,形成呼气。然后慢慢放松回身,使外界空气进入肺内,形成吸气。按上述动作,反复有节律地进行,每分钟14~16次。

(2)止血法:常用的止血方法有指压止血法、加压包扎止血法、止血带止血法等。

指压止血法。是一种迅速而有效的临时止血法,即在出血点的近心端,根据出血部位及情况,用手指或手掌在有关动脉上加压,阻断血流以止血。颜面部出血的压迫点在下颌角前1.5厘米处;颈部出血的压迫部位是在胸锁乳突肌内侧,将颈总动脉朝着第六颈椎横突方向压迫;上肢出血时在上臂内侧,对着肱骨压迫肱动脉;手指出血在手腕部压迫桡动脉;下肢出血根据出血部位,分别在腹股沟韧带中点、腘窝及踝关节前后方压迫股动脉、腘窝动脉及胫前后动脉等。

加压包扎止血法。是抢救时最常用的止血法,用于一般伤口,先在伤面上盖无菌纱布,再盖上无菌棉垫或纱布垫,用绷带或三角巾加压包扎;四肢出血但无关节损伤时,可利用关节的极度屈曲压迫血管止血,如在肘关节、膝关节的屈侧放一棉垫或纱布卷,然后屈曲肢体用三角巾或绷带缚紧固定。

止血带止血法。常用于四肢较大动脉出血或用于加压包扎止血无效者。止血带多用橡皮带或橡胶管等有弹性的条带。现场急救如无橡胶管,可用稍宽的布条、三角巾、毛巾等,但禁用绳索。止血带的部位,上肢应在上臂的上1/3处,下肢应在大腿的上1/3处,用止血带应先加衬垫如纱布、棉垫或毛巾,以防止止血带勒伤皮肤或软组织,止血带松紧要适宜,以伤口不再出血为原则,每隔1小时应放松1~5分钟,以免时间过长导致肢体坏死。

3. 常见运动损伤的预防和处理

(1)运动损伤的预防原则:加强体育保健学知识的教育,加强体育防病防伤的观念,传授体育保健的基本知识。

制定合理的教学计划,安排合理的教学、训练内容。应根据年龄、性别、健康状况和运动能力进行分组教学,每个组别的内容、难度和负荷不尽相同。

做好充分的准备活动。准备活动量因个人的运动技术水平和体力状况而异,考虑到本人的兴奋性程度和气温特点,以身体感到发热,微微出汗为宜。

加强易伤部位的训练。

加强保护与自我保护。

加强医务监督与运动场地安全管理。

（2）常见运动损伤及其处理：挫伤是钝性暴力直接打击到身体某部而引起的闭合性损伤。一般性挫伤可使伤部出现疼痛、肿胀、皮下淤血、功能障碍等，严重挫伤可合并出现其他器官和组织严重损伤。伤后24～48小时内，应止血、消炎、防肿、镇痛。用冰块、凉水、冷气雾镇痛剂等进行冷敷，然后加压包扎；48小时以后，方可理疗、按摩、针灸、中药外敷、封闭等。当肿胀和压痛消失后，可采用按摩、理疗、功能锻炼以促进功能恢复。

肌肉拉伤是准备活动不充分，肌肉的温度、弹性、粘滞性还没有达到剧烈运动的要求，或在剧烈运动中肌肉收缩过猛、负荷过重，都可造成肌肉拉伤。轻者伤后次日才有感觉，重者伤处有一凹陷、疼痛、肿胀、肌肉痉挛，功能障碍。肌肉拉伤急性期用冷敷、电针、创伤药加压包扎，抬高患肢；中期可理疗、电针、按摩等；后期电针、活血药酒按摩。若肌肉完全断裂，尽早手术缝合。

疲劳性骨膜炎是初期参加运动训练的青少年，由于在较硬的地面上跑跳过多，一时运动量过大而引起此症。无明显外伤史，出现隐痛、压痛、局部凹陷性水肿、灼热或硬性突起。损伤早期外敷新伤药，用弹力绷带包扎，减少运动负荷，2～3周后可自行愈合。症状严重者要停止训练，采用理疗、柔和地按摩、针灸等方法治疗。

颈部软组织损伤多是因外伤引起，由于用力过猛或头颈两侧用力或受力不一致，颈部突然扭转所致。表现为颈肩部疼痛，以胀痛为主、压痛明显，颈项强直，偏向一侧，活动受限。处理方法大多用按摩，点刺风池、悬钟等穴，理疗或封闭等。

运动引起晕厥的原因有过分精神紧张或长时间站立、久蹲后突然立起引起的直立性低血压，以及疾跑至终点后突然站立不动引起的重力性休克。轻度晕厥，一般短时间平卧休息后即可清醒，但精神不佳。清醒前不能饮水或服药，可针刺人中、内关、足三里等穴，醒后可饮热水。

脑震荡是头部受到打击或与硬物相撞时，引起的暂时意识和机能障碍；表现为短暂的意识丧失，不超过30分钟。清醒后不能回忆起受伤时情况，同时还伴有恶心呕吐，耳鸣，无力，多汗等，神经系统无阳性体征。一般处理方法是让患者平躺，安静休息，头部冷敷，身上保暖。昏迷者可掐人中、内关、足三里等穴，无严重征象者，应休息至头痛、头晕症状消失。昏迷超过4分钟，耳、鼻、口内有出血者，或清醒后头痛剧烈、呕吐者应立即送医院治疗。

急性腰扭伤是当躯干负重时动作错误或脊柱运动范围过大，或无精神准备的情况下突然滑倒，打喷嚏等可引起急性腰扭伤（俗称"闪腰"）；表现为疼痛、肿胀和功能障碍。处理方法一般用针灸后溪、悬钟、太溪等穴。

踝关节扭伤在多数体育运动项目中都可发生；表现为疼痛和压痛，肿胀淤血，踝关节松动。伤后立即冷敷、加压包扎，或伤处喷冷气雾镇痛剂，休息时抬高患肢。受伤48小时后可做理疗、针灸，并外敷活血药。3天后可做局部按摩、理疗等。

过度紧张是由于训练水平不够和生理状态不良，对突然加大的运动量不能适应，表现为运动后心悸、气喘、头晕、耳鸣、面色苍白、恶心、呕吐、腹痛等症状，甚至出现急性心衰、或应激性消化性溃疡等严重病症。对于症状较轻者，安静平卧，用维生素C、E、K和葡萄糖液、镇静剂等，一般经短时休息即可恢复。昏迷者掐人中、内关、足三里、百会等穴。

运动性低血糖是由于长时间的剧烈运动，体内血糖大量消耗或运动前饥饿及中枢神经系统调节糖代谢紊乱,都可引起运动性低血糖。轻度患者表现为非常饥饿、极度疲乏、头晕、心跳、面色苍白、出冷汗。重度患者可出现神态模糊,语言不清、四肢发抖、呼吸短促甚至昏迷。确诊为低血糖后,使病人平卧、保暖,神志清醒者可饮用浓糖水或吃少量食品,短时间症状即可消除。不能口服者,静脉推注50%的葡萄糖液40毫升。昏迷者送医院治疗。

肌肉痉挛俗称抽筋,是肌肉不自主的强直收缩。多因寒冷刺激、大量排汗、肌肉连续收缩过快或身体状态不良引起。发生肌肉痉挛时,只要牵引痉挛的肌肉,几分钟即可缓解。当小腿的腓肠肌痉挛时,应伸直膝关节,勾足尖,按摩小腿肌肉,短时即可缓解。

【思考与体验】

■ 如果你之前不锻炼的话,现在尝试开始参加身体锻炼;如果你已经开始了锻炼,尝试参加更多次数的锻炼。

■ 如果你吸烟的话,尝试开始戒烟。

■ 如果你饮酒的话,尝试自我控制饮酒,尤其是不饮酒精含量高的白酒。

■ 运用客观指标方法,监督自己参加体育锻炼的身体状况。

■ 锻炼中遇到同伴出现意外伤害事故时如何处理。

第四章
身心发展的基础——幼儿体育

【学习要点】
- 知道幼儿体育的概念
- 了解幼儿骨骼、肌肉和关节的特点
- 了解幼儿园体育教学的内容
- 知道幼儿园体育教学的原则

第一节 幼儿体育概述

一、幼儿体育的概念

幼儿教育是学校教育的预备阶段和基础环节。《幼儿园工作规程》指出:"实行保育与教育相结合的原则,对幼儿实施体、智、德、美全面发展的教育,促进其身心和谐发展"。可见,幼儿体育是幼儿教育的重要组成部分,其性质类似于学校体育。但幼儿体育又具有其独特性,它是融幼儿保育和教育为一体的特殊的教育领域,而且,在对幼儿实施全面、和谐发展教育时,还应把"体育"放在首位。

幼儿体育的概念有广义和狭义之分。从广义上理解,营养、卫生、生活习惯和制度、安全教育(这些内容都可以理解为幼儿园身体保健教育的内容)和身体锻炼等等,都是幼儿体育工作的重要组成部分。这里根据《幼儿园教育指导纲要(试行)》的精神和一线幼儿园教师理解上的习惯,将幼儿体育作如下定义:幼儿体育是遵循幼儿身体生长发育、发展的特点和规律,以身体练习为基本手段,以增强幼儿的体质、发展幼儿的身心和初步的运动能力,提高幼儿的健康水平和健康意识为主要目的而进行的一系列锻炼身体的教育活动。即我们通常所指的幼儿园体育活动,这是从狭义上的理解。

二、幼儿体育的意义

在一个人的发展过程中,生命的健康存在是保证人的发展的物质基础。人的认知、情感、行为等方面的发展,都需要建立在基本的身体健康之上,健全的大脑是心理发展的重要保证,身是心的物质基础。因此,人要在社会中求得生存并得到发展,首先必须有健康的身体。

从幼儿身体发展的特点上看,幼儿期正处于一个人生命刚刚起步、开始发展的阶段,幼儿身体各器官、系统的机能尚未发育成熟,组织比较柔嫩,其物质基础还相当薄弱。同时,幼儿又是生长发育十分迅速和旺盛的时期,此时正是建立基础的关键和有效时期。促进幼儿身体健康的发展乃是此时期的首要任务,它是实现幼儿全面和谐发展的基础和重要条件。

然而,处于学前时期的幼儿,在各个方面的能力都较差,如保护生命安全的能力、身体活动的能力、自我照料和独立生活的能力等等,而且知识经验也相当缺乏。这就是意味着需要通过成人对其的保育和教育才能实现幼儿身体的健康发展。一方面,幼儿需要成人精心的照料和保护。例如,幼儿的牙齿发育尚不完善,咀嚼食物的能力较差,胃液酸度及酶的强度也较成人低,成人在为幼儿提供膳食时,要注意细、碎、软、易于消化;幼儿对危险的事物和活动的判断能力较差,不仅难以避免所面临的危险,而且有时甚至会制造危险,成人既要注意保护幼儿的生命安全,又应该逐渐对其进行必要的、基本的安全教育。另一方面,成人需要积极地为幼儿创设良好的生活条件,利用一切有利因素和手段,促进幼儿正常的生长发育,增强幼儿的体质。例如,为幼儿提供合理科学的营养和膳食,防止幼儿营养不良或营养过度;建立并执行合理的生活制度,让幼儿有规律地生活;培养幼儿良好的生活卫生习惯和独立生活的能力,以便更好地维护自身的健康、更好地适应社会生活;开展适宜的体育活动和身体锻炼,促进幼儿身体机能的协调发展;做好全面的卫生保健工作;维护和增进幼儿的心理健康等。

所有这些,都是幼儿体育工作的重要任务,其主要目标就是要增强幼儿的体质、增进幼儿的健康。

三、体育活动与幼儿身体的发展

体育活动对于幼儿身体发展的作用,主要是通过对幼儿的身体施加一定的刺激(即运动的刺激)来实现的。一定的运动刺激作用于幼儿的机体,便使幼儿的机体承受着相应的生理负荷,这种刺激的经常化,促使着幼儿机体内部不断地进行调整而逐渐产生适应性的变化,从而使机体在形态、结构和功能上得到一定的完善和提高。

身体运动对学前儿童身体的许多器官、系统产生重要的影响。其中,影响较大的是运动系统、循环系统、呼吸系统和神经系统。

身体运动是以知觉感受器——中枢神经系统——运动效应器这一系列神经生理学的过程为基础的。运动系统是产生身体运动的外在反应器官;神经系统对身体运动起着主要的支配与调节作用;循环系统和呼吸系统则是保证身体运动得以顺利进行,圆满完成不可缺少的内在动力。

1. 运动系统

在神经系统的支配和调节下,肌肉发生收缩,牵动骨骼,从而产生各种身体动作或运动。肌肉、骨骼和关节构成人体的运动系统。任何身体运动,都必须由运动系统来完成。同时,在身体运动的过程中,运动系统的功能也能得到进一步的增强。

(1) 骨骼:幼儿骨骼的主要特点是:骨骼的坚固性较差,可塑性较大,较容易发生弯曲和变形。

产生这些特点的原因是多方面的。幼儿的骨骼还没有完全骨化,尚处于不断的骨化过程中,因而软骨较多,骨骼比较柔软,骨也较细。幼儿骨的化学成分与成人的有所不同。幼儿的骨中含水份和有机物相对较多,含无机盐却相对较少。这样就使得骨骼的弹性较大而硬度与坚固性较差。幼儿骨中的骨密质较少,而骨密质具有抗压、抗弯曲的功能。

适当的身体运动,能使幼儿的骨骼在形态结构上产生良好的转变,可以使幼儿的骨骼变得更加坚固,能促使幼儿的骨骼向纵向方面增长。

（2）肌肉：幼儿肌肉组织相对较少，肌纤维细嫩，肌肉含水分较多，故肌肉的力量较弱，肌肉的能量储备也较差。这些均给幼儿的生长发育、身体运动、适应社会生活等方面带来了不利和不便。

幼儿如果能经常参加适当的身体运动，就可以有效地增强肌肉组织的功能，使肌肉的力量与耐力得到发展。

（3）关节：幼儿关节的主要特点是：关节的臼窝较浅，关节周围的肌肉较柔嫩、韧带较松，使得关节的牢固性较差。如果幼儿能经常参加一些适宜的身体活动，锻炼相应部位的关节，那么，既可以保持幼儿关节具有一定的活动范围，又能锻炼关节周围的肌肉、肌腱和韧带，使之得到有效的增强，从而逐渐增加关节的稳固性。幼儿关节稳固性的提高，有利于加强对关节的保护作用，最终达到增强关节牢固性的目的。

但关节活动有个度的问题，否则不仅达不到增强关节牢固性的目的，反而会导致关节脱臼或松动，影响幼儿关节正常的生长发育。

2. 循环系统

循环系统是一个封闭式的管道系统，是由心脏和血管组成的，也称心血管系统。心脏是血液循环的动力器官，血管是运输血液的管道或通道，而血液是具体担负着运输任务的工具，以保证机体内环境的相对稳定和代谢的正常进行。

在进行身体运动的过程中，肌肉组织细胞的工作量比平时较安静时候要大，机体所需要的氧气和营养物质以及代谢产物也随之增加，为了满足机体的需要，保证肌肉活动的顺利进行，循环系统必须用加快收缩和用力收缩的方式来相应地提高运输量。这主要表现在心率的加快和心脏输血量的增大上。因此，身体运动无疑会加重幼儿心脏和血管的负担。

然而，适宜的负担反而能对幼儿的心脏和血管起到一定的锻炼作用。能提高幼儿心肌的收缩能力，使每搏输出量增加，从而增强了幼儿心脏的功能，也能使幼儿的血管壁生长良好。

3. 呼吸系统

呼吸系统是由呼吸道（包括鼻、咽、喉、气管、支气管）和肺组成。呼吸道是传递气体、排出分泌物的管道，肺是气体交换的场所。呼吸系统的主要功用在于进行气体交换，以满足机体新陈代谢的需要。

学前儿童经常到户外参加适当的身体运动，对维护呼吸系统的健康、增强呼吸系统的功能具有重要的价值。能提高幼儿呼吸道的适应能力和抵抗力；能使呼吸肌得到增强，增大肺通气量和肺活量；能维护幼儿肺部的健康；能增强胸肌、肋间肌的力量，有助于幼儿的呼吸运动。

4. 神经系统

神经系统是生命活动的重要调节系统。人体在神经系统的统一支配和调节下，各器官系统进行着不同的但又是相互协调、配合的生理活动，成为统一的整体。

神经系统对于身体的运动也起着支配和调节作用。大脑的中枢神经与伸向身体各部位肌肉的神经相连，身体的运动就是通过神经所支配的肌肉的活动来实现的；但同时，肌肉的活动，也会通过这种神经联系反过来刺激大脑的中枢神经。因此，全身各部位的肌肉活动都具有两种功能或作用。一方面促进肌肉组织功能的发展，另一方面促进神经系统功能的发展。

幼儿适当的体育运动,能促进幼儿中枢神经控制能力的发展,改善幼儿神经过程的不均衡性,提高幼儿神经系统的调节功能。

5. 其他系统

身体运动除了对幼儿运动系统、循环系统、呼吸系统和神经系统具有重要的促进作用外,对幼儿身体的其他器官、系统也具有一定的影响。例如,幼儿参加适当的身体运动,能加快肠胃的蠕动,有助于促进食物的消化与吸收,同时,也能增加幼儿的食欲。但要注意身体运动的时间安排,不要让幼儿在饭前或饭后立即进行身体运动,一般至少要间隔半小时以上。这是因为,在饭后进行身体运动,肌肉组织的工作量会明显加大,需要大量的血液供给肌肉组织,此时机体供给胃肠部位的血液量就会相应减少,这必定会使胃肠的消化工作减慢或暂时停滞的状态,以致影响机体对食物的消化与吸收。同样的道理,如果在饭前进行身体运动,也会使供给胃肠部位的血液量减少,影响幼儿吃饭时胃肠对食物的消化与吸收,而且还会降低幼儿的食欲。

幼儿经常进行身体活动,可以增强幼儿机体的免疫机能和对外界环境的适应能力,减少疾病的发生,使身体更加健康。

综上所述,人体各个器官系统虽然担负着不同的任务,具有各自不同的功能,但它们是相互依赖、相互影响、紧密合作的,是作为一个统一的整体而存在的。

第二节 幼儿体育教学

一、幼儿体育教学的任务

结合中华人民共和国教育部 2001 年颁布试行的《幼儿园教育指导纲要》中,对健康领域发展的要求,将幼儿园体育教学的任务归纳如下。

培养幼儿参加体育活动的兴趣和习惯;

增强体质,提高对环境的适应能力;

提高动作的协调性、灵活性;

培养幼儿坚强、勇敢、不怕困难的意志品质和主动、乐观、合作的态度;

提高幼儿自我保护的意识和能力。

二、幼儿园体育教学的基本内容

身体练习是幼儿体育活动最基本也是最重要的途径和手段。而所谓身体练习则是锻炼身体、增强体质、增进健康所采取的各种动作过程。幼儿身体练习的基本动作,主要包括身体活动的基本动作,如走、跑、跳跃、投掷、平衡、钻爬、攀登等人体最基本的活动技能;基本体操,如头颈部的屈、转、绕旋动作,上肢的屈、伸、举、绕环等动作,下肢的踢、蹲等动作,躯干的屈、转、绕旋等动作及跳跃等全身性动作;排队和变化队形中还有一些原地动作(如立正、稍息、原地踏步、向右或向左转等)和行进间动作。

根据身体练习中动作类型的不同,通常将幼儿园体育教学的主要内容分为以下几个方面:

1. 基本动作及游戏

基本动作主要包括走、跑、跳、投掷、平衡、钻爬、攀登等。在体育活动中,由于幼儿基本动作的练习主要是通过游戏来进行的,因此各动作类游戏,如走的游戏、跑的游戏、跳的游戏、钻爬和攀登游戏等,便成为幼儿园体育活动中主要的活动内容。

基本动作是人们生活所必须的动作,是人体最基本的活动能力。在体育游戏中进行基本动作练习,既能使幼儿身体不断得到锻炼,促进各器官系统的生理功能,促进幼儿的生长发育和身体健康,又能调动幼儿活动的积极性,促进心理过程的发展。

学前期的幼儿已经初步掌握了多种人体所必需的生活和运动技能,但各种身体活动基本技能的发展还不成熟。比如,走步时常常出现低头含胸、脚擦地、脚抬得过高、身体左右摇摆和摆臂及迈腿动作不协调等现象;跑步时常常出现低头、弓腰、挺腰腹、仰头、左右摆臂、张嘴呼吸等问题;跳跃时常常出现双脚不会同时起跳同时落地、不会运用摆臂助跳、全脚掌着地落地重、身体不能维持平衡等错误动作;练习平衡动作时,常常出现胆小、害怕、低头望脚、身体摇晃、动作不协调、不均匀、不连贯等现象;投掷时常常出现不会挥臂、肘低、不会以身体助力等问题;钻爬和攀登时,易出现低头、过早抬头或抬体触碰障碍物等错误动作。

西方学者克罗韦尔(Crowell)曾说过:动作是智力大厦的砖瓦。这意味着,如果一个儿童还没有身体动作方面的发展,还没有学会怎样行动,还没有学会具体的身体动作,他就无法学会怎样思维,也就无法进行脑力活动。相反,手部动作的发展使儿童有可能以各种各样的方式不摆弄物体,而学会了步行,则能使他们在更大范围内探索和认识环境,从而促进他们身心的不断发展。

阿伯内西与华尔兹(Ruth Abernathy and Maryarm Waltz)则提出了人类动作的艺术与科学的概念系统,包括动作活动的心理、生理和社会方面。他们认为,人的动作是目的定向的,起因于学习者力图达到理想的目标,交流观念和概念,表达感情和情趣,以及使自我与周围环境、与同伴团体相联系,因而动作已不再是简单的人体可观察到的变化了,它涉及人的动作经验、个性结构、个人知觉以及社会文化环境和自然环境。

诸如此类的动作研究和由此建立起来的理论,虽然只涉及与动作有关的认知层面,而与我们所谈论的旨在提高幼儿的体能、增强幼儿的体质的动作相去甚远,但从一个侧面也表明,动作的发展对幼儿身心的良好发展是至关重要的。因而,在幼儿期利用幼儿动作发展还未定型和可塑性强等特点,在体育活动中科学地选择有关身体活动的内容,尤其是通过游戏的方式加强幼儿基本动作的练习,及时纠正幼儿动作中的错误是非常重要的。

动作的质量或身体练习的质量往往受到身体素质的影响和制约。比如,要提高幼儿快跑的能力,若一味强调跑的速度,而忽视下肢后蹬力量的训练,很难使这一能力真正得到发展;要发展幼儿的跳跃动作,如果忽视了下肢力量的练习和身体协调能力的培养,也很难使这一活动真正得到提高和发展。再如,要进行体操练习,若机体缺乏良好的灵敏、协调等素质,则很难完成体操动作。因此,体育活动中,在重视幼儿基本活动能力(基本动作)的练习和提高的同时,还要重视幼儿身体素质的发展和提高。必要时,可根据幼儿的体能发展特点,专门创编一些针对发展身体素质的游戏,如力量性游戏、灵敏性游戏、协调性游戏,或各类器械游戏等加以练习。

身体素质练习包括平衡、协调、灵敏、柔韧、力量、速度等身体机能。幼儿期是多种身体素质发展十分迅速的时期。比如,躯干肌力(背力)三四岁时约为15～17千克,而快到七岁时已迅速增加到32～34千克。手腕的肌力,三四岁时约在3.5～4千克,而快到七岁时已增加至 13～15 千克。其他身体素质的发展同样如此,为幼儿期开展幼儿的身体素质教育提供了良好的契机。

2. 基本体操和队列队形

(1) 幼儿基本体操:幼儿基本体操是指幼儿通过身体各部位动作的协调配合,根据人体各部位运动的特点,按照一定的程序,有目的、有节奏地进行各种举、摆、绕、振、踢、屈伸、绕环、跳跃等一系列单一或成套动作的身体练习。

幼儿基本体操主要包括徒手体操和轻器械体操两大类。

徒手体操是指手中不拿任何器械的体操,它是根据人体各部位的活动特点,依照头颈部、上肢、下肢和躯干的顺序,由一系列体操动作组合,结合动作的方向、路线、幅度、节奏、用力特点等变化因素而构成的身体练习。如模仿操、一般徒手操、拍手操、韵律操、武术等。

轻器械操是指手持轻器械,在徒手操动作的基础上,结合器械的特点进行的身体练习。如花操、筷子操、哑铃操、铃鼓操、饮料罐操、圈操、棍棒操等。

(2) 队列队形:队列队形是指多名幼儿按教师的口令,从事协调一致的动作,排成一定的队形。它包括动作(钻法、移动法、停法、转法、集合、报数、看齐等排队方法)、队形、变换队形的方法和口令、识别方位等内容。

3. 器械类活动和游戏

幼儿体育活动中的基本体操、基本动作和体育游戏等,都离不开利用运动器械进行练习。通过各种器械与游戏的练习,不仅有利于增加运动负荷,提高动作难度,而且有利于增加幼儿的运动兴趣,调动幼儿参加体育活动的积极性。从运动器械的体积来分,可分为大型固定性运动器械、中小型可移动器械以及手持的各种小型运动器械。

(1) 大中型固定性运动器械与游戏:利用大中型固定器械进行运动或游戏,如利用攀登架、滑梯、转椅、秋千、浪船、宇宙飞船、攀网、肋木、摇马、跷跷板、蹦蹦床、充气床垫、海洋球池、联合器械等,综合锻炼幼儿的攀登、钻、爬、滚、翻、跳、平衡等能力。

(2) 中、小型可移动运动器械与游戏:主要指利用一些能够搬动或移动的中、小型运动器械进行相应的游戏活动。如平衡木(板或凳)、拱形门、投掷架、木制台阶、小梯子、垫子、小三轮车、脚踏车、小手推车、滑板车等。

(3) 手持的小型器械与游戏:主要指利用各种大小球类(皮球、塑料球、气球、乒乓球、儿童羽毛球、板羽球、木球等)、棍棒、橡皮筋、跳绳、塑料圈、小哑铃、小凳子、小椅子、小沙包、毽子、小高跷、铁环、各种小飞标等进行游戏活动。这些活动不仅能发展幼儿走、跑、跳、投等动作技能和手臂肌肉力量,而且能发展动作的灵敏性、协调性、准确性等。

在球类活动中,小班幼儿应以双手滚球、双手拍球和原地拍球为主;中班幼儿应以滚接球、抛掷球、原地变化拍球和直线运球为主;大班幼儿应以单手滚接球、各种抛掷球、投准、曲线运球等为主。

除了上述体育活动的主要内容外,幼儿园还可以根据周围的自然和社会环境组织各类活动和游戏等。另外,各地各民族还有许多具有民间和地域特色的体育活动及游戏,这也是幼儿园开展体育活动不可多得的宝贵资源。幼儿园可以根据自身的条件和地域特点,加以开发和利用。

受生活经验和认知的局限,幼儿缺乏有关身体锻炼和体育运动的知识。因此,在幼儿体育活动中,根据幼儿认知发展的特点和需求,选择适宜的内容,帮助幼儿掌握有关身体活动和运动的知识也是非常必要的。

三、幼儿园体育教学的基本原则

体育教学的原则是长期体育教学实践经验的总结与概括,是体育教学客观规律的反映,是体育教学工作必须遵循的基本要求。正确地理解和贯彻体育教学原则,可使教师进一步掌握和运用体育教学的客观规律,对提高教学效果,加速教学过程,完成体育教学的任务,具有重要意义。

1. 身体全面发展原则

在体育教学中,要使身体的各个部位、各器官系统的机能、各项身体素质和基本活动能力全都得到锻炼和发展。贯彻这一原则应注意以下三点:

(1) 制定体育年度或学期计划、进度时,应注意各类教材的合理搭配,尽力做到全面锻炼。

(2) 在选择和安排一次课和活动的教材、游戏内容时,应注意全面锻炼身体。

(3) 要激发幼儿对各种游戏和不同运动的兴趣。

2. 合理安排运动负荷原则

合理安排运动负荷是指在体育教学中,要根据教学任务、教材特点、幼儿实际与教学条件,合理地安排一次课和课中每项教材的运动负荷,使负荷与休息合理交替。

量与强度是决定负荷的主要因素。当强度大时,量就要适当减小,而强度一般时,量则可以大些。此外,动作的熟练程度和完成动作的质量,与运动负荷也有一定的关系。必须强调在保证动作质量的前提下,使幼儿的身体能承受一定的运动负荷。

3. 积极性原则

指在体育教学中,启发幼儿学习、练习的主动性,培养独立精神和创造性,引导幼儿掌握学习内容,并将它用于实践。

4. 直观性原则

指在教学中尽量利用幼儿各种感官和已有的经验,通过各种形式的感知,丰富幼儿的感性认识和直接经验,使幼儿获得丰富的表象,顺利正确地掌握学习内容,发展幼儿的观察能力和思维能力。

5. 从实际出发原则

指体育教学任务、内容、组织教法和运动负荷的安排,要符合幼儿的年龄、性别、身体发展水平、运动能力以及本地、本园的场地、器材、气候等的实际情况,从而使幼儿能够接受,便于教学工作的组织进行。

6. 循序渐进原则

指教学内容、方法、负荷等的安排顺序要由简到繁、由易到难,由已知到未知,逐步深化、提高。

7. 巩固与提高原则

指在体育教学中,要求幼儿全体都能牢固地掌握教材,并能熟练运用,并在此基础上得到不断提高。

8. 游戏性原则

指在体育教学或锻炼中,要让幼儿体验到体育活动所带来的生理、心理两方面的全面、积极、愉快的感受,而不仅仅是指采用某一公认的游戏形式或内容。

以上教学原则是相互联系、相系制约的。只有全面贯彻各项原则,才能获得良好的教学效果。

四、幼儿园体育教学的特点

幼儿园体育教学,是幼儿在教师有目的、有计划的指导下,发展动作、增强体质、增长知识、培养品德、发展能力和形成个性的过程。它与其他课程有共同点,也有不同之处。其共同点是,都是教师和幼儿的双边活动,都是学生在教师的指导下,掌握知识、技能、发展智力、培养品德、发展个性的过程。其不同点主要有以下几个方面。

1. 幼儿体育教学与其他教学的区别

(1) 体育教学的目的,主要是锻炼身体、增强体质,而其他课程的目的,主要是掌握相关的知识技能和发展一般的态度与能力。

(2) 体育教学主要是通过身体练习来实现其教学目的。幼儿是处在不断的运动状态中,身体和情绪比较活跃。而其他课程则主要是通过思维活动来实现其教学任务的。身体和情绪相对地处于较稳定状态。

(3) 体育教学必须合理安排运动负荷。运动负荷是否恰当,是决定体育学习与锻炼效果的主要因素之一。在其他课程中儿童一般是不从事或很少从事身体活动的,因此不存在专门考虑运动负荷问题。

(4) 体育教学环境比较复杂,一般在户外进行,干扰因素多,幼儿注意力易分散,情绪易受影响,安全问题也比较突出。这样,就使教学组织工作,需要额外考虑处理与其他课程很不相同的一些特殊问题和困难。

2. 幼儿园体育教学与中小学体育教学的区别

(1) 幼儿园教给幼儿锻炼身体的技能,是人的基本活动技能和促进身体均衡发展的简单的体操动作。即使开展专项运动的技术教学,也主要侧重兴趣和最基本的运动能力培养。

(2) 体育游戏,是幼儿园体育的一种主要活动方式。而在中小学体育中,游戏不再作为最主要的锻炼方式。

(3) 幼儿园体育课运动负荷的特点是强度较小、密度较大、时间较短。与小学低年级的体育课稍相近些,与小学高年级有很大差异。

(4) 幼儿园不搞体育知识考试,也没有技能达标测验。

五、幼儿园体育教学的组织类型

1. 晨间锻炼和早操活动

晨间锻炼和早操活动,是幼儿园一日生活开始的活动,也是幼儿早晨入园后在教师的组织引导下,进行的专门性身体锻炼活动。我国一般将这段时间分成两个相对独立的片段。第一时段一般是在入园后到早操前,主要活动方式是比较自由的体育游戏或分组进行小型器械练习;第二时段是早操,主要活动方式是比较正规的集体做操和教师组织的集体体育游戏,或集体韵律活动。

(1) 活动内容:晨练活动一般包含集体的体育游戏活动,集体的慢跑或走、跑交替锻炼活动，自由或分组的中小型器械锻炼活动三方面的内容；早操活动一般可划分为队列队形练习和操前律动，集体的基本体操练习，操后律动和队列队形活动三个段落。

（2）组织：幼儿园的晨练活动和早操活动，一般应该在教师的组织指导下分班进行。但由于幼儿园提供的课程不同，教师在这方面的工作方式也有所不同。

一般日托幼儿园在幼儿基本到齐后，由教师组织本班幼儿来到指定的场地进行集体游戏活动，一般运动量不会太大。待幼儿的情绪和身体都进入了适宜的状态，幼儿年龄较大班级的教师就会组织幼儿安排场地和器械，然后是分组或自由选择的器械活动，最后是场地和器械的整理，接着便自然转入早操活动。

一般全托幼儿园在起床整理个人卫生后开始进行晨练活动，主要的内容是伸展、深呼吸运动，集体慢跑或走、跑交替活动。早饭前有时也可以开展短时间运动量不太大的游戏活动。早饭后，一般先进行教室整理活动或进行一会儿安静活动，待日托幼儿基本来齐后，再一起开展自由或的中、小型器械锻炼活动和早操活动。

在课程中比较突出体育工作地位的幼儿园，特别是拥有专职体育教师的幼儿园，为了有效提高幼儿的身体素质，无论是否全托，一般都会在自由或分组的中、小型器械锻炼活动之前深呼吸运动，集体慢跑或走、跑交替活动。在器械练习的时间片段中，安排有专职体育教师指导的专门性身体素质练习或专门性器械技能练习。

这种比较突出体育工作地位的幼儿园，目前习惯上被称为体育特色幼儿园。这种幼儿园与普通幼儿园可能存在的差异就在于：第一，已经较早地将专业体育比赛项目的技能训练和相关的身体素质训练，下放到幼儿园的课程中；第二，拥有受过专业训练的体育教师；第三，对社会许诺将会更有力地促进幼儿在身体素质和运动能力方面的发展；第四，教师设法让幼儿更多地在比赛项目的技能训练和模拟比赛的活动中，感受到玩耍的乐趣和成功的快乐，而不是在传统意义上的幼儿体育游戏中感受自由活动的乐趣。在后面的各个体育活动时间片段中，这种幼儿的锻炼内容，都会与普通的幼儿园有所不同。

（3）教学建议：晨练活动。晨练活动一般可持续 30～40 分钟；可根据幼儿的年龄、气候条件、幼儿园的课程特点，适当增长或缩短；全托幼儿可分两段进行。

全托幼儿园起床后到早餐前的锻炼时间要短，运动量不宜过大。因为幼儿的肌体从抑制状态过渡到清醒的工作状态，需要一定的时间，运动量过大容易造成肌肉、关节或韧带的损伤。而且，一方面空腹状态下进行剧烈运动，容易由于血糖浓度降低造成头晕恶心等不良反应。另一方面，剧烈运动也会影响早餐的食欲和胃肠道对食物的消化吸收。

全托幼儿园和提供早餐的幼儿园，在早餐后就稍微休息，然后可进入运动量较小的户外锻炼活动。早饭后立刻进行剧烈运动容易造成胃肠道不适或呕吐，也不利于食物的消化吸收。

所有班级的场地器材的布置整理，都应在教师指导或协助下由幼儿来进行。只不过对不同年龄的幼儿，教师指导或协助的程度不同罢了。

教师应特别注意组织发动幼儿对锻炼中需要使用的小型器械进行设计和制作，并在这种过程中，着重培养幼儿的创造性思维能力、动手能力和对材料工具性能的敏感性。

教师还应注意培养幼儿的自主自律能力，随着幼儿年龄的增长，教师应给予幼儿更多的自主选择的机会，并将工作重点从为幼儿安排锻炼计划，转向指导幼儿为自己安排锻炼计划。如指导幼儿按照全面均衡锻炼的原则参与周锻炼计划的设计，或自行选择每日参与的各项侧重不同素质的锻炼活动；或按照扬长补短的原则，自行决定本月、本周或本日的重点锻炼项目等。

早操活动。整个早操活动的安排应呈现中强逐渐到强，再逐渐到弱的活动强度变化。因为在早操前，幼儿已经在比较自由的体育活动中达到了适度的身心兴奋水平；在早操中，集中统一锻炼可以达到更高兴奋水平；在早操后，一般会进行集体智力活动，通过适当的放松环节，使肌肉和精神下降到适宜智力活动的兴奋水平是非常必要的。

一般整个早操活动都会伴随音乐。音乐的质量对于开展早操活动和维护健康、增进审美能力的发展都是非常重要的。所以，不但要精选符合体育活动要求的音乐，而且也要尽可能地注意选择丰富多彩具有更大审美潜力的音乐。特别注意音响的清晰程度和音量的适中性。过分嘈杂的音响不但会干扰幼儿集中精力地做操，而且久而久之还会损坏幼儿的听觉和心脏，阻碍审美能力的发展。

幼儿园女教师多，操的编排容易优美多而刚健少，而且容易形成锻炼压力不足的情况。因此，教师应研究各种风格的操与不同年龄幼儿锻炼效果之间的关系，努力加强早操的实际锻炼效果。

各地教师还应该根据季节和气候的实际情况注意及时调整早操活动的运动量。寒冷的季节，运动量需要增加；火热的季节运动量需要减少。

教师可以自行为本园本班创编操前操后的韵律活动，而且还应该注意吸引中、大班参与操前操后韵律活动的创编。如鼓励幼儿提供他们喜爱的音乐，在自己创编的韵律操中吸收幼儿发明的动作，甚至可以指导协助中、大班幼儿自己设计本班的韵律活动。

2. 户外体育活动

晨间锻炼活动实际上也属于户外体育活动，由于在时间上与早操相连，所以同早操放在一起。下面讲述除了晨练、早操和体育课之外，幼儿园在一日活动中为幼儿提供的其他户外体育锻炼机会。

（1）活动内容：利用环境和大型设施的锻炼活动。城镇幼儿园可利用如楼梯、操场、沙地、游泳池、游戏城堡、假山或人造树墙迷宫等开展体育锻炼活动，农村幼儿园还可以利用周边的田埂、土坡、水沟、树木等开展体育锻炼活动。

利用大、中、小型专业体育器械的锻炼活动。利用大型器械开展的活动可以有攀登架、攀岩墙等；中型器械如各种车辆、拳击袋、平衡木等；小型器械如各种球类、毽子、皮筋、跳绳、沙袋等。

利用各种替代性器械或自制器械的锻炼活动。可利用常见物品替代或自制小器械开展的活动可以有：桌子、板凳、梯子、轮胎、包装纸箱；用废弃的饮料罐制作的拉力器、高跷等活动。

各种体育游戏。其中包括由教师传授的游戏和由幼儿相互传授的游戏，甚至是由幼儿自己临时"发明"的游戏。

在日常活动中，以上各项内容时常是相互交织在一起的。

（2）组织：在我国大部分地区，除了晨练、早操和体育课外，幼儿园在一日活动中为幼儿提供的其他户外体育活动的时间，一般会在上午 9:30～10:30 之间，下午午睡起床后或离园之前。根据各幼儿园各班级的具体情况，可分成二次、三次或三次以上，总的时间大约在 1～2 个小时之间。

由于大部分幼儿园特别是城市幼儿园户外场地有限,因此一般都会按照年龄班级甚至班级交叉使用场地,使得有限的场地能够得到充分利用。可根据不同年龄、不同班级各月各周或当日活动的一般或特殊计划,来统筹场地的分享方式,如全体幼儿按照年龄、班级或小组,在事先划分好的活动范围内各自活动;全体幼儿自由选择不同锻炼项目,在按照项目划分的活动区内进行锻炼,并在各个项目区自由流动或按照某种约定自觉流动;全体幼儿自选不会影响他人又不会受他人影响的空间,进行统一的身体练习。

(3) 教学建议:应充分考虑不同幼儿的不同兴趣、爱好和能力水平,尽可能为幼儿提供自主选择运动项目和运动器材、自主选择共同锻炼的伙伴、自主选择和调整场地、自主解决问题和纠纷的机会。但也应根据幼儿发展面临的实际问题及时进行引导或指导。如对不愿意积极参与锻炼的幼儿给予激励或具体的指导,对过度兴奋、运动量过大的幼儿给予疏导或调整。

应高度注意安全隐患,并随时注意对幼儿进行安全监察和指导。如投掷活动和移动,特别是快速移动的活动,应该与相对静止的活动隔离开来;应教育幼儿不将器械对着同伴挥舞或投掷,击活动靶游戏时,不将投掷物投向同伴的脸部;移动项目参与者,不到相对静止活动区穿插移动;在攀登架或攀登架与滑梯的大型组合器械周围安排自由活动时,特别注意监控"莽撞"的幼儿和"懵懂"的幼儿,并注意制止倒爬滑梯(集体专门组织的倒爬滑梯不在禁止范围内)和从攀登架上往下跳;沙池和水池内一般应制止用沙或水泼洒他人的眼睛,也要制止在水池内推搡同伴或将同伴的头部浸入水中。同一班级的不同教师间应分工合作、配合默契,班主任和有经验的老师应注意提醒新教师警惕安全隐患、防范安全事故。

及时用新的锻炼方式激发幼儿的学习和锻炼热情,也鼓励幼儿将自己从园外习得的新运动项目或自己发明的新运动方式,随时与同伴分享。

可定期安排跨班级、跨年级的活动,增进不同群体间幼儿的交往。

3. 室内体育活动

室内体育活动是指在教室或在专门的体育活动室内进行的体育活动。目前一些有条件的幼儿园已经开始增设专门的体育馆、室内游泳池、舞蹈或体操房、室内攀岩墙、室内海洋球池、室内旱冰场或球场、感觉统合器械治疗专用教室等。

(1) 活动内容:一些室内器械活动有充气城堡游戏、跳床游戏、垫上运动及各种球类运动等;一些创造性身体表现活动有体操、舞蹈、戏剧表演等。

(2) 教学建议:一般要求幼儿穿袜子、赤足或穿指定的鞋子;根据场地大小安排幼儿人数,避免过于拥挤;可有专门设备提供音乐,并可提供能够引发和丰富幼儿创造性活动的纱巾、纸带、藤圈或能发出柔和音响的小型打击乐器等;可以提供故事录音或视频,引发幼儿的活动;要求幼儿不大声喧哗,不干扰他人活动;组织幼儿自己布置和整理场地器材。

4. 午后锻炼活动

午后锻炼活动是指午睡起床后在寝室内进行的锻炼活动。

(1) 活动内容:主要包括起床后的自我服务和午练体操两部分,一般伴随儿歌或音乐进行。儿歌内容一般与自我服务的程序和技能要求有关。

(2) 教学建议:对低龄幼儿指导要尽力细致,对特别有困难的幼儿要给予特别帮助,对年长幼儿要逐步放手;让幼儿轮流领操,鼓励幼儿对自己的活动提出新的要求,引导和指导幼儿提供新音乐和参与创编新的操。

5. 其他形式的体育活动

（1）运动会：幼儿园运动会的主要内容包括体育表演、体育竞赛、体育娱乐三种类型的活动。不仅包含了幼儿参与的活动，同时也包含了教师、家长和社区有关人员参与的活动。

幼儿园的运动会参与人员众多，活动牵涉的管理、服务工作繁杂。因此组织指导的工作也比较繁重。

除了一般运动会的组织程序外，组织指导幼儿园运动会还特别需要注意以下几点：重在平时，不搞突击；面向全体，人人参与；强调团结合作，一般以集体和合作的项目进行比赛；鼓励坚持到底，强调不能中途而废；重在参与，重在娱乐；注意运动卫生和运动安全；医务人员和后勤保障人员做好防范意外的充分准备；预先通知家长和其他成人参与人员，使他们了解如何配合教师，支持幼儿活动的重要信息；一般安排在春季、秋季，或者与春秋季的节日活动结合起来，如六一儿童节、十一国庆节等。

（2）三浴锻炼：三浴锻炼主要包含日光浴、风浴（或称空气浴）和水浴。三浴往往是安排在一个时段内连续进行的。如先进行一个较短片段的热身体操活动，然后进行日光浴和风浴，再进行一个较短片段的热身体操活动，最后再进行温水（或冷水）浴。

三浴锻炼需要在气候条件和气温条件都比较适宜的情况下进行，进行日光浴时需要给幼儿佩带遮阳眼镜。体质虚弱的幼儿需要谨慎地逐步过渡，健康幼儿也需要从比较舒适的气温和水温开始最初的锻炼。首先要让幼儿和家长了解三浴、理解锻炼的意义，并在家长自愿的情况下进行。要根据当地季节特点和幼儿园条件的客观情况，认真制定、适时调整锻炼的时间表和具体项目的内容。另外，医务人员和后勤保障人员做好气温、水温、水质的监测工作和各项器具设备的卫生安全保障工作。要注意锻炼的循序渐进，注意培养幼儿的安全意识，建立必要的安全行为规范，做好事故的防范工作。

（3）远足：城镇幼儿园可安排春游、秋游，参观访问附近的社会服务设施，去公园、植物园、儿童乐园游玩等活动。农村幼儿园可因地制宜地进行设计安排。但主要强调徒步持续行走一段路程。

在具体执行中，要根据幼儿实际情况，循序渐进，并事前要进行安全教育，强调外出纪律；注意结合沿途所见景象进行随机教育；注意鼓励和帮助娇气和体弱的幼儿；做好安全防范工作，路途较远时，必须带应急药品或有医务人中随行。

（4）体育课：幼儿园体育课又称集体体育教学活动，是由教师专门组织的集中学习，锻炼专门技能或素质的活动。一般每周安排两次。

集体体育教学活动内容和活动组织方式，相对其他体育活动来说，对幼儿具有较大的限制。因此，对幼儿逐步发展适应限制的能力，也具有较大的作用。

但由于幼儿园的集体体育教学仍然需要贴近幼儿的身心发展特点，因此幼儿园的体育课相比小学体育课来讲，还是比较自由，具有比较明显的游戏性质。

【思考与体验】

■ 思考幼儿园体育教学与小学体育教学的异同点
■ 体验幼儿园体育教学的各种组织形式

运动实践篇

第五章
展现基础本能的运动——跑、跳跃、投掷

【学习要点】
- 掌握跑、跳跃和投掷的基本学练方法
- 通过不同形式的跑、跳跃和投掷练习，提高其运动技能的实践应用能力
- 学会自行设计各种跑、跳跃和投掷的游戏方法
- 增进与同伴合作学练的友好关系

第一节 跑

一、跑的基本方法

古希腊的埃拉斯山石岩上刻着的一段名言，"你想强壮吗？跑步吧！你想健美吗？跑步吧！你想聪明吗？跑步吧！"

跑是人类生活中的基本动作技能，跑通常包括快速跑、耐久跑和障碍跑三种类型。无论哪种类型的跑，其跑的动作方法都有共同的特点，即在跑的过程中，两腿蹬摆与两臂前后的摆动要协调配合，轻松自然。

二、快速跑的学练内容与方法

短距离的快速跑全过程可分为几个紧密相连的阶段，即：起跑——起跑后的加速跑——途中跑——终点冲刺。

1. 起跑

起跑的目的是使身体在极短的时间内迅速摆脱静止状态，获得最快的初速度和最大的冲力，为起跑后发挥最高速度创造条件。因此，充分发挥后蹬力及蹬摆的有效配合，尽快获得加速度，是起跑技术的关键所在。快速跑一般都采用蹲踞式方法起跑（图5-1）。

图5-1 蹲踞式起跑

提高蹲踞式起跑快速起动能力的辅助练习，可采用在不同姿势的准备状态下，听信号快速起动练习（图5-2）。

2. 途中跑

途中跑是全程跑中距离最长、速度最快的一段跑程，其任务是继续发挥和保持加速跑

图 5-2 不同姿势快速起动练习

所获得的最高速度向前跑进。途中跑过程中,应保持上体适当前倾,重心较高,腿的蹬与摆要快而有力,协调配合,动作放松,保持步频快、步幅大的特点。

提高途中跑、加速跑能力的辅助练习:

(1) 原地弹性跑,听到信号后快速冲刺跑 15~20 米。
(2) 体前屈走,听到信号后冲刺跑 15~20 米。
(3) 克服阻力的加速跑练习(图 5-3)。

图 5-3

三、耐久跑的学练内容与方法

耐久跑又叫中长跑,是发展耐力素质的有效手段。有氧代谢是耐久跑中人体内供能的主要方式。经常进行耐久跑锻炼,能提高机体持续长时间工作的能力,这种工作能力有广泛的转移性,对于长时间保持充沛的精力投入学习有较大的实用意义。

耐久跑的距离和时间都比较长,决定了在途中跑时应跑得轻松协调,步伐均匀,重心移动要平稳,直线性强,有良好的节奏;要尽量提高肌肉用力和放松的交替能力,既讲究动作效果,又注意节省体力。耐久跑一般采用站立起跑法的方式(图 5-4)。

图 5-4

耐久跑中的途中跑,上体前倾角度、摆臂和两腿蹬摆力量和幅度均比快速跑小。

耐久跑中的途中跑,脚着地的方法有两种,一种与快速跑相同,用前脚掌着地;另一种是用全脚掌着地,屈膝缓冲很快过渡到前脚掌。

耐久跑的呼吸很重要,正确的呼吸对改善气体交换和血液循环有重要作用。呼吸节奏要和跑的节奏相配合,这有利于提高耐久跑动作的经济性与实效性。

提高耐久跑能力的练习方法:

- 匀速跑。男生 800～1000 米，女生 600～800 米，匀速跑的跑速应根据自己体能状况而定。
- 变速跑。男生 1200～1500 米，女生 800～1000 米，变速跑过程的快速、中速、慢速（或疾走）的距离应根据自己体能状况而定。
- 球类活动 20～30 分钟。

四、跑的多种练习与游戏

1. 体验不同形式的快速跑

（1）曲线跑：
- 快速绕杆跑（图 5-5）。
- 绕"8"字快速跑（图 5-6）。

图 5-5 快速绕杆跑

图 5-6 绕"8"字快速跑

（2）钻跑（图 5-7）。

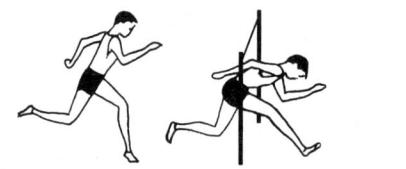

图 5-7 快速钻跑

（3）跨越障碍跑（图 5-8）。

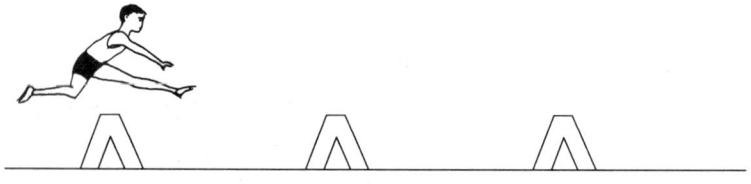

图 5-8 快速跨越障碍跑

测一测你综合跑的设计与自练的能力:即把曲线跑、钻跑和跨越障碍跑三种跑串连起来,在 50 米的距离里你能设计出与众不同的两种练习方法吗? 请在一组示例基础上,画出串连跑的两种组合图(障碍物:四根绕杆、四块小折叠垫、四组矮跳高架),并在课中与同伴交流练习。

示例:

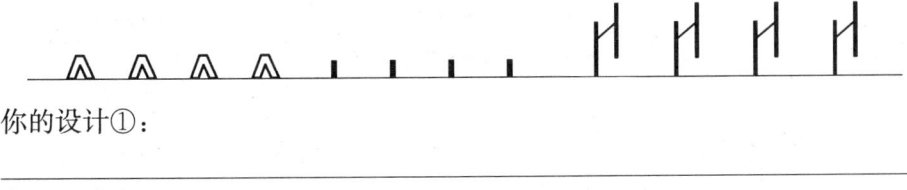

你的设计①:
_____

你的设计②:
_____

上挑式接棒　　　下压式接棒　　　迎面立棒式接棒

图 5 - 9

(4) 接力跑(图 5 - 9):

2. 跑的游戏

(1) "齐心协力"(图 5 - 10): "齐心协力"是一种两人合作的快速跑,即用布带或绳将两人的腿或手臂或腰部捆绑在一起,依靠两人的动作协调进行快速跑。该游戏可用接力的方式进行。

方法一:捆绑腿　　　方法二:捆绑手臂　　　方法三:捆绑腰

图 5 - 10　齐心协力

(2) "快速差距追逐跑"(图 5 - 11): "快速差距追逐跑"是根据你和同伴之间在快速跑能力上的差距来自行选择不同的起跑线,进行相互追逐跑的游戏。

图 5-11 快速差距追逐跑

五、跑的自我检测与评价

（1）自我跑的能力检测与"达标"对比：

达标分数	100	95	90	85	80	75	70	65	60	55	50	45	40	35	30	自我预订成绩目标
等级	优秀级达标			良好级达标			达 标			未达标						50米：
50米 男																
50米 女																100米：
100米 男																
100米 女																800米：
800米（女）																
1000米（男）																1000米：
测验成绩记载： 第____学期,50米：____,100米：____,800米：____,1000米：____ 第____学期,50米：____,100米：____,800米：____,1000米：____ 第____学期,50米：____,100米：____,800米：____,1000米：____																

（2）通过自我设计的综合跑能力练习，在课中与同伴交流自己的收获。

（3）在"齐心协力"游戏中，与同伴合作有哪些成功的经验？

第二节　跳　　跃

一、跳跃的基本方法

学练跳跃运动，主要是以锻炼学生多种形式跳跃的能力为主，从而促进下肢骨骼生长，加强关节韧带和腿部肌肉的力量。

跳跃运动是人体运用自身的能力（或借助一定的器材，如撑杆），通过一定的运动形式，使人体腾越相当高度或远度的运动。无论是跳高还是跳远，都有其共同的方法特点，即由助跑、起跳、腾空和落地四个部分组成，基本要求是：

助跑：使人体获得一定的水平速度，为进入起跳阶段做好准备。

起跳：使人体重心由水平运动转为腾起后的抛物运动。

腾空：以特定的空中技术动作，使人体越过一定高度或远度。

落地:以人体安全落地为原则,跳远还应通过特定的技术动作获得较远的落地点。

二、双足跳的练习内容与方法

1. 双足跳的技术动作与方法

双足跳技术动作的关键是两臂用力摆动与两腿用力蹬地的协调配合(图 5-12)。

图 5-12

2. 不同形式的双足跳

(1) 蛙跳:见图 5-13。

图 5-13 蛙跳

(2) 连续纵跳:见图 5-14。

主要方法:连续双足纵跳越障碍时,两臂要主动用力向前上方摆动,两脚要不停顿地爆发性的同时用力弹跳。

图 5-14 连续纵跳越障碍

(3) 双足跳高:见图 5-15,图 5-16。

图 5-15 原地双足跳高　　图 5-16 助跑双足跳高

三、单足跳的练习内容与方法

1. 单足跳的技术动作方法

单足跳的技术动作与双足跳具有共性,只是在起跳时,人体重心应在起跳腿的支撑点上,根据起跳方向来调整身体重心。

2. 不同形式的单足跳

(1) 助跑单足跳:在连续的单足跳的过程中,单足跳的幅度和速度要根据自己的脚部力量来决定(图 5-17)。

图 5-17 助跑单足跳

(2) 立定多级跳远:见图 5-18。

图 5-18 立定多级跳远

(3) 挺身式跳远:见图 5-19。

图 5-19 挺身式跳远

(4) 三级跳远:见图 5-20。

图 5-20 三级跳远

（5）跨越式跳高：见图 5-21。

图 5-21 跨越式跳高

（6）背越式跳高：见图 5-22。

图 5-22 背越式跳高

四、跳跃游戏

1. 蛙跳接力

游戏方法：两人一组，前后蹲立，手牵手，听到信号后，两人同时做向前蹲立的蛙跳，两人跳的动作要协调一致，中途不能分手，看哪队最先完成接力（图5-23）。

图 5-23 两人蛙跳接力

2. 跳方格

游戏方法：在方格前用双脚挟住小沙袋，跳起将沙袋投进按序号排列的方格里，然后用单足跳到有沙袋的方格，再用双脚将沙袋投进下一个序号方格，依次进行下去，直至将沙袋投进最后一个序号。沙袋投进方格外，算失败。可以个人或多人一组，分若干组，看谁在规定的时间里完成方格序号多。方格大小、数量可自行确定（图5-24）。

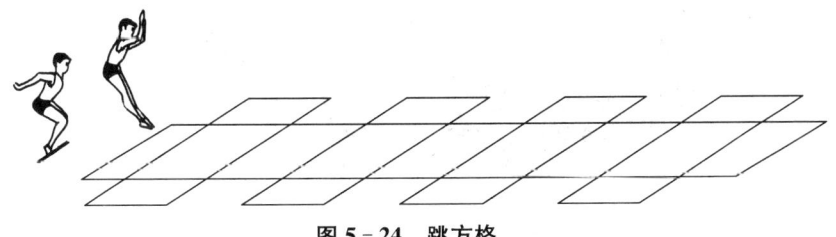

图 5-24 跳方格

五、跳跃的自我检测与评价

(1) 在不同形式的跳跃练习中,哪一种练习使你感觉最好?感觉好的原因是什么?

(2) 在跳跃游戏中,你和同伴在哪一项游戏中合作得最好?你认为合作成功的原因是什么?

(3) 你对跳跃游戏的方法和游戏中的规则有哪些自己的见解?你能自己编创跳跃游戏吗?

第三节 投　掷

一、投掷的基本方法

投掷运动是人们生活中的一项基本活动技能,经常进行投掷练习,可以使人的肌肉收缩强度和速度同时加大,肌肉的代谢过程得到加强,蛋白质等营养物质的吸收与储备增加,从而促使人体的肌肉发生明显的变化,使人的体型变得更加健壮,这对于处在身体肌肉发育重要阶段的师范学生来说,是一项很好的锻炼项目。

投掷在出手部位上,可分为肩上投掷和肩下投掷两种形式;并有单臂投掷和双臂投掷两种方式。无论哪种形式和方式的投掷,都是以人体的下肢、躯干和上肢三部位的协调用力来完成投掷动作的,而这三个部位的用力瞬间,是从下肢蹬地开始,自下而上地用力,即通过蹬地、转体、挺胸、以上臂带动前臂的挥臂动作来完成的。

二、不同形式的肩上投掷练习内容与方法

1. 单臂肩上投掷练习

(1) 持软排球的助跑投掷练习(图5-25)。

图5-25　单臂投软排球

(2) 侧向滑步推铅球(图5-26)。

图5-26　侧向滑步推铅球

2. 双臂肩上投掷练习

（1）双臂肩上抛实心球（图 5-27）。

双臂肩上前抛实心球　　　　　双臂肩上后抛实心球

图 5-27

三、不同形式的肩下投掷练习内容与方法

1. 单臂肩下投掷练习

（1）不同方式的撇飞盘练习：见图 5-28。

正撇飞盘　　　反撇飞盘　　　胯下撇飞盘

图 5-28　不同方式的撇飞盘

（2）掷地滚球或"保龄球"练习：见图 5-29。

图 5-29　掷地滚球或"保龄球"

2. 双臂肩下投掷练习

（1）胯下前抛实心球练习：见图 5-30。

（2）侧抛实心球练习：见图 5-31。

图 5-30　胯下前抛实心球　　图 5-31　侧抛实心球

四、投掷游戏

1. 投射（图 5-32）

游戏方法：该游戏类似手球运动中的射门，手持软式排球或小沙袋助跑，在规定投掷线前起跳，在空中将球或沙袋投射进用栏架设置的球门。游戏时自行分成几组对抗队，投射距离也可以自行确定，最后以命中多少来累计得分。

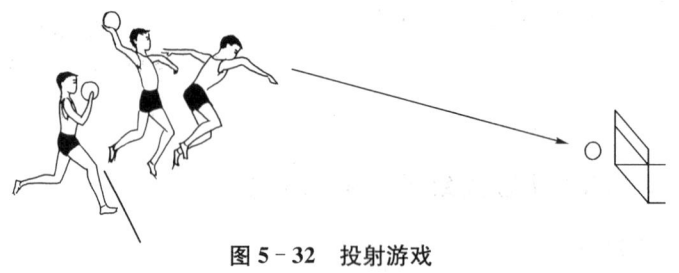

图 5-32 投射游戏

2. 打靶（图 5-33）

可以根据游戏图，自行设计游戏的方法和规则，并在课中与同伴交流、演示，相互点评。

图 5-33 打靶游戏

3. 飞盘快车道（图 5-34）

游戏方法：该游戏类似垒球的跑垒。按人数相等分成甲、乙两队，当听到信号时，甲队传接飞盘，乙队在两边的直通道上交互跑垒。当甲队传完一个来回的飞盘时，乙队未跑到垒的队员算出局，甲队记分。两队三轮交换一次。跑垒的距离可根据场地条件和双方的协定而定。

图 5-34 "飞盘快车道"游戏

4. 地滚球（图 5－35）

游戏方法：手持一定重量的实心球，用肩下抛掷的方法，将实心球滚入一定距离的圈内区域目标，圈内不同区域目标可设置相应的分值。在规定抛掷次数内，看谁分值高。抛掷距离和圈内区域可自行设定，游戏时可按组或个人的形式进行。

图 5－35　"地滚球"游戏

五、投掷的自我检测与评价

（1）在不同形式和方式的肩上或肩下的投掷练习中，最能显示自己投掷水平的是哪一种投掷练习？请把你的这一项投掷项目和成绩记录在此。

投掷练习项目：_____　　测验成绩：_____米

（2）在投掷游戏中，自己在下列哪一方面的表现最突出，请作一个自我评价。

A. 与同伴合作尽责尽力；　　B. 自己尽到最大努力；
C. 给自己所在队成功谋略战术；　D. 给自己的队员鼓舞信心和士气；
E. 为游戏提出了成功的改进方法。

自认为表现突出的关键点是：_____
_____
_____
_____

第四节　田径比赛的欣赏

一、田径比赛简介

田径是一项古老的体育运动。最早的田径比赛可以追溯到公元前776年在古希腊举行的第一届奥林匹克运动会，当时设有12个田径项目。田径也是人们喜爱的一项现代体育运动，上至古稀老人，下至少年儿童，都是这项运动的实践者和受益者。从1896年至今它一直是现代奥运会的主体项目，设有47个单项，是金牌大户。

现代世界田径比赛按国际田联的解释，包括田赛、径赛、公路赛、竞走和越野赛五大类。田径运动能有效地发展人的速度、力量、耐力、柔韧及灵敏等身体素质，增强体质和培养意志品质。因此，田径运动又成为其他一切运动项目的基础，被人们授予"运动之母"的美称。

二、田径场上的闪电战——百米赛

田径比赛中有一个项目特别吸引观众,那就是用时最短、速度最快、最让人回味无穷的百米飞人大战。其特殊的魅力表现为"10秒之内判胜负,毫秒之间定乾坤"。起跑的枪声一响,运动员像离弦之箭,一齐进发,世界级运动员百米起跑的反应时间仅有0.11秒左右(规则规定反应时小于0.100秒为犯规),途中跑的平均速度男子可达11米/秒以上,风驰电掣一般。男子百米世界纪录为9.58秒(2009年牙买加田径运动员博尔特创造),女子百米世界纪录为10.49秒(1988年美国田径选手格里菲斯·乔伊娜创造)。观看比赛的观众一眨眼的功夫,运动员已过终点,或者大家还在议论冠军是谁时,冠军已经产生。当今世界级百米选手的水平和实力都很接近,竞争非常激烈,胜负难料,有时所有运动员几乎同时撞线,时间相差仅有百分之一秒,用肉眼根本无法分辩出获胜的到底是谁,必须靠终点摄像才能判别。这种近乎"残酷"的竞争场面,令人难以忘怀。

田径新规则的使用,使比赛更具有戏剧性。最新田径竞赛规则规定:除全能比赛外,应取消对起跑犯规负有责任的1名或多名运动员的比赛资格,并在该名运动员面前出示红黑牌(用对角线分为两半),分别在各自分道的道次墩上做出相应的标志(从2010年1月1日起,运动员只要抢跑一次就会被取消比赛资格)。不管你名气有多大、成绩有多好,一不留神就可能被罚出场。如:2016年3月19日在美国波特兰举行的世界室内田径锦标赛上,男子60米预赛第二组6道选手刚果民主共和国KITUNGWA因起跑犯规被判罚。这就是新规则带来的悬念,它使比赛更具戏剧性、观赏性。

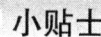

小贴士

跑步有利于健康

跑步能使人流汗,而汗水可以把人体内的废物与毒素排出体外。

跑步能使人吸入比平常多几倍、乃至几十倍的氧气,能有效通过吐故纳新达到预防疾病的目的。

跑步能进一步改善人的情绪,消除忧郁和烦恼,锻炼人的意志。

三、力与美的艺术——投掷

田径场上最能显示力量的项目莫过于投掷,它包括掷标枪、推铅球、掷铁饼、掷链球四个比赛项目。其中规则规定,铅球和链球球体、铁饼饼体与标枪枪头第一次接触地面时,触及了落地区角度线;或落在落地区角度线以外;或触及了落地区角度线以外的任何物体,应判为失败。规则还规定,运动员应在器械落地后方可离开投掷圈或助跑道,否则应判为失败;或者在投掷圈内完成动作(器械尚未落地时),离开投掷圈首先应触及的投掷圈上沿或投掷圈外地面应在白色限制线后方和标枪枪体在空中时,运动员不触及投掷弧及投掷弧前方地面,应认为投掷成功。

另外,从助跑的技术看,这四个项目各有特点:标枪是直线助跑,铁饼、链球均采用旋转助跑,而在铅球比赛中我们可以看到有三种助跑方式,即侧向滑步、背向滑步和旋转助跑。旋转助跑可以增加铅球在助跑中运行的距离,充分地利用身体旋转的动能,提高铅球运行的初速度,这种技术许多运动员在比赛中能成功运用,并且取得了很好的成绩,代表了当今世界推铅球技术发展方向。

观看田径场上的投掷比赛,我们不仅能欣赏到运动员健美的肌肉和健壮的体魄,还能欣赏到精湛的投掷技巧和器械飞翔的神奇场景,充分享受力与美的艺术。

四、以失败而告终的项目——跳高

大多体育比赛都以运动员获得最后胜利而告结束。但也有例外,那就是田径比赛中的跳高和撑杆跳高。这两个项目不是以运动员跳过最后的高度,而是以所有运动员都失败后而结束比赛。规则规定:每一位跳高和撑杆跳高运动员在一个高度上均有三次试跳的机会,当运动员在同一高度三次试跳失败时将失去继续比赛的资格。因此,跳高和撑杆跳高这两项比赛最后的失败者就是胜利者。

在当今世界田径运动的跳高比赛中,几乎所有的运动员都采用背越式跳高技术,该技术的主要特征是:弧线助跑,侧向单脚起跳,背向反弓形越杆,最后背部落垫。其中助跑、起跳是关键,最精彩也是最难的是运动员在横杆上方的身体姿态控制和完成动作的时机把握。

背越式跳高技术是当今公认的先进跳高技术。该项技术的创造者是美国运动员福斯贝里,在1968年墨西哥举行的第16届奥运会上他用背越式技术越过了2.24米的高度,一举夺得奥运会冠军。当今男子跳高世界纪录:古巴的索托马约尔保持室外世界跳高纪录2.45米和室内世界跳高纪录2.43米;女子跳高世界纪录:保加利亚的科斯塔迪诺娃保持室外世界跳高纪录2.09米,瑞典的伯格奎斯特保持室内世界跳高纪录2.08米。

五、田径场上运用红黄牌的项目——竞走

足球比赛中大家经常会看到裁判员向犯规的运动员出示红、黄牌,田径场上的红、黄牌出现在竞走比赛中。竞走的定义是运动员的脚与地面保持接触、连续向前迈进的过程,没有(人眼)可见的腾空。运动员腿从脚接触地的一瞬间至垂直部位应该伸直(即膝关节不得弯曲)。奥运会竞走项目有10公里、20公里和50公里。竞走规则规定:当运动员的动作有违反竞走定义的迹象时应予以警告,裁判员向运动员出示黄牌;比赛任何阶段运动员的行进方式表现出可见的腾空或膝关节弯曲,均应给予警告,裁判员向运动员出示红牌,如果同一名运动员在比赛中得到三张红牌将被取消比赛资格。判罚对运动员来说是严厉、无情的,无论运动员走在第几位,走得多快,走了多长的距离,只要出现犯规就有可能被红牌罚下。如2000年悉尼奥运会女子20公里竞走比赛进行到最后一程时,我国选手刘宏宇因3张红牌被罚下场,痛失要到手的金牌。当时我国另一名选手王丽萍暂处在第三位,但在随后的比赛中,排在前两位的外国选手又相继被罚下,王丽萍终于拿到了金牌。而在2002年法国巴黎世界锦标赛上,中国8人参加竞走比赛,结果5人被罚下,得到19张黄、

> **小贴士**
>
> **健步走能强身健体**
>
> 健步走是一项以促进身心健康为目的、讲究姿势、速度和时间的一项步行运动,行走的速度和运动量介于散步和竞走之间。
>
> 健步走最突出的优点是方法易于掌握,不易发生运动伤害;不受年龄、时间和场地的限制,不同年龄人群可根据自己的时间随时随地进行锻炼;运动装备简单,只需一双舒适合脚的运动鞋。
>
> 健步走早在几个前就被中国古老中医论述为"百炼之祖",被誉为医学之父的希波克拉底也称步行为"人类最好的医药",现实生活中有规律的健步走活动,可增进身体所有部位的健康。

红牌,未有一人进入前八名。作为中国田径传统的优势项目,在世锦赛上全军覆没,留下的只有震惊和遗憾。另一方面也充分说明竞走是一个很特殊的项目,不仅需要体力、意志力、更需要技术,比赛的结果同样富有戏剧性和不可预测性。

田径运动发展到今天,要求跑得更快、跳得更高、投得更远,在无尽的追求中不断突破,不断地完善自我。2008年的北京奥运会精彩的田径比赛,给我们留下了深刻的印象,永远难以忘怀。

【思考与体验】

■ 通过跑、跳跃和投掷基本技能的学与练,请你结合一项球类运动,描述一下自己在该球类运动活动中跑、跳跃和投掷技能应用的过程。

■ 在掌握了跑、跳跃和投掷基本技能的基础上,有哪些动作技能可作为自己健身锻炼的内容?并给自己制定一份健身锻炼的计划。

■ 你能根据跑、跳跃和投掷动作技能的特点,设计一个跑、跳、投相结合的综合游戏吗?

第六章
突显团队精神的运动——足球

【学习要点】
- 了解足球运动的基本内容,掌握各种踢球动作的基本方法
- 了解足球竞赛的基本方法和规则,学会欣赏足球比赛
- 学会自我锻炼、自我检测与自我评价的方法

第一节　足球的基本内容与方法

一、踢球

踢球是足球运动中最主要的方法之一。按脚与球接触部位的不同而分为脚内侧、脚背正面、脚背内侧、脚背外侧、脚跟踢球等。不管哪种踢球都是由助跑、支持脚站位、踢球腿的摆动、脚触球和踢球脚的随球前摆动作组成。这五个环节组成了整个踢球动作的全过程。而脚与球的接触部位是决定踢球质量的关键因素。

1. 脚内侧踢球的方法

脚内侧踢球触球面积大,出球平稳准确,但由于踢球时,踢球腿屈膝外转,小腿的摆幅和摆速都受到一定程度的限制,因此出球的力量小,故常用于短传、射门及二过一的战术配合。

正确的踢球方法是:支撑脚踏在球的侧后方,膝关节微屈;踢球脚稍向后提起,膝关节外转,脚尖勾起;前摆时小腿加速,脚掌与地面平行,脚腕用力;用脚内侧部位踢球的后中部(图6-1)。

图6-1

2. 脚背正面踢球的方法

脚背正面踢球因腿的摆动与髋、膝关节的结构相适应,便于加大摆幅和摆动速度,动作自然顺畅,脚与球接触面积也大,踢出的球准确有力,常用于中、远距离传球、射门等。

(1)定位:踢球腿以髋关节为轴,大腿带动小腿加速前摆;踢球脚触球一刹那,脚背绷直,脚趾扣紧;以脚背正面击球的中部(图6-2)。

(2)踢反弹球:当球要落地时,踢球腿的小腿急速前摆;在球刚反弹离地时,以脚背正

图 6-2

面击球的后中部。

3. 脚背内侧踢定位球的方法

踢定位球时助跑方向与出球方向成45°角；支撑脚以脚掌外沿积极着地，踏在球的侧后方，屈膝，脚尖指向出球方向，身体稍向支撑脚一侧倾斜；支撑脚着地的同时，踢球腿以髋关节为轴，大腿带动小腿由后向前摆；当身体转向出球方向，膝盖摆到接近球的内侧正上方时，小腿爆发式前摆，用脚背内侧踢球的后中部；踢球腿随球继续前摆(图6-3)。

图 6-3

4. 脚背外侧踢定位球的方法

踢脚背外侧踢定位球时，触球的一刹那，膝盖和脚尖内转，脚面绷直，脚趾扣紧；用脚背外侧部位踢球的后中部；踢球腿随球继续前摆。

二、接球

接球是指运动员有目的地用身体合理部位，将运行中的球接挡在所需要控制的范围内。主要部位有：脚部、大腿、胸部等。

1. 脚内侧接球的方法

脚触球的面积大，易停稳，便于改变方向和衔接下一个动作。

（1）脚内侧接地滚球：支撑脚正对来球，膝关节微屈；接球腿屈膝外转并前迎，脚尖稍翘起；脚在与球接触前的刹那开始后撤，并用脚内侧接触球(图6-4)。

图 6-4

（2）脚内侧接反弹球：支撑脚踏在球的落点的侧前方，膝关节弯曲，上体稍前倾并转向接球方向，同时接球脚提起，用脚内侧对准球的反弹路线；当球落地反弹刚离地时，用脚内侧推压球的中上部。

2. 脚背正面接球的方法

此方法便于在快速奔跑中接球,同时也便于连接下一个动作,在接高空下落球时多采用。

脚背正面接球时,面对来球,支撑脚立于接球点侧后方,膝关节微屈;接球脚小腿前伸,以脚背对准正在下落即将触地的球,使球落在放松的脚面上(图6-5)。

图6-5

3. 大腿接球的方法

用大腿触球,面积大,接球稳准,动作简单,容易掌握,多运用于停空中下落的球。

大腿接球时,面对来球,接球腿大腿抬起,以大腿中部对准下落的球;在大腿触球前的刹那,大腿迅速撤引挡球,使球落于衔接下一个动作需要的位置上(图6-6)。

图6-6

4. 胸部接球

用胸大肌之间的部位触球,触球面积大,位置高,接球稳,用途广。

胸部接球时,正对来球,收下颌,两臂自然张开,两脚前后开立,身体重心放在两脚之间,两膝微屈;当球与胸部接触前的刹那,两脚蹬地稍上挺,同时收腹,上体稍后仰用挺胸动作使球弹起,把球接在体前(图6-7)。

图6-7

三、运球

运球是运动员在跑动中,有目的地连续用推拨球的动作,使球处于自己的控制之下,以寻找传球、突破、射门的机会。一般常用脚背外侧和脚内侧运球。

1. 脚背外侧运球的方法

用脚背外侧运球,便于快速奔跑和改变方向。

脚背外侧运球时,身体自然放松,运球时,脚跟提起,足尖稍内转;在迈步前伸着地前,用脚背外侧推拨球。

2. 脚内侧运球的方法

脚内侧运球时,支撑脚在球的前侧方落地,膝微屈,身体重心随着向前移动;运球脚提起,用脚内侧推拨球的后中部。

四、头顶球

头顶球在比赛中是争夺空中球的有效手段,在进攻和防守中具有重要的作用,在加快进攻速度和完成战术配合中也有着十分重要的意义。

头顶球分为前额正面顶球和前额侧面顶球。这两个部位都可以做原地顶球、跑动中顶球、跳起顶球和鱼跃顶球。

1. 前额正面顶球的方法

(1) 原地顶球:身体正对来球,两脚前后开立,膝关节微屈,上体稍后仰,重心放在后脚上,两臂自然张开,两眼注视来球;触球前的刹那,后脚用力蹬地,重心移至前脚,同时上体迅速前摆,颈部紧张,快速甩头,用前额正面顶球的后中部,接着上体继续前摆(图6-8)。

图6-8

(2) 原地双脚起跳顶球:屈膝,重心下降,两脚用力蹬地跳起,同时两臂屈肘上摆,向上起跳,在跳起上升的过程中,挺胸展腹,两臂自然张开,眼睛注视来球;当跳到最高点准备顶球时,身体成背弓,当球运行到身体的垂直部位前的刹那,快速收腹,折体前屈并甩头,用前额正面将球顶出;顶球后,两腿自然屈膝、屈踝落地(图6-9)。

图6-9

五、抢截球

抢截球包括抢球和截球两个内容。抢球包括正面抢球、侧面抢球和侧后抢球三种方法。

1. 抢球的方法

(1) 正面抢球:两脚前后稍开立,两膝稍屈,身体重心下降并放在两脚间,面向对方;趁对方带球距离较大或脚触球未着地时,一脚立即用力蹬地,抢球脚屈膝向前跨出,用脚内侧挡住球的正面。另一脚立即前跨,上体前倾,保持身体平衡,把球控制住(图6-10)。

图6-10

（2）侧面抢球：当与对方平行跑动争抢时，身体重心稍下降，同对手接触一侧的臂紧贴身体；当对手靠近一侧的脚离地时，用肘关节以上的部位，冲撞对方相应部位，使对方失去平衡而离开球，乘机将球抢过来（图6-11）。

图6-11

2. 截球的方法

截球是比赛中经常使用的动作，有踢球、顶球、铲球和接球等技术动作。但它必须根据临场需要选择使用某种动作。凡是需要直接进行传、射的截球，就需要用踢球、顶球或铲球动作来完成；凡是需要使球处于自己的控制之下的截球，则必须使用接球动作来实现。

六、进攻与防守

足球比赛是由攻和守这对矛盾组成，攻和守不断地变换组成了比赛的全过程。因此，足球战术可分为进攻战术和防守战术两大系统。无论进攻和防守战术都包含着个人和集体战术。个人战术也可称个人战术意识。这是指队员个人在比赛中合理运用技术，有目的地跑位，以完成全队攻守战术任务所采取的各种方法。集体战术就是两个或两个以上队员在完成全队攻守战术任务所采取的各种协同配合方法。个人战术是集体战术的基础，集体战术是个人战术的综合。现代足球比赛特别强调发挥整体攻防的能力，在此基础上，同样也重视充分发挥有突出才干的队员的作用。

1. 足球战术的分类

足球战术	个 人	局 部	全 队
进攻	合理运球、传球、摆脱与跑位	2人传球配合 3人进攻战术配合	边路进攻、中路进攻、定位球进攻战术
防守	选位、盯人	保护、补位、围抢	人盯人防守、区域防守、混合防守、制造越位战术、定位球防守战术
阵型			442、352、343、424、433等阵型

2. 比赛阵型

比赛阵型指队员在比赛场上的排列形式，布置上应达到攻守搭配，各位置队员应各尽其责。阵型的演变是根据打法的需要发展起来的。随着现代足球的发展，固定不变的阵型已经被淘汰，取而代之的是各个队员在明确自己的职责和基本位置后，根据场上的变化，利用自己的智慧和行动上的灵活多变来表现进攻与防守上的整体性。

（1）"WM"型："WM"阵型是1930年由英国人创造的，它第一次达到了攻守人数上的平衡，这种阵型在20世纪50年代以前的足坛上占据重要地位（图6-12）。

(2) 442阵型:442阵型是英国在1960年第八届世界杯上首次运用的阵型,当时主要为了加强防守,而现在的442阵形则具有全攻全守的内涵(图6-13)。

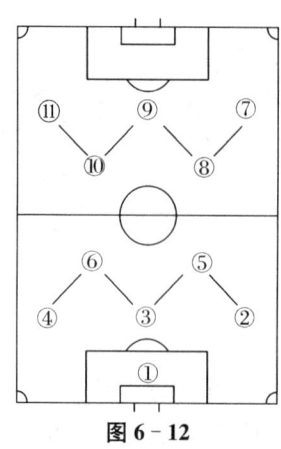

图6-12

图6-13

442阵型的主要特点如下:

● 后场与中场各有4名队员,人数的优势有利于巩固防守,同时增加了中场控制权的争夺。锋线上有2名队员,他们发挥自身的特点在捕捉得分机会的同时,通过积极跑位在中路和边路制造空当,便于前卫和后卫的插上,增强了后卫、前卫进攻的突然性和隐蔽性。

● 在站位上,除了上面一字形排列,前卫线还有菱形排列,除了两个边前卫,还分前腰(主要组织进攻)和后腰(主要以防守型前卫为主)。

(3) 352阵形:其阵形的特点如下:

● 中场人数多,力量强,有利于夺取中场优势,取得主动权。

● 在进攻上,中场队员插上,进攻点多,面宽,具有突然性和隐蔽性,对手难以防范。

● 在防守上,利用中场人数优势的逼进式防守,可减轻后卫线上的压力,也增加了对手进攻的难度。

● 这种打法对边前卫要求较高,因为其同时集边锋、前卫、边后卫三职于一体。

(4) 343阵形:其阵形的特点如下:

● 攻守比较平衡,中场力量相对较强。

● 在进攻上,3名队员加强了进攻力量,又牵制了对方边后卫的助攻。

● 在防守上中场占有人数多的优势,减轻了后卫的压力,3名后卫中的2人主要采用盯防,1名自由中卫主要是保护与补位并控制危险区域。

总之,阵形的制定主要依据本队队员的能力和特点。如果队员不具备某种阵形所要求的能力和特点,那么这一阵形就发挥不了集体的力量和个人的特长。此外,还应依据现代足球的比赛原则,达到全攻全守、攻守平衡的目的。

3. 常见的进攻和防守方法

(1) 边路传中进攻:边路传中指在对方半场两侧发动进攻,以传中创造射门机会。

● 个人突破。通过个人技术及速度,运球突破对方的防守,达到传中的目的。

● 传球配合。边锋或其他跑到边锋位置的队员与内锋配合(图6-14),边后卫沿边路插上配合(图6-15)。

(2) 中路进攻:中路进攻是从比赛场地中间地带发动的进攻。

- 个人突破。通过个人娴熟的技术从中路带球过人突破形成射门。
- 前卫插上配合（图 6-16）。⑨号接应⑧号，⑦号插入空当接⑧号的传球。
- 短传配合（图 6-17）。⑨号运球突破 6 号，传给⑩，⑩号斜传空当，⑧号接应完成射门。

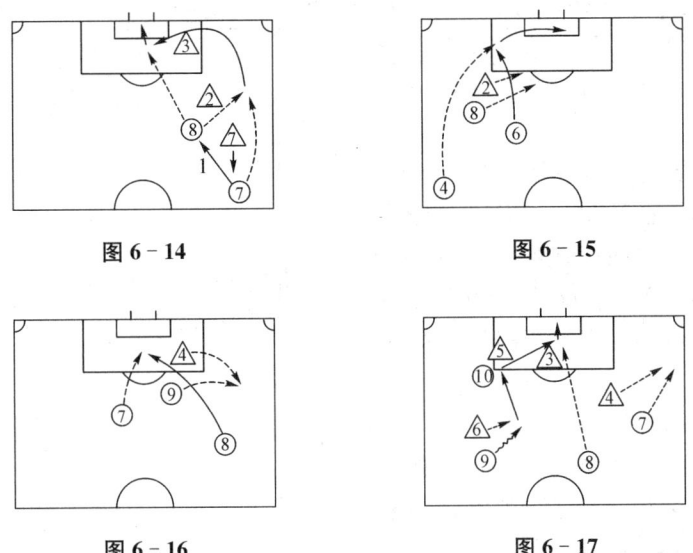

图 6-14　　　　　　　　　图 6-15

图 6-16　　　　　　　　　图 6-17

边路进攻和中路进攻队员都要积极跑动向前突，力争在极短的时间内完成射门，不使对方赢得时间并重新布置好防线。一旦对方布置好防线，进攻队员不要急，可通过转移和短传配合寻找进攻机会。

(3) 区域盯人防守：区域盯人防守指每一防守队员都有一定的防守区域，进攻者一旦进入该区域时，防守队员即对其严密盯防，限制其在该区域的一切进攻行动。防守队员之间必须有协防的意识，尤其注重区域与区域之间结合部的防守。

(4) 混合盯人防守：根据对手情况，在某些区域实行人盯人，在某些区域实行区域盯人，充分发挥这两种形式的特点，提高整体防守的效果。应注意，重点盯对方进攻的组织者和得分手，最大限度地冻结他们，减弱对方的进攻能力；要明确在哪些区域实行哪种盯人方法，对防守对象有明确的分工。

为达到整体防守的目的，延缓对方进攻、快速退守到位、保持防守层次、紧逼盯人、严密封堵球门前 30 米范围等是关键。

第二节　足球竞赛与欣赏

一、足球竞赛的基本方法

足球运动是两队相互对抗、激烈而又富有魅力的球类运动项目。正式比赛每队 11 人。比赛在长方形且平坦的场地上进行。场地两端各设有球门。比赛时，双方不断互换攻守，攻方队员尽量把球逼近对方球门，争取射球入门，守方队员努力抢截对方的球，阻挠对方带球或传球接近自己的球门，并防止对方射球入门。比赛以射球入门的多少判定胜负。

二、足球竞赛简要规则

1. 场地

（1）足球比赛场地必须为长方形平整场地，长为90～120米、宽45～90米；国际比赛场地长为100～110米、宽为64～75米（图6-18）。

（2）角旗：场地四角各竖一面平顶旗杆，杆高至少1.5米，上面挂的一面小旗叫角旗。

（3）中线旗：中线两端的边线以外1米处，竖起的一面与角旗相同的小旗叫中线旗。

（4）球门：球门柱内沿距离7.32米，横梁的下沿距地面2.44米。

（5）场地各线、区、点：比赛场地是用线来标明的，这些线作为场内各个区域的边界线，包含在各个区域之内。所有线的宽度不超过12厘米（5英寸）。

●边线与端线。两条较长的边界线叫边线，两条较短的线叫端线。是判断球出界的标志线。

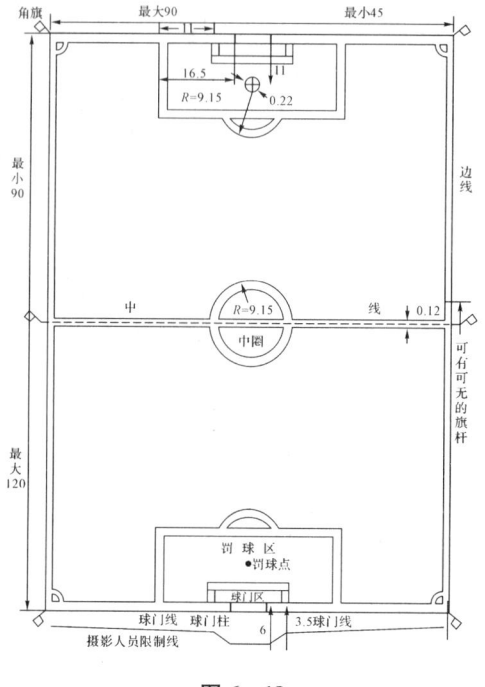

图6-18

●球门线。两门柱内的端线叫球门线。

●中线。两边线中点的连线叫中线。

●中圈。以中线中心点为圆心，以9.15米为半径画的圆为中圈。

●球门区。从距球门柱内沿5.5米的端线向场内画5.5米的垂直线段，两端点画连线，所画的区域叫球门区。

●罚球区。距球门柱内沿16.5米处端线上向场内画16.5米的垂直线段，与端线相连接，围成的区域叫罚球区。

●角旗区。在场地的四角，以端线和边线的交点为圆心，以1米为半径，所画的弧线与边线、端线围成的区域叫角旗区。

●罚球点。从球门线中点垂直于场内11米处，画一圆点叫罚球点。

2. 球

比赛用球应为圆球。球周长68～70厘米，重量410～450克，压强0.6～1.1千帕。

3. 比赛时间、人数及装备

（1）时间：比赛分为两个相等的半场，每半场45分钟，（上下半场之间的休息时间不超过15分钟，特殊情况双方同意另定除外）。

（2）人数：上场参加比赛的队员，在比赛开始或比赛中，不得超过11人，其中必须有一名守门员。某队少于7人，则比赛不能开始。在由国际足联、各联合会或各国足协主办的正式比赛中，每场比赛最多可以使用3名替补队员。替补前应先通知裁判员；替补队员在被替补队员离场、并得到裁判员信号后方可进入比赛场地；替补队员只能在比赛停止时从中线处进场；被替补出场的队员，不得再次上场比赛；队员被罚出场，不得由别人替补。场上队员可以和守门员互换位置，但须事先通知裁判员并且只能在比赛停止时进行。

（3）装备：上场队员必需的装备是运动上衣、短裤、护袜、护腿板和足球鞋。上场队员不得穿戴危及其他运动员安全的任何物件。守门员的服装颜色必须有别于其他上场队员和裁判员。

每场比赛应委派1名裁判员执行裁判任务，另有2名助理裁判员和1名第四官员。裁判员服装的颜色必须区别于场上队员。

4. 裁判员和助理裁判

（1）裁判员：每场比赛由一名裁判执行裁判任务，其主要任务是：执行规则，判罚犯规；对严重犯规队员按情节给予警告或罚令出场；记录比赛时间和比赛成绩；处理伤员；比赛暂停后重新恢复比赛；审定比赛用球；检查队员装备。

（2）助理裁判员：每场比赛应委派2名助理裁判员，其主要职责是：协助裁判执行规则，用旗示意球是否出界；指示由何方掷界外球、踢角球或球门球；当一方要求替补时，通过旗示通知裁判员；协助裁判判断越位及球进球门。

（3）第四官员：每场比赛应委派1名第四官员（替补裁判员），其主要职责是：执行比赛的有关规定；准备替补上场执法；根据裁判员要求，负责赛场的管理工作；负责比赛中队员的替换工作，负责比赛用球的保管；协助裁判员执行工作；公布比赛补足的时间；报告比赛有关情况。

5. 越位

（1）凡进攻队员距球和最后两名对方队员更接近于对方球门线时，即为处于越位位置。处于该位置本身不是犯规。条件是：在对方的半场内；该队员到对方球门之间不足2名防守队员；干扰比赛、干扰对方队员，从越位位置获得利益。

（2）同队队员在传球给该队员的一瞬间上述条件同时存在，则裁判员应判该队员越位。下列情况除外：齐平于最后第2名或最后2名对方队员；直接接得球门球、角球或界外掷球。

（3）队员被判罚越位，裁判员应判由对方队员在越位地点踢间接任意球。

6. 犯规与不正当行为

（1）裁判员认为队员有以下任何一种行为，应判罚由对方队员在犯规地点踢直接任意球。防守队员在本方罚球区内违反下述10种行为中任何一种时，应判罚点球。

● 踢或企图踢对方队员。
● 绊摔对方队员。
● 跳向对方队员。
● 猛烈冲撞对方队员。
● 打或企图打对方队员。
● 推对方队员。
● 铲球时，于触球前触到对方队员。
● 拉扯对方队员或向对方队员吐唾沫。
● 故意手球。

- 抢截对方队员。

（2）如果队员违反下列七种犯规中的任何一种，将被警告并出示黄牌。
- 犯有非体育道德行为。
- 以语言或行动表示异议。
- 持续违反规则。
- 延误比赛重新开始。
- 当以角球或任意球重新开始比赛时，不退出规定的距离。
- 未得到裁判员许可进入或重新进入比赛场地。
- 未得到裁判员许可故意离开比赛场地。

（3）如果队员违反下列七种犯规中的任何一种，将被罚令出场并出示红牌。
- 严重犯规。
- 暴力行为。
- 向对方或其他任何人吐唾沫。
- 用故意手球破坏对方的进球或明显的进球得分机会（不包括守门员在本方罚球区内）。
- 用可判为任意球或点球的犯规破坏对方向本方球门移动着的明显的进球得分机会。
- 使用无礼的、侮辱的或辱骂性的语言及动作。
- 在同一场比赛中得到第二次警告。

被罚令出场的队员必须立即离开比赛场地附近和技术区域内。

7. 任意球、罚球点球、球门球和角球、掷界外球

（1）任意球：任意球分两种，一是直接任意球，即这个球可以直接射入犯规队球门得分；二是间接任意球，即踢球队员不能直接射门得分，除非球在进入球门以前曾被其他队员踢或触及。在罚任意球时对方队员必须至少距球9.15米。凡攻方在对方球门区内踢间接任意球时，应在距犯规地点最近的、与球门线平行的球门区线上执行。

（2）罚球点球：应从罚球点上踢出，必须明确主罚队员，踢球的除主罚队员和对方守门员外，其他队员均应在该罚球区外及比赛场内，并至少距罚球点9.15米处的罚球点的后面。

（3）球门球和角球：当球的整体不论在空中或地面从球门外越出球门线，而最后踢或触球者为攻方队员时；由守方队员在球门区内任何地点直接踢出罚球区恢复比赛；如果最后踢或触球为守方队员则由攻方队员在对方的角球区内罚角球恢复比赛。

（4）掷界外球：当球的整体越出边线时，由最后触击球队员的对方队员在出界处将球掷向场内任何方向。掷球时，掷球队员必须面向球场，两脚均应有一部分站立在边线上或边线外，不得全部离地，用双手接球从头后经头顶掷入场内。球一进场内比赛立即恢复。

三、足球比赛的欣赏

1. 足球比赛概述

在众多的体育运动项目中，最激动人心的莫过于足球了。在那7000多平方米的绿茵

---

① 2014巴西世界杯十大进球，视频链接网页来源于第一视频网。

场上进行的一场足球比赛,往往受到世界上许多球迷的关注。人们会为足球兴奋,也会为足球沮丧,甚至会为足球疯狂。足球运动以其自身特有的魅力,赢得了"球中之王"、"世界第一运动"的美誉。

从1863年开始,诞生于英国的现代足球运动,经历了100多年的风雨历程,到今天已经日趋完美成熟。讲究技术的南美拉丁派和讲究身体素质的欧洲力量派相互融合,取长补短,使球员的技术水平、战术意识、身体素质与心理品质都达到了一个相当高的层面,球队的打法则更加全面、灵活,对抗性强、攻守转换速度快的特点在比赛中得到了充分的体现。现代足球运动正朝着更加完美的全攻全守的方向发展。

与足球运动的高水平发展相同步,足球器材和场地设施也达到了高度现代化的水平。场地的草皮由专门的工厂培育;球员的休息室配备更衣、按摩、治疗、洗浴等高档设备;带有顶棚的观众席和配有现代通讯设备的记者席都是尽善尽美。

足球运动如今已成了一项体育产业,国外的职业俱乐部历史悠久,投入——经营——产出运作得规范有序,球员具有强烈的职业意识和良好的敬业精神。

中国是古代足球游戏的发源地,尤其是在唐代,我国的古代足球游戏达到了鼎盛时期,"蹴鞠"就是当时的典型代表。然而到元朝以后,由于多方面的原因,古代足球游戏逐步衰落直至消亡。1840年鸦片战争后,现代足球随英国的侵略而传入我国。20世纪初,我国的足球队与外国球队比赛,曾取得过不俗的战绩。1931年,中国加入了国际足球联合会。

1949年新中国成立后,我国足球运动在经历了创业——发展——动乱——改革四个历史阶段之后,于1994年,正式走上了与国际接轨的职业化道路。球队以俱乐部的形式注册,联赛实行主客场制,各队聘请外籍教练和外籍球员参赛,从而使得多年冷冷清清的球场又火爆了起来,球迷又回到了看台上,联赛的质量也随之大幅度提高。"冲出亚洲,走向世界"是中国足球界几代人的夙愿,2002年中国男子足球队终于站在了世界杯决赛阶段的赛场上,这一愿望得以实现。相信通过足球人的不懈努力,我国一定会成为一个真正的足球强国。

值得一提的是,在我国男子足球水平还相对落后的情况下,我国的女子足球运动已经率先达到了世界先进水平。女子足球队的姑娘们曾获得了世界杯和奥运会的银牌,并连续获得六届亚洲杯和三届亚运会的冠军,享有"铿锵玫瑰"的美称。

2. 重大赛事简介

(1) 世界杯足球赛(又称世界足球锦标赛):世界杯足球赛于1930年创办,每4年举办一届,至今已经办了22届,这是当今世界上水平最高的足球赛事。各会员国在报名后,先进行各大洲的预选赛,在预选赛中出线的国家队才能进入最后决赛阶段的比赛。各洲的出线名额不尽相同,主要是依据运动水平的高低来决定名额数,目前包括上届冠军和东道主在内,总共有32支球队可以进入决赛圈。欧洲和南美洲由于足球运动水平最高,所以名额也最多,而且前

> **小贴士**
>
> **足球起源于中国**
>
> 国际足联已正式认定:足球起源于中国。因此,中国与英国、瑞士、法国一起获得了2004年"国际足联成立100周年"庆典活动主办国的资格。据国际足联副主席郑梦准透露,足球在中国发源后,经波斯、埃及、意大利后才辗转传入英国。

16届的比赛也是在这两个洲的国家轮流举行,值得欣慰的是,新世纪的第一届比赛,也就是2002年的第17届世界杯赛由亚洲的韩国和日本共同举办,这也说明了亚洲足球的地位正在提高。

(2) 奥运会足球赛:从1900年第2届奥运会起,足球被列为正式比赛。奥运会足球赛的规模仅次于世界杯赛,每4年举办一届(由于历史的原因,世界上水平最高的职业球员不能参赛)。国际足联规定:允许参加过世界杯赛的职业运动员参加,参赛球员的年龄必须在23岁以下,每队允许有3名超龄球员,这使得奥运会足球赛的水平低于世界杯足球赛。该赛事参加决赛阶段比赛的球队同样需经过各大洲的预选赛来产生。

(3) 丰田杯足球赛(世界俱乐部冠军杯):丰田杯全称"欧洲南美洲俱乐部丰田杯足球赛",又称为"洲际杯足球赛",是在每年欧洲冠军杯冠军和南美解放者杯冠军队以及其他大洲冠军球队之间进行的比赛,其前身为洲际杯比赛。2005年起,丰田杯被国际足联世界俱乐部冠军杯(FIFA Club World Championship)取代。

(4) 世界女子足球锦标赛:1991年,第1届世界女子足球锦标赛在我国广州举行,此项赛事每4年举办一届,截止到2015年,女足世界杯已经举办了7届。水平较高的国家有中国、德国、日本、美国及挪威、瑞典等。

3. 如何欣赏足球比赛

足球是一项用脚支配球的运动。人们都知道,与手相比,脚的灵活性远不如手,用脚来完成各种动作就更困难了,然而,足球运动员用脚控制球却到了随心所欲的地步,准确的传接球、巧妙的战术配合、灵巧的运球过人、强有力的头顶射门、优美的胸部接球、守门员的鱼跃扑球以及流畅的整体打法,尤其是射门进球的时刻,都能给观众以不可言表的心理满足。足球运动给我们带来了一种阳刚之气,一种勇于拼搏的顽强精神,只要身临赛场,你就会感受到那种特有的、无与伦比的美妙享受。

第三节　足球的学法与评价

一、学法指导

足球运动是一项由攻防对抗组成的球类运动。通常有踢球、接球、运球、头顶球、抢截球、假动作等动作方法组成。要想自如地参与足球运动,必须要逐个地学习每个基本动作,从最基本的技术动作学起,待掌握后,再学习其他动作。如先学习原地踢定位球,再学习助跑踢球、运动中踢球等。学习方法可灵活多样,像徒手练习、原地练习、移动练习、单人练习、双人练习、多人练习、结合竞赛、游戏形式的练习等。学习过程要由易到难、由浅入深,通过反复练习,不断强化已建立的条件反射,并逐步达到动力定型。

1. 颠球练习

(1) 脚背正面颠球。

(2) 脚内侧颠球。

(3) 脚外侧颠球。

(4) 大腿颠球。

(5) 多个部位颠球(图6-19)

图 6 - 19

2. 踢球练习

（1）用脚背正面、脚内侧、脚背外侧颠球，提高"脚感"（脚的部位感觉和触球部位的感觉）。

（2）模仿各种踢球动作练习。

（3）对墙，做各种踢球练习（距离 3～5 米）。

（4）两人合作，一人用脚掌踩球，一人做轻踢球练习。

（5）两人或两队合作（相距 10～15 米），对踢定位球练习或踢迎面轻滚过来的球。

（6）3 人三角传球练习。

（7）"斗牛"游戏：几个人围成圈传球，一人或两人在中间抢球，只要触到球或传接球失误，双方即换位置。游戏中可规定某种踢球动作和触球次数。

3. 接球练习

（1）个人练习颠球：最后一下颠过头顶，做接球练习。

（2）自己在慢跑中向前上方抛球，做接球练习；做组合接球练习，如大腿接球，再接做一个脚内侧接反弹球。

（3）两人合作（相距 6～8 米）接球：原地稍作移动，停对面抛来的地滚球、平球、高球、反弹球练习。

（4）两人传接球，接迎面踢来的地滚球、平球、高球、反弹球（距离由近到远逐步增加）。

（5）结合各种踢球练习做接球练习。

4. 运球练习

（1）"8"字运球（图 6 - 20）。

（2）在较小的区域内，多人进行随意运球（要抬头看人，人球兼顾，注意观察）（图 6 - 21）。

图 6 - 20

图 6 - 21

(3) 脚内侧连续运球。

(4) 脚背外侧连续运球。

(5) 结合运球、传球,做三对三或五对五的控制球练习。

5. 头顶球练习

(1) 一人拿球,让顶球人模仿顶球动作,体会额部的触球感觉。

(2) 两人对面抛顶球练习(相距5～8米):先原地顶,再助跑顶球,然后做跳起顶球。

(3) 两人对面站立(距5～8米),一人向左右抛球,另外一人左右移动顶球。

(4) 头球射门练习:先顶抛来的球,再顶传中球射门。

6. 抢截球练习

(1) 二人在并肩慢跑中做冲撞练习(图6-22)。

(2) 一人运球,另一人做合理冲撞抢截(图6-23)。

图6-22　　　　图6-23

(3) 规定范围内人盯人抢截(图6-24)。

图6-24

(4) 方形抢截游戏(图6-25)。

图6-25

7. 进攻与防守练习

（1）二对二攻守练习：在篮球场两端各设一个3米宽的小球门，进行二攻二守练习，可规定练习时间；防守组一人守门，进攻组用二过一配合突破射门，以射进球数多少决定胜负。

（2）三对二练习：在篮球场内，3人进攻（其中一人为固定传球人），2人防守，攻方传球出界或被防守者抢到球，即换防守。

（3）五对二练习：在篮球场内，每边站一人，中间一人为接应者，他可在场上自由活动接应传球，但经他一次短传接应后，必须用中、长传转移。四边的队员只能沿一边活动，场地内的2个防守人进行积极堵抢。规定练习时间。

（4）五对五攻防练习：在篮球场内，抢到球，全组交换攻防，五对五攻防练习，传球出界或一人控制球时间长的组为胜。

（5）三对三比赛：在30米×20米的场地上，进行三对三的比赛，练习二过一及一防二的配合等。可灵活规定球门大小、守门的方式等。

（6）分组比赛：在足球场中线放一个球门，进行半场分组比赛可采用五对五、六对六、七对七等。

二、锻炼的自我检测与评价

1. 踢准

（1）检测方法：面对足球墙，相距12米，用任意一种脚法射墙上的"门"，球门按5、4、3、2、1、标出不同分值，共射5次，评价得分情况。

（2）评价标准：

分　　数	25分	24～20分	19～16分	15分以下
等　　级	优　秀	良　好	及　格	不及格
个人等级				

2. 运球过杆射门（图6－26）

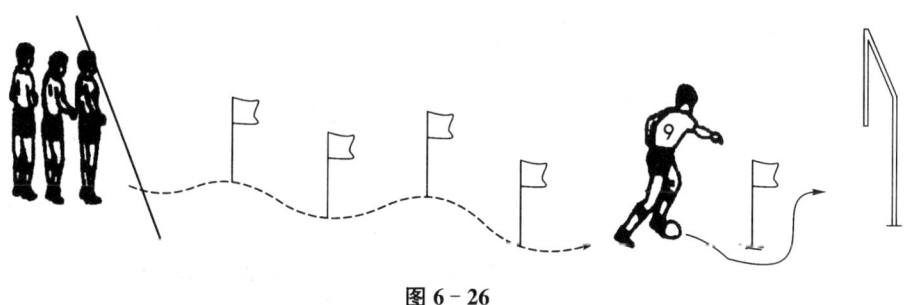

图6－26

评价标准：

等级	优秀	良好	及格	不及格
标准	运球速度快，动作连贯，射门准确有力	运球速度快，动作连贯，射门准确	动作不够连贯，射门不够准确	动作不协调，运球脚法不准确，射门不进门
个人等级（打√）				

3. 接球—运球—射门

(1) 检测方法：背对球门25米左右，接同伴传球，接球后转身快速运球，进入罚球区后迅速射门，每人射5次。

(2) 评价标准：

等级	优秀	良好	及格	不及格
标准	能主动上前迎球接球，接球转身动作正确，运球快速，射门准确有力	接球转身动作较正确，运球动作较合理，射门准确	能完成三个动作的衔接，个别环节不流畅	基本不能完成动作，且速度较慢
个人等级（打√）				

4. 运球越过障碍射门

(1) 检测方法：设若干旗杆作为障碍物，每两根旗杆间相距1～2米，运球过杆，并不得碰旗杆，每人做3～5次。

(2) 评价标准：

等级	优秀	良好	及格	不及格
标准	运球过杆速度快，动作协调，射门准确有力	运球过杆速度较快，动作较协调，射门准确	运球速度慢，动作不够协调	不能完成动作
个人等级（打√）				

【思考与体验】

■ 你喜欢足球运动吗？为什么？

■ 联系比赛中传球和射门的实际情况，举例说明正确掌握足球踢球的基本方法的必要性。

■ 看了一场精彩的足球比赛后，你能客观地评球吗？

第七章

演绎绝伦配合的运动——篮球

【学习要点】
- 了解篮球运动的基本内容,掌握篮球运动的基本方法
- 知道篮球竞赛的基本方法和简要规则,学会欣赏篮球比赛
- 学会篮球自我锻炼、自我检测与自我评价的方法

第一节　篮球的基本内容与方法

一、投篮

投篮是篮球运动中主要的方法之一,比赛时,只有将球投入篮中才能算得分。因此,投篮成了进攻与防守矛盾的焦点。一切进攻与防守技、战术的运用,都是为了投中对方的篮或干扰对方投中本方的篮。投篮的动作方法很多,在比赛、自我锻炼或游戏中,运用比较广泛的方法主要有:原地投篮、跳起投篮、行进间投篮等。其中原地投篮是最基本的投篮方法,也是比较容易掌握的投篮技术。那么,我们怎样才能学会投篮的方法和投得准确呢?

一是要采取正确的投篮姿势。持球时五指自然分开,尽量增大手与球的接触面积,手指的指端贴紧球,手掌心不要触球。投篮的过程中,要保持好身体平衡,身体重心随投篮出手移动,并与出手方向一致,注意下肢蹬地与身体伸展、手臂伸展、动作的用力顺序协调一致。

二是要学会投篮的瞄准方法。投篮时瞄准点在什么地方,往往是篮球初学者比较困惑的问题,因为投篮有直接入篮和碰板入篮两种情况,所以瞄准点也不相同。一般来说,若直接入篮,通常瞄准篮圈前沿或篮圈中心;若碰板入篮,则要根据投篮的位置与篮板所成的角度,以及投篮的距离,决定投篮的碰板点。投篮的角度越小,距离越远,碰板点就越高。碰板投篮入篮率较高的区域是投篮位置与篮板成30°左右的角。

三是要控制好投篮的弧线。投篮后球在空中飞行弧线的高低,对命中率有重要的影响。从理论上说,投篮的弧线越高越接近垂直下落,篮圈暴露在球下面的面积就越大,命中率就应该越高。但高弧线的投篮,对控制球的飞行路线、力量和落点难度也相应较大,因而,增加了投中的难度。中弧线是一种比较适宜的投篮弧线,由于球飞行弧线的最高点与篮板上沿大致相平,篮圈的面积大部分暴露在球的下面,故较容易控制力量和落点,球入篮率也较高。低弧线投篮,球飞行距离短,力量虽容易控制,但因弧线低平、篮圈面积暴露小,因而不易命中,所以应采用中弧线的投篮方法。

1. 原地单手肩上投篮

原地投篮又称为定位投篮,比赛时,常常用于远距离或罚球时的投篮,自我锻炼或游戏时,也多以此方法投篮(图7-1)。原地投篮是其他投篮方法的基础。掌握了原地投方法后,可以进一步学习跳起投篮和行进间投篮。

图 7-1

持球方法:持球手五指自然分开,指根以上部位触球,掌心空出。
身体姿势:两脚前后分开站立,投篮手一侧的脚在前,两膝稍弯屈。
投篮动作:两脚蹬地后,身体随之协调伸展,臂、腕、指依次用力。

2. 跳起投篮

跳起投篮,简称跳投。这种投篮方法由于出手点高、出手速度快、突然性强、不易防守,已成为现代篮球运动普遍应用的投篮得分方式。跳投有原地跳投和急停跳投两种方法。急停跳投与运球、传接球相结合又可分为运球急停跳投和接球急停跳投。原地跳投是急停跳投的基础,动作方法与原地投篮相似,关键要做到:

● 持球手臂上摆帮助起跳,保持好身体在空中的平衡。
● 身体上升近最高点时将球投出。

3. 行进间投篮

行进间投篮俗称跑篮,是一种在跑动中运球或接球后投篮的方法,一般在快攻或快速切入篮下时运用。其特点是:速度快、命中率高。行进间投篮分为行进间单手肩上投篮(图 7-2)和低手投篮(图 7-3)。

● 跨一大步的同时接球。
● 第二步稍小并充分跳起。
● 身体接近最高点时将球投出。

图 7-2

图 7-3

二、运球

运球是持球者在原地或行进间,用连续按拍球的形式携带球的一种方法。是进攻者控制球、摆脱防守、组织战术、创造投篮得分机会的重要手段。运球在篮球竞技运动和篮球游戏活动中,可以因需要变化技术动作,于是出现了许多运球方法:为了加快向前移动的速度,采用高姿运球;为了摆脱、避开防守者抢球,采用低姿运球或变速运球;为了突然改变运球方向,采用体前变向运球、背后运球或胯下运球,等等。掌握高姿运球技术是学习其他运球方法的基础。运球技术动作方法的主要环节有:身体姿势,手臂动作,手脚协调配合等。

身体姿势要因不同的运球方法采取不同的身体姿势。高姿运球时,身体重心稍降低,上体稍前倾,两膝微屈,抬头观察场上情况;低姿运球时,则要降低身体重心,便于快速地移动和保护球。

运球时,运球手尽量分开,扩大控球面积,用手指和指根部位触球,掌心不触球。按拍球时,手要随球上下迎送,增加手对球的控制。高姿运球时,主要以肘关节为轴,用前臂和手指力量运球;低姿运球时,主要以腕关节为轴,用腕指力量运球。按拍球的不同部位决定了运球的不同方向。原地运球时,按拍球的上方;向前运球时,按拍球的后上方;向左或向右运球时,则按拍球的两侧上方。

运球时按拍球的节奏应与脚步移动的步伐保持一定的比例,一般直线运球,按拍球一次,跑2~3步。如果要增加移动速度,则要改变按拍球的部位、推球的后下方,使球的落点靠前。运球一次,跑多步。

1. 行进间高姿运球(图7-4)

图7-4

行进间高姿运球是进攻者为加快向前移动速度,或远离防守寻找进攻机会时采用的一种运球方法。

● 以肘关节为轴,用手按拍球的后上方,跑动推球前进。
● 手脚协调配合,运球一次,跑动2~3步。

2. 行进间变速运球(图7-5)

图7-5

行进间变速运球是运球者在行进间采用变化移动速度摆脱防守的一种运球方法。

- 行进间急停时,跨出的前脚迅速制动,同时运球手按拍球前上方,变为原地运球。
- 急起时,后脚用力蹬地,带动身体重心前移的同时,运球手按拍球后上方,推球前进。

3. 行进间体前变向运球(图7-6)

图7-6

行进间体前变向运球是运球者采用突然改变运球方向,摆脱防守的一种方法。
- 变向时,按拍球侧上方,同时降低身体重心,跨步转肩。
- 换手后,按拍球后上方,加速超越对手。

三、传接球

传接球是篮球比赛中运用最多的方法,是同伴之间配合的基础。就如同自行车链条一样,起着传递动力的作用,是组织进攻、实现战术意图的纽带。传接球的技术动作种类很多,从出球和接球手法看,有双手传接球和单手传接球两大类。其中双手胸前传球、单手肩上传球是基本和常用的传球方法,也是学习其他传球方法的基础。传球技术概括起来主要有两个主要环节:一是持球方法;二是出手动作。

无论是双手传球还是单手传球,持球手都应五指分开,用指根以上部位触球,掌心空出。双手持球时,两拇指相对成八字形,握球的侧后方,单手持球时,手腕后仰、持球的侧后下方。

传球时,手腕的翻转、手指的拨动、用力的大小、速度的快慢以及作用球的部位,决定了球的飞行速度和方向。手腕翻转、手指拨动越急促,球速越快,力量越大;反之,球飞行的速度则减慢。腕指用力作用于球的正后方,使球向前水平飞行;用力作用于后上方,则使球向前下方飞行;作用于后下方,使球向前上方飞行。传球时,下肢蹬地、腰腹伸展、手臂伸甩、身体协调用力,对出球的速度、方向也有较大的影响。所以,应注意上、下肢的协调配合。

1. 双手胸前传球

双手胸前传球是一种最常用的传球方法。这种传球迅速有力,准确性高,可适用于不同方向、不同距离的传递,是传球的基础。
- 手指分开,手心空出,两肘弯屈,持球侧后方,置于胸腹间。
- 传球时,手腕先下后上翻转,前臂前伸,手指弹拨,将球传出。

2. 单手肩上传球

单手肩上传球主要用于远距离传球,特点是:准确性高、速度快。

- 单手托球后下部,将球引到肩上方。
- 传球时,蹬地、转体带动手臂、手腕前甩将球传出。

3. 双手接球

双手接球是接球方式中运用较普遍的一种接球方法。双手接球能控制球稳定,失误少。双手接球与双手胸前传球是紧密联系的两个技术过程,接球好,可以弥补传球的缺陷,减少传球失误,提高球权控制率,为传球、突破、投篮创造机会。

- 接球前手指自然分开,对准来球,伸臂迎球。
- 接球后,顺势屈肘缓冲,持球于胸前。

4. 单手接球

单手接球虽然不如双手接球稳固,但是对传向身体两侧的球,用单手接比较方便,在比赛中运用也较多。

- 接球手臂伸出,五指分开,掌心正对来球。
- 手指触球后收臂缓冲于体侧,另一手协助握球。

四、篮板球

篮板球是指投篮未中,从篮圈、篮板上反弹起来的球,也包括没有触及篮圈、篮板的球。进攻方争抢的称为进攻篮板球或前场篮板球,防守方争抢的叫防守篮板球或后场篮板球。

在篮球比赛中,进攻方获得篮板球,意味着又获得了控球权,可以增加进攻次数和得分机会;防守方获得篮板球,不仅可以中止对方的二次进攻,而且可以为本队发动快攻、组织反击创造更多机会。由此可见,控制篮板球是攻守转换的关键。

抢篮板球是较复杂的一项技术,除了应积极主动,敢抢敢拼外,还必须掌握抢篮板球的规律。进攻者抢篮板球时,要快速起动,摆脱防守,抢得有利位置,俗称冲抢篮板。防守者抢篮板球时,要先挡住进攻者冲抢路线,把对手挡在身后,再抢球,又称挡抢篮板。

争抢篮板球时,要准确判断投篮不中球的反弹方向,迅速向球的落点方向移动,抢占有利位置,及时跳起力争在最高点抢到球。

五、进攻的组织方法

1. 进攻战术的基础配合

进攻时,无论采用何种进攻战术,两三人之间所组成的简单配合,是组成全队进攻战术的基础。

(1) 传切配合:传切配合是进攻方的同伴之间,利用传球和切入技术组成的配合。主要有一传一切配合和空切配合。

- 一传一切配合是控球者传球后,立刻摆脱对手向篮下切入,接同伴的回传球投篮的配合方法。

切入者利用快速起动或假动作摆脱防守。

传球者以进攻假动作吸引防守者注意,及时准确地将球回传。

- 空切配合是无球队员伺机摆脱防守,切入空隙区域,接传球投篮的配合方法。

空切者要掌握切入时机,及时摆脱防守,快速切入空隙。

传球者要利用假动作掩盖传球意图,及时、准确地将球传出。

(2) 突分配合:突分配合是控球者在突破对手后,主动或应变地将球传给摆脱防守的同伴进行攻击的配合方法。

控球者在突破过程中,要注意观察攻守方的位置变化,及时、准确地传出球。

接球者要把握摆脱对手、抢占有利位置的时机,及时、迅速移动,接球投篮。

(3) 策应配合:策应配合是策应者背对或侧对篮接球后,与围绕他空切的同伴配合,以摆脱防守,创造进攻机会的配合方法。

● 策应者接球后,要注意用身体保护好球。
● 策应过程中,要结合转身,跨步等动作协助同伴摆脱防守,并及时传球。
● 自己也要伺机进攻,以增加策应配合的变化。

(4) 掩护配合:掩护配合是掩护者以合理的身体姿势,挡住同伴的防守者的移动路线,使同伴摆脱防守的一种配合方法。掩护配合,归纳起来主要有两种:一是掩护者主动给同伴掩护,用身体挡住被掩护者的移动路线,使同伴摆脱防守;二是摆脱防守者主动利用同伴的身体和位置挡住对手,使自己摆脱防守。掩护形式根据做掩护时的站位,分为前、侧、后掩护三种。

● 掩护站位要根据被掩护者可能移动的路线来确定。
● 给同伴掩护时,距离对手不要太近,以免犯规。
● 掩护后要及时转身切入空隙,准备接球进攻。

2. 进攻战术的集体配合

(1) 快攻:快攻是由防守转入进攻时,以最快的速度、最短的时间争取形成以多打少的优势,果断合理地进行攻击的一种战术。快攻在组织形式上,分长传快攻、短传快攻和结合运球快攻。

发动快攻的时机:抢篮板球、断球、掷界外球和跳球得球后。

● 第一传和接应快,推进速度快。
● 根据对方退守情况,果断利用多种投篮机会投篮。

(2) 进攻半场人盯人防守:半场人盯人防守,是在半场范围内,采用每人负责一个防守对象的防守方法。进攻时,要综合运用个人技术和基本配合战术,形成一种全队进攻战术。

● 采取穿插换位和快速转移球的技术配合,调动防守,制造漏洞。
● 扩大攻击面,增加攻击点,内外结合。
● 掌握进攻节奏,不急于求成,做到攻守平衡。

(3) 进攻区域联防:区域联防是在攻转守时,防守方每个防守人分工负责防守一定的区域,每个区域又互相协同地联合成一个防守整体的战术。进攻区域联防时,要根据本队特点针对对方薄弱环节,采取相应的进攻战术配合。

● 采用快攻,即趁对方还未全部退回后场、未组织好联防阵形就给予攻击。
● 对已组织好的区域联防阵形,要掌握进攻节奏,快速转移球,加强人位移动、调动防守。
● 果断、适时地进行中远距离投篮,拉大防守区域,增加篮下投篮机会。

六、防守的组织方法

1. 防守战术的基础配合

（1）防守掩护的配合：当防守采用人盯人防守方法时，进攻方常常利用掩护的方法来摆脱防守。此时，防守者在对方进行掩护时，可根据掩护者与防守者之间的位置关系，灵活地选择防守掩护的配合方法，继续防住对手。

● 挤过配合。在掩护者靠近自己时，快速贴近自己的防守对手，从掩护者前面挤过去。

● 穿过配合。当进攻者进行掩护时，防守掩护者主动后撤一步，让同伴从自己和掩护者之间穿过去。

● 绕过配合。当进攻者进行掩护时，防守掩护者主动贴近对手，让同伴从自己身后绕过去。

● 交换防守配合。当进攻者进行掩护时，防守者及时交换自己防守对手的配合方法。

（2）"关门"配合："关门"配合是指相邻的两名队员防守持球突破的配合方法。

盯防突破的防守者要积极移动、堵截突破路线。

邻近的防守者要及时向同伴靠拢，共同"关门"堵死突破路线。

（3）夹击配合：夹击是两名防守者共同封堵持球者，限制其传球路线和活动范围的一种配合方法。

● 选择好夹击位置和时机，突然、果断出击形成夹击局面。

● 夹击者挥动手臂，封堵传球角度，不要推撞对方。

2. 防守的集体配合

（1）防守快攻：防守快攻是在由攻转守过程中，迅速组织防守阵形，力争减慢进攻速度和有效阻止对方快攻的战术配合。

● 积极争抢前场篮板球和封堵第一传。

● 堵截对方接应队员，延缓发动进攻时间。

● 积极快速退守，提高以少防多能力。

（2）半场人盯人防守：半场人盯人防守是在后半场范围内，采取每名防守队员盯防一名进攻队员，以个人防守与几个人之间的防守配合为基础，强调全队协作，体现集体防守重于个人防守的一种全队防守战术。

● 对无球队员的防守，要根据对手距球和球篮的远近，选择站位、人球兼顾，控制对手接球。

● 对有球队员的防守要紧，积极堵截运球和突破路线，干扰传球，封盖投篮，迫使对手处于被动。

● 合理运用防守配合，及时补防、协防、夹击和抢断，形成有球区域以多防少的有利局面。

（3）区域联防：区域联防是每个队员负责防守一定的区域，每个区域又相互联系，形成一个防守整体的战术配合。

● 防守队员在明确的位置区域内，以防球为主，随球的转移而积极移动，扬手挥臂，扩大防守面积。

● 严防进攻队员进入防区，积极堵截空切与突破，干扰、抢断向内线的传球。

● 加强区域联防的集体性，协同配合同伴的篮下防守，积极补防、协防。提高整体防守水平。

第二节 篮球竞赛与欣赏

一、篮球竞赛的基本方法

篮球运动是一项综合性游戏活动,它既可以在国际篮球组织统一的竞赛规则下进行竞赛,成为融集体性、观赏性为一体的,具有职业性和商品化发展趋势特征的现代竞技运动,又可以不完全受篮球竞赛规则限制以及年龄、性别等因素制约,以健身娱乐为目的,进行各种形式的篮球竞赛游戏。

篮球竞赛游戏可以因人、因地、因需或以自行确定的组织形式和方法进行。儿童、青少年、成年人及老年人都可以参加这项运动,既可以集体游戏,也可以"一对一"、"三对三"对抗,独自玩也其乐无穷。残疾人也可以选择轮椅篮球,进行游戏或竞赛。形式多样的篮球运动竞赛,广泛适用于不同的运动群体,充分满足不同人的运动需求,这是篮球运动深受各国人民喜爱的根本原因。

现代竞技篮球比赛是在长 28 米、宽 15 米的长方形场地上,向设置在球场两端,悬挂在篮架、篮板上的篮圈投球的球类项目。正式的篮球比赛,每队由 10~12 人组成。在进行比赛时,每队各有五名队员上场,有后卫、前锋、中锋等不同位置的职责分工。为了取得比赛的胜利,在规则规定的范围内,进攻方和防守方运用各种技术和战术配合,力求将球投中对方球篮,同时不让对方投中自己的球篮。投中球篮得 2 分(或 3 分),罚球投中得 1 分,在规定的时间内,以积分多者为胜。在比赛过程中,双方根据规则,可以进行上场队员的替换和暂时中断比赛。每场正式篮球比赛,有 2~3 名裁判员临场执行裁判任务,监督双方球员具体遵守规则情况,使整个比赛过程变得紧张、激烈而又有序。

二、篮球竞赛的主要规则

1. 比赛场地

篮球比赛场地是一个长 28 米、宽 15 米的长方形,周围两米以内无任何障碍物,上空至少 7 米的高度内无障碍物。球场有边线、端线、中线和罚球线。有中圈跳球区、三分投篮区、罚球区、罚球区两旁的位置区、限制区。球场外有记录台和球队席(图 7-7)。

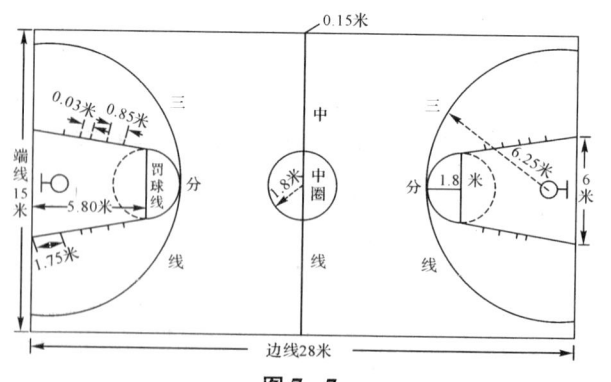

图 7-7

2. 暂停、替换及球的比赛状态

(1) 暂停的规定：在上半时的任何时间每队可准予 2 次暂停；在下半时的任何时间可以准予 3 次暂停，以及每一决胜期的任何时间可准予 1 次暂停。每队在前三节的每未用过的暂停不得留给下半时或决胜期。

教练员或助理教练员有权请求暂停，但必须到记录台前按规定做出手势。每次暂停时间为 1 分钟。

(2) 替换的规定：替换须由替补队员自己向记录员提出请求，并做好准备，经裁判员准许才能进场比赛。

当裁判员宣布犯规或某队暂停之后，双方均可替换，违例后，只有掷界外球的队可以替换，若掷界外球的队替换了，对方队也可以替换。

(3) 球进入比赛状态：当裁判员持球进入圆圈执行跳球时；进入罚球区执行罚球时；掷界外球的队员可处理球时，都表示球进入了比赛状态。

球成活球：跳球时，被跳球队员触及；罚球队员可处理球时；掷进场内的界外球触及场上队员时，表示球成活球。

球成死球：当裁判员鸣哨、24 秒计时信号响时、每半时或每节时间终了时，即为死球。但是，当投篮出手后，以及投篮队员继续完成犯规前的连续投篮动作，发生裁判鸣哨或计时钟响，球不成死球，投中有效。

3. 时间规定及违例

(1) 3 秒规则：当某队控制球时，该队队员在对方限制区内停留，或脚踏及限制区界线的时间超过 3 秒钟即为违例。当该队投篮后，或连续争抢篮板球时，不受 3 秒规则限制。如 3 秒违例，则由对方在罚球线外边线处掷界外球。

(2) 5 秒规则：以下三种状态，必须在 5 秒钟内处置手中的球，否则被判违例，由对方在就近点掷界外球。

● 某队控制球队员被对方严密防守时，应在 5 秒内运、传球或投篮。
● 罚球队员接到裁判员递交的球后，应在 5 秒内将球传出。
● 掷界外球队员接到裁判员递交的球后，应在 5 秒内将球传出。

(3) 8 秒规则：某队从后场控制活球后，必须在 8 秒钟内使球进入前场。否则被判为 8 秒违例，由对方在违例就近点掷界外球。

(4) 24 秒规则：某队在整个球场上控制活球时，必须在 24 秒钟时间内投篮出手。否则被判为 24 秒违例，由对方获得掷界外球。

4. 比赛时间规则

篮球比赛应由四节组成，每节 10 分钟。在第一节和第二节（上半时）之间，第三节和第四节（下半时）之间以及每一决胜期之前应有 2 分钟的比赛休息时间。两个半时之间的比赛休息时间应是 15 分钟。若比赛时间终了仍未决出胜负，比赛有必要再继续一个或几个 5 分钟的决赛期来打破平局。

5. 其他违例

(1) 非法运球违例（两次运球）：运球是指控球人将球掷、拍、滚向地面后，在球未触及他人前再次接触球，即认为是运球开始。第一次运球完毕后，不得再次运球，否则应判为非法运球。下列情况为非法运球：

● 运球过程中,球在手中有明显的停顿后,再次运球。
● 控球人在运球过程中,双手同时触球。

(2) 持球移动违例(带球走):持球移动是指比赛中,持球者的移动方法超出了规则限定的范围。判断是否持球移动违例主要依据以下几点:

● 原地接球后,可用任何一脚作中枢脚。确定为中枢脚后,该脚不得离开地面,另一脚可自由移动。
● 移动中接球或运球结束后停步,双脚平行站立,可用任何一脚作中枢脚;双脚分先后着地,只能用先着地的脚作中枢脚。
● 可提起中枢脚进行投篮或传球,但须在中枢脚着地前球离手。

(3) 拳击与脚踢球违例:在篮球比赛中,凡是用拳击球或故意用脚、腿踢挡球,都应判违例。由对方在违例就近处掷界外球。

(4) 球回后场:球进入前场后,前场的控制者以及同伴不得使球回到后场。若球回到后场,则应判为球回后场违例,由对方在中场掷界外球。下列情况属球回后场:

● 前场掷界外球或传球时,将球传给后场或触及中线的同伴。
● 从后场跳起接从前场传来的球。
● 两同伴骑跨中线相互传球。

6. 侵人犯规

侵人犯规是指犯规者用超出合法防守位置(双脚正常开立,两臂屈肘,置于体侧)的身体任何部分来拉、推、撞、绊、阻挡对手行进的身体接触行为。

(1) 判断身体接触是否犯规,应遵循的基本原则:

● 尽可能避免发生身体撞触。
● 在不发生身体接触的前提下,有权占据没有被对方占据的场上任何位置。
● 如果在占据场上位置的过程中,发生了身体接触,应由造成身体接触的犯规人负责。

(2) 侵人犯规种类:

● 阻挡犯规:采用不合法的防守位置,用手、肘、臂、肩、髋、膝、脚等身体部分去阻挡从身边通过的进攻者。
● 推人犯规:用上肢或身体其他部位强行推、挤对方。
● 非法用手犯规:用手拉、拦的方式阻碍对方活动。
● 非法掩护:掩护时是移动的,并与被掩护者发生身体接触,或被掩护者在移动时,掩护者离对手太近,使他无法改变方向而发生身体接触。

三、篮球比赛的欣赏

1. 篮球运动概述

篮球运动已诞生一个多世纪,它以独特的魅力,吸引着全世界数十亿的人,它是集观赏、参与于一体,开展最广泛,最具群众性,深受青少年喜爱的体育项目之一。

篮球运动起源于美国。1891年,美国东部马萨诸塞州斯普林菲尔德市的青年基督教学校体育教师詹姆士·奈·史密斯,为了使学生能在冬季从事室内体育活动,受当地人用球向桃筐投准游戏的启发,在室内空地两端各放一只桃筐,用现代足球大小的皮球,向筐内投球,以进球多者获胜。后为了扩大活动范围,将桃筐悬挂在离地面 10 英尺(3.048 米)高的墙壁上,增加了投球入筐的难度,提高了游戏的趣味性。由于桃筐有底,投中后需爬高取球,很不方便,继而又取消了筐底。1893 年又发展成用铁圈代替桃筐,并针对性地制定了 13 条规则,形成了现代篮球的雏形。

篮球运动一诞生,就在美国迅速普及,并很快传播到许多国家和地区。1904 年,在第 3 届奥运会上,美国队进行了第一次表演。1908 年美国制定了全国统一的篮球规则,并且有多种文字出版。1932 年在瑞士日内瓦,由欧美 8 国组织成立了国际业余篮球联合会。1936 年的第 11 届奥运会上,男子篮球被列为正式比赛项目。1976 年,第 21 届奥运会上,女子篮球被正式列为比赛项目。1986 年,国际业余篮球联合会更名为国际篮球联合会。1992 年第 25 届奥运会上,首次允许职业篮球球员参加比赛。

篮球运动 1895 年由美国传教士莱会理带入中国,随后又传入全国一些大城市的教会学校,并迅速发展起来。1910 年在第 1 届全国运动会上蓝球列为表演项目。1914 年第 2 届全运会上列为正式比赛项目。1949 年以前,中国的篮球运动经过了 50 余年的历史,男篮共参加过 10 次远东运动会、2 次奥运会。1949 年以后,中国篮球的普及率和竞赛水平有了较大幅度提高,中国男女篮球运动水平在亚洲处地区领先地位。从 2001 年起,我国球员王治郅、巴特尔、姚明、易建联等相继加盟美国篮球大联盟(NBA)。这标志着我国篮球运动正在进入一个崭新的发展时期。

> **小贴士**
>
> **NBA 联赛**
>
> NBA 联赛是由美国"全国篮球协会(简称 NBA)"1949 年创办的篮球比赛。2003 年 11 月,经过 NBA 董事会批准,决定从 2004—2005 赛季开始启动东部联盟和西部联盟两大赛区、6 个分区、共 30 支球队的新赛制。目前,东部赛区有大西洋区、中部区、东南区;西部赛区有西南区、西北区、太平洋区。每个分区各有 5 个队组成。

①

2. 篮球比赛的欣赏

篮球竞赛是集体对抗活动,其技术动作繁多,战术形式多样。比赛双方通过合理运用个人技术,与同伴密切配合形成战术,使攻守瞬间突变,球场千变万化,整个竞赛过程充满了变数和悬念,扣人心弦,具有独特的戏剧性和观赏性。可见,一场篮球比赛精采与否主要看比赛的过程,而比赛的结果却不是很重要的。一般来说,没有人愿意欣赏一场没有悬念的、一边倒的篮球比赛。美国职业篮球联赛(NBA)之所以吸引数十亿人观赏,比赛过程中的不确定性,恐怕是一个很重要的因素。那么,我们应该怎样欣赏篮球比赛呢?

(1)了解场上队员的不同位置和职责分工:篮球比赛中,通常按进攻队员在前场攻击时的区域和职责,分为中锋、前锋和后卫。

● 中锋在进攻过程中,主要活动在篮下 5 米左右的区域内,担负着内线攻击和联络外围、策应全队进攻的重任。中锋必须身材高大、体格健壮、技术全面、个人攻击能力强,具有良好的战术意识以及拼抢篮板球的意识和能力。

● 前锋多处在进攻的前沿,活动范围较大。要求身材高大、技术全面、个人攻击的能力强。有良好的战术意识,能合理运用个人技术,积极与中锋、后卫配合,利用穿插、突破、

---

① NBA 赛场五十大精彩扣篮,视频链接网页来源于央视网。

掩护等进攻手段,争取投篮得分。

● 后卫一般落位于战术阵形的最后,活动范围主要在罚球弧与三分投篮线之间的区域。负责组织、指挥全队的进攻战术,控制进攻的节奏。通过快速转移球的技术配合,调动防守,制造漏洞,为中锋、前锋提供攻击机会,并适时持球突破分球或果断投篮,扩大攻击面,增加攻击点,给防守造成压力。

(2) 看队员个人技术运用的合理性:篮球比赛中,队员个人技术运用是否合理,对全队战术意图的实现,有着至关重要的影响,甚至决定了比赛的胜负。

● 投篮。比赛中投篮的准确性,除了取决于娴熟的投篮技术外,还与良好的投篮时机有关。投篮时,防守者干扰少,自己有信心,同伴也支持,就比较容易投中。即使投不中,同伴在有思想准备的情况下,也较容易抢得进攻篮板球,组织二次进攻。投篮时机要靠全队努力创造。

一般在下列情况下投篮是较合理的:自己持球摆脱了对手,或在比较有把握的投篮位置上得到球后;战术中出现了预期的投篮机会时;防守者距离自己比较远,或注意力分散时;同伴正准备抢篮板球或处于良好的抢篮板球位置时;必须强行投篮时。

● 运球。比赛中的运球一定要合理,讲究实效。否则,过多的运球,不仅贻误战机,还会造成不必要的失误。

一般在下列情况下可以运球:组织和发动快攻时;组织阵地进攻配合或调整进攻位置时;同伴无法摆脱防守不能传球时;为同伴创造进攻机会时。

(3) 看集体战术配合的默契性:高水平的篮球比赛,队员之间的战术配合是默契、流畅,富有节奏的。战术的运用既简单适用、快速灵活,又能迅速达到进攻目的。表面上看起来为个人作战形式的个人突破、对抗等,其实每一个动作的变化都内含谋略与智慧,常常出乎人们意料之外地、创造性地制造出绝妙的、具有攻击性和杀伤力的战术配合;有些则是以不变应万变,在绝境之中化险为夷,其技巧性与技艺性达到了完美的结合,把篮球竞赛升华到艺术境界,既扣人心弦,又赏心悦目,使人得到艺术般的享受。

第三节 篮球的学法与评价

一、学法指导

篮球运动是由基本技术和基本战术组成的集体对抗性项目。技术是战术的基础,任何战术配合的形成,必须以一定数量和质量的技术动作做保证,没有技术,战术就无从谈起。篮球的技术有单个技术和组合技术,单个技术是组合技术的基础条件。单个技术的学习目的主要是掌握动作技能,而组合技术学习的目的则主要是提高运用能力。学习单个技术,应从最基本、最常用的几项技术动作开始,力争掌握比较规范的技术动作,在此基础上,举一反三,再逐步学习和掌握其他技术动作。学习篮球战术也和学习篮球技术一样,应从学习战术基础配合入手,在掌握各种进攻、防守战术方法的同时,加强战术意识的培养,提高在竞赛中运用战术的能力。只有熟练掌握两三人之间的基础配合,才能形成全队的战术。

学习篮球技术的过程,要依据动作技能形成的一般规律,由浅入深,由易到难,由单个技术动作到组合技术动作,再过渡到有对抗和在比赛条件下运用技术动作。在掌握单个技术动作的基础上,要突出综合技能的培养。学习方法可贯彻多样化和综合性的原则,如徒手练习、原地练习、移动练习、与竞赛、游戏相结合的练习等,既可提高学习的兴趣,又有利于掌握更多的锻炼手段和方法,有利于促进身心健康。要开通多种信息渠道,形成多方位、立体的信息交流与反馈网络,如教师和学生之间的信息交流与反馈,学生同伴之间的信息交流与反馈,学生与媒体之间的信息交流与反馈,学生练习中的自我反馈等。达到强化正确动作,激发学习动机,促进动作技能形成的目的。

1. 投篮练习

投篮是篮球运动中最重要的进攻技术,是唯一的得分手段,也是篮球竞赛中攻守对抗的焦点。投篮练习应围绕"准"字,强调正确的投篮手法,注意出手角度、出手速度、球的瞄准点、弧度和旋转。

(1)徒手练习:原地做单手肩上投篮动作,体会上下肢协调用力及伸臂、屈腕和手指拨球的用力过程。

(2)持球练习:原地持球对墙上画的篮圈投篮或对悬挂在竹杆、绳索上的篮圈投篮。

(3)自己选择投篮距离,记录投中次数,评价投篮效果。

(4)同伴间特定投篮距离、角度的投篮比赛。计算个人投中的次数,相互评价投篮效果。

(5)与运球、传接球相结合,在有干扰情况下练习投篮。

(6)投篮游戏:

● 投篮淘汰赛(图 7-8)。游戏方法:4~5 人一组,按已确定顺序的五个投点依次进行投篮。每个投点投中后可轮转到下一投点,并获得继续投篮的机会,投不中则不能进入下一投点。当投中者轮转完五个投点,进入第二轮并超过前面未中者时,后面的即被淘汰,依次进行,直至决出冠军。

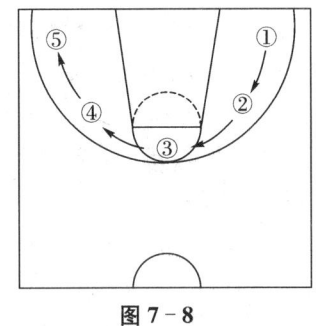

图 7-8

● 投活动球篮(图 7-9)。游戏方法:游戏者分成若干组,每组设若干个由两名游戏者面对面用手拉手围成篮圈状的活动球篮。球篮区与投篮区相距 4~6 米。投篮区内投篮者每人一球成一路纵队站立。

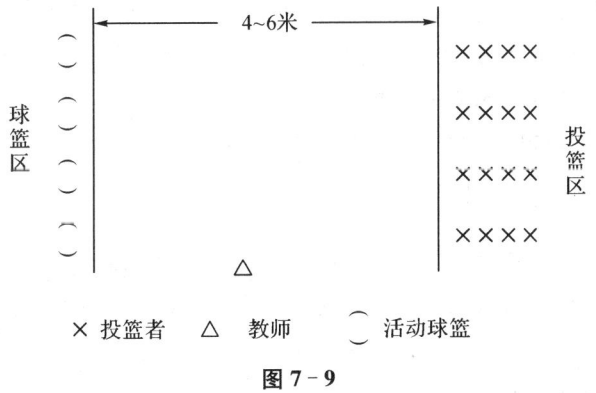

图 7-9

第一次练习:在规定的投篮区域内,用单手肩上投篮方式依次投篮,活动篮可主动找球让其投入,但不得越线,以提高投篮兴趣。

第二次练习：分组、练习队形和投篮方式不变，进行以组为单位的投篮比赛。个人投中一次得1分，还可获得再投一次的机会，以积分多少排列个人名次。

第三次练习：在规定时间内进行组间投篮比赛。每投中一次得1分，以累计投中得分排小组名次。各组互派监督员记录投中次数。

2. 运球练习

运球技术是进攻队员控制球、组织战术配合、突破防守、获得投篮机会的重要手段。运球技术包括身体姿势、手臂动作和脚步动作三个环节。掌握运球技术的关键是：手控制球的能力、脚步动作的熟练程度和手脚的协调配合。

（1）原地运球：左右手交换做高低运球。体会手指和指根部位触球以及按拍球时，肩、肘、腕协调用力的感觉。

● 左右手交换做体侧前后推拉球。体会前后推拉运球时，手按拍球的部位和用力。

● 左右手体前变向运球。体会换手时推拨球的动作和按拍球的部位。

（2）行进间运球：

● 直线运球。要求运球动作与脚步协调配合。

● 直线变速运球。要停得稳、起动快，掌握好变速时运球高度变化。

● 弧线运球。沿罚球圈、中圈做弧线运球。用远离圆圈的手运球，球控制在体侧。

● 变向运球。变向时降低身体重心，换手突然，加速运球前进。

（3）运球游戏：

● 运球比多。游戏方法：分组采用原地运球的方法运球，在规定时间内，运球次数多的人（或组）获胜。

第一次练习：在规定时间内，在组内进行个人运球比赛，运球多的人获胜。

第二次练习：在规定时间内进行组间运球比赛，以累计运球次数排小组名次。

第三次练习：可变换运球方法，进行体前变向运球、体侧前后推拉球的组内、组间运球比赛。

● 运球捅球。游戏方法：每人一球，在规定范围内自由地进行运球，设法捅掉别人运着的球，并要保护好自己的球。

也可以两人一球，一人运球，一人抢截。抢截成功，两人交换进行。

● 运球接力赛。游戏方法：在规定的场地，游戏者分成人数相等的若干组，分别以纵队站在线外，场地另一端放置标杆。各排头持球，听信号快速运球前进，绕过标杆后返回，将球交给下一个运球者，先完成的队获胜。

游戏时，也可以在场地中间放置若干标杆，运球者采用变向运球方法绕过标杆，将球交给下一个运球者，先完成的队获胜。

3. 传接球练习

传接球是篮球比赛中运用最多的技术，是进攻队员有目的地转移球的方法，是组织进攻的纽带。传接球技术的好坏，直接影响战术的质量，因此，要重视传接球的练习。传球和接球是紧密联系在一起的两个方面，从传接球的过程来看，传球虽然是主要方面，但绝不能忽视接球，正确的接球动作，可以减少传球的失误。

（1）原地传接球练习：

● 对墙传球后，接落地反弹球。接球时，注意反弹球的角度和接球手法的变化。

● 两人面对站立,做各种传接球练习。
(2) 移动传接球练习:
● 两人一球,面对站立,一人原地传球,另一人左右移动接球、传球。
● 两人一球,面对站立,一人原地传球,另一人前后移动接球、传球。
● 迎面跑动传接球练习。多人分两组,相距 5～6 米,成纵队面对站立,传球后跑至对方队尾。
● 两人全场传接球练习(图 7-10)。

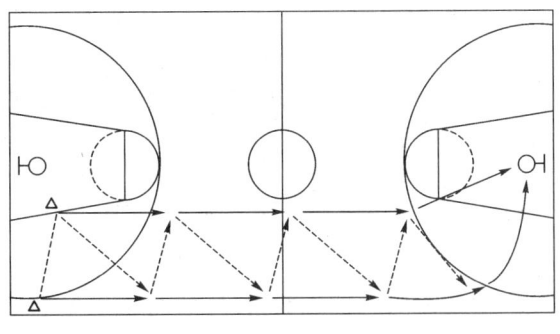

图 7-10

(3) 有防守情况下传接球:
● 两人传球,一人防守练习。
● 三人传球,一人防守练习。
(4) 传球游戏:
● 传球比多。游戏者分成人数相等的两队,在规定场地内,某队先开始进行相互间传球,一边传,一边大声地报出传球的次数。对方则积极抢断,球被抢断后,交换进行。看哪队传接球次数多,则哪队获胜。
游戏时,还可以在规定时间内相互传球,未被抢断或被抢断次数少的队获胜。
● 传球投篮。将人数分成相等的两队,每队 5 人。从中圈跳球开始。获球后的一方只能传球推进,用传球配合的方法,将球投中对方的球篮。投中一球得 2 分,在规定的时间内,以得分多的队获胜。

4. 抢篮板球练习
篮球比赛中,抢得篮板球是获得控球权的重要手段。进攻队抢得篮板球,可以增加进攻次数,防守队抢得篮板球,可以迅速组织快攻反击。因此,抢篮板球是攻守矛盾转化的关键。抢篮板球技术较复杂,主要由抢位、起跳、空中抢球动作和获球后动作几个环节组成。积极拼抢、准确判断是获得篮板球的一个很重要的因素,不可忽视。
(1) 单人练习:
● 自己将球上抛后跳起,用单手或双手抢球。
● 自己向墙壁抛球后,上步跳起抢反弹回来的球。
(2) 双人练习:
● 两人一组,一人向篮板抛球,一人上步跳起,抢反弹回来的球。
● 两人一组,一人持球投篮,投篮后积极摆脱防守冲抢,另一人则及时转身挡抢,交换进行。

(3) 多人练习：
● 三人一组，两人分别按罚球时位置站立，一人在罚球线投篮，双方争抢篮板球。
● 多人连续抛接篮板球练习。学生成一路纵队站在罚球线后，第一名学生将球抛向篮板，第二名学生迅速上步跳起，在空中接球的同时将球抛向篮板，抛球落地后排在队尾，依此往复进行。

5. 进攻与防守练习

进攻与防守是篮球运动的两个战术体系，是队员之间合理运用个人技术、进行相互配合的组织形式。一场篮球比赛，可以看到两队不同的集体战术配合，但无论多么复杂的战术配合，都是在战术基础配合上形成的，因此，首先要学习进攻与防守战术基础配合。这些基础配合又是以个人进攻和防守技术为基础的。常用的个人进攻和防守技术有移动、运球、传接球、突破投篮、防守、抢篮板球等。

一对一攻防是篮球比赛中最基本的技术、战术表现形式，是个人篮球技术的综合运用能力的体现。比赛中比较常见的基本对抗形式主要有：有球一对一攻防和无球一对一攻防两种。

(1) 有球一对一攻防：进攻队员在前场获得球后，可根据场上位置和防守情况，采用个人进攻。基本方法是：如已摆脱了防守，出现了投篮机会，应果断投篮。如防守队员及时赶到，可乘其立足未稳，持球突破；如不能投篮和突破，也可运球或传球给同伴，重新寻找进攻机会。

前场防守有球队员时，要以最快速度找到自己的防守对手，积极移动，挥动手臂，干扰对手，防止对手投篮、突破和传球。

(2) 无球一对一攻防：前场进攻方无球队员的移动，应具有明确的攻击目的。主要有：利用假动作或同伴的掩护，摆脱防守，抢占有利接球位置，获球后进行个人攻击；为同伴做掩护，创造进攻机会；积极摆脱对手，拼抢篮板球，争取二次进攻。

前场防守方在防无球队员时，要根据球和自己防守的对手所处的位置，来确定和调整自己的防守位置。保持"球——我——他"的选位原则，即防守者的位置始终要站在对手与球之间，与球和所防的对手成钝角三角形。当对手距离持球队员近时，自己要距对手近，反之则远，以能控制对手为原则，不让对手轻易接球。

(3) 有球进攻与防守的练习方法：
● 一对一练习。一人持球进攻，一人防守。进攻者可做准备投篮和突破的动作，防守者练习防投、防突。交换进行。
● 二对二练习。进攻者可以进行传球、突破、空切、投篮等动作，防守者根据对手情况进行积极防守。交换进行。

(4) 无球进攻与防守的练习方法：
● 一对一练习。在一定区域内，一人作无球进攻，利用假动作，尽量摆脱防守。另一人利用脚步和身体动作，堵截对手的移动路线。交换进行。
● 二对二练习。进攻方持球，只能运或传球，不得投篮，防守方正确选择防守位置，尽量阻止对手摆脱自己的防守去接球。交换进行。

二、锻炼的自我检测与评价

自我评价是体育课程教学中的重要环节。其主要目的是了解自我学习情况，以及达到学习目标的程度;判断学习中存在的不足及原因,改进学法;为自己提供展示能力、水平、个性的机会;培养与提高自我认识、教育的能力,从而进行更有效的学习,不断取得进步。

(1) 原地单手肩上投篮:

检测方法:用原地单手肩上投篮方法,在罚球线后连续投10次,然后按下列标准即投中的次数进行评价。

评价标准:

评价标准＼评价等级＼性别	优秀	良好	中等	及格
男 生	8	7	5	3
女 生	7	6	4	2

(2) 行进运球单手肩上(或低手)投篮:

检测方法:用行进间运球单手肩上(或低手)投篮的方法,从球场一侧中线与边线交点处,向球篮快速运球后投篮(必须投中),然后,运球到另一侧中线与边线交点处后,再折回运球至球篮投篮,投中后返回出发点,记录所需时间,评价投篮水平。

评价标准:

时间(秒)＼评价等级＼性别	优秀	良好	中等	及格
男 生	18	20	22	24
女 生	22	24	26	28

(3) 行进间高姿运球:

检测方法:从球场一侧端线开始,快速运球至另一侧端线后返回出发点,评价运球效果。

评价标准:

评价等级	优 秀	良 好	中 等	及 格
评价标准	运球动作正确,手脚配合协调,速度快,不丢球	运球动作较正确,手脚配合较协调,速度较快,不丢球	运球动作基本正确,手脚配合不太协调,速度较慢,不丢球	运球动作基本正确,手脚配合不太协调,速度慢,丢球1~2次

(4) 行进间变速运球:

检测方法:从球场一端线开始快速运球,至另一端线,在两罚球线和中线各作一次急停、急起运球,评价运球效果。

评价标准:

评价等级	优 秀	良 好	中 等	及 格
评价标准	运球动作正确,手脚配合协调,速度变化明显,控球好,不丢球	运球动作较正确,手脚配合较协调,速度变化较明显,控球较好,不丢球	运球动作基本正确,手脚配合不太协调,速度变化不太明显,控球不太好,不丢球	运球动作基本正确,手脚配合不太协调,速度变化不明显,控球不好,丢球1~2次

(5) 双手胸前传接球:

检测方法:双手持球,距墙 2 米左右站立,对准墙壁划定的目标传球后接反弹回来的球。

评价标准:

评价等级	优 秀	良 好	中 等	及 格
评价标准	传球动作正确,用力协调,落点准确。接球动作正确,控制球稳定	传球动作正确,用力较协调,落点较准确。接球动作正确,控制球较稳定	传球动作较正确,用力基本协调,落点偏差不大。接球动作较正确,控制球不太稳定	传球动作不太正确,用力不协调,落点偏差大。接球动作不太正确,控制球不稳定

(6) 抢篮板球:

检测方法:持球站在罚球线后,向篮板抛球后,上步起跳,用双手或单手在空中抢反弹回来的球。

评价标准:

评价等级	优 秀	良 好	中 等	及 格
评价标准	判断准确,移动迅速,起跳及时,控制球好	判断较准确,移动较迅速,起跳较及时,控制球较好	判断基本准确,移动不够迅速,起跳不够及时,控制球不够好	判断有偏差,移动比较慢,起跳不及时,控制球不好

【思考与体验】

■ 试一试用投篮与运球、传接球相结合的技术你可以组成多少种投篮方法。
■ 想一想怎样防守有球和无球队员,试一试三对三攻防练习。
■ 如果请你担任篮球比赛的裁判,能判断出违例和犯规行为吗?
■ 根据你掌握的评价标准,设计几种评价自己或同伴篮球运动水平的方法。

第八章
展示巧妙合作的运动——排球

【学习要点】
- 了解排球运动的基本内容,掌握排球运动的基本方法
- 知道排球竞赛的基本方法和简要规则,会欣赏排球比赛
- 学会自我锻炼、自我检测与自我评价的方法

第一节 排球的基本内容与方法

一、垫球

垫球是排球基本技术之一,在比赛中,主要用于接低于胸部的来球,如发球、扣球、拦回球、推攻球、吊球等。由于垫球是用手臂或手的坚硬部位形成的垫击面,在击球时与球的接触面小,停留时间短,反弹力量大,回球速度快。因而,较易接起发球、扣球等低平、快速的球,又能将很低的拦回球、吊球接起,便于组织有效的反击。

垫球有正面垫球、体侧垫球、背垫球、跨步垫球、跪垫球、滚翻垫球等双手垫球;有侧卧、前扑、鱼跃等单手垫球;还有用脚垫球。

1. 正面双手垫球

正面双手垫球是多种垫球技术的基础,也是最基本的垫球方法。垫球时,采用半蹲准备姿势,正面对准来球,垫击手型有抱拳式、叠掌式和互靠式(图8-1)。垫球时,两臂形成一个平面,利用全身协调力量将球反弹出去,这种垫球方法准确性高,起球效果好。正面双手垫球按来球力量大小、击球手法有垫轻球和垫重球。

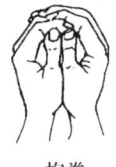  

抱拳　　　　叠掌　　　　互靠

图 8-1

(1) 垫轻球:采用半蹲姿势面对来球,迅速移动接近球(图 8-2)。

图 8-2

- 伸臂夹肘插到球下,击球在腕关节以上10厘米处。
- 两腿蹬地重心前移,提肩抬臂、压腕送球,击球点在腹前。

(2) 垫重球:采用半蹲或低蹲姿势,手型和垫轻球相同。
- 垫击时手臂随球屈肘后撤缓冲来球力量。

2. 体侧垫球

体侧垫球是正面垫球的变化击球手法,通常用于飞向体侧的速度较快的球。这种垫球方法的特点是控制范围大,但不易把握垫球的方向。体侧垫球也是跨步垫球和滚翻垫球的基础。
- 采用半蹲姿势,来球方向的同侧脚跨出一步。
- 两臂夹紧向同侧方向伸出,截击球的后下部。

二、传球

传球是用手指、手腕的弹击和伸腿、伸臂的协调用力动作,将球传向一定目标的击球方法。在排球比赛中,传球多用于二传,起着组织进攻的作用。传球也经常用来接攻击性不强的发球、对方的推攻球、吊球、拦回球。还可用于进攻性击球,如吊球、处理球等。

传球的击球点较垫球高,手触球面积大,手指手腕控球灵活,传出的球稳定性强,比较容易掌握球的方向、落点,具有突然性和隐蔽性的特点。所以,它不仅仅是防守技术,也是进攻技术。传球按出球方向分为正面传球、背传球和侧传球。正面传球是最基本的传球方法,也是其他传球方法的基础。

1. 正面传球

面对出球方向的传球,称正面传球。正面传球是最基本的传球方法,是其他传球方法的基础。正面传球采用稍蹲准备姿势,正面对准来球,双手自然抬起,两手张开成半球型,在前额上方约一球距离处,用手指弹击球。传球时主要靠身体与手臂、手腕、手指的协调用力将球传出(图8-3)。
- 采用稍蹲姿势和正确的传球手型。
- 保持正确的击球点,主动迎球。
- 靠蹬地伸臂和手腕、手指协调用力传球。

图8-3

2. 背传

背对出球方向的传球称背传。背传是传球技术中的一种基本方法,在比赛中,常用于二传组织进攻战术时的转移传球。由于传球时,背对出球方向,传出的球具有隐蔽性、突然性,增加了防守的难度。
- 传球前上体稍后仰,击球点保持在额上方。

- 传球时手腕后仰,掌心向上,蹬地、展腹、抬臂、伸肘、击球的下部。

三、发球

发球是排球比赛中一项重要的进攻技术,是比赛的开始。准确而有攻击性的发球,可以直接得分或影响对方一传的到位率,破坏战术的组成,起到先发制人、制约对手、争取主动的作用,减轻己方的防守负担,为组织反击创造有利条件。

发球技术随着排球运动的发展,也在不断改进和提高。从下手发球到上手发球、勾手发球以及跳发球,经历了漫长的发展变化过程。发球技术的改进,给接发球带来了一定的难度,同时,也促进了接发球技术的提高。

发球在排球技术中,具有不受他人制约,而由发球人充分发挥想像力击球的特点。发球时可以运用正面、侧面、下手、上手、原地、助跑或跳起发球等方法,发出不同高低、远近、攻击性的球,还可以通过改变击球手法发出旋转球或飘球。

1. 正面下手发球

正面下手发球是发球技术中比较简单易学的一种发球方法。这种发球适用于初学者,容易发得准确,失误率小,但球速慢,力量小,攻击性差(图8-4)。

图8-4

以右手发球为例:
- 面对球网,两脚前后开立,左脚在前,重心偏后脚。
- 将球抛在右肩的前下方,右臂伸直后摆。
- 右脚蹬地,重心前移,右手向前摆动,用掌根或虎口击球后下方。

2. 正面上手发球

这种发球面对球网站立,便于观察对方站位。击球时能充分利用转体、收腹带动手臂加速挥动,击球力量大,运用手腕的推压动作,使发出的球呈上旋,不易出界,是常用的一种发球方法(图8-5)。

图8-5

以右手发球为例:
- 面对球网,两脚前后开立,左脚在前。

- 左手托球,平稳抛在右肩前上方,高度适中,同时右臂屈肘后引。
- 蹬地、转体、收腹带动手臂挥动,用全手掌击球的中后部。

四、扣球

扣球是排球基本技术之一,是采用起跳的方法,将高于球网上沿的球用力击向对方场区的一种击球方法。扣球在排球比赛中,是进攻中最有效的得分手段,是战术配合的最后一个环节,体现了战术质量的效果。扣球时的起跳击球,充分发挥了身体力量和手臂挥动速度,击球点高,扣出的球速度快、力量大、线路变化多、落地点不固定,给接球造成一定困难,体现了扣球的威力。

扣球技术由准备姿势、判断、助跑起跳、空中击球和落地几个互相衔接的部分组成,整个扣球动作必须协调而有节奏。扣球技术按照动作方法,分为正面扣快球,小轮臂扣球,单脚起跳扣球、勾手扣球、快球和自我掩护扣球等。正面扣球是一种基本扣球方法。

1. 正面扣球

面对球网,扣球时,便于观察对手,能随时改变扣球路线和力量,避开拦网,控制球的落点,因此,击球准确性较高(图 8-6)。

图 8-6

- 两膝微屈,在离网 3 米左右处,观察判断来球。
- 助跑节奏由慢到快,最后一步大,双腿蹬地,两臂有力上摆配合起跳。
- 转体收腹发力,依次带动肩、肘、腕各部关节鞭甩挥动,在最高点用全手掌击球。
- 双脚同时落地、屈膝缓冲。

2. 单脚起跳扣球

单脚起跳扣球是助跑后,以扣球手异侧的一脚蹬地,同侧腿迅速前摆帮助起跳的一种扣球方法。单脚起跳扣球,下蹲程度浅,前冲力大,又无明显的制动动作,故比双脚起跳速度快,空中移动距离长,击球点高,突然性强。在战术配合或来不及双脚起跳扣球时,常采用此方法。

以右手扣球为例:

- 助跑角度要小或顺网助跑,左脚最后跨出一大步,身体后倾。
- 右腿向前上方摆动的同时,左腿迅速蹬地起跳,两臂配合上摆,帮助起跳。
- 起跳后的扣球动作与正面扣球相同。

五、拦网

拦网是队员靠近球网,将手伸向高于球网处阻挡对方来球的行动。拦网既是防守技术,也是进攻手段。随着排球运动的不断发展,拦网已由过去单纯的防守技术,发展成为攻击性很强的进攻技术，成为得分的重要手段。拦网可以直接拦死、拦回对方的扣球，给对方造成心理上的威慑、动摇进攻的信心，削弱对方的锐气，还可以将对方有力的扣球拦起，减轻后排防守的压力，为组织反击创造有利条件。

拦网从参与人数上可分为单人拦网和集体拦网；从起跳方法上分原地起跳和移动起跳拦网。

拦网不算一次击球，拦网时，球触手后又触及其他身体部位，不算连击。

1. 单人拦网

单人拦网是拦网的基本形式，是集体拦网的基础。动作结构由几个紧密连接的部分组成，即准备姿势、移动、起跳、空中动作和落地。

● 面对球网，两脚左右开立，两膝微屈，两臂在胸前屈肘。
● 采用并步、交叉步或跑步等方法移动到球附近，利用手臂摆动帮助起跳。
● 两臂伸直，两肩上提，两手张开，尽力过网伸向对方上空。
● 手触球时要突然紧张，用力屈腕盖帽捂球。

2. 集体拦网

两人以上的拦网叫集体拦网（图8-7）。集体拦网是为了加宽拦击面，提高拦击效果，加强拦网的威力，而采用的一种拦网配合方法，一般多在对方强攻时采用。集体拦网的成效，关键取决于与相邻队友之间的协调配合能力。

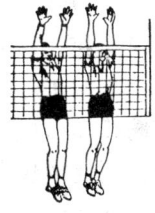

图8-7

● 起跳时应避免互相冲撞或干扰。
● 起跳后手臂不要重叠或间隔太大，以保证拦网效果。

六、进攻与防守

排球运动和其他球类项目一样，比赛的基本规律是攻防转换。但排球运动的自身特点，使比赛双方的攻防转换始终处在激烈对抗、快速运动、突然变化、连续动作之中。每一次发动进攻（发球除外）都是在防守的基础上进行的，攻防技术联系紧密，转化很快，甚至有些防守技术本身就是进攻战术的组成部分。如接发球、接扣球组织进攻战术的一传垫球技术，既是防守技术，又是进攻战术中不可或缺的部分，只有一传到位，才能有效地组成战术；拦网是防守的第一道屏障，是防守技术，但拦死对方的进攻性击球就能直接得分，故又是进攻技术，体现了排球技术无明显攻防界限，战术具有攻防紧密结合和瞬息转化的特点。排球比赛的进攻与防守方法，按接发球时的站位阵形和进攻时的站位阵形分为：接发球防守及进攻方法；接扣球防守及进攻方法；接拦回球防守及进攻方法；接传垫球防守及进攻方法四种。下面重点介绍接发球防守及进攻方法和接扣球防守及进攻方法。

1. 接发球防守及进攻方法

接发球防守组织进攻，简称一攻。接发球防守是将对方的发球垫到预定位置，由二传组成进攻战术，争取得分和得发球权。接发球防守的站位方法要根据本方采用的进攻战术和对方采用的发球方法来确定。一般有以下几种形式：

（1）"中一二"进攻战术的接发球站位方法："中一二"进攻战术的基础配合方法是：由前排3号位队员担任二传，4号

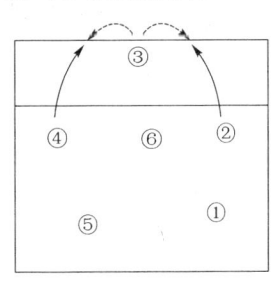

图8-8

和 2 号位队员担任扣手。它是一种最基础、最简单的进攻阵形(图 8-8)。

● "W"型站位。"W"型站位,也称"一三二"型站位。其特点是除 1 名二传队员站在网前不接发球外,其余 5 名队员都参加接发球。站位分布均衡,接球职责分明。这种站位方法对接落点较集中的发球有利。

● "M"型站位。"M"型站位,也称"一二一二"站位。其特点是队员分布更加均衡,对接落点较分散的发球有利。

● 接发球站位轮转时的换位方法。当二传在 4 号位时,在对方发球击球后,换至 3 号位作二传;当二传在 2 号位时,在对方发球击球后,换至 3 号位作二传。

(2) "边一二"进攻战术的接发球站位方法:由前排 2 号位队员担任二传,4 号位和 3 号位队员担任扣手的战术形式。它比"中一二"战术分工明确,容易组织,变化多。

● 接发球站位基本方法。由 2 号位队员作二传,4 号和 3 号位队员作扣手(图 8-9)。

● 接发球站位在轮转时的换位方法。当二传在 4 号位时,在对方发球击球后,换至 2 号位作二传;当二传在 3 号位时,在对方发球击球后,换至 2 号位作二传。

2. 接扣球防守及进攻方法

接扣球防守组织进攻,简称"防反"。拦网是防守的第一道防线,应力争拦死。若拦死则可以直接得分,未拦死也力求拦回或拦起。若前排没有拦到球,应通过后排的防守将球

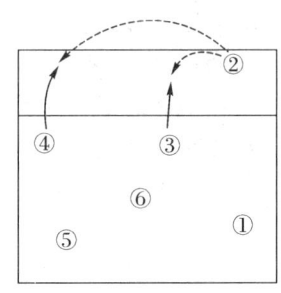

图 8-9

接起来,再由二传组织反攻。接扣球的防守形式有无人拦网防守,单人拦网防守、双人拦网防守和三人拦网防守四种。下面介绍无人、单人和双人拦网防守形式。

(1) 无人拦网防守阵形:适用于进攻能力差的初学者,是防守战术的初级形式。站位方法与五人接发球的站位相同(图 8-8)。

(2) 单人拦网防守阵形:这种防守形式增加了后排防守人数,多在对方进攻力较弱,扣球路线变化少时采用。通常由 3 号位队员拦网,2、4 号位队员后撤与后排 3 人共同组成防守阵形。

(3) 双人拦网防守阵形:

● "心跟进"防守阵形。这种防守阵形也称为"6 号位跟进"防守阵形。对防吊球和拦网弹起的球较有利,也便于组织反攻。但由于后场防守人数减少,空隙较大,容易造成空档。防守方法是:前排 3 号位和 2 号或 4 号位组成双人拦网,另一人后撤至进攻线后一米左右处防守;6 号位跟进防吊球和拦网弹起的球(图 8-10)。

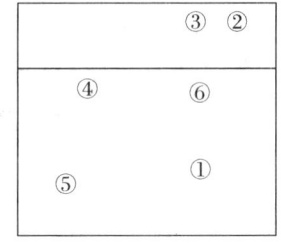

图 8-10

● "边跟进"防守阵形。也称"马蹄形"或"1、5 号位跟进"防守阵形。一般在对方进攻力较强、吊球较少时采用。由于"马蹄形"防守阵形易形成"心空",故防轻扣和吊球较为困难,但对防守扣球较为有利(图 8-11)。

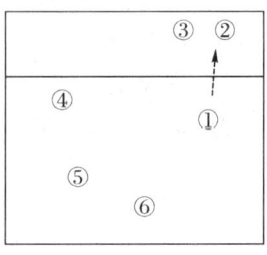

图 8-11

第二节 排球竞赛与欣赏

一、排球竞赛的基本方法

排球运动是集娱乐和竞技于一体的球类游戏活动。排球运动场地设备简单,比赛形式多样,适合不同性别、年龄和身体条件的人群进行活动。排球运动在发展过程中,经过了娱乐排球、竞技排球和现代排球三个发展阶段。其中,现代排球运动的社会化、商业化和职业化,推动了排球运动技术的高水平发展,比赛变得更加精采和更具观赏性。然而,现在人们出于健康和休闲的需要,又回到了排球运动诞生之初,淡化了竞技性,突出了娱乐性,并衍生出多种多样的运动形式,如:不同比赛场地的沙滩排球、雪地排球、泥地排球、水中排球;不同参与对象的残疾人排球、妈妈排球;不同比赛器材的软式排球、气排球、小排球、羽毛排球等。比赛的规则也可以因需变通,使得参与排球运动的人数不断增加,形成了竞技排球与娱乐排球共存的良好局面。

现代排球正式比赛,是由人数相等的两队,在长 18 米、宽 9 米,由一定高度球网隔开的两个均等场区内进行的集体攻防对抗的运动。基本方法是由一名队员在发球区内,用一只手或手臂击球,使球从球网两端竖立的两标志杆(即过网区)内的球网上空过网,比赛即开始。每方最多触球三次(拦网除外)使球过网,一名队员不能连续击球两次,并不得持球。比赛应不间断地进行,直至球落地或触及障碍物或某队犯规。

发球必须按登记的发球顺序进行。发球队胜一球后,该队同一名队员继续发球。接发球队胜一球并取得发球权,由该队队员按顺时针方向轮转一个位置,换由轮转到 1 号位的队员发球。

比赛采用每球得分制,一个队至少赢得 25 分并同时超出对方两分时才胜一局。一个队在五局中先胜三局才算取得一场比赛胜利。决胜局先赢得 15 分,并超出对方两分的队获胜。

二、排球竞赛简要规则

1. 比赛场地

排球比赛地长 18 米、宽 9 米,有边线、端线、发球区短钱、进攻线、中线;有发球区、后场区和前场区。比赛场地四周至少 3 米、上空至少 7 米无任何障碍物。排球网柱长 2.55 米,距边线 0.5～1 米。网长 9.5 米,宽 1 米。成人赛网高,男子 2.43 米,女子 2.24 米。标志带长 1 米,宽 0.05 米,标志杆长 1.80 米,直径 0.01 米,高出网上沿 0.8 米(图 8-12)。

2. 胜一分、胜一局和胜一场

(1) 胜 1 分:比赛采用每球得分制,胜一球即胜一分。

(2) 胜一局:比赛的前 4 局以先得 25 分,并同

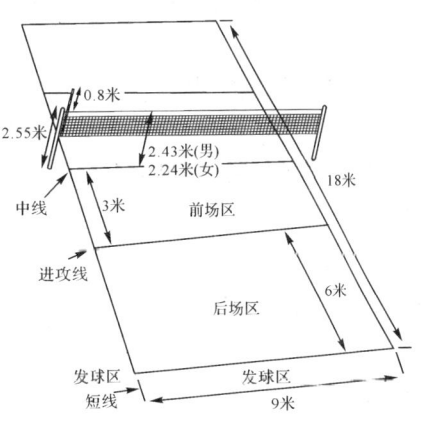

图 8-12

时超出对方2分的队为胜一局。当比分为24∶24时,比赛继续进行至某队领先2分为胜一局(如26∶24、27∶25)。决胜局以先得15分,并同时超对方2分的队获胜。当比分为14∶14时,比赛继续进行至某队领先2分为止(如16∶14、17∶15)。

(3) 胜一场:正式比赛采用五局三胜制,先胜3局的队为胜一场。

3. 位置错误

(1) 位置错误的概念:当发球队员击球时,双方队员不在正确位置上,则构成位置错误犯规。球发出后双方队员可在本场区内任何位置上,不构成犯规。

(2) 队员场上位置为:靠近球网的三名队员为前排队员,其位置为4号位(左)3号位(中)和2号位(右)。另外三名队员为后排队员,其位置为5号位(左)6号位(中)和1号位(右)。

(3) 队员场上位置关系:

● 同排队员:4、3、2及5、6、1号位队员为同排队员。规则规定同排左边或右边队员一只脚的一部分,必须比同排中间队员的双脚距离同侧边线更近。

● 同列队员:1、2号位,3、6号位,4、5号位队员为同列队员。规则规定,同列队员中,前排队员一只脚的一部分,必须比同列后排队员的双脚距离中线更近。

(4) 位置错误的处理:当发球队员击球时的犯规与对方位置错误同时发生,则发球犯规被认为在先而被判罚。

位置错误的一方被判失一球。队员恢复到正确的位置。

4. 轮转错误

(1) 轮转错误的概念:轮转次序包括发球及其他队员的站位,在整局中均按位置表填写顺序进行。没有按照轮转次序进行发球应判为轮转错误。

(2) 轮转错误的处理:纠正队员的轮转次序。如记录员能准确地确定其错误从何时发生,则取消该队自错误发生以后的得分,对方得分仍有效。如果不能确定在轮转错误中所得的分数,则仅给予失一球的判罚。

5. 界内球和界外球

(1) 界内球:球触及比赛场区的地面,包括界线为界内球。

(2) 界外球:球落在界线以外;球触及场外物体和非比赛成员;球触及标志杆、网绳、网柱或球网标志杆以外部分;球的整体或部分从过网区以外过网。

6. 击球时的犯规

(1) 四次击球:一个队连续触球四次(拦网除外)为四次击球犯规。

(2) 持球:击出的球可以向任何方向弹出,如没有将球击出,而造成接住或抛出,为持球。

(3) 连击:一名队员连续击球两次或球连续触及身体的不同部位为连击犯规(拦网和第一次击球时除外)。

(4) 借助击球:队员在比赛场地内借助同伴或任何物体的支持进行击球,为借助击球犯规。

7. 发球犯规

(1) 发球次序错误。

(2) 发球区外发球。

（3）发球 8 秒。

（4）发出的球未过网。

（5）发球击球时球未抛起或持球手未撤离。

（6）发球出界。

（7）发球掩护。

8. 触网犯规

比赛进行中触网为犯规。包括拦网触网、扣球触网和其他击球时的触网。但队员未试图进行击球的情况下偶尔触网除外。

由于球被击入球网而造成球网触及队员，不算犯规。

队员击球后，在不影响比赛的情况下，可以触及网柱、全网长以外的网绳或其他任何物体，不算犯规。

9. 过中线犯规

比赛进行中，队员整个脚、整个手或身体其他任何部分越过中线并接触对方场区，为过中线犯规。

10. 过网击球犯规

对方队员进行进攻性击球前或击球时，在对方场地上空触及球或对方队员，为过网击球犯规。

11. 后排队员进攻性击球犯规

后排队员在前场区或踏及进攻线、击整体高于球网上沿的球、使球的整体通过球网垂直面或触及对方拦网队员，都为后排队员进攻性击球犯规。

12. 暂停

（1）每局比赛中，每队最多请求两次暂停，每次暂停时间为 30 秒钟。

（2）国际排联世界性比赛的暂停采用：1～4 局，每局两次技术暂停，各为 1 分钟。每队每局还有一次 30 秒钟的暂停；决胜局无技术暂停，每队有 2 次 30 秒钟的暂停。

13. 换人

（1）每队每局最多可替换六人次。可以同时替换一人或多人。

（2）每局开始上场阵容的队员在同一局中可以被替换下场一次和再次上场一次。而且只能回到原阵容的位置上。

（3）替补队员每局只能上场比赛一次，替补开始上场阵容的队员，而他只能由被他替换下场的队员来替换。

三、排球比赛的欣赏

1. 排球运动的概述

排球运动 1895 年起源于美国。当时，担任马萨诸塞州霍利约克城基督教青年会体育指导的威廉·摩根，受到篮球运动的启迪，发明了一种在篮球场中间挂一张长网，用篮球内胆当球，从网上拍来拍去，不让球落地的游戏。由于这种娱乐活动形式简单，运动量不像篮球运动那样剧烈，适合不同性别、年龄的人参加，所以，很快就成为受人们欢迎的一种球类运动，取名叫"米诺奈特"（Mintonette）意思是"小网子"。后来在哈尔斯戴特博士建议下，改名为Volley ball——排球。可见，排球运动起初完全是一种游戏活动。

1905年,排球运动传入我国。传入初期,仅作表演或游戏,没有竞赛活动。1914年在第二届全国运动会上,排球被列为正式比赛项目,以后几届全运会都举行了排球比赛。从此,排球的竞赛活动,在我国各地逐渐开展起来。新中国成立以后,排球运动得到广泛开展,技术水平不断提高。特别是在20世纪80年代,中国女排在世界大赛中连续五次获得冠军;90年代中国男排在亚洲锦标赛上夺得冠军。随着市场经济的不断发展,我国排球运动竞赛体制逐步走向职业化,为推动排球的发展、提高排球运动技术水平起到了积极的作用。

随着世界经济的发展和人民生活水平的提高,排球运动分别向竞技和娱乐两个方面发展。竞技排球运动的发展趋势是"全面、高度、快速、多变、创新"。即技术全面;身材、弹跳、攻击点、拦网高;战术组成快速多变;进攻由前排发展到后排的纵深立体进攻;防守的"自由人"和全身任何部位都可触球的规则创新。使攻守保持相对平衡,增加了比赛的精彩性和观赏性。以娱乐为目的的健身排球层出不穷,沙滩排球、软式排球、家庭排球、妈妈排球、残疾人排球等,使人们在运动中既得到锻炼,又享受了乐趣。排球已成为人们不可缺少的一项健身运动。

2. 排球比赛的欣赏

(1) 欣赏排球比赛的特点:

● 激烈的对抗性。在排球比赛的过程中,进攻与防守,都是在激烈的对抗中进行的。对抗的焦点,主要集中在扣球与拦网上。随着现代竞技排球运动的不断发展,攻防技术日趋全面,对抗性除表现在扣球与拦网上以外,跳发球技术已成为得分或争取主动的亮点,同时也带动了一传技术的提高。后排进攻战术的广泛运用,对防守也提出了新的要求。因此,攻防对抗十分激烈。

> **小贴士**
>
> **气排球**
>
> 气排球是由我国发明的,是一种深受大众喜爱的排球运动项目。
>
> 气排球由软塑料制成,比标准排球体积大而轻;比赛场地为12米×6米,男子网高2米,女子网高1.8米;参赛队员由5人,比赛方法与6人制排球相似。

● 高度的技巧性。排球规则规定在排球比赛的过程中,球不能落地,不能连续击球两次和在手中停留,每方击球最多3次必须过网。因此,对处理球的技巧提出了很高的要求。

● 技术的全面性。排球比赛要进行位置轮转,这就要求每个队员必须全面地掌握各项排球技术:既能到前排扣球、拦网,又能到后排防守、接应,在各个位置上发挥个人技术,形成集体战术。

● 严密的集体性。排球比赛很讲究集体配合,一环接一环串连进行。只要某一环节配合不当,战术意图就无法实现。无论是接发球进攻中的一传、二传、扣球的配合,还是接扣球的拦网防守、二传、扣球都是如此。缺乏严密的集体配合,在比赛中是难以取胜的。

(2) 欣赏排球比赛的过程:

● 发球。发球是比赛的开始,也是进攻的开始。有攻击性的发球可以直接得分或破坏对方的一传,使其难以组织战术配合,削弱对方的攻击力,为本方组织反击创造有利条件。发球的方法虽然很多,但就球的飞行和旋转来说,一般有飘球和大力球两种。为了增加攻击力,常采用助跑或起跳的方法发球。

● 一传。一传既是防守技术,又是进攻技术。一传的准确性和到位率对组成战术有至关重要的影响,一传差常常是导致失败的主要原因。

● 二传。二传是组织各种进攻战术的纽带和桥梁,二传的好坏直接关系着进攻的质量,影响着进攻技术、战术的发挥。因此,一个优秀的二传手传出的球,无论是方向、弧度、速度、落点,都能与攻手的助跑节奏相配合,有较高的应变能力。

● 扣球和拦网。扣、拦是攻防矛盾的焦点,集中表现在网上的激烈争夺。扣球成功率的高低,虽然与身高、弹跳有关,但扣球技巧是十分重要的因素。扣球时,善于观察对手,主动避开栏网,轻重结合,长短结合,往往会收到事半功倍的效果;拦网是防守的第一道防线,又是得分的重要手段,成功的拦网与准确的判断、及时的起跳和有效的拦截有关。

● 战术意识。战术意识,是运动员成熟的重要标志。战术意识包括:技术发挥的目的性;判断临场变化的准确性、预见性;进攻、防守的主动性、积极性;战术变化的灵活性;彼此配合的集体性等。通过观察比赛队员的战术意识,更深层次地欣赏排球比赛。

● 心理品质。排球比赛过程中的快节奏、大运动量,比分的交替起伏,顺利与困难并存,以及场外观众的态度与倾向,使运动员情绪体验异常强烈,产生情绪的迅速变化。这些变化会直接影响技术的发挥,从而影响到比赛的胜负。高水平的运动员,自我调控能力强,情绪稳定,意志坚强。外在表现是失败时不气馁,关键时候敢打敢拼,决不手软;胜利时很冷静,技术发挥正常。因此,双方实力相当的比赛能否取得胜利,很大程度上取决于运动员心理品质发展的程度。

> **小贴士**
>
> **软式排球**
>
> 软式排球运动是日本排球协会推出的一项娱乐排球活动,1995年传入我国。目前,国家教育部已明确决定将软式排球运动列为体育课正式授课内容。

> **小贴士**
>
> **沙滩排球**
>
> 沙滩排球运动起源于20世纪20年代,最早出现在美国加利福尼亚的沙滩上。1996年,沙滩排球比赛正式进入奥运会。
>
> 沙滩排球不仅是一种高水平竞技运动,而且更是一项融休闲、娱乐和健身为一体的观赏性极强的体育项目。

第三节 排球的学法与评价

一、学法指导

排球运动是由技术和战术组成的进攻与防守的球类运动。排球技术分为击球技术和无球技术。击球技术是指传、垫、扣、发球和拦网;无球技术有准备姿势、移动、起跳、倒地等。就一个技术动作而言,无球技术包含在击球技术之中,两者完美结合,才能成为完整的技术动作。如垫球技术,其动作结构有准备姿势、移动、垫击动作等,缺少哪个环节,都会影响到垫球的效果。因此,学习排球技术动作,击球技术和无球技术都是很重要的。

完整的排球技术内容较多,学习时,先从最基本的技术动作学起,待掌握后,再学习其它技术动作。如先学习正面传球,再学习侧面传球、背传球或跳传等。学习方法可灵活多样,如:徒手练习、原地练习、移动练习;单人练习、双人练习、多人练习;结合竞赛、游戏形式的练习等。学习过程要依据运动技能形成的规律,由易到难,由浅入深,通过反复练习,不断强化已建立的条件反射,促进分化抑制的形成,逐步达到动力定型。

1. 垫球练习

垫球是排球基本技术之一,正面双手垫球是最基本的垫球方法。双手垫球动作简单易学,但要掌握好垫球技术,并将球垫得准确,还应重点抓好以下四点:

(1) 准备姿势:要强调两脚左右开立,稍比肩宽,一脚稍前,后脚跟稍提起。屈膝,上体稍前倾,身体重心落于两脚前掌上。两臂放松自然弯曲,双手置于腹前。眼睛始终注视球,身体随球转动,要防止上体直立,身体重心落在脚跟上。

(2) 击球动作:击球时,手臂要连贯地运用"插、夹、提"动作,协调地将球垫出。

● 插。及时移动,降低重心,两臂前伸,用前臂腕关节以上10厘米的垫击面,插至球下。

● 夹。在击球前完成两手掌根紧靠,伸肘夹前臂,手腕下压动作,用平整而稳定的击球面去迎击球。切忌击球前弯肘、边伸肘夹臂、边击球的错误动作。

● 提。两腿蹬地,提肩送臂,身体重心随出球方向前移,两臂与身体协调动作配合伴送球。注意不要用摆臂动作击球。

(3) 击球点与手臂角度:正面双手垫球的击球点,应该尽量保持在腹前一臂左右的距离。手臂的垫击面与地面形成的角度,对控制垫球方向、弧度和落点有很大的影响。根据入射角等于反射角的原理,来球的弧度高,手臂的角度应该小;来球的弧度平,手臂的角度应该大。若要求垫出球的弧度低、距离远,手臂的角度则应稍大,反之则应较小。

(4) 击球用力:击球时应该是身体配合手臂协调用力。要根据来球的速度、力量和垫击球的距离远近,决定击球用力的大小。

如果来球的速度慢,力量小或垫出的球距离远,垫击时须加上抬臂动作,给球以反击力;如果来球的速度快,力量大或垫出的球距离近,只需身体协调地轻用力,靠反弹力将球垫出。一般说,垫球的用力大小与来球的力量成反比,与垫出球的距离成正比。

(5) 学练方法:

● 徒手模仿练习。原地徒手模仿垫球动作;移动徒手模仿垫球动作。

● 垫固定球练习。两人一组,一人持球于腹前,另一人用垫球动作击球;两人一组,一人持球左右摆动,另一人移动后用垫击动作击球。

● 个人自垫球。个人连续向上方自垫球;个人连续对墙自垫球。

● 垫抛球。两人一组,相距5米左右,一抛一垫;两人一组,一人抛球,一人移动垫球。

● 对垫球。两人一组,相距3～4米,连续对垫。

● 一人垫二球。三人一组,成等腰三角形站立,二人抛球,一人垫球。

(6) 垫球游戏:

● 垫球比多。两人一组,用向上自垫的方法垫球,看谁垫球次数多。

游戏规则:每人只有一次垫球机会,球落地即为垫球结束;只允许用双手垫球,单手击球即为垫球结束;垫球高度不得低于50厘米

游戏变化:分组办法同上。变化一,采用对墙自垫球的方法垫球,看谁垫球次数多;变

化二,分组进行组间垫多比赛,累计本组垫球次数,排小组名次。

● 垫球比赛。两人一组,在进攻线后隔网站立。一人抛球过网,另一人将抛来的球垫向地面划定的落地区域(如3号位区域),计算垫中次数,看谁垫球准确。

游戏规则:抛球者应尽量将球抛到位。

游戏变化:分组进行组间垫准比赛,累计本组垫中次数,排小组名次;在规定时间内,分组进行组间垫准比赛,累计本组垫中次数,排小组名次。

● 垫球接力。6人一组,相距4~5米。其中1人固定,另5人成纵队轮流将球垫给固定不动者。在规定时间内累计垫球次数最多的组获胜。

游戏规则:只能用双手垫球,不允许单手垫球,否则算失败;球落地可拾起继续比赛,累计垫球次数。

游戏变化:垫球距离不变。6人分2组,成纵队相向站立,轮流将球垫向对方,垫完球者排在本队队尾。在规定时间内累计垫球次数最多的组获胜;垫球距离、分组及比赛方法不变,连续垫球不落地时间长的组获胜。

2. 传球练习

(1) 正面传球的技术要点:传球是排球基本技术之一,正面传球是一种最基本的传球方法,也是学习其它传球动作的基础。

● 传球前准备姿势。由于传球的击球点较高,采用稍蹲准备姿势有利于快速移动,即两脚左右开立,一脚在前,后脚跟稍提起,两膝微屈,重心落在两脚之间略偏前脚,处于有弹性地微动状态。

● 传球手型和击球点。传球前,两肘适当分开,两手指自然弯曲,手腕稍后仰,手掌略相对,两拇指相对成"八"字形,两手间有一定距离。击球时,用拇指内侧、食指全部、中指的二三指节触球的后下部,无名指和小指触球的两侧,辅助控制传球方向,击球点在额前上方一球距离处。

● 传球的用力方法。传球前,手指、手腕应放松。传球时,用脚蹬地伸膝,向上展体和伸臂的动作,协调地迎接球,并以拇指、食指、中指负担球的压力,无名指和小指帮助控制球。球触手的瞬间,手指和手腕适当紧张,用手指的弹力和手腕、手臂与身体的协调用力,将球传出。传球距离较近,用手指、手腕弹力较多;传球距离较远,则更多地使用蹬地展体力量传球,手指、手腕也相对紧张一些。

(2) 学练方法:

● 徒手模仿双手传球的准备姿势、传球手型和身体、手臂、手指、手腕协调用力传球动作。

● 持球模仿练习:两人一组,一人以传球手型持球于额前,另一人用手轻按球,持球者以传球动作向前上方伸展,体会身体、手臂协调用力。

● 自己将球向上抛起后,以传球手型在额前上方约一球处将球接住,体会手指与球的吻合。

● 两人一组,相距4~5米,面对站立。一人抛球,另一人以传球手型接球,交替进行。

● 每人一球,原地向上做自传球。自传高度不低于50厘米,体会正确的传球手型和腕指控球动作。

● 每人一球,自己将球向上抛起后,将球传向墙壁。或两人一组,自传给同伴,交替进行。

- 两人一组,相距 4~5 米,面对面站立。一抛、一传,交替进行。
- 每人一球,对墙连续传球。
- 两人一组,相距 4~5 米,面对面站立。在接到对方传来球后,先自传一次,再将球传给对方。
- 两人一组,相距 4~5 米,面对面站立。互相对传球。

(3)传球游戏:

- 传球比多。两人或多人一组,原地向上自传球,记录个人传球次数,多者获胜。

游戏规则:传球高度不得低于 50 厘米;每人只有一次传球机会,落地即中止计数。

游戏变化:在规定时间内,计算传球次数。球落地后可拾起继续传,累计次数,多者获胜;将原地向上传球改为对墙传球,记录个人传球次数,多者获胜,或在规定时间内累计传球次数,多者获胜;分组进行组间传球比赛,累计本组传球次数,次数多的组获胜。

- 圆圈排球。在场地上画两个相同半径的圆,把人数分成相等的两队,分散站立在各自圆周上,另选一队长持球在圈内,依次向圆周上的队员传球计数。在规定时间内以传球数多的队为胜。

游戏规则:将传来的球传回给队长为一次有效传球;如传球落地可拾起后,继续进行,累计传球次数;如有持球、连击犯规,该次传球不计数。

游戏变化:改变计数方法,组织和传球方法同上,以连续传球不落地次数多的队为胜;改变组织方法,人数相等的两队,分散站立在各自圆周上,互相随意传球,在规定时间内以传球多的队为胜。

- 对面传球。在场地上画两条相距 4~5 米的平行线,将人数分成相等的两队,各队再平分成甲、乙两组,各组成一路纵队面对面排在线外。甲、乙两组互相传球,传完球者排在本组队尾。在规定时间内,以传球次数多的队为胜。

游戏规则:只准上手传球,偶尔垫球,该次不计传球次数。球落地即为传球失败。

游戏变化:改变计数方法,组织和传球方法不变,以连续传球时间长的队为胜;改变组织方法,传球方法不变,甲组传完球者,排在乙组队尾,乙组传完球排在甲组队尾。

3. 发球练习

(1)发球注意事项:发球在排球比赛中是进攻手段之一。发球的种类很多,不管采用哪种发球方法,要想把球发好,必须注意以下几点:

第一,抛球平稳。抛球手掌心向上,用抬臂和手掌平托上送的方法,将球平稳地垂直抛起,高度适中。每次抛球的高度和与身体的距离应基本固定。

第二,击球准确。击球用力方向,必须与所要发出球的方向一致。击球部位一般应击球的中下部,使球向前上方飞出,而增加过网机率。

第三,手法正确。根据不同的发球,采用不同的击球手法。下手发球可以用全手掌、掌根或虎口击球;正面上手发球,则全手掌包球,击球时有推压动作,使球呈上旋飞行。

第四,用力适当。发球用力并非是越大越好,应根据发球时站位远近、击球时手法以及对方站位情况,灵活地运用发球技术,做到轻重结合,远近结合。

(2)学练方法:

- 徒手模仿发球的抛球、挥臂、击球动作。

- 抛球练习。持球手掌心向上,平稳地垂直地向上托送球,高度适中,让球自然落地后接住。反复进行。
- 对墙击球练习。近距离对墙发球,体会抛球与挥臂击球的动作配合。
- 两人一组,分别站在排球场两侧边线上对发球。体会击球用力和动作连贯完整。
- 两人一组隔网站在排球场两进攻线后对发球。体会击球部位与球的弧度变化之间的关系。
- 两人一组,站在两端线外,隔网对发球。体会完整的发球动作。
- 控制球落点的发球练习。将排球场分为左、右或前后几个区,力争把球发到指定的区域内,逐步提高发球的准确性。

(3) 发球游戏:发球比准。两人或多人一组在规定距离内对准墙上划定的若干个区域发球。在规定的发球次数内,发中一次得1分,看谁发球准确,成功率高。排个人名次。

游戏规则:球落在线上为界内球;规定用同一种发球姿势;如遇积分相等,进行附加赛,每人再发一球,直至决出名次。

游戏变化:改变发球目标。组织和发球计分方法不变,对准地面上划定的若干个发球落点区域发球,计算成功率,排个人名次;改变计分方法。组织方法同上,在地面划若干个计分不同的区域,发球者站在规定的发球区内上,对准不同区域发球,计算得分,排个人名次;改变组织方法,分组进行组间发球比赛,累计组内得分,排组间名次。

4. 扣球练习

(1) 扣球动作要点:扣球是扣球者跳起,在空中快速有力地挥臂,将球击入对方场区的击球方法。扣球动作技术要点有准备姿势与判断、助跑与起跳、空中击球与落地。

- 准备姿势与判断:应采用两脚前后开立,两膝稍弯曲,上体自然前倾的准备姿势。眼睛观察来球,判断球的方向、弧度、落点,决定助跑路线和助跑起动时机。
- 助跑与起跳:助跑是为了选择起跳地点和起跳时间,获得水平速度、增加弹跳高度。助跑动作要放松而有节奏,先慢后快,步幅先小后大,以便降低重心,制动前冲。助跑的步法一般以两三步运用较多。起跳时,上体前倾,两脚迅速而有力地蹬地,两臂挥摆,同时快速展腹跳起。
- 空中击球与落地:击球时,利用迅速转体收腹动作,带手臂手腕鞭甩般地快速挥击。击球时,手臂要伸直,全掌包住球的中上部,手腕快速甩动。落地时,应由前脚掌过渡到全脚掌,顺势屈膝缓冲。

(2) 学练方法:

- 徒手练习。做原地挥臂击球动作;做助跑起跳动作;做助跑起跳在空中挥臂击球动作。
- 固定球练习。两人一组,一人双手持球举起,另一人原地挥臂扣球。击球的后中上部,全掌包住球。
- 对地面扣球。适当距离面对墙壁,将球向上自抛后,对地面扣球,使球反弹到墙上。
- 两人对地面扣球。两人一组,面对站立,相距7~9米,将球向上自抛后,扣向地面,反弹至对方。交换进行。
- 离网3~4米,自己将球上抛后,原地扣球过低网落入对方场地内。
- 两人面对站立,相隔5~6米,一人抛球,另一人原地将球扣向地面。

- 助跑起跳扣网前固定吊球。两人一组，一人手持竹竿上悬挂的固定球，另一人用完整的动作扣球。
- 低网扣同伴托举的固定球。两人一组，一人站在台上托举高于低网的球，另一人助跑起跳扣球过网。
- 自抛自扣。低网前自抛球后，助跑起跳扣球过网。
- 扣抛球。两人一组，一人在3号位将球抛至4号位，另一人从4号位助跑起跳扣球过网。

5. 拦网练习

（1）拦网动作要点：拦网既是防守技术，又是进攻得分的重要手段，在比赛中占有很重要的地位。拦网分为单人拦网和集体拦网两种，其技术动作方法都一样。集体拦网在单人拦网的基础上，更注重相互间的协作配合，单人拦网技术动作由准备姿势、移动、起跳、空中拦击和落地五个相互衔接的部分组成。

- 准备姿势：宜采用半蹲的方法，距网30厘米左右，两臂在胸前自然屈肘，观察对方组织进攻情况，做好移动或起跳的准备。
- 移动：根据扣球者与自己的距离，采用并步、交叉步或跑步的移动方法，迅速接近球。
- 起跳：利用手臂摆动帮助起跳，注意不要碰网。起跳时间一般晚于扣球者起跳，拦快球起跳要稍早些。
- 空中拦击：手指张开，保持紧张，两臂尽量向上伸直，以提高拦网手高度，身体贴近球网，两手之间距离要小于球体，以防漏球。
- 落地：拦网后身体自然下落，以前脚掌先着地，并屈膝缓冲。

（2）学练方法：

- 徒手练习。原地做拦网的徒手动作练习；原地对墙壁或对网做起跳拦网的徒手练习；两人一组，隔网站立，一人主动移动起跳，另一人随之移动起跳拦网。
- 结合球练习。两人一组，一人站在高处持球，另一人跳起拦固定球；两人一组，一人隔网向网口抛球，另一人跳起拦网；两人一组，低网做原地一扣一拦练习；两人一组，一人站高台上扣球，另一人跳起拦网；三人一组，两人隔网分别站在4、2号位高台上扣球，另一人在3号位向2、4号位移动拦网。

6. 进攻与防守练习

在排球比赛中，进攻与防守虽然是截然不同的两个概念，但由于排球运动自身的特点，决定了进攻与防守是相互连接和转化，紧密联系、不可分开的两个战术系统。如接发球防守及进攻方法，接扣球防守及进攻方法等。在学习进攻与防守方法时，要遵循比赛中的攻、防转化规律，即一切进攻（除发球外）都是在防守的基础上进行的，防守的本身就是进攻的开始。因此，必须将进攻战术与防守战术结合进行，才能获得攻、防战术的完整概念，更加接近比赛实践。

学练方法：

（1）接发球防守及组织进攻：学生按五人接发球阵形站位，教师隔网抛球，学生接抛球后组织"中、边一二"进攻，每接起一球，轮转一次。让学生了解每个位置的站位和进攻方法。

● 学生分成两组,一组隔网向对方场地抛球,另一组接发球组织"中、边一二"进攻。每接起一球,轮转一次。轮转 6 轮后交换进行。

● 分组方法同上。一组在发球区向对方场地发球,另一组接发球组织进攻。每接起一球,轮转一次,轮转 6 轮后交换进行。

(2) 接扣球防守及组织进攻:

● 徒手练习。按接扣球防守的站位方法,轮转 6 轮,使场上每一防守队员明确位置的站位方法和职责分工。

● 教师以口令或手势示意对方某号位进攻,场上学生徒手做拦网或移动防守练习。

● 移动对墙壁或对网做起跳拦网的徒手练习。

● 结合球练习。教师隔网在 4、2 号位向对场抛球,学生接抛球组织进攻;学生分成两组,一组隔网分别在 4、2 号向对场抛球,另一组接抛球组织进攻;教师在对场 4、2 号位轻扣球,学生采用单人(双人)拦网防守形式,防守后组织进攻;学生分三组,两组在对场 4、2 号位扣球,一组拦网后组织进攻;分组进行教学比赛,要求按防守和进攻阵形组织进攻。

二、锻炼的自我检测与评价

1. 正面双手垫球

(1) 检测方法与内容:两人对垫球或个人对墙垫球。主要检测垫球时的准备姿势与移动、垫球动作与击球点、击球时用力方法与垫击效果。

(2) 评价标准与等级:

评价等级	优 秀	良 好	及 格
评价标准	准备姿势正确,移动及时、到位,垫球动作正确,击球点适宜,击球用力协调,垫击效果好	没有明显技术缺陷,但击球点不够稳定,击球时协调用力稍差,垫击效果较好	动作基本正确,击球点偏差较大,垫击部位不准确,协调用力差,垫击效果一般
个人等级(打√)			

2. 正面传球

(1) 检测方法与内容:两人正面对传球。主要检测传球时的移动取位、传球手型和击球点、传球时协调用力以及控球的能力和到位效果。

(2) 评价标准与等级:

评价等级	优 秀	良 好	及 格
评价标准	移动取位及时,人与球位置合适,手型正确,击球点适宜,传球时全身用力协调,出手清晰,控球能力和到位效果好	移动及时,人与球位置合适,手型较正确,击球点较适宜,传球用力较协调,控球和到位效果较好	移动较及时,人与球位置不太适合,手型基本正确,击球点偏高或低,传球用力不够协调,控球和到位效果一般
个人等级(打√)			

3. 正面上手发球

(1) 检测方法与内容:隔网用正面上手发球的方法发球。主要检测发球时的准备姿势,抛球与挥臂用力,击球点和击球部位以及击球效果。

(2) 评价标准与等级:

评价等级	优 秀	良 好	及 格
评价标准	准备姿势正确,抛球稳定,挥臂动作连贯,击球用力协调,击球点和击球部位适宜,攻击力强	抛球挥臂动作正确,击球用力较协调,击球点和击球部位不稳定,但攻击力较强	抛球不太稳定,挥臂击球动作不够协调,击球点和击球部位不准确,攻击力一般
个人等级(打√)			

4. 正面扣球

(1) 检测方法与内容:4号位正面扣球。主要检测扣球时的助跑起跳步法、起跳点与起跳时机、挥臂击球手法与击球点、扣球力量和手控球能力。

(2) 评价标准与等级:

评价等级	优 秀	良 好	及 格
评价标准	助跑起跳步法正确,动作连贯,起跳点、起跳时机适合,挥臂动作和手法正确,击球点高,扣球力量大,手控制球好	助跑起跳步法正确,动作连贯,起跳点、起跳时机适合,挥臂动作和手法较正确,击球点较高,扣球力量较大,手控制球较好	助跑起跳步法较正确,动作不够连贯,起跳点、起跳时机掌握不够好,挥臂动作和手法较差,击球点低,扣球力量不大,手控制球一般
个人等级(打√)			

5. 单人拦网

(1) 检测方法与内容:二人一组,隔网站立。一人将球抛向网口,另一人跳起拦网。主要检测拦网时准备姿势与判断、移动与起跳、空中拦截与手型和拦网效果。

(2) 评价标准与等级:

评价等级	优 秀	良 好	及 格
评价标准	准备姿势正确,判断准确,移动起跳及时、充分,拦截手型正确,拦网效果好	准备姿势正确,判断较准确,移动起跳较及时、充分,拦截手型较正确,拦网效果较好	准备姿势基本正确,判断不够准确,移动起跳或早或晚,拦截手型不太正确,拦网效果一般
个人等级(打√)			

【思考与体验】

■ 根据已掌握的排球基本技术,与同伴一起创编几种排球活动游戏。
■ 运用"中一二"进攻战术和"心跟进"防守阵形组织排球比赛。
■ 担任排球比赛的裁判员,试一试自己对规则的理解与掌握程度。
■ 评价自己或同伴的排球运动水平,设计几种评价的方法。

第九章

呈现灵敏机智的运动——乒乓球

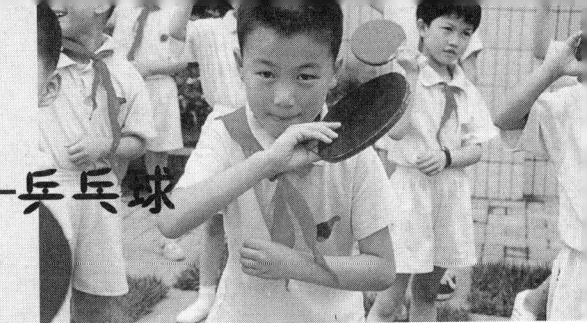

【学习要点】

- 了解并掌握乒乓球运动的基本内容与方法
- 了解乒乓球竞赛的基本方法和主要规则,学会欣赏乒乓球比赛
- 初步掌握自我锻炼、自我检测与自我评价的方法

第一节 乒乓球的基本内容与方法

一、握拍及准备姿势与步法

握拍法有直握和横握两种。不同的握拍法各有不同的优缺点,从而产生各种不同的打法。初学者可以根据各自的习惯和爱好,选择适合自己的握拍方法。

1. 握拍法(以右手握拍为例)

(1) 直拍近台快攻型握拍法:拍前,以食指第二指关节和拇指第一指关节扣拍;拍后,三指弯曲贴于拍的三分之一上端(图9-1)。

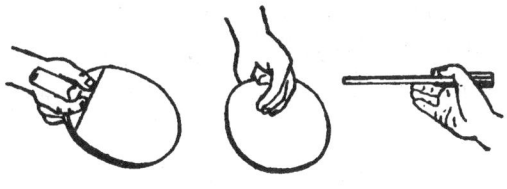

图9-1

(2) 直拍削球握拍法:大拇指弯曲,紧贴拍柄的左侧,用力下压,其余四指自然分开握住拍的后面;正手削球时,尽量使球拍后仰,减少来球的冲力;反手削球时,拍后四指灵活地把球拍转动兜起使拍柄向下(图9-2)。

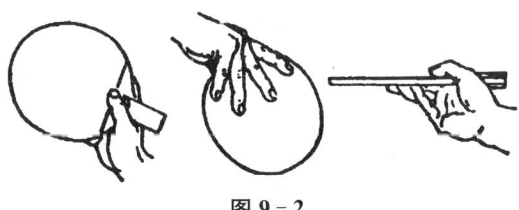

图9-2

(3) 横拍握法:虎口贴拍,食指在拍前,拇指在拍后;正手攻球时,食指稍向上移动;反手攻球时,拇指稍向上移动(图9-3)。

图 9-3

2. 准备姿势

（1）两脚平行站立，提踵，前脚掌内侧用力着地，两脚间距略宽于肩，膝微屈，稍内扣，上体略前倾，重心在两脚中间；

（2）下颌稍向内收，两眼注视来球，持拍手臂、手腕自然放松，肘略外张，将球拍置于腹前。

3. 基本步法

（1）单步：以一脚前脚掌为轴，另一脚向前、后或左、右移动一步。在来球角度不大的情况下击球，常采用这种步法。

（2）换步：一脚向来球方向移动，另一脚随即跟着移动一步。从基本站位向左右移动时多采用这一步法。

（3）跳步：一脚用力蹬地，使两脚离地，同时向前、后、左、右跳动，在来球较快、角度较大的情况下，多采用跳步。

（4）跨步：以来球同方向的脚先向侧跨一大步，另一脚再跟着移动。这步法常用来回击速度急、角度大的来球。

（5）侧身步：左脚先向左跨出一步，然后右脚随即向左后方移动，或以左脚先向前插上，右脚向左后移动。当来球逼近身体时，击球多采用此步法。

（6）交叉步：以来球异侧的脚先向来球一侧移动，并超过另一脚，接着另一脚随即向来球一侧移动。

二、发球

发球是乒乓球比赛中每一个回合的开始，它是乒乓球运动中唯一不受对方限制的动作。发球失误则直接判为对方得分，没有重发的机会。

发球是由抛球和挥拍击球两个动作组成。抛球是前提，击球部位和挥拍方向是决定发球性质的关键，而用力大小和第一落点的远近则是发球变化的条件。

1. 平击发球的方法

（1）将球置于掌心上，手掌伸平，然后将球抛起。

（2）向前挥拍时，拍形稍前倾，击球的中上部。

（3）击球的第一落点应在球台的中央。

（4）平击发球一般不带旋转，它是初学者最基本的发球方法（图 9-4）。

图 9-4

2. 反手发急球的方法

(1) 抛球后,当球降至约与网同高时击球。

(2) 击球时,拍形稍前倾,击球的中上部,同时手臂向前迅速挥拍(发急球时,拍形稍后仰,击球的中下部)。

(3) 发球的第一落点要靠近本方球台的端线(见图9-5)。

图9-5

3. 反手发侧上(下)旋球的方法

(1) 击球前拍形稍向右倾斜,前臂和手腕由左向右挥动。

(2) 击球时,拍从球的正中部向右侧下方摩擦击出的球是右侧下旋球。

(3) 击球时,拍从球的正中部向右侧上方摩擦击出的球是右侧上旋球。

(4) 击球时,拍从球的正中部向左上方摩擦,击出的球为左侧上旋球(图9-6)。

图9-6

4. 正(反)手发转与不转球的方法

(1) 抛球不宜过高,发球前手腕和前臂放松,击球时向前下方摩擦用力。

(2) 发转球时,拍形稍后仰,从中下部向底部摩擦。

(3) 发不转球时,拍形减少后仰角度,稍加前推的力量(图9-7)。

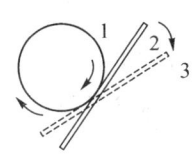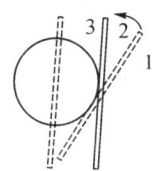

图9-7

5. 发短球的方法

(1) 抛球不要太高,等球下降时击球。

(2) 击球时,拍面稍后仰,前臂手腕向落下方挥动,轻击球的中下部。

(3) 尽可能和发长球的动作相似,使对方不易判断。

6. 正手高抛发球的方法

(1) 球要抛得高而平稳;发球前,手臂和手腕要放松。

(2) 击球点在近腰偏右15厘米左右,击球时靠手腕发力。

(3) 发侧上旋球时,在触球的刹那手腕要迅速上勾,摩擦球的中部或中下部;发侧下旋球要集中摩擦球的中下部,力求动作与侧上旋相似,使对方不易判断。

三、接发球

接发球时首先要根据对方发球时的位置来选择自己的站位;其次要根据对方发球时触球一瞬间的动作变化,判断来球的旋转性能和落点,再按自己的打法特点,运用推、搓、拉、攻等技术回接来球。

(1) 根据对方球拍开始运动的方向而选择。
(2) 如对方球拍由左向右触球,就应向对方球台的左方回接。
(3) 如由下向上触球则为上旋球,由上向下触球则为下旋球。
(4) 注意对方用假动作进行迷惑(因此,在接发球时应密切注意对方在触球时的动作变化)。

四、推挡球

推挡球是我国直拍打法的主要方法,其特点是站位近、动作小、速度快、变化多。常用的推挡球方法有挡球、减力挡、快推、加力推等。

(1) 借力还击,回球速度快,力量较轻,落点变化多。
(2) 击球前,持拍手上臂和肘关节靠近右侧身旁。
(3) 击球时,前臂稍外旋向前推出,拍面前倾,在上升期击球中上部。

五、攻球

攻球具有速度快,力量大,应用范围广泛等特点。是比赛中争取主动,获得胜利的重要手段。常用的攻球方法有:正手近台攻球、正手中远台攻球、正手扣杀、正手拉球、正手杀高球、反手近台攻球、反手快拨、反手快点、反手快拉、反手扣杀和侧身攻球等

1. 正手攻球的方法

(1) 直拍正手近台攻球:
● 身体靠近球台,持拍手同侧脚稍后,两膝微屈,上体略前倾。
● 击球前,引拍至身体侧面成半横状,上臂与身体约成35°,与前臂约成120°。当球从台面弹起时,手臂由右(左)侧向左(右)前上方迅速挥动,以前臂发力为主。
● 击球时,食指放松,拇指压拍,使拍面前倾并结合手腕内转动作,在来球上升期击球中上部(图9-8)。

图9-8

(2) 横拍正手近台攻球:
● 身体靠近球台,前臂和手腕成直线并与台面接近平行,拍柄略朝下。
● 击球的时间、部位、拍面角度及手臂挥动方向,基本上与直拍相似(图9-9)。

图 9-9

(3) 正手拉球:
- 站位近台,持拍手同侧脚稍后,重心放在后脚上。
- 击球前,引拍至身体侧下方成半横状,拍面近乎垂直。
- 当球从最高点开始下降时,上臂和前臂由后下方向前上方挥动,前臂迅速内收,结合手腕转动的力量摩擦球的中部或中下部。
- 击球后,重心移至前脚,球拍随势挥至头部(图 9-10)。

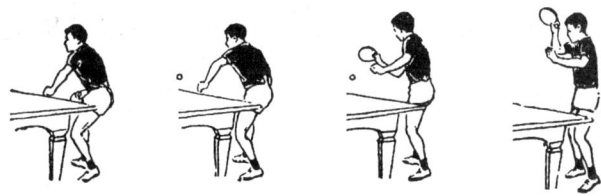

图 9-10

(4) 正手扣杀:
- 两脚开立,右脚在后,重心在右脚。
- 击球前身体略向右转,引拍至右后方(适当加大引拍幅度)。
- 击球时,上臂带动前臂由后向前用力挥击,结合腿蹬地和转腰力量在高点期击球(来球上旋,击球时拍面稍前倾,击球的中上部;来球下旋,击球前球拍要略低于来球,击球的中部)。
- 击球后,球拍随势挥至左胸前,重心前移至左脚(图 9-11)。

图 9-11

(5) 正手侧身攻球:
- 身体侧向球台,两脚开立,左脚在前,右脚在后,上体略向前倾并稍收腹。
- 击球时,根据来球情况,可以在侧身位置用正手近台攻球、中台攻球、拉球、扣杀等技术击球。

2. 反手攻球的方法

(1) 反手近台攻球:
- 直拍反手近台攻球,身体靠近球台,两脚平行开立。

- 击球前,引拍腹前左侧,肘关节略前出,上臂和前臂约成100°,拍柄稍向下。
- 击球时,上臂贴近身体,前臂外旋向右前上方挥动,配合转腕动作,使拍面略前倾,在上升期击球中上部。
- 击球后,随势将拍挥至右肩前(图9-12)。

图9-12

(2) 反手拉球:
- 右脚稍前或两脚平行站立。
- 击球前,引拍至腹前偏左处,球拍略下垂,肘关节略向前,拍面近乎垂直。
- 击球时,上臂贴近身体,前臂向右上方挥动,在球下降前期击球中下部。触球一瞬间,手腕向上转动,使拍面摩擦球。
- 击球后,球拍随势挥至头部。

(3) 反手扣杀:
- 两脚开立,右脚稍前。
- 击球前,身体略向左转,并向左后方引拍,上臂贴近身体,重心放在左脚。
- 击球时,肘略向前上臂带动前臂向右前方挥击,同时腰部右转,拍面前倾,拍柄略向下,在高点期击球的中上部。
- 击球后,随势挥拍至右肩前上方,重心移至右脚。

六、削球

削球主要是通过旋转和落点的变化,控制与调动对方,伺机反攻。削球技术有近削、远削、削突击球和追身球、削弧圈球等。

1. 远削球的方法

(1) 正手远削:
- 两脚开立,右脚在后,身体离台1米以外,两膝弯曲,上体稍向右转,重心放在右脚上,手臂自然弯曲,引拍至右肩侧。
- 击球时,手臂向左前下方挥动,拍面后仰,在拍与球接触时,前臂加速削击,手腕配合转动,在来球下降期摩擦球的中下部。
- 击球后,迅速还原,准备下一次击球(图9-13)。

(2) 反手远削:
- 两脚开立,右脚在前,两膝微屈,上体略向左转,重心放在左脚上,引拍至左肩侧。
- 击球时,上臂带动前臂向右前下方挥动,拍面后仰,手腕跟着前臂用力方向转动,在来球下降期摩擦球的中下部,将球削出,重心移至右脚。
- 击球后,迅速还原,准备下一次击球。

2. 近削球的方法

(1) 正手近削:

图 9-13

- 右脚稍后,身体离台稍近,稍向右转,手臂自然弯曲,引拍约与肩平,拍面稍后仰。
- 击球时,前臂用力向左前下方切削,手腕配合下压,一般在来球高点期或刚下降时摩擦球的中部或中下部。

(2) 反手近削:
- 两脚开立,右脚稍前,两膝微屈,身体离台稍近并略向左转,手臂自然弯曲,向左上方引拍约与肩平,拍面稍后仰。
- 击球时,手臂迅速向右前下方挥动,以前臂和手腕用力为主,在来球高点期或刚下降时摩擦球的中部或中下部,将球削出。

七、进攻与防守

乒乓球运动和其他球类运动一样,其运动的基本规律是攻防转换。下面简单介绍几种打法。

1. 发球抢攻的方法

发球抢攻是我国直板快攻打法的"杀手锏",是力争主动、先发制人的主要方法。各种类型打法的运动员都普遍采用发球抢攻来抢占每个回合的上风。发球抢攻因打法的类型不同而有所差异,但常用的发球抢攻方法主要有以下几种:

(1) 正手发转与不转球:以发至对方中路或右近网短球为主,配合发左方长球。先发近网下旋较强的球,以控制对方不能抢拉或抢攻,再发不转球伺机抢攻。如能有效地控制发球落点(似出台又未出台),效果则会更好。

(2) 侧身正手(高抛或低抛)发左侧上(下)旋球:这套发球的落点是左方底线、左方大角度、中路底线,配合右方近网短球和直线奔球。左手执拍者使用该种发球战术给对方造成的威胁会更大。

(3) 反手发右侧上(下)旋球:以变化上、下旋转发至左方底线后抢攻为主,配合发右方或中右近网短球,这对于横拍选手接发球来说尤其是一个弱区。

(4) 反手发急球或急下旋球:发至左方底线或中路底线,常用来对付反手推挡较差者,发直线急球与近网短球配合更具威胁。

2. 接发球进攻的方法

接发球与发球抢攻同样重要,在某种意义上讲,接发球水平的高低可以反映运动员的实战能力以及各项动作的应用程度。常用的接发球方法有:

(1) 稳健保守法:采用这种接发球战术者,一般相持能力较强,以"不吃发球"为宗旨,视对方的发球性质、强度、落点、速度的不同采用相应的接发球技术,但应注意合适的弧线和落点。

(2) 接发球抢攻：当对方发球至右半区，只要是底线长球或者出台球，应果断抢冲或抢攻；如果是不出台球，则采用低手突击，往往可以使对方措手不及。

(3) 盯住对方的弱点处，寻找突破口：例如，有的选手擅长发急球后抢攻，但对付下旋球的能力欠佳，则不妨先削一板，以迫使对方就范。

(4) 控制接发球的落点：控制落点一定要做到弧线低、速度快，使对方难以上手。例如，对方要侧身抢拉，自己则要快拉至左方大角度或右方直线，或快搓右方近网，让对手无机可乘。

(5) 正手侧身接发球：这是一种难度大、威胁也大的接发球方法，需要准确的判断、灵活的步法和全面的技术。这一接发球方法大致有以下几种形式：

- 侧身抢攻出台或半出台球。
- 快点、快拉至对方的空档（击球的上升前期）。
- 正手快摆短球，造成对方不适应，难以抢攻。
- 正手撇或劈底线及大角度。

3. 对攻的方法

对攻是进攻型打法在相持阶段常用的一种打法。常用的对攻方法有：

(1) 紧逼对方反手，伺机抢攻或侧身抢攻、抢拉：这种战术多以斜线为主，侧身前一板球应加力、加大角度或逼对方中路。例如，匈牙利选手常用正反手弧圈球压住中国选手的反手，当挤出较高的球后即发力猛冲。

(2) 压左突右：如对方侧身意识强，则应压住其反手，突然变正手，既可偷袭空档又可遏制对方的侧身抢攻。如对方正手的攻击力不够强，则盯住反手，突击正手，会取得很好的效果。左手执拍者常采用此战术，因变线角度大，对方往往处于被动之中。

(3) 调右压左：在对付左半台进攻能力较强的选手或反手位应变能力较差的选手时，先发力猛冲，攻其正手，再压其反手。

(4) 攻两大角：交叉打正反手，迫使对方在大幅度的移动中，无暇调整站位及战术，始终处于被动应付局面。

(5) 攻追身球：先抢攻追身球，再扣杀左或右大角，或先攻两大角，再扣杀追身球。

(6) 变化击球节奏：加力推和减力挡结合，发力攻、拉与轻打轻拉结合，也可造成对手的被动局面。

(7) 球的旋转性质：如加力推后，推下旋；正手攻球后，退至中远台削一板，对方往往来不及反应，可直接得分或创造机会球。

4. 双打的方法

为了加强配合、协同作战，双打选手在发球时可用手势相互暗示发球意图，尽量为同伴创造抢攻条件，力争主动；在接发球时则应以抢攻、抢拉为主。当发球或接发球时，可运用打一角的战术，迫使对方两人在一角匆忙换位，再突袭另一角；亦可交叉攻两角或以长短结合的战术，打乱对方两人的基本站位，迫使对方两人不断地左右移动，从而创造进攻机会。

第二节 乒乓球竞赛与欣赏

一、乒乓球比赛的基本方法

乒乓球是由两名或两对选手用球拍在中间隔放一个球网的球台的两端轮流击球的一项球类运动。在一局比赛中,每当球从发球员不持拍的手中抛起,即进入比赛状态,除非一个回合被判重发球,先得 11 分的一方为胜方,一场比赛采用三局二胜、五局三胜或七局四胜制。经常参加这项运动可以发展人的灵敏性和协调性,提高动作的速度和上下肢活动的能力,改善心血管系统的机能,促进新陈代谢,增强体质,并能培养人的勇敢顽强、机智果断等品质。

二、乒乓球比赛的简要规则

1. 设备

(1) 球台:球台的台面是与地面平行的长方形,长 2.74 米,宽 1.525 米,高 0.76 米。台面边缘各有一条 2 厘米宽的白色边线和端线,中间一条 3 毫米宽的白色中线将台面划分成两个相当的"半区"供双打时用,网的高度为 15.25 厘米。

(2) 球:球的直径为 38 毫米(大球为 40 毫米),重 2.5 克(大球为 2.8 克),呈白色、黄色或橙色,且无光泽。

(3) 球拍:球拍的大小、形状和重量不限,球拍的两面应一面为鲜红色,另一面为黑色。

2. 比赛通则

(1) 决定每场比赛的胜负:可采用 7 局 4 胜制或团体、单打、双打采用 5 局 3 胜制。团体进入半决赛,单打、双打进入前 16 名采用 7 局 4 胜制。

(2) 决定每局比赛的胜负:以先得 11 分的一方为胜方;10 平后,先多得 2 分的一方为胜。

(3) 交换方位:在一场比赛中,一局比赛结束后,下一局应交换方位。决胜局时一方先得 5 分时,即交换方位。

(4) 选择方位和发球权:每场比赛用抽签的方法选择方位和发球权,抽签胜方可优先选择或要求对方先选。如一方选择发球或接发球,则由另一方选择方位。在双打中,首先得到发球权的一方,应先确定第一发球员,而接发球的一方,可任意确定第一接球员,然后按规定次序,轮流交换发球和接发球,直至一局结束。此后各局先发球的一方可以任意确定第一发球员,接发球的一方,应是前一局与之相对应的发球员来接发球。决胜局交换方位时,发球次序不变,但接发球一方应交换接球员的次序。

(5) 发球与发球次序:一局比赛中,双方共得 2 分后,接发球一方即成为发球一方,依此类推,直到一局结束。比分打到 10 平或开始执行轮换发球时,任何一方得 1 分后,即交换发球权;在双打时,发球和接发球次序不变,但每个运动员每次只能轮流发一个球,直到该局结束。

双打在发球、接发球及击球次序上规定:甲$_1$ 发球,乙$_1$ 接发球;乙$_1$ 发球,甲$_2$ 接发球;

甲₂发球,乙₂接发球;乙₂发球,甲₁接发球;甲₁发球,乙₁接发球……这样周而复始,直到该局比赛结束。当发球、接发球次序错误时,裁判员应立即中断比赛,加以纠正以后,按正确的次序继续比赛,但错误发现前的比分,一律有效。

（6）合法发球：发球时,球应放在不执拍手伸平的掌心,抛球前,执球手应高于台面；抛球时不得使球旋转,不得偏离垂直线45°以上；当球从最高点下降时才能击球,球应先触及本台区,然后越过或绕过球网到对方台区；在双打中,球发出后,应先接触本方右半台区或中线,然后落到对方的右半台或中线上；击球时,球必须在发球员台区的端线及其延长垂直平面之后；裁判员对发出的球有怀疑时,可中断比赛,警告发球员。在一场比赛中,对任何选手的发球,只能警告一次,以后再有怀疑或发球员明显没有按照合法发球规定进行发球时,不再给予警告,而应判失1分。

（7）合法还击：运动员必须用球拍或执拍手手腕以下部位击球,使球直接越过或绕过球网落在对方台区内,才算合法还击。

（8）重发球：下列情况判重发球：发球员发出的合法球,越过或绕过球网时触网或触网柱；或触网、网柱后被接球队员或其同伴拦击或阻挡；如果球已发出,而裁判员认为接球员或其同伴尚未准备好；裁判员还没有报告比分,而发球员已经将球先发出；如果裁判员认为由于发生了无法控制的事故,使运动员未能合法发球、合法还击或不符合规定；由于纠正发、接球顺序或方位错误而中断比赛；由于开始采用轮换发球法而中断比赛；由于怀疑发球是否正确,警告运动员而中断比赛；如果裁判员认为比赛受到意外干扰,似乎将影响这个回合的结果而中断比赛。

> **小贴士**
>
> **第一个世界冠军**
>
> 著名乒乓球运动员容国团,20世纪50年代从海外归来,投身于祖国的体育事业,响亮地提出"人生能有几次搏"的口号,刻苦训练,不断进取,于1959年第25届世界乒乓球锦标赛上获得男子单打第一名,为祖国赢得了第一个世界冠军。

（9）决定比赛1分的得失：在一局比赛中,每当球从发球员不持拍的手中抛起,即进入比赛状态,除非一个回合被判重发球。下列情况判失1分：未能合法发球或还击；发球时没有击中处于比赛状态的球；还击时,没有打着球或连击两次球；球在本方台区连跳两次；球没有过网；球没有击到对方台区而落地或碰到球网以外的其他物体；球没有过网；用不符合规定的拍面击球；不执拍的手触及台面或击球、拦击或阻挡；当球处于比赛状态,运动员及其任何穿戴物使台面移动、触及网或网柱；在双打中,运动员未按发球员和接发球员确定的顺序击球。

三、乒乓球比赛的欣赏

1. 乒乓球比赛概述

关于乒乓球运动起源的说法很多,通常认为乒乓球运动起源于英国,是由中世纪网球运动派生出来的。19世纪后期,英国有一些大学生,在室内以餐桌为球台,以书为网,用软木或橡胶做成的球,用羊皮纸贴面做的球拍在桌上推来打去,形成"桌上网球"游戏,它的英文名字为"Tabletennis",从这个名字可以看出,网球是乒乓球运动的前身。1890年

---

① 历年乒乓球比赛中的精彩对拉视频集锦,视频链接网页来源于乒乓网。

左右,英格兰著名的越野运动员 J.吉布从美国带回作玩具的空心赛璐珞球,人们用它代替了软木球和橡胶球。因赛璐珞球撞击球拍和桌子发出"乒乓"的声响,故称为乒乓球,中文乒乓正是它的译音。

1926年12月在英国伦敦举行了第1届欧洲乒乓球锦标赛,同年成立了国际乒乓球联合会。由于参加欧洲这次比赛有亚洲的印度,国际乒联决定把这届比赛改为第1届世界乒乓球锦标赛。在近半个世纪的时间内,乒乓球运动在亚洲的中国、日本、韩国、朝鲜、新加坡,欧洲的瑞典、英国、法国、德国、俄罗斯,美洲的美国、加拿大以及非洲等地都得到很大程度的发展。特别是在中国,乒乓球被誉为"国球"。乒乓球在1988年第24届奥运会上被国际奥委会列为正式比赛项目,引起了世界各国的极大重视。

乒乓球运动的特点是速度快、旋转性强、变化多、击球技巧性强。它的设备比较简单,不受年龄、性别、身体条件的限制,因此乒乓球具有广泛的群众基础。

2. 重大赛事简介

(1) 世界乒乓球锦标赛:世界乒乓球锦标赛(简称世乒赛)自1926年12月在英国伦敦举行第1届,至2015年已举办过53届。

世乒赛设有7个正式比赛项目:男子团体、女子团体、男子单打、女子单打、男子双打、女子双打、男女混合双打。每个比赛项目都设有专门奖杯,各奖杯都是以捐赠者的姓名或国名而命名的。男子团体冠军奖杯是斯韦思林杯(SwaythlingCup),女子团体冠军奖杯是考比伦杯(MarcelCorbillonCup),男子单打冠军奖杯是圣·勃莱德杯(St.Bride Vase),女子单打冠军奖杯是吉·盖斯特杯(G.GeistPrize),男子双打冠军奖杯是伊朗杯(IranCup),女子双打冠军奖杯是波普杯(W.J.PopeTrophy),男女混合双打冠军奖杯是兹·赫杜塞克杯(Zdenek Heydusek Prize)。获每届比赛各项目的冠军的名字分别刻在相应的奖杯上,并在两届比赛期间由冠军带回保存,下届比赛时带来,供运动员争夺。在男女单打比赛项目中,如连续获得3届冠军,则由国际乒联制作一个原奖杯一半大小的原样复制品,赠给获得者永久保存以作纪念。

(2) 奥运会乒乓球比赛:1988年国际奥委会将乒乓球列为第24届奥运会正式比赛项目,设立男子单打、女子单打、男子双打、女子双打4个项目。4个项目的比赛均采用先循环后淘汰的两阶段比赛方法。进入淘汰赛的前8名运动员经过1/4决赛、半决赛和决赛,决出前3名。中国从1988年第24届汉城奥运会到2012年第30届伦敦奥运会共获得24枚乒乓球的金牌。

(3) 世界杯乒乓球锦标赛:世界杯乒乓球锦标赛是由国际乒联主办的世界性比赛,规模比奥运会、世乒赛小,项目设置有男子单打、女子单打、团体赛、双打比赛4项。

3. 如何欣赏乒乓球比赛

乒乓球比赛是双方运动员之间技术、战术、身体、意识、心理等全方位的对抗,特别是高水平的比赛,整场比赛都会紧张精彩、扣人心弦,能让人们欣赏到运动员们的精湛球艺和卓越风采。刘国梁快攻的攻势凌厉,发球的随机多变,台内短球刁钻的落点,总是以智多星的形象印入人们的脑海中;邓亚萍的扣杀凶狠泼辣,作风顽强,让人叹为观止;瓦尔德内尔神出鬼没的发球,炉火纯青的前三板,细腻的台内技术,随机应变的技术、战术组合,令人敬佩。

比赛中,每板球都包含着球的旋转、速度、力量、落点和弧线的变化。发球、弧圈球的旋转变化让人扑朔迷离;攻球的对扣对杀,弧圈球的对拉,令人激动不已;削球的细腻柔韧,削中反攻的锐不可当,更体现了以柔克刚和刚柔相济的最高境界。

运动员在对抗中展现乒乓球技艺的同时,更是渗透了战术的应用和个人随机应变的聪明才智。长短配合、对扣对冲、声东击西、左右调动、冲吊结合等灵活多变的战术常令人为之赞叹、叫绝。在旗鼓相当的较量中,身处劣势方的沉着应战,在让人有车到山前疑无路之时,运动员突发奇招反败为胜,则会让人有柳暗花明又一村之惊喜。观看这样精彩的比赛,你将会在掌声中、欢呼声中、惊叹声中,伴着加速的脉搏、激烈的心跳,不知不觉中喜爱或迷恋上它。

第三节　乒乓球的学法与评价

一、学法指导

乒乓球的练习,从启蒙、初学到入门,它包括单个动作练习、组合动作练习等方面。掌握各种动作方法,到逐步形成适合个人特点的打法,要遵循由易到难、由表及里、由有规律到无规律、循序渐进的原则;遵循由辅助练习到台上练习,由单个练习到组合练习,由单线到复线,先上旋球、后下旋球等途径。练习时养成眼睛盯球、耳朵听声、手法正确、步法灵活、手法与步法相结合的习惯。

1. 熟悉球性练习

(1) 托球:见图 9-14。
(2) 打吊球:见图 9-15。
(3) 对墙击球。
(4) 双人对击球。

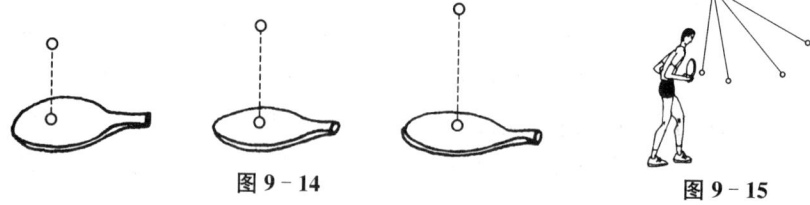

图 9-14　　　　　　　　　图 9-15

2. 发球练习

(1) 辅助练习:可以利用桌、木床面因地制宜地做发球练习。
(2) 台上练习:
● 单一旋转定线路、定点练习(图 9-16)。
● 单一旋转不定线路、不定点练习。
● 相似手法发两种不同旋转的定点练习。
● 相似手法发两种不同旋转不同落点的练习。
● 无规律发球练习。发出不同旋转、速度、落点的球。

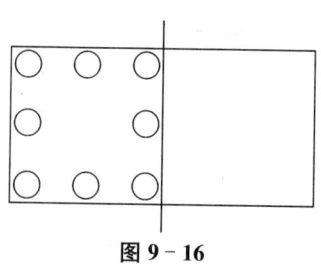

图 9-16

3. 接发球练习

(1) 规定一种发球方法,定旋转、定落点,接发球者用一种或几种相应手段接发球。

(2) 规定一种发球方法,定旋转、不定落点,进行接发球练习。

(3) 规定两种不同旋转的发球方法,定落点,进行接发球练习。

(4) 规定两种发球方法,定旋转、不定落点,进行接发球练习。

(5) 无规律成套发球,不定旋转、不定落点的接发球练习。

(6) 接发球与第四板衔接练习(图 9 - 17)。

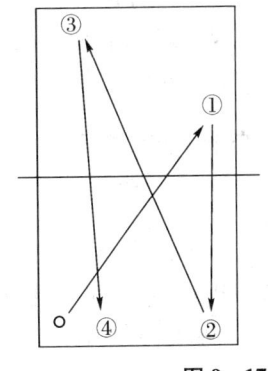

图 9 - 17

4. 推挡球练习

(1) 徒手做推挡球的模仿动作。

(2) 用正反手对墙进行挡球练习。

(3) 两人在台上对练直线和斜线推挡球。

5. 攻球练习

(1) 徒手做攻球动作的模仿练习。

(2) 多球练习:

● 先做自抛自攻练习,然后两人配合练习。

● 陪练者连续送单个球,练习者做连续攻球练习。

● 先轻打,熟练后逐渐加力。

(3) 推对攻练习:

● 一人推挡球到固定点,另一人攻球,落点固定。

● 推二点攻一点和推不固定点攻一点。

● 一人推二点,另一人做左推右攻或推中侧身攻。

(4) 削对攻练习:

● 单线的削和攻的练习。

● 削斜线反攻直线和削直线反攻斜线的练习。

● 左削右攻和右削左攻的练习。

(5) 攻对攻练习:

● 两人右斜线、左斜线、直线对攻练习。

● 两人发力对攻练习。

● 近台、中台、中远台对攻练习。

6. 削球练习

(1) 徒手做削球动作的模仿练习。

(2) 一人用固定点发急球,一人用正(反)手将球削回。

(3) 两人在台上,一人用单个攻球方法将球击到对方台面两角上,由对方将球削回。

(4) 正(反)手将球削到对方台面左右角,变线削球,削转与不转球。

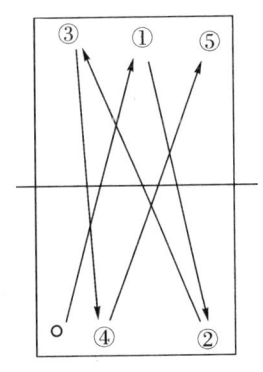

图 9 - 18

7. 进攻与防守练习

（1）单一发球，规定对方定落点、定接发球方法的抢攻练习。

（2）单一发球，规定对方定落点、不定方式回球的抢攻练习。

（3）配套发球，规定对方定落点、不定方式回球的抢攻练习。

（4）配套发球，规定对方不定落点、不定方式回球的抢攻练习（图9-18）。

二、锻炼的自我检测与评价

1. 发球

（1）检测方法：用平击发球法，按乒乓桌上标出的数字顺序发定点球（图9-19），每个点连续发两次，发中一次得1分，共发10次。评价得分情况。

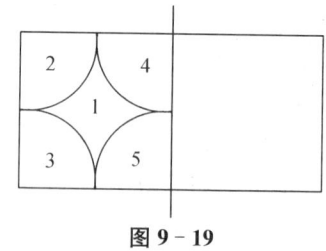

图9-19

（2）评价标准：

分数	10分	8分	6分	6分以下
等级	优秀	良好	及格	不及格
个人等级				

2. 推挡球

（1）检测方法：两个人在台上做对角线推挡球练习，每推一个来回得1分，直至某一方击球失误为止。评价得分情况。

（2）评价标准：

分数	10分	8分	6分	6分以下
等级	优秀	良好	及格	不及格
个人等级				

3. 正手攻球

（1）检测方法：两人在台上作对角线正手攻球练习，每做一个来回得1分，直至某一方失误为止。评价得分情况。

（2）评价标准：

分数	10分	8分	6分	6分以下
等级	优秀	良好	及格	不及格
个人等级				

【思考与体验】

■ 你喜欢乒乓球运动吗？为什么？

■ 联系自己参加乒乓球活动的实践，举例说明熟练掌握乒乓球动作的必要性。

■ 看了一场精彩的乒乓球比赛后，你能客观地评球吗？从哪几个方面去评？

第十章
表现轻巧灵活的运动——羽毛球

【学习要点】
- 了解并掌握羽毛球运动的基本内容
- 懂得羽毛球竞赛的基本方法和主要规则，学会欣赏羽毛球比赛
- 初步掌握自我锻炼、自我检测与自我评价的方法

第一节 羽毛球的基本内容与方法

一、握拍法与准备姿势及步法

羽毛球运动是以练习者手握球拍往返击球的方式进行的，所以握拍方法就成了初学者首先必须掌握的羽毛球基本方法之一。学会正确的握拍方法是掌握合理、准确、全面的击球动作的前提条件。羽毛球基本握拍法分为正手握拍法和反手握拍法两种。

1. 握拍法

（1）正手握拍法（以右手握拍为例）：将持拍手的虎口对准拍柄窄面内侧斜棱，拇指和食指在拍柄的两个宽面上，食指和中指稍分开，中指、无名指并拢握住球拍柄，掌心不要贴紧，拍柄底端与手部的小鱼肌持平，拍面基本与地面垂直（图10-1）。

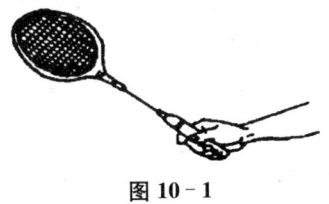

图 10-1

（2）反手握拍法：在正手握拍法的基础上，拍柄稍向外转，食指向中指收拢，拇指内侧顶在拍柄内侧的宽面上，中指、无名指和小指并拢握住拍柄，柄端靠近小指根部，掌心应留有空隙，拍面稍后仰（图10-2）。

2. 准备姿势

（1）发球站位姿势：站位靠中线，距前发球线约1米处，左脚在前（以右手握拍者为例，以下均同），足尖指向球网；右脚在后，足尖指向右前方，两脚间距与肩同宽，身体重心放在右脚上，左手食指、中指与拇指轻捏羽毛球的羽毛与毛杆相交处，自然伸臂平举于胸前；右手持拍，自然屈肘于身体右侧，两眼注视对方准备接球的动向（图10-3）。

图 10-2

图 10-3

图 10-4

（2）接发球站位姿势：左脚在前，侧身向网，重心在前脚掌，双膝微屈，收腹含胸；球拍置于身前右方，密切注视对方。站位在离发球线1.5米处(图10-4)。

3. 基本步法

常用的步法有并步、垫步、交叉步、单足跳步、跨步、蹬步、腾跳步等。

（1）上网步法：根据自己的站位，用一步、两步或三步移动至网前回击球的步法。但最后一步要求与持拍手同侧的脚在前，而重心也要落到前脚上。

（2）后退步法：根据自己的站位采用1～3步后退击球的步法。身体重心应落在右脚掌上，右脚在后。

（3）两侧移动步法：两脚开立，脚跟提起，根据来球向旁侧移动的步法。向左移动时，如来球较远，左脚可先向左侧移动半步，上体向左转的同时右脚向前方交叉跨出一大步；若来球较近，右脚掌内侧起蹬，左脚同时向左侧跨出一大步。向右侧移动时，若来球较近，用脚掌内侧起蹬，右脚向右侧跨出一大步；若来球较远时，左脚可先向右垫一小步再起蹬，右脚同时向右跨出一大步。

二、发球

羽毛球运动的发球，按其动作分为正手发球和反手发球两种，正手发球又可分为发高远球、平高球、平射球、网前球；反手发球因受持拍手与身体的限制，挥拍距离较短，一般只能发平高球、平射球和网前球。

1. 正手发高远球的方法

（1）身体向右后转，左肩对网，右臂随着肘向右后上提，上体微微前倾，前臂稍展开，手腕尽量伸展，把球拍后引至一定高度。

（2）随着左手放球，身体自然由右向左转体、转肩、重心前移，持拍手臂前臂由后上方向下经身体侧下，向前上方挥拍并急速内旋，带动手腕由伸展至微屈，闪动手腕，握紧球拍，以正拍面发力击球。击球点应在右侧前下方。

（3）击球后持拍手臂随动作惯性自然向左上方挥动，然后将拍收回至体前并将握拍调整成放松的正手握拍形式。

2. 正手发网前球的方法

其基本动作方法与正手发高远球基本相同，区别在于：

（1）前臂挥动的幅度和手腕后伸程度比发高远球小一些，手臂用力轻。

（2）在向斜前上方挥拍时，主要用前臂力量。

（3）击球时拍面从右向左斜向切击球托后部，使贴网而过，正好落在对方前发球线附近的发球区内。

3. 反手发网前球的方法

（1）站位接近前发球线，右脚在前，重心在右脚，左脚跟提起，持拍手采用反手握拍法持拍于腹前，肘关节屈，手腕前屈，左手拇指与食指、中指捏住球的羽毛斜放在球拍前面。

（2）将球拍稍向后（向自己腹部）摆动至一定距离。

（3）前臂向前上方推送，同时，带动手腕由屈到微伸向前摆动，利用拇指力量向前推顶球拍，用球拍对球托作横切推送，使球贴网而过，正好落在对方前发球线附近的发球区内。

(4)击球后,前臂继续向上摆到一定高度后回收至胸前。

三、接发球

接发球的方法:
(1)接平快球时,可以用平推球、平高球还击,这是以快制快。
(2)接高远球、平高球时可用高球、吊球或杀球还击。
(3)接网前球时,可用平高球、高远球、放网前球、平推球来还击。

四、击球

发球仅是击球的开始,而真正激烈的争夺是在发球后的接发球或发球抢攻以及这之后的对拉击球上。因此合理、协调、有力、有效的击球将是夺取最后胜利的最基本的保证。

1. 高手击球的方法

一般将击球点高于头部的击球,称为高手击球。高手击球按其动作特点和球飞行弧线的不同,可分为:高远球、平高球、扣杀球和吊球等。它一般在后场用来主动进攻或调动、控制对方,因为它具有击球点高、速度快、力量大、主动性强、攻击威力大等优点(图10-5)。

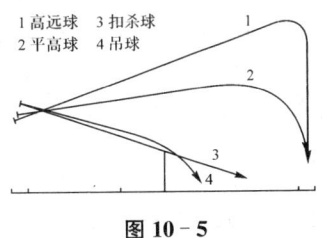

图 10-5

(1)正手击高远球:手臂要自然伸直,击球时如同用抽鞭的动作把球击出去;发力时要以肩为轴,通过大臂带动小臂、闪动手腕,而产生爆发力。

(2)扣杀球:扣杀球是把高球从最高的击球点上斜压下去,因而扣出的球力量大、弧线直、下落快。扣杀球是一项主要的进攻动作,往往能使对手措手不及,无法救起球。扣杀球动作分正手扣杀、反手扣杀和头顶扣杀三种;从线路中又可分为长杀、短杀、杀直线、杀斜线等。

(3)正手吊球:正手吊球的方法与正手击高远球的方法类似,区别在于,一是击球力量要小。当击到球前的刹那间,突然减慢挥拍速度,以手指控制,使拍面适当前倾,作放松收腕、屈腕动作,用球拍劈切球托完成吊球。二是拍面要适当前倾。如果要吊斜线球,应作前臂稍外旋至腕屈收,拍面向左下方偏斜切击球托的右后侧,使球落到对方右边网前区域。

2. 网前击球的方法

网前主要的动作有网前放、搓、推、勾、扑、挑球等。

(1)放网前球:放网前球是用球拍将球轻轻一托,使球如同俯卧式跳高一样,恰好一过网顶就向下坠落。这种球既能调动对方,又能使对方无法发力扣杀。

(2)搓球:搓球是网前动作中的高难度动作。它动作细腻,击球点一般与肩同高,利用控、切、挑的动作摩擦球托的底部,改变球在空中正常运行的轨迹,使球沿横轴翻滚越过网顶,既能给对方的回击造成困难,也为自己进攻制造机会。

(3)推球:推球的动作与搓球相似,只是触球的一刹那,拍面几乎与网呈平行状,将球快速推往对方的底线,使球的运行路线低且平。做击球动作时,手臂向前伸,身体前倾,用手腕转动配合手指力量向前闪动击球。

（4）勾球：勾球是在网前回击对角线的网前球。在击球的一刹那，拍面斜向对方右或左的网前，用腕部带动手指，由伸腕到收腕，肘部也随着回收，球拍触及球托的侧后部位。

（5）扑球：对方来球至网顶时，立即用前倾拍型向斜下方扑压，叫做扑球。这种球短促、快速，线路短、落地快，动作幅度小而爆发力强。

（6）挑高球：这是在被动形势下采取的一种防守性过渡动作。把对方击来的吊球或网前球挑得又高又远，落到对方的后场。利用球较长的飞行时间，迅速调整自己的步伐并积极准备进攻。

3. 低手击球的方法

低手击球是一种防守性的动作，它没有高手击球所具备的威力，动作难度较大，如果掌握得好，在防守中孕育着进攻威力。

（1）抽球：它是应付对方长杀、半场球以及平球对攻的反攻性动作。以躯干为竖轴，作半圆式的挥拍击球动作。抽球可分为正反手抽底线球、正反手抽半场球。击球时需由小臂带动手腕、手指，像抽鞭子式地用爆发力向前闪击。

（2）接杀球：这也是一种防守性战术，是接对方杀球的回击动作。接这种球首先要判断来球的落点、力量、速度，其次要迅速根据情况分别采用挡网前、抽后场、挑高球的方法应对。

五、进攻与防守

羽毛球运动和其他球类运动一样，其运动的基本规律是攻防转换。在多种打法中，运用不同的手段达到相同的目的，把这些基本的打法组合、归纳后，就被称之为某种打法类型。下面简单介绍几种打法。

1. 单打常用的几种打法

（1）压后场底线：这是一种以高远球压对方后场底线，迫使对方后退，然后寻找机会以大力扣杀或吊网前空当争取得分的打法。这也是初学者必须学会的基本打法。应当注意，压后场时，不论是高远球还是平高球，都要压得狠、压到底，如果压后场软而无力且达不到底线，则易遭受对方的攻击。

（2）打四方球：它是以高球或吊球准确地将球打到对方场区的四个场角，调动对方前后左右跑动，打乱其阵脚，在对方来不及回中心位置或回球质量较差时，向其空档部位发动攻击。它要求练习者本身有较强的控制球的能力和快速、灵活的步法。

（3）后场下压：这是在后场先通过吊球或扣杀、劈杀下压击球的进攻动作，迫使对方被动挡网前或放网前球时，施展大力扣杀，使前场和后场的攻势紧密衔接，最终突破防线。

（4）快拉、快吊和守中反攻：它是以平高球快压对方后场两底角，配合快吊网前两角，吸引对方上网。以网前搓球、勾对角球结合推后场底线，迫使对方疲于奔命、被动回球，从而为自己创造中后场大力扣杀或上网扑杀的机会。它要求运动员有较全面的攻守技术，且手法准确熟练、步法快速灵活。

2. 双打常用的几种打法

（1）快攻压网：将自己的发球、接发球、平抽、平打、扣杀紧紧封压在前半场来攻对手。这是一种速度快、反击力强、进攻凶狠的打法。

（2）前场打点：先通过网前球的搓、勾、推半场或吊空当等手段来打乱对方站位，从而创造后场进攻机会。

（3）后攻前封：将后场的高球连续大力扣杀，积极下压，同时配合吊球，运用准确多变的落点打乱对方的阵脚，当对方还球至半场或近网时，抓住战机，给以致命的扣杀。

（4）抽压底线：先牵制住对方底线两角，当对方扣杀时，用平抽反击或跳高球将球回击到对方底线两角，在调动对方奔跑之中，伺机进攻。

六、羽毛球运动基本战术

从战术原则上讲，就是要充分发挥自己的技术特长去攻击对方的虚弱阵线，同时也要尽量回避自己的缺陷以防止被对手盯住。在打法上应坚持快、准、狠、活的动作风格，做到积极主动，以我为主。

1. 单打战术

（1）发球抢攻战术：要善于根据不同的对手采用不同的发球方法，发出不同性能的球，以取得主动权。其目的就是利用发球的威力使对方被动地给出机会球，能顺利组织进攻的一种战术。

（2）进攻后场战术：这种战术主要是根据对方后场的还击力量差、后退步伐较慢、后场反击力差或急于上网的情况下，连连压住对方的后场，使之被动后伺机突击。

（3）打四方球战术：这是以快速、准确的落点来攻击对方四个角落的战术。发现对方反应较慢、步法迟缓的缺点后，运用这个战术使其向四角奔波而来不及回到中心位置，待出现机会球时，抓战机大力扣杀。

（4）打对角战术：这种战术的目的很明确，不论是进攻或防守，都以打对角线为主。在判断对方身体灵活性差、转体慢的弱点后，用这种战术反复让对方的弱点暴露出来，使对方疲于奔跑左右两侧，由于重心不稳而造成被动，从而抓住战机进行攻击。

2. 双打战术

双打是两人协同作战，在思想上要团结一致，在动作上要能攻善守。关键性的动作技术如发球、接发球、平抽快打、连续扣杀等要高人一等；在身体素质上要求速度快、力量大、灵敏、协调、耐力强；在战术的配合上要行动一致、配合默契。

（1）发球、接发球战术：发球是争夺主动权的关键。双打的发球线比单打短，不宜发高球，以防止对方的大力扣杀，一般以发网前球为主。发球要根据对方的情况选择好自己的站位，充分发挥球路、力量的变化，力求争得主动权；接发球时，要将来球的性能判断准确，起动要快，动作要敏捷、迅速。如有较好的击球手法，往往可以用扑球使对方陷入被动，或是以搓、推球获得主动和攻击的机会。

（2）攻人战术：也称作二打一战术。在双打中对方两个人的动作水平往往是不平衡的，要集中力量攻击对方的弱者或弱区，具体方法是先通过下压球路取得进攻机会，当对方不得不采用分边防守时，就集中力量攻其弱者。若对方有意保护弱者，那就两个人轮番攻击对方的强者，消耗其体力，削弱其进攻威力，伺机突击空档。

（3）攻中路战术：这是攻击对方配合能力的战术。方法是当对方分边站位时，把球击到两人之间的空隙区；若对方前后站位时可将球击到两人之间的边线位置，目的是造成两人都要争夺回击或都不回击，即使回击也犹豫不决，导致漏接或失误。

（4）攻后场战术：这是一种先牵制后攻杀的战术。方法是用平高球、平推球接杀挑底线,把对方一个人紧紧地拴在底线而两角移动。当对方被动还击时,即可以大力扣杀;如对方同伴后退支援时,可立即攻击其网前空档,或向正在后退者攻打追身球。这种战术常用来对付后场扣杀能力差的。

（5）后杀前封战术：这是连续攻击的一种战术。当争得主动进攻的机会时,站位在后场的队员要强攻杀直线,而站位于前场者要立即移动到对方回直线球的位置,准备立即封网扑杀。

（6）守中反攻战术：这是在防守中积极寻找或制造反攻机会的战术,是摆脱被动争取主动的打法。不管对方进攻哪一点,都要把球挑到进攻者的另一侧。如对方后场攻直线,就挑对角线;如攻对角线球,就挑直线。目的是摆脱干扰,破坏对方的进攻,使对方在应变过程中出现失误,抓住时机大力反攻。

（7）双打的合作方法：

● 轮转合作法。在防守时每人各站在场内的一边,这样就使防守范围小了,也便于还击对方扣杀过来的高远球、扣网前球；进攻时则采用一前一后的站位方法,以求加强攻势。

● 前后固定法。在两个选手中,善于打网前球的站在前场,而扣杀能力强、防守动作又好的站在后场,使两个人的优势都充分发挥出来,起到扬长避短的作用。

第二节　羽毛球竞赛与欣赏

一、羽毛球竞赛的基本方法

羽毛球运动是在一块长方形的平地上,画上单打和双打合用的场地线(长 13.4 米,单打场地宽 5.18 米,双打场地宽 6.1 米),中间悬挂球网,参加活动的双方共用一只羽毛球,各备一把羽毛球拍进行的运动。

羽毛球运动有单打和双打两种形式。单打有男子单打和女子单打,双打有男子双打、女子双打和混合双打。比赛采用每球得分制,以 21 分为一局。比赛时,发球的一方获胜判得一分；如接发球的一方获胜判得 1 分,并获得发球权。比赛至某一方先得到 21 分为胜一局,正式比赛采用三局两胜制定胜负。

当双方均为 20 分时,领先对方 2 分的一方赢得该局比赛,当双方均为 29 分时,先取得 30 分的一方赢得该局比赛。

比赛时,从发球开始至这个球成"死球"(球落地、不过网,或裁判员作出各种宣判等)止,双方队员用球拍经网上往返击球。无论是单打或双打,在一往一返击球中,每方只许击一次球。在对击过程中,各方要尽力设法使对方还击不过网或失误,为本方得分。

二、羽毛球主要规则

1. 场地

球场是一个长方形,均用宽 4 厘米的线画出。场地线的颜色一般是白色、黄色或其他容易辨别的颜色(图 10-6)。

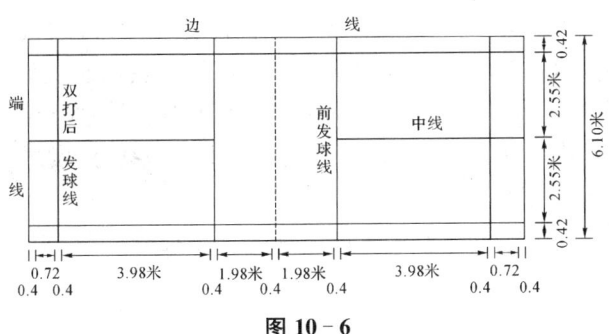

图 10-6

2. 基本器材

（1）网柱：网柱从球场地面算起高 1.55 米，必须稳固地与地面垂直，并使球网保持拉紧状态。

（2）球网：球网为深色。网上下宽 0.76 米。球场中央网高 1.524 米，双打边线处网高 1.55 米。球网的两端必须与网柱拉紧，它们之间不应有空隙。

3. 比赛通则

羽毛球比赛分双打比赛和单打比赛两种形式。双打比赛是双方各有两名队员上场角逐，而单打比赛则是双方各一名队员隔网对垒。其中有发球权的一方叫做发球方，另一方叫做接发球方。比赛前，双方在裁判员的带领下进行挑边，取得先挑选权的一方有优先挑选比赛场区和先发球或先接发球的权力。

（1）得分方法：

● 比赛一般采用三局两胜定胜负。

● 双打和单打比赛，先得 21 分的一方胜一局。

● 在比赛中，如果双方比分打成 20 比 20，获胜一方需超过对手 2 分才算取胜；如果双方比分打成 29∶29，则率先得到 30 分的一方取胜。

● 首局获胜方在接下来的一局比赛中率先发球。

（2）交换场区：以下情况双方应交换场区：第一局结束；第三局开始前；第三局中或进行一局的比赛中，当领先的一方得分为 11 分时。双方未及时交换场区，一经发现立即交换，已得分数有效。

（3）发球：

● 发球时，球的任何部位在击球的瞬间要高于发球队员腰部。

● 发球时任何一方都不允许非法延误发球。

● 发球员和接发球员都必须站在斜对角发球区内发球和接发球，脚不能触及发球区的界线；两脚必须都有一部分与地面接触，不得移动，直至将球发出。

● 发球员的球拍必须击中球托，与此同时整个球要低于发球员的腰部。

● 击球瞬间，球拍杆应指向下方，拍头明显低于发球员的握拍手部。

● 一旦双方队员站好位置，发球员的球拍第一次向前挥动即为发球开始。

● 发出的球，如果不受拦截，应落入接发球员的发球区内。

● 发球员必须在接发球员准备好后才能发球，如果接发球员已试图接发球则被认为已作好准备。

（4）单打：

- 发球员的分数为 0 或双数时,双方应在各自右发球区发球或接发球。
- 发球员的分数为单数时,双方应在各自的左发球区发球或接发球。
- 球发出后,由发球员和接发球员交替对击,直至"违例"或"死球"。
- 接发球员违例或因球触及接发球场区内的地面而成死球,发球员就得一分。随后,发球员再从另一发球区发球。
- 发球员违例或因球触及球员场区内的地面而成死球,发球员即失 1 分,交由对方发球。

(5) 双打:
- 一局比赛开始和每获得发球权一方,都应从右发球区发球。
- 只有接发球员才能接发球,否则算发球方得一分。
- 自发球被回击后,由发球方的任何一人击球,然后由接发球的任何一人击球,如此往返直至死球为止。
- 自发球被回击后,队员可以在己方场区任何位置击球。
- 接发球方违例或因球触及接发球场区的地面而成死球,发球方得一分,原发球员继续发球。
- 发球方违例或因球触及发球方场内的地面造成死球,原发球方即失 1 分。
- 发球必须从两发球区交替发出。

(6) 发球区错误:
- 发球顺序错误。
- 从错误的发球区发球。
- 在错误的发球区准备接发球,且球已发出。
- 如果因发球区错误而"重发球",则该回合无效,纠正错误重发球。
- 如果发球区错误未被纠正,比赛也应继续进行,并且不改变队员的新发球区和新发球顺序。

(7) 重发球:
- 由裁判员宣布"重发球",用于中断比赛。
- 遇不能预见或意外情况,应重发球。
- 除发球外,球过网后挂在网上或停在网顶,应重发球。
- 发球员在接发球员未作好准备时发球,应重发球。
- 比赛进行中,球托与球的其他部分完全分离,应重发球。
- 司线员未看清,裁判员也不能作出决定时,应重发球。

(8) 违例:
- 发球时,违反了合法发球的原则,视为违例。
- 发球员发球时未击中球。
- 发球中,球过网时挂在网上或停在网顶。
- 比赛时球落在球场界线外,或从网孔或网下穿过。
- 比赛时球不过网,或球触及场外其他人或物体。
- 在比赛进行中,队员球拍、身体或衣服触及网或网的支撑物。
- 比赛时,队员故意分散对方注意力的任何举动,如喊叫、故作姿态等。

- 击球时,球夹在或停滞在拍上紧接着又被拖带。
- 同一队员两次挥拍连续击中球两次。

(9) 死球:
- 球撞网并挂在网上,或停在网顶。
- 球撞网或网柱后开始在击球者这一方落向地面。
- 球触及地面。
- "违例"或"重发球"已宣布。

(10) 其他:
- 比赛从第一次发球起至比赛结束应是连续进行的。
- 不允许队员为恢复体力或喘息或接受场外指导而中断比赛。
- 在一场比赛中,队员未经裁判员同意,不得离开场地。
- 只有裁判员能暂停比赛。
- 对违反规则规定任意中止比赛的运动员,裁判员应执行警告
- 对已被警告过的运动员判违例。

三、羽毛球比赛的欣赏

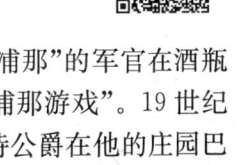

1. 羽毛球比赛概述

现代羽毛球运动起源于英国。据有关资料记载,1840 年驻印度"浦那"的军官在酒瓶的软木塞上插入羽毛,用酒瓶打过来打过去,后成为一种游戏,称为"浦那游戏"。19 世纪 60 年代,一些退役军官将"浦那游戏"带回英国。1873 年,英国博福特公爵在他的庄园巴德明顿宴请宾客,一些从印度回来的军官做了"浦那游戏"的表演,后来这种游戏很快在英国流行。羽毛球运动的英文名字"Badminton"就是以巴德明顿庄园而命名的。

1877 年,英国出版了第一本有关羽毛球竞赛规则的书;1899 年英国举办了全英羽毛球锦标赛;1934 年成立了国际羽毛球联合会,总部设在伦敦。1948 年至 1949 年在英国举办了首届世界男子羽毛球团体锦标赛(汤姆斯杯赛);1956 年在英国举办了首届世界女子羽毛球团体锦标赛(尤伯杯赛);1988 年国际奥委会把羽毛球男子单打、女子单打和混合双打列为奥运会的表演项目,1992 年正式成为奥运会比赛项目。

> **小贴士**
>
> **把握移动的节奏**
>
> 打羽毛球实际上就是从球场的中心位置快速跑到接球位、再从接球位快速跑回中心位置的不断反复的运动过程。
>
> 羽毛球训练中的移动步法"滑步"是从中国的羽毛球界传播到全世界的。

2. 重大赛事简介

(1) 汤姆斯杯赛:汤姆斯杯赛即世界男子团体羽毛球锦标赛。"汤姆斯杯"是由国际羽联第一任主席汤姆斯爵士 1939 年捐赠,杯的高度是 28 英寸,用白金铸成,底部刻有"汤姆斯"字样。1948 年举行第 1 届比赛,1982 年以前是每三年举行一届,比赛采用九场五胜制,1982 年以后每两年举办一届,在偶数年举办,到 2016 年共举办了 29 届。

---

① 林丹.李宗伟羽毛球比赛精彩视频集锦,视频链接网页来源于爱羽客网。

(2) 尤伯杯赛:尤伯杯赛即世界女子团体羽毛球锦标赛。"尤伯杯"是由英国20世纪30年代著名女子羽毛球选手尤伯夫人捐赠。1956年在英国举办第一届比赛,1982年以前是每年举办一届,采用五场三胜制,1984年起每两年举办一届,到2016年共举办了26届。

(3) 苏迪曼杯赛:苏迪曼杯赛即世界羽毛球混合团体锦标赛。"苏迪曼杯"是印度尼西亚羽毛球协会代表本国人民向国际羽毛球联合会捐赠的一座奖杯,也是为了纪念印度尼西亚著名羽毛球选手、印度尼西亚羽毛球协会首任主席苏迪曼先生而铸造的。该杯高80厘米、宽50厘米、重12千克,是一座极富民族特色,象征着印度尼西亚人民对羽毛球运动无限热爱的奖杯。1989年在印度尼西亚的雅加达举行首届苏迪曼杯赛,每两年(奇数年)举行一届,到2015年共举办了14届。比赛采用五场三胜制,设有男子单打、女子单打、男子双打、女子双打、混合双打5个项目。

(4) 世界羽毛球锦标赛:世界羽毛球锦标赛是以个人单项为竞赛项目的羽毛球锦标赛,共设有男子单打、女子单打、男子双打、女子双打和混合双打5个比赛项目。1977年起每三年举行一届,1983年起改为每两年(奇数年)举行一届。

(5) 全英羽毛球锦标赛:1899年英国羽毛球协会首创该项比赛,原先是每年3月的最后一周在伦敦近郊的温布利体育中心举行,现改为每年3月份举行。它是世界上历史最悠久、延续时间最长、举行届数最多的一项非正式的羽毛球比赛。起初只是英国各地方的羽毛球协会派选手参加,如今已发展成为全球性的羽坛大会战。

(6) 奥运会羽毛球比赛:1992年羽毛球被奥委会列为第25届巴塞罗那奥运会正式比赛项目,设置了男子单打、女子单打、男子双打、女子双打4枚金牌。1996年奥委会在第26届亚特兰大奥运会中增设了羽毛球混合双打,从而使羽毛球比赛的金牌数增至5枚,因此也成为各国高度重视和激烈争夺的项目之一。

(7) 世界杯羽毛球赛:1981年国际羽联创办了世界杯羽毛球赛,属于邀请性比赛,由国际羽联邀请当年成绩优异的选手参加。第1届、第2届仅设男子单打、女子单打项目,1983年增设了男子双打、女子双打和混合双打3个项目。1997年国际羽联决定,1997年第17届世界杯赛是最后一届比赛,从1998年起,改为由世界顶级选手参加的明星赛。

3. 如何欣赏羽毛球比赛

在羽毛球比赛中,比赛双方始终贯彻着发挥与反发挥、制约与反制约的精神,双方为了力争主动,总是一方面力图发挥自己的特长,尽量防卫自己的弱点;另一方面要努力去制约对方特长的发挥,并不断寻找对方的弱点,加以攻击。因而羽毛球比赛的精彩之处不仅仅是运动员精湛的球技,还有他们聪明的才智和充满魅力的风格。

运动员熟练、完善的球技表现在不论是发球、接发球,还是后场的高、吊、杀,前场的搓、推、勾、扑、挑,以及中场的接杀、平抽平挡,都具有稳定性、准确性、实效性和多变性。运动员精湛的球技加上为战胜对方而采用的谋略,更能让人体会到何为斗智斗勇。如快拉、快吊结合突击打法,长杀、吊、劈结合快速控网打法;平高球压底线结合贴网吊球的拉、吊突击打法;发球抢攻,控制底线结合下压控网打法,等等,令人眼花缭乱、目不暇接、备感赛场如战场。我国羽坛名将赵剑华比赛时进攻路线变化莫测,网前搓球、勾对角、轻吊运用娴熟,他常会突然起跳,佯装进攻,却球拍轻轻一挥,球落网前,令人拍案叫绝,而他的跃起大力扣杀快如闪电、锐似匕首,却又是另一番酣畅淋漓。另一名将杨阳在赛场上出色的表演,让观者感到是一种艺术享受,他的跳起扣杀干净利索,腾空动作犹如一弯新月,网前的防守滴水不漏,纵有"千军万马"也难过一夫所当之关,不管怎样的来球他都能挥拍自如,回击到对方的空当,对手只得摇头叹息。

在羽毛球比赛中,我们还能欣赏到运动员迎接挑战、不畏强手、不怕挫折的风格,这种精神将会激励我们在生活中勇于面对各种挑战,树立必胜之信心。

第三节　羽毛球的学法与评价

一、学法指导

进行羽毛球运动,首先要注意养成正确握拍的习惯。因为当动作达到一定水平后,握拍的灵活性又成为提高击球质量的关键,只有握得活才能充分发挥手腕、手指的爆发力;握得活才能有击球前动作的一致性,避免过早暴露击球意图;握得活才能因球制宜,打出各种球路和落点变化的球。

初学打羽毛球,拿起球拍往往打不准球,甚至个别的打不到球,这主要是对羽毛球拍和球的性能不熟悉的缘故。所以,熟悉球性的练习,是初练者不可少的课程。

1. 熟悉球拍与球性练习

（1）初学者按正确的握拍法握拍,领会正手与反手握拍法的区别。

（2）用手指将球拍不断地向左右转动,交替做正手和反手握拍的练习。

（3）在正确握拍的基础上,进行向上颠球练习。

（4）击空中球。

（5）持拍于身前,两膝稍弯曲,连续从右侧下方向前上方墙上击球。

（6）空中挂一物件（羽毛球或布包）,练习者在挥拍的最高点接触物件。

2. 发球练习

（1）发高远球、平高球、平快球:

● 各种发球动作的模仿性练习。

● 站在墙边 50 厘米处,身体右侧对墙,反复进行挥拍练习,使挥拍路线尽量贴近右腿。

● 用细绳把球吊在预定的击球点处（身体右侧前下方适当高度）,反复进行发球练习。

● 用多球进行准确性发球的练习。

（2）发网前短球:

● 发球动作的模仿性练习。

● 从左（右）场区用正手、反手把球发到对面网前场区内的不同落点。

（3）击球练习:

● 根据各种击球动作方法,反复进行模仿挥拍练习。

● 向前上方（或下方）投掷羽毛球。

● 用细绳将羽毛球吊在预定的位置或适当高度,反复进行击球练习。

● 移动步法,调整重心的挥拍练习。

● 两人一组进行定位定点、定位变向的对击球练习。

(4) 进攻与防守:
- 发球、接发球的对抗练习。
- 作规定球路的练习。
- "吊上网"的练习。
- "杀上网"练习。
- 一点打两点练习。
- 一点打多点练习。
- 陪练者两人进行杀、吊,练习者进行接杀、接吊练习,或练习者进攻,陪练者防守。

二、锻炼的自我检测与评价

1. 发球

(1) 检测方法:在羽毛球场上,用正手发球的方法发正手高远球,发出的球必须落在规定的区域内(图10-7),发中一次得1分,共发5次,评价得分情况。

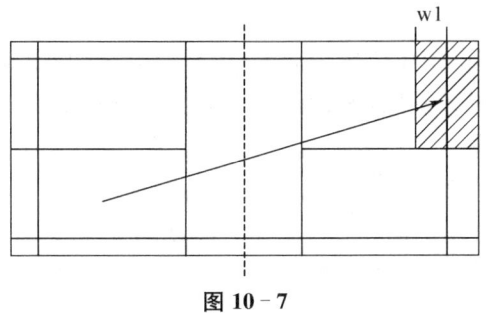

图 10-7

(2) 评价标准:

得分	5	4	3	3分以下
等级	优秀	良好	及格	不及格
个人等级				

2. 正手击球

(1) 检测方法:甲乙两人一组,在羽毛球场上做正手高手击球练习(图10-8),每一个来回得1分,直至某一方击球失误为止。评价得分情况。

(2) 评价标准:

得分	20	15	10	10分以下
等级	优秀	良好	及格	不及格
个人等级				

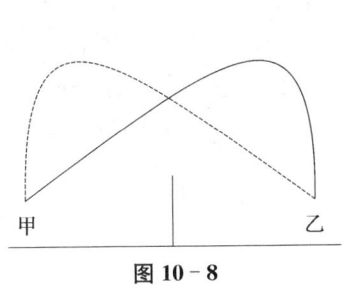

图 10-8

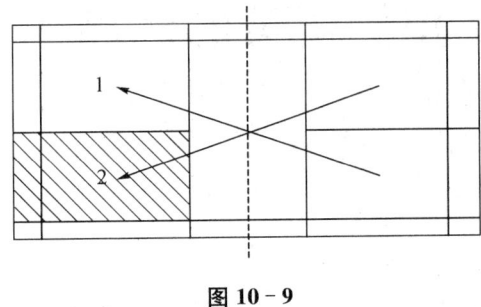

图 10-9

3. 扣杀球

(1) 检测方法：在羽毛球场上,一人发正手高远球供球,另一人用扣杀球的击球手法把球打到对场规定的区域内(图 10-9),每个区域内连续打 5 个球,打中一球得 1 分,共打 10 次。评价得分情况。

(2) 评价标准：

得分	10	8	6	6 分以下
等级	优秀	良好	及格	不及格
个人等级				

【思考与体验】

■ 你喜欢羽毛球运动吗？为什么？
■ 联系羽毛球比赛实际,举例说明熟练掌握羽毛球动作的必要性。
■ 看了一场精彩的羽毛球比赛后,你能客观地评球吗？怎样评？

第十一章 体现精巧华美的运动——体操

【学习要点】
- 学会队列队形练习与指挥的基本方法
- 懂得徒手体操、轻器械体操的术语、创编原则、方法及领操方法
- 学会技巧、支撑跳跃的基本活动的方法和保护帮助方法

第一节 队列队形基本内容与方法

一、常用队列队形练习的基本术语

列：学生左右并列成一(直)线叫列。
路：学生前后重叠成一(直)行叫路。
伍：二列队形中前后重叠的两个学生称为伍。各伍人数与列数相等叫满伍，各伍人数少于列数的叫缺伍。
翼：队列的两端为翼。左端为左翼，右端为右翼。
正面：队列中学生所面向的一面叫正面。
后面：与正面相反的一面叫后面。
排头：位于纵队之首或横队右翼的学生(一个或数个)叫排头。
排尾：位于纵队之尾或横队左翼的学生(一个或数个)叫排尾。
间隔：学生(单人或成队)彼此之间左右相隔的间隙叫间隔，间隔一般为一拳的长度(约 10 厘米)，队与队之间的间隔为两步。
距离：学生(单人或成队)彼此之间前后相距的间隙叫距离，间隔一般为一臂的长度(约 75 厘米)，队与队之间的间隔为两步。
纵队：学生(单人或成队)前后重叠组成的队形叫纵队。在纵队中，队形纵深大于或等于队形宽度。
横队：学生(单人或成队)左右并列组成的队形叫横队。在横队中，队形的宽度大于或等于队形的纵深。
基准学生：指定作为看齐目标的学生叫基准学生。
队形宽度：两翼之间的横宽叫队形宽度。
队形纵深：从第一列(最前面的学生)到最后一列(最后面的学生)的纵长叫队形纵深。

二、队列队形的基本内容与方法

常用队列队形的内容及分类，见表 11-1。

表 11-1 常用队列队形的内容及分类

原地队列动作	常用动作	1. 立正；2. 稍息；3. 跨立；4. 整齐；5. 报数；6. 集合；7. 解散；8. 蹲下；9. 坐下；10. 起立
	转法	1. 向左(右)转；2. 向后转；3. 半面向左(右)转
	队列变换	1. 一列横队变二列横队还原；2. 一列横队变三列横队还原；3. 二列横队变三列横队还原；4. 一路纵队变二路纵队还原；5. 一列横队变二列纵队还原
行进间队列动作	步法	1. 齐步；2. 正步；3. 跑步；4. 便步；5. 踏步；6. 移步；7. 立定
	转法	1. 齐步、跑步向左(右)转；2. 齐步、跑步向后转
	转弯	1. 横队左(右)转弯走；2. 纵队左(右)转弯走和左(右)转弯跑
	直线	1. 绕场行进；2. 错肩行进
	斜线	1. 对角线行进；2. 交叉行进；3. 三角形行进
	曲线	1. 蛇形行进；2. 圆形行进；3. "8"字行进；4. 螺旋行进
	变队	1. 分队走；2. 合队走；3. 裂队走 4. 并队走

1. 队列练习

(1) 原地队列变换：

● 一列横队变三列横队及还原(图 11-1)。

口令：成三列横队——走！

还原口令：间隔×步，向左离开！或成一列横队——走！

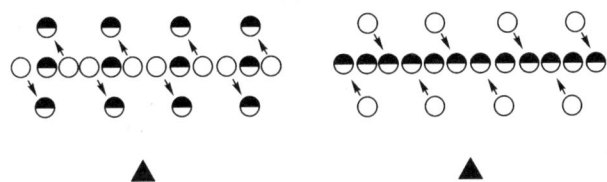

图 11-1 一列变三列

● 二列横队变三列横队——走！

口令：成三列横队——走！（图 11-2)

还原口令：间隔×步，向左离开！或成二列横队——走！

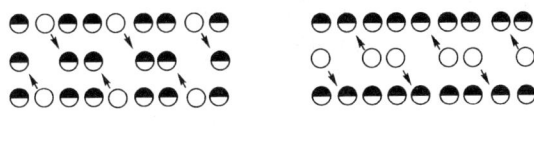

图 11-2 二列变三列

● 一列横队成二路纵队及还原

口令：向右成二路纵队——走！

还原口令：距离×步，向后离开！或向左成一列横队——走！

(2) 行进间转法：

● 齐步、跑步向左(右)转。

口令：向左(右)转——走！

● 跑步向后转。

口令:向后转——走。

(3) 停止或行进间转弯:

停止间口令:左(右)转弯,齐步——走! 或左(右)后转弯,齐步——走!

行进间口令:左(右)转弯——走! 或左(右)后转弯——走!

2. 队形练习

(1) 图形行进:

● 绕场行进(图 11 - 3)。口令:绕场行进——走!

● 错肩行进(图 11 - 4)。口令:从左(右)边——走!

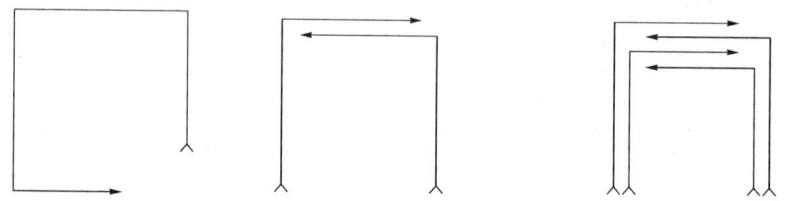

图 11 - 3 绕场走   图 11 - 4 从左(右)边走   图 11 - 5 一路隔一路从左(右)边走

多路纵队迎面相遇时(图 11 - 5),下口令"一路隔一路,从左(右)边——走"

● 对角线行进(图 11 - 6)。口令:对角线行进——走!

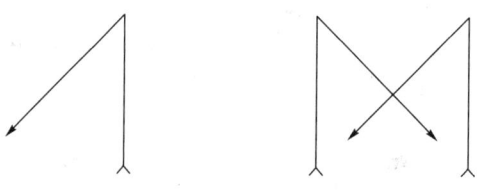

图 11 - 6 沿对角线走   图 11 - 7 交叉行进走

● 交叉行进(图 11 - 7)。口令:交叉行进——走!

● 三角形行进(图 11 - 8)。口令:成三角形——走!

● "蛇"形行进(图 11 - 9)。口令:成蛇形——走

● 圆形行进(图 11 - 10)。口令:成圆形——走。

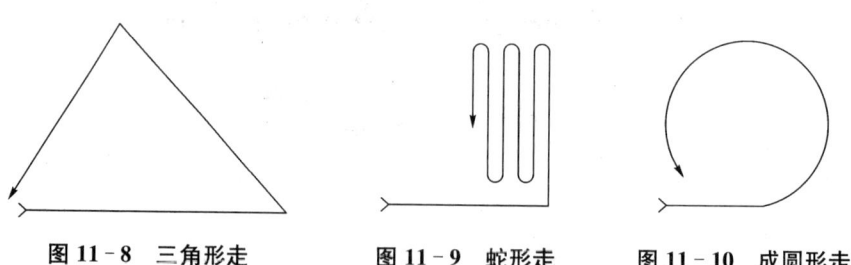

图 11 - 8 三角形走   图 11 - 9 蛇形走   图 11 - 10 成圆形走

● "8"字形行进(图 11 - 11)。口令:成"8"字形——走。

● 螺旋形行进。开口的螺旋口令:成开口螺旋形——走(图 11 - 12);闭口的螺旋形口令:成闭口螺旋形——走(图 11 - 13)。

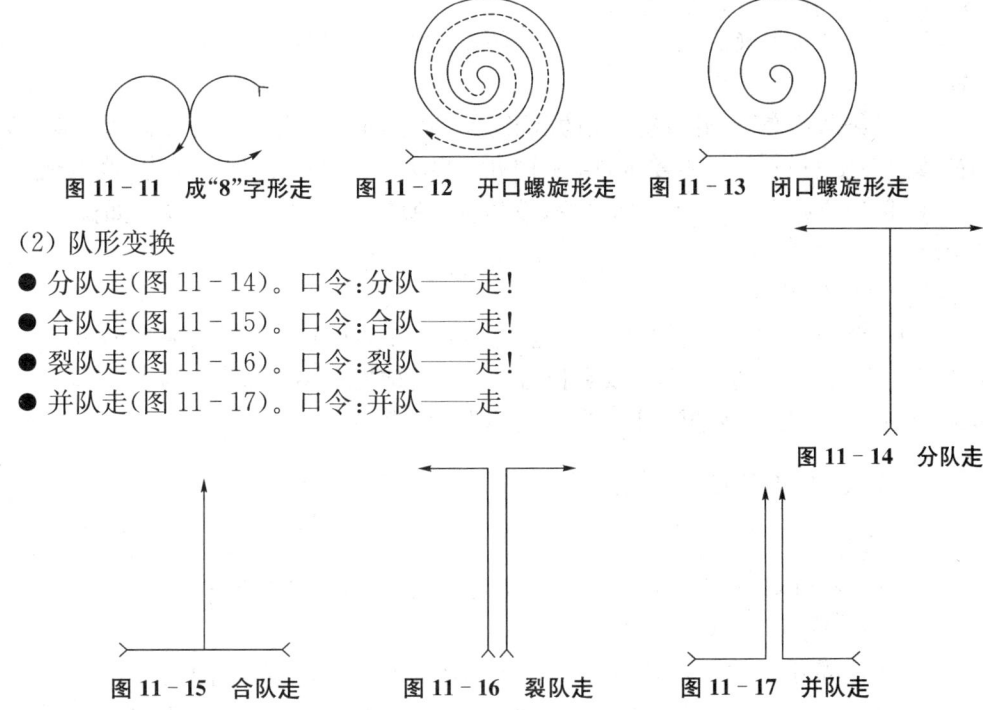

图 11-11 成"8"字形走　　图 11-12 开口螺旋形走　　图 11-13 闭口螺旋形走

（2）队形变换
- 分队走（图 11-14）。口令：分队——走！
- 合队走（图 11-15）。口令：合队——走！
- 裂队走（图 11-16）。口令：裂队——走！
- 并队走（图 11-17）。口令：并队——走

图 11-14 分队走

图 11-15 合队走　　图 11-16 裂队走　　图 11-17 并队走

三、队列队形的指挥

1. 口令的种类

（1）短促口令：只有动令，发音短促有力，不论几个字，中间小拖音，不停顿，通常按音节（字数）平均分配时间，有时最后一个字稍长，如"立正""稍息""报数"等。

（2）连续口令：特点是预令拖音与动令相连。预令拖音的长短，通常是根据人数多少而定，动令短促有力，如"向右看——齐！""向后——转！""齐步——走！"等。在行进间，预令与动令之间的拖音（微歇）应符合行进节奏，如"立——定""向右转——走"。

（3）断续口令：特点是预令和动令之间有稍停，如"第×名，出列"。

（4）复合口令：兼有断续和连续口令的特点，如"以××为准，向中看——齐！"

2. 下达口令的基本要领

（1）发音部位要正确：下达口令用胸音或腹音。胸音（即膈膜），多用于下达短促口令；腹音（即由小腹向上提气的丹田音）多用于下达带拖音的口令。

（2）掌握好节奏：下达口令要有节拍，预令，动令和微歇有明显的节奏，不急不拖，使队列人员能够听得清晰入耳。

（3）注意音色、音量：除音量掌握要使全队列人员贯音入耳外，还要注意音阶强弱的变化，一般口令均由低向高音发展，如"向右看——齐！"

（4）突出主音：对口令中的重点字、要吐字清楚，音量适当加大，如"向左——转"要突出"左"字，"向前×步——走"要突出数字。

3. 选好指挥位置

教师的指挥位置，原则上应选择全体或大部分学生能看得清楚、方便的位置。

（1）原地队列操练：横队时，要在队形正前中央等腰三角形的位置；纵队时，要在排头

与排头呈小三角的位置。

(2) 行进间队列操练:横队时,在队列的左前方。纵队时,在队列的左侧中间偏前的位置。

(3) 复杂队形变换:指挥较复杂的队形变换时,通常是在排头前方或队伍将要会合的位置,如并队走,应在排头将要转向新方向处。裂队走,应在队伍裂开处前方的位置。

(4) 队伍方向变换:队伍方向改变,教师应变换位置,然后再下口令。如横队右转弯齐步走。

4. 合理利用场地

队列队形练习要在一定范围的场地中进行。场地大小应根据人数多少而定。一般说,一个教学班(50人左右)至少要有相当于一个篮球场大小的面积。为了合理利用场地和做图形行进、队形变换的练习,可将场地标出一定的标记。

四、学练方法与自我评价

1. 学练方法

(1) 在队列练习中,可自呼口令,用分解法,完整法自练自纠动作。

(2) 与同伴合作,互喊口令并纠正动作。

(3) 集体练习中,利用比赛法,看谁队列动作标准,看哪一队动作最快,最整齐。

(4) 练习中运用知识迁移规律,遵循由易到难,队数由少到多的原则,讲究练习效果。

(5) 进行一个新的队形练习之前,应将其口令,方法,路线画在小黑板上,供练习时参考。必要时在地上画好行进方向和路线。也可利用教学器械进行某种队形练习。

(6) 出现错误,及时纠正,然后继续练习。

(7) 可将方向相反的两个动作组合起来练习,节省练习时间,如裂队与并队;开口与闭口螺旋形;圆形与"8"字形走等。

(8) 除熟练地下达口令外,必要时可以用手势指示方向,便于学生加深理解。

2. 自我评价

(1) 上述队列队形练习中,你已经学过哪些动作?掌握得如何?现在又学习哪些动作?掌握得如何?请按表11-2的标准自评后填入表11-4、表11-5的前后栏内,并将学习前后对动作的掌握情况作一比较,看看自己进步还是退步,分析一下变化的原因。

(2) 你以前尝试过呼口令和队列指挥吗?如尝试过,请按评价标准(表11-3)自评一下等级。通过学习和不断实践,现在你的队列队形指挥能力处何等级?并和学前的等级作一比较,看看自己的能力提高情况,并认真分析一下取得进步的原因。

表11-2 队列自我评价标准

等级	完成队列动作情况		
	好	中	差
标准	姿势正确,动作协调,精神振奋,队列整齐	姿势基本正确,动作较协调,欠精神,队列欠整齐	姿势不正确、不协调、不精神
评价请打"√"			

表 11-3 队列队形指挥自我评价内容与标准

内容	标准/等级	评价标准			
		优秀	良好	及格	不及格
指挥员位置		位置适宜,变换及时、灵活,照顾全面	位置较适宜,能按要求变换指挥位置	位置基本适宜,有变化	位置不当,变换位置不灵活或不适宜
口令		口令正确,声音宏亮,下达口令及时、准确,应变能力强	口令正确、声音宏亮,下达口令较及时、准确	口令正确,声音宏亮,下达口令基本准确,欠及时	口令基本正确,声音不宏亮,下达口令不及时
动作精神组织效果		动作迅速、准确,姿势正确,精神饱满,组织变队灵活,效果好	动作迅速,姿势正确,精神饱满,组织变队效果较好	动作基本迅速,姿势正确,精神饱满,但有组织变队能力	动作欠迅速,欠准确,不精神,组织变队能力一般(或)较差

表 11-4 队列练习自我评价表

	学习阶段	学习前掌握动作情况,请打"√"						学习后掌握动作情况,请打"√"					
		技术情况				原因分析		技术情况				原因分析	
	技术及原因 动作名称	好	中	差	不会	思想	方法	没学	好	中	差	不会	思想	方法	没学
原地队列	一列横队变三列横队及还原														
	二列横队变三列横队及还原														
	二列横队变二路纵队及还原														
行进间队列	齐步向左(右)转														
	齐步向后转														
	跑步向左(右)转														
	跑步向后转														
	横队左(右)转弯														
	纵队左(右)转弯														
	组织指挥能力														

表 11-5 队形练习自我评价表

动作名称		学习前掌动作情况,请打"√"						学习后掌握动作情况,请打"√"					
		技术情况			原因分析			技术情况			原因分析		
		会	有点会	不会	思想	方法	没学	会	有点会	不会	思想	方法	没学
图形行进	绕场行进												
	错肩行进												
	对角线行进												
	交叉行进												
	三角形行进												
	蛇形行进												
	圆形行进												
	"8"字形行进												
	螺旋形行进												
队形变换	分队走												
	合队走												
	裂队走												
	并队走												

第二节　徒手体操和轻器械体操基本内容与方法

一、徒手体操的基本内容与方法

徒手体操是体操主要的基本内容之一,是由身体各部位的各种不同的动作所组成的单个动作或成套动作。其特点是内容丰富、有简有繁、形式多样,可单人做、集体做,也可定位做或行进间做。

1. 单人动作

(1) 头颈动作:

屈:前屈、后屈、左屈、右屈。

转:右转、左转。

绕、绕环:向右绕和绕环、向左绕和绕环。

(2) 上肢动作:

举:臂前举、臂上举、臂侧举;臂前上举、臂前下举、臂侧上举、臂侧下举;臂前斜上举、臂前斜下举等。

振:臂上振、臂侧振、臂后振、臂胸前屈后振。

屈:臂前屈、臂肩侧屈、两手叉腰等。

伸:臂前伸、臂上举或下垂姿势开始,可做向前、向后、向内、向外、向左、向右动作;臂侧举姿势开始,可做向上、向下的绕和绕环动作;臂前举姿势开始,可做向上、向下的绕和绕环动作。

(3) 躯干动作:

屈：上体前(后)屈、上体左(右)屈。
转：上体向左(右)转。
绕环：上体向左(右)绕环。
倾：上体向前(后)倾、上体向左(右)倾。
(4) 下肢动作：
举：腿前(后)举、腿左(右)举。
踢：腿前(后)踢、腿侧踢。
屈：腿前(后)屈、腿侧屈。
伸：腿前(后)伸、腿侧伸。
绕环：腿向前(后)绕环、腿向左(右)绕环。
弓步：腿前(后)弓步、腿侧弓步、腿斜弓步。
蹲：全蹲、半蹲。
跳：单(双)脚跳。
立：直立、开立、起踵立、点地立。
坐：并腿坐、分腿坐、屈腿坐。
(5) 其他动作：
撑：蹲撑、立撑、俯撑、仰撑、侧撑、跪撑等。
卧：俯卧、仰卧、侧卧等。

2. 双人动作

双人动作是在单人动作的基础上，两人互相协调配合，共同进行的练习。

(1) 助力性动作：一人帮助另一人做动作，如帮助拉肩、帮助搬腿。

(2) 对抗性动作：两人相互对抗用力，如两人面对站立两臂依次互推；两人面对站立相互推肩。

(3) 协同性动作：两人相互配合做动作，如两人面对分腿站立，体前屈两手互相扶肩，互相压肩。又如两人并立，外侧臂上举互相握手，内侧臂下垂互相握手，同时向外侧做弓步体侧屈运动。

二、轻器械体操基本内容与方法

轻器械体操是在徒手操的基础上，手持轻器械进行的一种操练。轻器械体操的内容十分广泛，可以利用棍棒、哑铃、跳绳、皮筋、沙袋、小球以及各种自制的轻器械进行练习，而且形式多种多样，它不仅可以单人做，也可以多人做，还可以定位做或行进做等。

1. 跳绳练习

(1) 跳长绳：绳长 5 米左右。摇绳子的方法一种是摇荡，另一种是摇转(始终一个方向绕圈)。摇绳方向有"正摇"和"反摇"。

两人摇一根长绳，一人或多人做动作跳过去。主要有跑过和跳过两种形式。

(2) 跳短绳：摇绳的方法有前摇绳、后摇绳、交叉臂摇绳和绕"8"字空摇绳(绳两端相并握，于体两侧向前后轮流摇成"8"字形)。

基本跳法有双脚连跳和垫跳、单脚连跳和垫跳、交换脚连跳和垫跳、跳绳跑和单(双)脚两摇跳和多摇跳。可以单人跳，也可以双人跳或三人跳。

(3) 绳操：持短绳或长绳，单人或集体做身体各部位的徒手体操类动作。

2. 体操棍练习

体操棍是轻器械体操的主要内容之一。在徒手体操的基础上，以棍为限制物，可以增强关节的柔韧性。

体操棍为木质棍圆棒，长1～1.2米，直径约2～2.5厘米。

体操棍的基本握法有正握、反握、正反握、翻握；单手握（握一端、握中间）、双手握（握两端、握一端、并握）等。

(1) 单人动作：

● 持棍基本动作。持棍立正；持棍稍息；持棍行进（图11-18）。

● 持棍限制性动作。握棍两端，两臂依次或同时向前、向后转肩；握棍两端两腿依次摆越棍，或同时跳过棍（图11-19）（图11-20）。

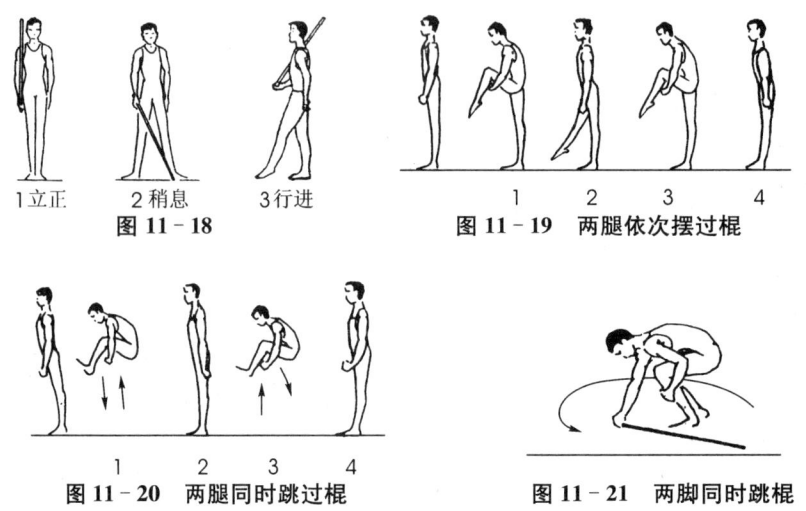

图11-18
图11-19 两腿依次摆过棍
图11-20 两腿同时跳过棍
图11-21 两脚同时跳棍

一手握棍一端沿地平线绕环两脚依次或同时跳棍（图11-21）；体操棍竖立在地面上，单腿摆越过棍（图11-22）。

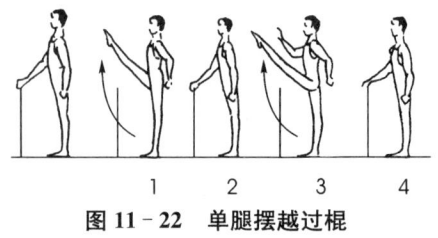

图11-22 单腿摆越过棍

● 持棍操：持体操棍做屈、伸、举、振、绕环、转肩等各种动作；持体操棍做屈、伸、转、绕环等各种动作；持体操棍做举、屈、伸、踢、跳等各种动作。

(2) 双人动作：双人同持一棍的练习。

● 双人协调性动作。预备姿势为持体操棍面对面站立；然后做两臂侧举——两臂上举——两臂侧举——还原。

● 双人助力性动作。一人握体操棍上举，另一人站在练习者后边，一手握体操棍，另一手推背帮助拉肩。

● 双人对抗性动作。二人同握一根或两根体操棍互拉、互推、互扭。如：将棍一定距离排列地上做各种跑越、跳越；一人持棍由纵队排头将棍沿地面快速移动至排尾，每人依次跳越；传递棍，对抗推拉棍等游戏。

3. 实心球练习

实心球练习是轻器械体操的主要内容之一。它是发展青少年身体肌肉力量的重要手段。

球的重量有1千克、2千克等，直径有15、20、25厘米等多种。持球方法有单手、双手、两脚夹球等。

（1）定位球练习：将球放在地上，摆成一定间距的各种队形，练习者在球间进行走、跑、跳的绕行或跨越的练习。

（2）传递球练习：将球不腾空抛起，由一手将球传递至另一手或由一人传送给另一人的练习。如：绕颈（腰）传递——绕举单腿传递——"8"字绕单腿传递——双人传递等。

（3）抛接球练习：将球抛至空中后再接球为抛球接球练习。有自抛自接和双人相互抛接。

（4）持球操：持球做身体各部位的动作。如持球做上肢的各种举、屈、伸、振、绕环动作——持球做上体的各种屈、伸、转、绕环等动作——持球做下肢的各种屈、伸、踢、跳、弓步等动作，还可以做两脚夹球的各种动作——持球做全身运动。

（5）实心球游戏：如集体搬运球赛；集体传递球赛；定位球绕行或跳越比赛等。

三、徒手体操、轻器械体操的创编原则与方法

（1）明确创编的目的，根据目的、任务选择相应的内容。例如，作为准备活动的成套动作，除了能充分活动全身各部分关节、肌肉，为从事某项练习做好身体准备外，还应根据某项练习的内容，重点加强身体某一方面的活动。如：技巧练习，应加强头颈和手腕的活动；投掷练习，应加强上肢尤其是肩关节部位的活动；跳跃练习则应加强下肢尤其是踝关节部位的活动。

编一套课间操，应选择简单易学，刚劲有力，幅度大，节奏鲜明，确有健身价值的动作。

编成套的表演体操，应选择一些轻快活泼，富有朝气的动作，并要注意动作变化及美学要求。

（2）针对学生特点，选择相应的内容。根据小学生的生理和心理特点，低年级可选一些轻快活泼，简单优美，规律性较强，富有模仿性的动作；中、高年级可适当增加刚劲有力，幅度大，难度较大，动作及节奏有一定变化并富有表现力的动作。

（3）全面、合理、科学的安排动作内容。一套较好的徒手操应当是上、下肢动作的结合；对称动作与不对称动作的结合；动静结合，张弛交替，以使身体得到全面锻炼。不仅如此，还要根据人体生理机能变化的规律，合理安排一套操的顺序和活动量。编整套操的安排顺序可参考下表：

安排顺序	节数	运动部位	操节名称	运动形式	编操应注意的问题
操的前部	2~3节	头颈部 上肢 下肢 四肢	头（颈）部运动 上肢运动 伸展运动 下蹲运动 下肢运动 四肢运动	屈、转、绕环； 举、屈、伸、绕、绕环； 振、摆动、波浪动作等； 蹲、踢、举、摆	动作伸展、柔和、加深呼吸； 踢腿运动要轻快有力； 上下肢配合要协调
操的中部	2~4节	躯干	扩胸运动 体前后屈运动 体侧运动 体转运动 腹背运动 体绕环运动	含胸与展胸； 前、后、左、右转体； 向左、右转体； 绕环、波浪等	这是整套操的重点动作,幅度要大； 注意欲下先上,欲左先右地设计动作,采用中等速度
操的后部	2~3节	全身	全身运动 平衡运动 跳跃运动	弓箭步如手臂、躯干部位的各种动作； 立卧撑； 平衡； 跳跃	这是整套动作的高潮,要使全身主要部位都参加活动,活动量要大,有起伏,有难度
操的最后	1~2节		整理运动 呼吸运动	放松	一般采用两个八拍,口令要缓和,使全身逐渐恢复到平衡状态

（4）动作设计要规范，整体姿态美，刚柔相间，节奏变化鲜明，不仅要培养学生正确的身体姿势，使其体态健美，而且要培养学生韵律感，提高学生对美的鉴赏力和表现力。

（5）选编每一节操的动作必须注意身体各部位的配合，以便维持身体平衡，提高锻炼效果。例如，伸展运动一般应是两脚开立、抬头、挺胸、伸臂，使全身充分舒展并吸气，才能收到应有的健身效果。

（6）动作方法要根据学生水平适当有所变化。低年级学生可选择一些同时、同向和非对称相结合的动作，以适当提高动作难度及协调性。

（7）充分体现各类徒手体操的特点。设计、选编模仿操时，动作既要形象、逼真，又可适当加以艺术夸张。设计、选编拍手操时，一定要突出拍手操的特点，拍手的位置、方向、次数和节奏，可根据每节操的动作特点及其难易程度而变化。

（8）注意节拍的连续性，第一拍要为第二拍准备好最有利的身体姿势，第二拍和第三拍往往要准确地反映该节操的运动特征（是屈、伸、踢、还是转等），第四拍（或第八拍）则还原成立正，以便向相反方向做动作。

（9）文字及图解必须简明、准确、清晰、形象。徒手操一般是分"节"记写，记写顺序一般是先下肢，后上肢加以叙述，说明动作方向、路线、方法及结束姿势。

四、领操的基本方法

（1）选择适宜的领操位置：全校做操或队伍场面较大时，应站在领操台或较高的位置上；班级或小组做操时，应站在与第一排两端点的距离相等处，呈等腰三角形，以尽量让全体学生看得见为原则。

（2）调整好队伍的间隔距离：领操前，应组织好学生，调整好队伍的间隔距离。要使学生之间保持左右两臂间隔,前后两步距离(轻器械操要加上器械长度)。

(3) 做好镜面示范:一般情况下,领操人要面对学生做镜面示范。当出现较复杂的动作时,可临时转身做背面或侧面示范。示范的速度视动作而定。一般动作,用正常速度示范,对于较难掌握的动作,可采用慢速示范。

(4) 口令正确,声音洪亮,节奏鲜明:领操时要口令正确,声音洪亮,节奏鲜明。如果在音乐伴奏下领操,示范动作应与音乐节奏相符。

(5) 及时纠正错误动作:领操过程中,如果发现学生动作错误或不足之处,可用手势、眼神或语言提示,纠正错误动作。

(6) 事先做好示范:领做新操时,为了提示下节操的动作方法,可在上节操的最后四拍或八拍示范下节操的动作,但事先应向学生说明,以免影响做操顺序。

(7) 做操后认真进行讲评:做操后应及时组织整理好队伍,简要进行讲评。

> **小贴士**
>
> **体操小知识**
>
> 国际体操联合会下设 3 类奥运会比赛项目:竞技体操、艺术体操和蹦床。
>
> 奥运会竞技体操比赛男子设有自由体操、鞍马、吊环、跳马、双杠、单杠 6 项;女子设有自由体操、高低杠、平衡木、跳马 4 个项目。
>
> 奥运会体操比赛分团体赛、个人全能赛和单项赛。

五、学练方法与自我评价

1. 学练方法

(1) 首先熟悉徒手体操的动作术语。在练习中自我观察或同学间相互观察,看动作是否到位,部位是否正确。

(2) 在平时的做操中,按徒手体操术语和口令节奏去认真做操,培养正确的做操姿势和节奏感。

(3) 按照口令和领操要求,轮流组织整队、调队和领操,锻炼自己的口令指挥能力和领操水平。

(4) 自己创编徒手体操或轻器械体操后,先按动作规格认真练习,然后在同伴中相互展示,听取同伴的评价,不断提高编操质量。

2. 自我评价

(1) 在本节内容的学习前,你掌握了哪些徒手体操、轻器械体操的知识?你认为这些知识对提高做操质量有何意义?通过本节内容的学习你又有何新的收获?(2) 你知道创编徒手体操与轻器械体操的原则、方法和领操方法吗?有没有尝试过?如没尝试的,请试试看。如尝试过的,请按表 11-6,作一下质量等级评价。

表 11-6 徒手体操、轻器械体操动作、能力评价内容与标准

优秀	熟练掌握徒手体操与轻器械体操动作,姿势正确、优美,部位准确,动作协调,幅度大,节奏感强,组织带操能力较强,口令正确,声音宏亮。创编体操的效果较好
良好	熟练掌握徒手体操与轻器械体操的动作,姿势正确,部位准确,动作比较协调、优美,幅度较大,节奏感较强,基本具备组织带操能力和创编能力

及格	掌握徒手体操与轻器械体操的动作,但个别操节欠熟练,姿势正确,个别操节部位欠准确,不够协调,幅度较小,能组织做操,但不大胆,口令基本正确,但声音不宏亮,初步具备一定的创编能力,但效果欠佳
不及格	基本掌握徒手体操与轻器械体操的动作,但个别操节姿势不美,动作不准确,幅度不大,节奏感较差,带操能力及创编能力较差

第三节 技巧和支撑跳跃基本内容与方法

一、技巧的基本内容与方法

1. 肩肘倒立

保护帮助:保护帮助者站在练习者侧方,两手握住练习者的腿上提,必要时,可用膝盖顶其臀部,使其充分展髋。

学练方法:仰卧举腿,两臂于体后压垫,做屈伸髋关节的练习;后倒举腿,两臂压垫,同时伸髋,用脚尖碰设在上方的标志物;在帮助下完成动作。

2. 头手倒立

保护帮助:保护帮助者站于练习者体侧,手扶其腿部,帮助控制倒立平衡。练习者感觉重心向前无法控制时,应迅速低头团身进行自我保护。对腹肌力量较弱的学生,保护者可用一腿抵住练习者的腰部,用手提握脚踝,帮助完成头手倒立。

学练方法:在扶持下做提臀、举腿、蹬地、摆腿、并腿伸髋等练习,体会要领和掌握平衡用力时的感觉;个人初练时,在垫子上标好头手位置,可背靠墙练习;独立完成一脚蹬地,另一腿上摆的头手倒立。也可做高提臀,分腿,脚尖跷地,两手用力推起重心的头手倒立。

3. 前滚翻

保护帮助:保护帮助者跪立于练习者侧方,推背帮助起立。

学练方法:仰卧团身前后滚动;在斜坡上由高向低做滚翻;在帮助下做前滚翻;动作熟练后,可持球前滚翻或前滚翻蹲立后接迎面抛来的球,提高学生练习兴趣及动作速度。

4. 头手倒立前滚翻(图 11 - 23)

保护帮助:保护帮助者站在练习者侧前方,手提其小腿并前移重心,当练习者低头含胸开始加速前滚时,立即放手并下蹲帮助推背。

学练方法:在帮助下体会早低头晚团身的感觉。

图 11 - 23

5. 鱼跃前滚翻（图 11-24）

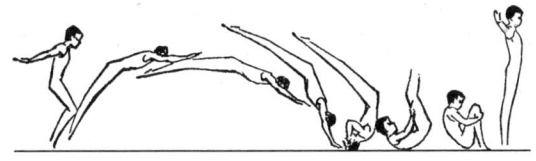

图 11-24

保护帮助：保护帮助者站在练习者侧面，当他腾空时，一手托他的胸腹，另一手托其腿部，帮助缓冲落地和向前滚动。

学练方法：学习鱼跃与远撑前滚翻；从 30 厘米左右高处向下做前滚翻，体会两臂控制弯屈的感觉；做越过一定障碍的前滚翻。

6. 后滚翻

保护帮助：保护帮助者单腿跪立于练习者后侧方，一手托其肩，一手推臀。

学练方法：做团身前后滚动，两手置于肩上，指尖向后，两肘内夹；在斜坡上由高处向低处做；在帮助下练习；熟练后，可做连续后滚翻或前滚翻交叉腿起转体 180°接后滚翻。

7. 经单肩后滚翻成单腿跪撑，另腿后举（图 11-25）

图 11-25

保护帮助：保护帮助者站于练习者后举腿一侧，一手扶肩，一手托后腿。

学练方法：头向左倒，则成右腿跪撑、左腿后举，同时左手要加大推力，维持平衡；仰卧举腿，把臂、头位置放准，在帮助下慢做，体会头左屈右转的感觉。

8. 侧手翻（图 11-26）

保护帮助：保护帮助者站在练习者背后，侧手翻时，两手交叉扶练习者的腰部，顺势帮助做好分腿倒立并随之继续翻转成直立。

图 11-26

学练方法：在帮助下做侧起分腿手倒立和侧翻成站立；地上划一条直线作标记，要求手脚落在线上；连续侧手翻。

9. 站立前倒成右腿后举的屈臂俯撑

保护帮助：保护帮助者站在练习者侧前方，用手托肩帮助缓冲。

学练方法：在平垫子上一人托肩，帮助缓冲撑地练习；在稍高的垫子上练习；独立完成。

10. 跪跳起

保护帮助：站在侧面，当练习者其臂摆至上方时，迅速提拉上臂或托腋下，帮助站立。

学练方法：跪立，做摆臂和下压腿的配合练习；在帮助下做完整动作。

11. 趣味动作

（1）滚翻动作：

● 握脚前滚翻。方法：下蹲两手握脚踝前滚翻。

● 单脚前滚翻。方法：右脚蹲撑，左腿直腿后举前滚翻。

● 膝后拉手前滚翻。方法：两手十指膝后交叉握前滚翻。

● 双人手拉手前滚翻。方法：两人并肩蹲撑，内侧手相拉前滚翻。

● 双人前滚翻（图11-27）。方法：同学甲前滚翻成仰卧，两腿分开前举，同学乙立于甲头的两侧。甲乙互相握住对方踝关节上方作前滚翻动作。

图 11-27

● 分腿屈体侧滚动（图11-28）。方法：分腿坐，两手握踝，侧滚。

图 11-28

● 越人鱼跃前滚翻（图11-29）。方法：鱼跃跃过跪卧、蹲撑、屈体立、分腿头手倒立等不同高度的前滚翻。

图 11-29

● 钻"洞"鱼跃前滚翻（图11-30）。方法：鱼跃钻入两人相对手拉手形成一个立圆的"洞"。

图 11-30

12. 造型动作

(1) 技巧造型的握法(图 11-31)。技巧造型的握法基本上有 7 种：普通握、对面握、手指握、大拇指握、深握、大臂握、两手直握。

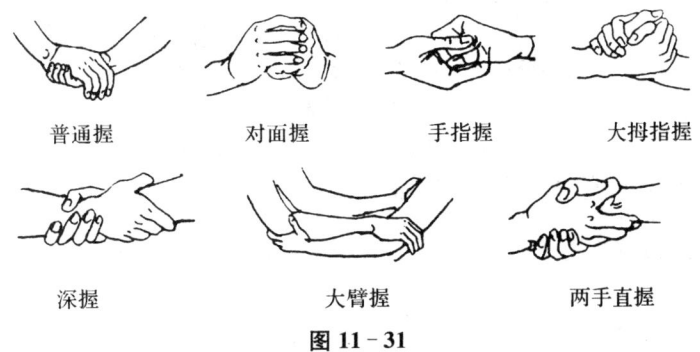

图 11-31

(2) 女子技巧造型：见图 11-32。

图 11-32

(3) 男子技巧造型：见图 11-33。

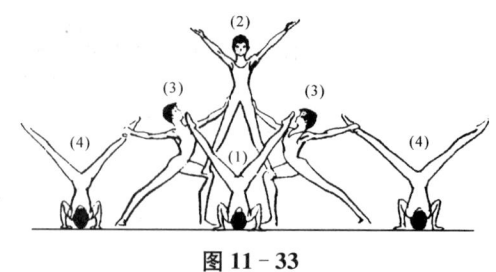

图 11-33

二、支撑跳跃的基本内容与方法

1. 挺身跳(弹板跳)(图 11-34)

图 11-34

保护帮助:保护帮助者站在弹跳板前练习者落点一侧,一手在前、另手在后挡扶,防止前后跌倒。

学练方法:助跑上板练习;垫上练习和由高向低挺身跳下练习;弹跳板上连续起跳接挺身下。

2. 分腿挺身跳(弹板跳)

保护帮助:同挺身跳。

学练方法:垫上练习;高位置上分腿挺身跳下;弹跳板上连续起跳分腿挺身跳下。

3. 屈腿(团身)跳(弹板跳)(图 11-35)

图 11-35

保护帮助:同分腿挺身跳。

学练方法:垫上一人在练习者身后扶腰帮助其向上跳起完成团身练习;由高位置向低处做团身跳下;弹跳板上连续弹跳接做团身跳下。

4. 跳转 180°、360°（弹跳板）（以左转为例）（图 11-36）

图 11-36

保护帮助：保护帮助者站在练习者转体方向同侧的落点处，两手前挡后扶，维持其身体平衡。

学练方法：垫上原地练习；由高位置向低处做跳转 180°、360°下；弹跳板上连续弹起接做跳转 180°、360°下。

5. 跳上经蹲撑、挺身跳下（图 11-37）

图 11-37 跳上经蹲撑、挺身跳下

保护帮助：保护帮助者站在器械正前方，当练习者跳上成蹲撑时两手顶其肩部。或帮助者站在器械前侧，一手扶顶练习者上臂、另手托大腿后帮助成蹲撑。练习者跳下时两手挡扶其腹、背部，防止跌倒。

学练方法：垫上俯撑或鱼跃经水平支撑，迅速提腰、收腹、屈腿经蹲撑，接着推手挺身跳；弹跳板上挺身跳；短距离助跑踏跳练习；在横鞍马上或加高两手支点的横马上练习，在直接帮助下练习。

6. 跳上经分腿立撑、挺身跳下、转体 180°跳下

保护帮助：保护帮助者站在器械正前方，当练习者跳上经分腿立撑时，两手顶其肩。或帮助者站在器械前侧方，一手顶扶其上臂、另手在后托扶其大腿，帮助练习者经分腿立撑。挺身跳下时，在练习者落点侧面扶背、挡腹部，转体跳下时，站在转体同侧保护。

学练方法：垫上俯撑或鱼跃经水平支撑，推手提腰、提臀、顶肩经分腿立撑接挺身跳；弹跳板上挺身跳和转体；助跑起跳，跳上高位置成分腿立撑；由在横鞍马或高垫（跳桌）上练习，到在帮助下直接练习。

7. 跳上经跪撑、跪跳下

保护帮助：保护帮助者站在器械正前方，当练习者跳上时，两手顶其肩部，然后移步至侧方保护其落地。或保护帮助者站在器械前侧方，当练习者跳上时，一手握其上臂，另手托大腿后部帮助成跪撑，在落地时两手扶挡背、腹，维持身体平衡。

学练方法：垫上鱼跃成跪撑、跪跳起；在30～50厘米高跳箱盖器械上成跪撑做跪跳下；由在横鞍马或高垫（跳桌）上练习转到在帮助下直接练习。

8. 纵马（箱）前滚翻

保护帮助：保护帮助者站在器械近端一侧，当练习者跳起后，一手托其肩、另手托送大腿，帮助其维持平衡及顺势翻滚，随即向前移步保护其落地，防止前扑、后倒。初学者可两人两侧同时保护帮助。

学练方法：由低垫向高垫做屈体鱼跃前滚翻，在限制标志线内完成；原地起跳屈体前滚翻，逐渐加高纵放器械的高度，然后加2～3步助跑；器械两侧由两人同时保护帮助下进行练习。

9. 斜向助跑直角腾越（图11-38）

图11-38　斜向助跑直角腾越

保护帮助：帮助者站在器械近端右侧，当练习者起跳后，右手握其上臂、左手托送臀部帮助腾越。

学练方法：斜进助跑踏跳成器械上直角坐撑，明确哪只脚上板、哪只手先撑器械；在双杠上成外侧坐，越两杠直角下或支撑前摆直角下；在器械远端上放置限制物（实心球）和在前上方设置标志物（吊球），以改进摆腿方向和高度；进一步练习斜向直角腾越。

10. 分腿腾越

保护帮助：保护帮助者站在横马或山羊的正前方，当练习者撑马时，两手顶其肩并顺势握臂上提，随即后退帮助完成腾越动作。或站在横马前练习者落点一侧，视其情况扶后挡前，以维持身体平衡。

学练方法：跳上鞍马或高垫成分腿立撑，经分腿挺身跳下；做山羊分腿腾越，两侧由二人分别举一根棒或杆当延长限制物；由慢速助跑跳低横马到逐渐加速跳较高横马。

11. 纵马（箱）分腿腾越

保护帮助：基本同山羊分腿腾越。

学练方法：分腿腾越纵山羊要逐渐加大踏板与山羊的距离；在山羊和板之间加矮山羊或一定高度的横线（杆）做分腿腾越；降低纵马（箱）高度或使纵马（箱）前高后低做分腿腾越；在保护帮助下做纵马（箱）分腿腾越；在地上俯撑，脚蹬地腿后摆，同时推手成分腿站立，提高推手能力；在纵羊马（箱）的侧面放置标志物，要求练习者腿一触到标志物，马上做制动动作，以掌握制动腿的时机，提高挺身的效果。

三、评价标准

1. 技巧评价标准

本节介绍的这些技巧动作中，哪些动作你已经学过了？掌握得如何？通过一个阶段的学习,你又学习了哪些动作?掌握得如何?请按表11-7标准,自评后分别填入表11-9学前、学后评价栏内,并作好比较分析,看看自己在知识、技术、能力方面的进步情况,提高自己的学习信心。

表 11-7 技巧评价标准

内容	熟练掌握	基本掌握	没有掌握
滚翻类	团身紧,滚动圆滑,方向正,动作连贯,姿势好	团身不够紧,滚动欠圆滑,方向不正,姿势欠佳,但基本能完成动作	团身不紧,滚动不圆滑,未完成动作
倒立类	直体,伸腿,挺髋充分,停止时间可达3秒	伸腿不充分,明显屈髋,有倒立过程,但不稳定	未形成倒立

2. 支撑跳跃评价标准

上述这些支撑跳跃动作中,你已经学习了哪些动作?掌握得如何?现在又学习了哪些动作?掌握得如何?请按表11-8标准,自评后分别填入表11-9学前、学后栏内,并作好分析比较,看看自己在知识、技术、能力上有哪些收获。

表 11-8 支撑跳跃评价标准

熟练掌握	基本掌握	没有掌握
动作连贯,腾越器械时姿势正确,挺身展体充分,落地稳	基本能完成动作,但腾越器械时没有展体,落地不够稳	完不成动作

表 11-9 自我评价表

内容	学习前动作掌握情况				学习后动作掌握情况			
	能够完成	勉强完成	不能完成	原因分析	熟练掌握	基本掌握	没有掌握	原因分析
1								
2								
3								
4								
5								
6								
7								
8								

【思考与体验】

■ 想一想,向后转与向后转走有何区别?
■ 试一试,如何将一列横队变成三列横队?
■ 按照编操原则与方法,自己试编一套徒手操。
■ 后滚翻动作的难点是什么?如何解决?

■ 体会经单肩后滚翻成单膝跪撑平衡的动作方法和保护帮助方法。
■ 将自己学会的单个技巧动作合理连接成一套动作,在同学间相互展示。
■ 同学做山羊分腿腾越时,你应站于何处进行保护?落地后站立不稳向后跌倒时,你准备用手拦其身体什么部位进行保护?为什么?
■ 想一想,跳绳、体操棒、实心球,除书中介绍的功能外,还可以开发哪些功能?

第十二章
突破水上阻力的运动——游泳

【学习要点】
- 掌握游泳的基本内容与方法,学会蛙泳游姿
- 明确水中救护要求,学会水中自救和解救他人的方法

第一节 熟悉水性

一、呼吸练习

(1) 扶池槽或在同伴帮助下,深吸气后闭气,然后慢慢下蹲把头全部浸入水中,停留片刻后起立,在水面换气(图12-1)。

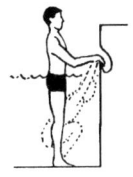

图12-1

图12-2

(2) 同上练习。要求把头浸入水中停留片刻后,在水中用嘴慢慢地吐气,一直到吐完,然后起立在水面上吸气(图12-2)。

(3) 同上练习。要求吸气后把头浸入水中,稍闭气后立即用嘴鼻同时吐气,在嘴接近水面时用力把气吐完并立即吸气,吸气结束后立即把头再次浸入水中,连续做到有节奏的吸、闭、吐。

(4) 两脚原地开立,按以上练习要求独立完成连续吸、闭、吐的动作20~30次(图12-3)。稍休息后,重复练习。

图12-3

图12-4

二、浮体与站立练习

(1) 抱膝浮体练习:原地站立,深吸气后,下蹲低头抱膝,双膝尽量靠近胸部,前脚掌蹬离池底,成低头抱膝团身姿势,自然漂浮于水中(图12-4)。

站立时,两臂前伸,向下压水并抬头,同时两腿伸直,以脚触池底站立,两臂自然放于体侧。

(2)展体浮体练习:两脚开立,两臂放松向前伸出,深吸气后身体前倒并低头,两脚轻轻蹬离池底,成俯卧姿势漂浮水中,两臂、两腿自然分开(图 12-5)。

图 12-5

站立时,收腹、收腿,两臂向下压水,然后抬头,两腿伸直,脚触池底站立。

三、滑行练习

(1)蹬边滑行练习:背向池壁,一臂拉水槽,一臂前伸,同时一脚站立,一脚贴池壁。深吸气后低头,上体在水中前倾成俯卧姿势,大、小腿尽量收紧,臀部靠近池壁,两脚掌贴住池壁。与此同时,拉水槽的一臂向前摆出与前臂并拢,头夹于两臂之间,这时两脚用力蹬出,成流线型向前滑行(图 12-6)。

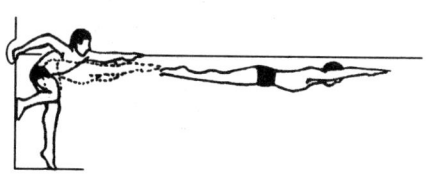

图 12-6

(2)蹬底滑行练习:两脚前后开立,两臂前上举。深吸气后上体前倒,当头、肩浸入水中时前脚掌用力蹬池底,随后两脚并拢,使身体成流线型向前滑行(图 12-7)。

图 12-7

第二节　蛙泳　仰泳　踩水的基本方法

一、蛙泳的基本方法

蛙泳是身体俯卧水中,两肩与水面平行,依靠两臂对称向后划水,两腿向后对称蹬水

---

① 跟我学游泳——蛙泳,视频连接网页来源于央视网。

而向前游进的姿势。整个动作与青蛙游水十分相似,所以取名为蛙泳。

蛙泳的特点是身体姿势比较平稳,水的支撑面积大,游进时省力,容易学,呼吸方便,能适应于长时间、远距离的游泳。

1. 动作方法

(1) 身体姿势:蛙泳时身体水平俯卧于水面上,两臂向前伸直并拢。掌心朝下,头稍抬,水面与前额齐,身体纵轴与水平面约成 5°~10°(图 12-8)。在游进过程中,身体保持这种较好的流线型的姿势,既能减少前进的阻力,又可以充分发挥手、臂、腿的作用,加快游速。

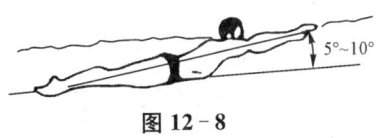

图 12-8

(2) 腿部动作:腿部蹬水动作是蛙泳推动身体前进的主要动力。腿部技术有宽蹬和窄蹬两种,近年来不少蛙泳运动员都采用窄收窄蹬的技术,其特点是窄蹬腿距离窄,大腿收得少,收腿路线短,迎面阻力小,动作简单易学。腿部动作可分为收腿、翻脚、蹬水和滑行四个连惯动作(图 12-9)。

(3) 臂部动作:蛙泳的臂部动作分为抓水、划水、收手和伸臂四个连贯不可分的动作阶段。

(4) 呼吸与上、下肢动作配合技术(图 12-10):蛙泳的呼吸与手臂的划水动作紧密配合,一般是一个动作,一次呼吸。蛙泳的呼吸方法有两种:一种是"早呼吸",一种是"晚呼吸"。"早呼吸"是在两臂划水过程中吸气,在收手过程中闭气低头,伸臂滑行时慢慢吐气。"晚呼吸"是在划水阶段的末期才开始抬头,两臂划至胸前使身体达到最高点时才吸气,继而随伸臂低头闭气,伸臂的后段直至划水过程中慢慢吐气。初学者用"早呼吸"较为有利,因两臂划水时有较大的支撑面使头露出水面进行吸气。臂、腿和呼吸的完整配合,可采用蹬腿结束后,两臂前伸和两腿伸直并拢滑行,再开始手臂的抓水动作,此时抬头吸气。当收手的同时收腿,在伸臂中做蹬腿动作。

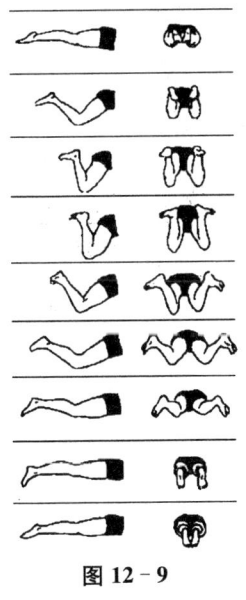

图 12-9

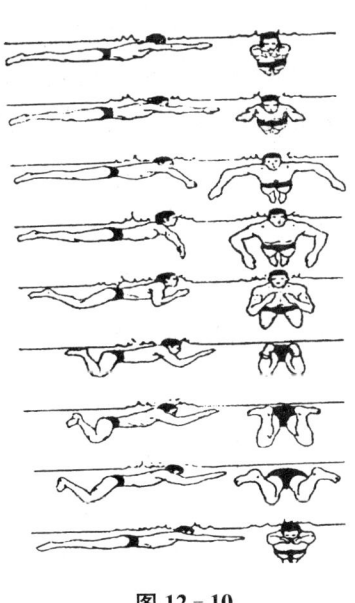

图 12-10

2. 练习方法

（1）腿部动作练习：

● 陆上模仿练习。可采用坐姿或卧姿，模仿蛙泳腿的收、翻、蹬夹和漂的动作过程。

● 在水中，手扶池壁采用卧姿，由同伴抓其脚，帮助体会蛙泳腿的收、翻、蹬夹和漂的动作全过程。

● 蹬池壁滑行做蛙泳腿练习，逐步提高蹬水效果。

● 手扶打水板做蛙泳腿练习，逐步提高蹬水效果。

（2）臂部和呼吸配合练习：

● 陆上模仿练习。站立岸上，上身低头前倾，两臂前伸，做手臂的完整练习。体会划手时抬头吸气，收手和前伸手臂时抬头吐气，体会手臂和呼吸的配合。

● 水中模仿练习。两脚开立于齐胸深的水中，方法同陆上模仿练习。可加上边划水边呼吸边在水中走动。

● 水中蛙泳手练习。两腿夹住打水板不动，只练习手臂的动作，以提高划水效果。

（3）蛙泳手、腿和呼吸的完整配合练习：

● 陆上模仿。原地直立，两臂上举伸直，抓、划水及收手同时慢慢收腿，然后伸臂同时腿做蹬夹动作。

● 水中练习。臂与腿的分解配合练习，在蹬壁滑行的基础上，先做一次划臂动作，再做一次腿的动作，以建立先臂后腿的技术概念。

● 在上面练习的基础上，逐步过渡到连贯的配合练习，练习时可闭气行进。

● 在上面练习的基础上，加上抬头呼吸的动作。呼吸次数可由臂腿配合两次呼吸一次，逐步过渡到臂腿配合一次呼吸一次的完整练习。

3. 注意问题

（1）划水时肘关节不能超过肩关节。

（2）手臂划水的方向和位置是划水效果好坏的重要条件。

（3）收腿要慢，蹬腿要快，蹬腿以后漂一会，整个动作要强调节奏性。

（4）要深刻体会蹬脚和踢脚的区别。

（5）完整动作的准确协调与配合是动作效果的重要保证。

（6）蛙泳的完整动作周期是以"漂"为开始、以"漂"为结束的。

二、仰泳的基本方法

仰泳，顾名思义，就是仰卧在水中游泳，因其动作优美，结构简单，呼吸较其他泳式易掌握而深受初学者的欢迎。仰泳的学习，先学会仰浮，之后，转入仰泳的学习，省时省力，效果颇佳。

1. 动作方法

（1）身体姿势：仰泳时，身体几乎水平地仰卧在水中，胸部自然伸展，与腹部成一直线，身体纵轴与水平面构成较小角度，两腿较平地延伸在后面，处于有利的踢水位置。头在仰泳技术中起着舵的作用，并可控制身体左右转动。头要自然地仰在水面，后脑浸在水中，颈部肌肉放松，两眼看腿部的上方。

游仰泳时，身体要不断围绕身体纵轴有节奏地左、右转动，转动的角度一般在 45°

左右。

（2）腿部动作：仰泳腿的动作，可使身体姿势保持较高位置，保持平衡并能产生一定的推进力。仰泳的两腿打水幅度比自由泳大，打水时，以髋关节为支点，由大腿发力、带动小腿和脚向后上方踢水。向上踢水时，膝关节微屈，约成135°角(图12-11)，踝关节伸展，脚向内转，动作要加速有力。向下打水时，膝关节自然伸直，两脚跟上下距离约为40～45厘米。这个动作也就是人们通常所称"上踢下压"，即"屈膝上踢，直腿下压"。

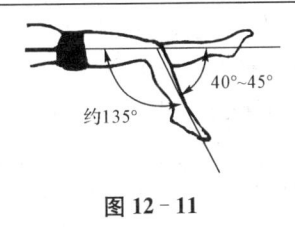

图12-11

（3）臂部动作：仰泳臂的动作是推进身体前进的主要动力。仰泳臂的动作周期中分实效动作和恢复动作两部分。实效动作包括下划、抱水和划水；恢复动作包括臂出水、移臂和臂入水。

（4）两臂的配合技术：仰泳两臂的配合采用"连接式"的技术，即当一臂划水结束时，另一臂已入水并开始划水；一臂处于划水的中部，另一臂正处于移臂的一半。在整个臂的动作过程中，两臂几乎处于完全相反的位置，这样的配合能保证动作的连贯性和速度的均匀性，而且还有助于划水力量的加强。

（5）腿、臂与呼吸动作的配合：仰泳的呼吸和其他泳式一样，应有严格的节奏，通常是划臂2次，呼吸1次，即当一臂移臂时用口进行吸气，然后做暂短的闭气，当另一臂移臂时进行呼气。现代仰泳配合技术多采用6次打腿，2次划臂，1次呼吸。这种配合技术能有效地发挥臂和腿的作用，使身体保持平衡和处于较高的位置，有利于初学者的学习。

2. 练习方法

（1）腿部动作练习方法：

● 陆上模仿练习。仰坐池边、地上或台上做两腿打水动作练习。着重体会直腿下压与屈腿上踢的动作。练习时眼看两腿动作。

● 水中练习。深吸气后，头和上体慢慢后仰，在同伴帮助下做漂浮练习；蹬池壁或池底，仰卧做漂浮滑行练习；两手反握池槽或后撑池底，做仰泳腿的打水练习，要求上踢结束时，膝和脚不露出水面。练习时可将两臂放于体侧做拨压水的动作，也可以由同伴托头帮助练习。

（2）手臂动作练习方法：仰泳的两臂是推动身体前进的主要动力。两臂是在不同方向、部位做划水和空中动作，要求配合的协调性较高，在练习中应注意防止两臂配合时产生分解动作。为了便于初学者掌握两臂的技术，在练习的开始阶段，可先不要求屈臂划水而采用直臂划水的方法。

● 陆上模仿练习。仰卧在凳上或原地站立模仿仰泳臂的划水练习(图12-12)。

● 水中练习。仰卧水中，由帮助者抱住双腿，做仰泳臂划水的练习；在水中仰卧踢水的基础上，配合两臂划水动作。

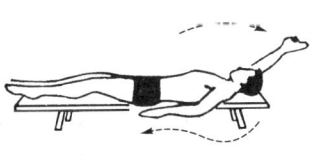

图12-12

三、踩水的基本方法

踩水,也叫立泳,是游泳爱好者们经常采用的一种姿势。它是靠四肢协调动作,使身体能较长时间在水中停留的一种游泳技术。

踩水时身体直立在水中,上体稍前倾。两眼平视在水面进行观察。双腿动作可分为两腿同时上收再向侧下蹬夹水和单腿轮换上下蹬夹水两种技术。双手同时用力向侧下方做弧形按压水的动作,手掌要有压水的感觉,两手摸水路线呈"⌒⌒"弧形。臂、腿的动作配合是,两腿做蹬夹水动作的同时,两手做向外的摸水动作(图12-13)。

图12-13

踩水时,呼吸要自然,随腿、臂动作的节奏自然地呼吸。以踩水技术游进时,身体要略前倾,腿稍向后侧蹬水,两臂向后拨水。后退游时,动作相反。也可以采用侧身向前的技术,这时后腿应较为用力。

第三节　水中救护的基本方法

一、救生的基本要求

游泳救护工作是保障游泳安全的一项重要措施。因此,学会和掌握一定的游泳救护知识和技术是非常必要的。

在准备参加救生之前,必须具备一定的基本技术。具体要求如下:

(1) 要有一定的耐力水平,并能在15分钟内游完400米。
(2) 要有一定的速度,能在20秒内游到25米以上的距离。
(3) 至少要掌握竞技游泳四种姿势中的三种姿势,其中包括蛙泳。
(4) 学会自救的方法。
(5) 学会从岸上跃入水中的方法。

在学习救生之前还应掌握救护的专项游泳技术。如抬头爬泳、侧泳、潜泳、踩水等,这些技术是游泳救生员必须掌握的。

二、救护溺水者的方法

1. 间接救护方法

间接救护是救护者利用救生器材,对较清醒的溺水者施救的一种技术。救护员应在可能的条件下尽量采用救护器材进行救护,因为用器材救护既省力又安全迅速,效果也好。下面介绍几种常用的游泳救护器材及使用方法。

(1) 救生圈:最好在救生圈上系一条绳子,当发现溺者时,可将救生圈掷给溺水者。如在江河里,就向溺水者的上游掷。溺水者得到救生圈后,将他拖至岸边。

(2) 竹竿:溺水者离岸、船较近时,可用竹竿伸给溺水者,切勿捅戳。待溺水者抓住后,将其拖至岸边或船边。

(3) 绳子:在绳索的一端系一漂浮物,将绳子盘成圆形,救护者握住绳子的另一端,然后将盘起来的绳子掷于溺水者的前方,使溺水者握住绳子上岸。

(4) 木板：在没有其他救护器材的情况下，木板或其它可浮物也可作为救护器材。或将木板掷给溺水者，或扶木板游向溺水者，然后，将溺水者拖带上岸。

间接救护法除采用上述器材进行救护外，还应根据具体情况和条件，因地制宜，利用各种现成器材进行救护，如木棍、木头、门板等一些可以浮起的东西，以便及时救起溺水者。

2. 直接救护方法

直接救护是在没有救护器材，或救护器材不能发挥作用的情况下采用的方法。当发现溺水者后，救护员应看清方位立即跳入水中进行救护。

直接救护技术由入水、游进与接近溺水者、解脱、拖运或拖带、出水和岸上急救等部分组成。

(1) 入水前的观察：发现溺水者后，立即扫视水域，判断溺水者与自己的距离和方位。在江河湖海中还要注意水流方向、水面的宽窄、水底性质等因素。救护者要遵循入水后尽快游近溺水者进行施救的原则，迅速选择入水地点。

(2) 入水：指救护者在发现溺水情况后，由岸边跳入水中准备救护的过程。入水要迅速，并且要注意目标。入水方法大致有两种：鱼跃式（图 12-14）和"八一"式（图 12-15）。

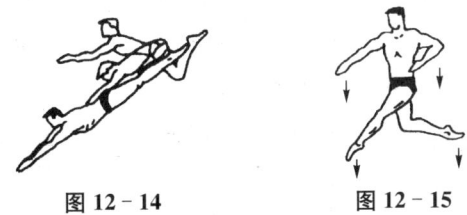

图 12-14　　　　　　　图 12-15

(3) 游近溺水者：发现溺水者，救护员在水下应从溺水者背后，用两手拉其两肩腋下，把溺水者抱起后，一手夹住溺水者上体，另一手下划，两腿向下蹬水把他拉出水面，再拖运。

(4) 拖带：拖带又称拖运，是溺水者被救后，救护人员把溺水者从水中用各种泳法拖带上岸的方法。

以救护员右侧泳为例，救护员左手从溺水者左肩上经左胸抱住右侧身体，再用左侧髋部顶住溺水者腰部，使其浮出水面。救护员要特别注意使自己的身体处于较高位置以便拖运（图 12-16、图 12-17）。

也可以两手扶救护员臀部，进行拖运；或者救护员两手托溺水者头部，进行拖带。

图 12-16　　　　　　　图 12-17

(5) 上岸法：

● 池边、船边上岸法。救护者用右手握住溺水者的右臂，并将其右手先放到岸边，随后用左手将溺水者的右手压在岸边，用右手和两腿的力量支撑上岸，然后迅速用右手拉住溺水者的左手腕，再用左手拉住溺水者的右手腕，再将溺水者沉入水，但头不要没入水中，借助溺水者身体向上的浮力，把他提拉上来，并立即进行抢救。

● 手扶梯上岸方法。将溺水者拖运至梯前,搭在自己的右肩上,两手握住扶梯,稳步上岸。当溺水者的臀部够到池边时,慢慢放下,随后将右脚踏在池边上,右手托住溺水者的颈部,左手抓住扶梯,弯腰向前,慢慢将溺水者放倒,立即进行抢救。

(6)岸上急救方法:救护员将溺水者拖运出水上岸后,要立即进行急救。救护员对溺水者的急救内容包括搬运、排除腹水、人工呼吸和按压心脏,及转送医院进行医疗抢救。

● 上岸搬运。救护员将溺水者救上岸后,往往需要按一定方法做短程转送至岸边平坦处急救或送上救护车转送医院。一般搬运的方法(图12-18)有:单人短程搬运,采用肩扛法;双人搬运法;多人搬运法。

  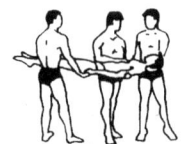

图 12-18

如果有器材,则应尽量利用器材搬运溺水者,常见的有担架、门板等,或就地取材,用竹竿、木棍、衣服、绳索等制成临时担架,抬送溺水者更为方便、省力、迅速。

● 排除腹水。如溺水者喝水过多,则需排除腹水。先开口腔,目的是先清除溺水者口鼻中的淤泥、杂物和呕吐物等,使食道和上呼吸道通畅,以便排除腹水或进行人工呼吸。一般排除腹水的方法有膝上倒水法:救护者一腿跪下,另一腿屈膝,将溺水者腹部放在屈膝的大腿上,一手扶着溺水者的头,使溺水者嘴向下,另一手压其背部,把水排出。还有一种方法,即溺水者俯卧在地上,救护者两腿分开放在溺水者的两侧,两手从两侧插在溺水者腹下,用力上提,使水控出。

以上倒水法应酌情采用,如果倒不出水,不必强行再倒,应立即做人工呼吸及按压心脏急救。

● 人工呼吸。溺水者被救上岸以后,如心脏有跳动,应立即进行人工呼吸。方法是,使溺水者仰卧,头部尽量后仰,把口打开并盖上纱布,救护者一手托起溺水者下颌,掌根轻压环状软骨,使其压迫食管,防止空气入胃,另一手捏住其鼻孔,然后深吸一口气,对准口部将气吹入。吹完后松开捏鼻孔的手,如此反复进行,每分钟做14~20次左右。进行不能间断,开始时可稍慢,以后可适当加快,直至溺水者恢复呼吸为止。

● 胸外心脏按摩。可以在进行人工呼吸时同时进行。方法是:两手掌相重叠,放于溺水者胸骨下段及剑突部,用力下压随后将手放松,每分钟以60~80次有节奏地进行,下压时用力要均匀、缓慢,松手要快,不宜用力过猛。

小贴士

"旱鸭子"游泳教练

1964年第18届东京奥运会,美国游泳教练谢曼·查尤尔率队夺得13枚金牌,当兴奋的队员抬着他绕场3周后,又将他抛入游泳池中。谢曼·查尤尔在水中拼命挣扎,才被恍然大悟的队员救上来。原来这位金牌游泳教练居然不会游泳。

四、自我救护的方法

游泳是人人喜爱的一项体育活动,但是我们在学习中一定要注意安全,尤其对初学游泳者来说,要学会自救的方法,特别是在江、河、湖、海中游泳遇到危险时,更要保持镇静,不要恐慌,要相信自己能够解脱危险。实在不行则发出呼救信号,以便及时得到同伴或救护员的救护与帮助。

在下列情况下,可采用自我救护的方法:

(1) 如果船翻了,但还能停留在水面时,就要抓住它;但如果船开始下沉,就要尽快离开它。在水中时要抓住所有起漂浮作用的物体,以助于浮上水面。

(2) 游泳时,有时会发生抽筋现象,抽筋的部位主要是小腿和大腿,有时手指、脚趾等其他部位也会发生。发生抽筋的原因是,游泳前没有做准备活动或准备活动不充分,下水后突然剧烈地做蹬水、划水动作,或因水凉刺激肌肉突然收缩而出现抽筋。游泳时间过长,过分疲劳及体力消耗过多,机体大量散热或精神紧张、游泳动作不协调等情况下也会出现抽筋。

预防抽筋的办法是,充分做好游泳前的专门准备活动,游泳时间的长短要根据自己的体力和技术情况而定。

游泳时发生抽筋,千万不要惊慌,一定要保持镇静,可以呼救也可以自救。如距岸边较近,应立即上岸,按摩抽筋部位,并注意保暖。不应再下水游泳。在水中自我解救抽筋部位的方法,主要是拉长抽筋的肌肉,使收缩的肌肉放松和伸展。自救的方法如下:

● 手指抽筋。手握成拳,然后用力张开。反复做几次即可消除。

● 小腿或脚趾抽筋。先吸一口气浮在水面上,用抽筋脚的对侧手握住并拉抽筋的脚趾。用力向身体方向拉,同时用同侧手压在抽筋腿的膝盖上,使抽筋腿伸直即可解除。大腿抽筋的解救方法相同。

(3) 如遇漩涡,切勿踩水,应立刻镇静地平卧水面,并沿着漩涡的外边,用爬泳尽快地游过它。因为漩涡一般只有中心部分吸引力比较大,不容易把面积大的东西卷入水底,所以身体必须平卧水面,切不可直立踩水或潜入水中。

(4) 如遇风浪,首先要弄清它的方向,如风浪从正面或侧面打来,脸要转向一侧,才能吸气。也可以在风浪将要打来时,吸足气,低头入水,等浪头过后,再出水面吸气,使呼吸动作与波浪的起伏相适应。在避风浪的过程中,要注意身体平卧水面,并随波浪起伏,情绪要稳定。

(5) 游泳时要注意练习和掌握正确的水中呼吸动作。无论哪种泳式都要求嘴在水面上吸气,吸气后应有一瞬间的憋气,然后在水下用嘴、鼻同时呼气,没有呼完的气在水面换气前应迅速呼净,紧接着做吸气动作。千万不要在水中吸气。如已呛了水,不要惊慌,迅速调整呼吸,或使头露在水面,做几次游泳动作,也可做原地踩水动作,调整一会即可恢复正常。

五、自我评价

在九年制义务教育阶段,表中各种泳式中,你会哪几种?知识、技术掌握情况如何?进入师范后,你又学习了哪几种泳式?知识、技术掌握情况又如何?请你分别作两次自我评价后填入下表(表 12－1)的前、后栏内,并比较一下,看看自己的进步情况,认真分析一下取得成绩的原因。

表 12－1　自我评价表

技术原因 / 学习阶段 / 等级内容	学习前掌握情况打“√”						学习后掌握情况打“√”					
	技术情况			原因分析			技术情况			原因分析		
	会	有点会	不会	心理	方法	其他	会	有点会	不会	心理	方法	其他
蛙泳												
仰泳												
踩水												
抬头爬泳												
侧泳												
潜泳												
间接救护												
直接救护												
自我救护												

【思考与体验】

- 为什么说在熟悉水性的练习中,重点应抓好呼吸和滑行两个动作?
- 想一想实用游泳有何价值?
- 水中救护的方法有几种?分别在什么情况下运用?
- 结合自己的实践,总结一下经常参加游泳锻炼对增进人的健康有哪些好处。

第十三章
彰显人文底蕴的运动——民族传统体育

【学习要点】
- 掌握武术基本功和套路的动作方法
- 学会简单的防身自卫方法
- 了解民间体育项目的活动方法

第一节 武 术

一、武术基本功

1. 肩臂练习

（1）压肩：面对肋木，距离一大步，两脚左右开立。两手抓握肋木，上体前俯、挺胸、塌腰、收髋，并做下振压肩动作。

（2）单臂绕环：左腿在前弓步站立；左手按于左膝上，右臂垂于体侧，并做向后绕环——右臂由下向前、向上向后、向下绕环；向前绕环——右臂由下向后、向上向前、向下绕环。练习时，左右臂交替进行。做左臂绕环时，换成右弓步站立。

（3）双臂绕环：两脚左右开立；两臂依次或同时做向前、向后；向左、向右或交叉绕环动作。

2. 腿部练习

（1）正压腿：面对肋木或一定高度的物体，并步站立。左腿提起，脚跟放在肋木上，脚尖勾起，踝关节屈紧；两手扶按膝上；两腿伸直，立腰、收髋，上体前屈，并向前、向下做压振动作。练习时，左右腿交替进行。

（2）侧压腿：侧对肋木或一定高度的物体，右腿支撑，脚尖稍外撇，左腿举起，脚跟搁在肋木上，脚尖勾起，踝关节屈紧；右臂上举，左掌附于右胸前；两腿伸直，立腰、展髋，上体向左侧压振。练习时，左右交替进行。

（3）仆步压腿：两腿左右开立，右腿屈膝全蹲，全脚着地，左腿挺膝伸直，脚尖里扣成仆步；然后两手分别抓握脚外侧，成左仆步向下压振。接着右脚蹬地，右腿伸膝，重心从右脚移至左脚，成右仆步向下压振。练习时，左右仆步交替进行。

（4）直摆性腿法：

● 正踢腿。两脚并立；两臂侧平举，手成立掌。左脚向前上半步，左腿支撑，右脚脚尖勾起向额前方猛踢；两眼向前平视。练习时，左右腿交替进行。

● 外摆腿。两脚开立，右脚向右前方上半步，左脚脚尖勾紧，向右侧上方踢起，经面前向左侧上方外摆，直腿落在右脚旁；眼向前平视；左掌可在左侧上方击响，也可不击响。练习时，左右脚交替进行。

● 里合腿。两脚开立,右脚向右前方上半步,左脚脚尖勾起向里扣并向左侧上方踢起,经面前向右侧上方直腿里合,落于右脚内侧;右手掌可在右侧上方迎击右脚掌(击响),也可不击响;眼向前平视。练习时,左右腿交替进行。

(5) 弹腿:两腿并立,两手叉腰。右腿屈膝提起,大腿与腰平,右脚脚面绷直。提膝接近水平时,要迅速猛力挺膝,向前平踢(弹力),力达脚尖,大腿与小腿成一直线,高于腰平,左腿伸直或微屈支撑;两眼平视。

● 蹬腿。与弹腿相同,惟脚尖勾起,力点达于脚跟。

● 侧踹腿。两腿并立,两手叉腰或抱拳,右腿向左腿弓步成两腿交叉,右膝微屈;随即右腿伸直支撑,左腿屈膝提起,左脚脚尖内扣,脚跟用力向左侧上方踹出,高于肩平,上体向右侧倒;目视左侧方。练习时,左右腿可交替进行。

(6) 拍脚(左右拍脚):预备式为两腿并立,两手抱拳与腰间。动作时右脚向前一步;同时右拳变掌向后、向右、向上划弧抢摆,左腿伸直向前上方踢起,脚面绷平,右掌由体后向前拍击左脚面。左脚向前落地,左拳变掌向下、向后摆,右掌变拳收至腰侧,右腿伸直向前上踢起,脚面绷直,左掌由后向上、向前拍击右脚面。

3. 腰部练习

(1) 前俯腰:并步站立;两手手指交叉,直臂上举,手心朝上。上体前俯,两手尽量贴地。然后两手松开,抱住两脚跟腱逐渐使胸部贴近腿部,持续一定的时间再起立。还可以向左或向右侧转体,两手在脚外侧贴紧并触及地面。

(2) 涮腰:开步站立,略宽于肩;双臂自然下垂。以髋关节为轴,上体前俯,两臂随之向左前下方伸出,然后向前、向右、向后、向左翻转环绕。

(3) 甩腰:两脚开立同肩宽,两腿伸直,两臂上举,以腰为轴,上体后屈甩两臂,随之甩动并抬头,挺胸、腹。

4. 手型和步型

(1) 手型:

● 拳。四指并拢卷握,拇指紧扣食指和中指的第二指节。

小贴士

太 极 拳

太极拳由河南温县陈家沟的陈王廷所创,陈王廷曾任温县乡兵守备,是卓有创见的武术家。他以阴阳开合理论为基础,结合道家《黄庭经》中的导引、吐纳方法,吸收、借鉴戚继光的《拳经三十二式》,创编了太极拳。

● 掌。四指并拢伸直,拇指弯曲紧扣于虎口处。

● 勾。五指第一指节捏拢在一起,屈腕。

(2) 步型:

● 马步。并步直立抱拳。左脚向左侧一大步(约为本人脚长的三倍),两脚脚尖正对前方,全脚掌着地,屈膝半蹲,膝盖不超过脚尖,大腿接近水平,身体重心落于两脚之间;两手抱拳于腰间。两眼平视前方。

● 弓步。并步直立抱拳。左脚向前一大步(约为本人脚长的4~5倍),脚尖微内扣,左腿屈膝半蹲,大腿接近水平,膝与脚尖垂直,右腿挺膝伸直,脚尖内扣向右前方,两脚全脚掌着地,上体正对前方;两手抱拳于腰间;两眼平视前方。弓右脚为右弓步,弓左脚为左弓步。

● 虚步。并步直立叉腰。右脚外展45°,屈膝半蹲,左脚提起前移一步,脚跟离地,脚面绷平,脚尖稍内扣,虚点地面,膝微屈,重心落于右脚上;两手叉腰;眼向前平视。左脚在前为左虚步,右脚在前为右虚步。

● 仆步。并步直立抱拳。右腿向右一大步,屈膝全蹲,大腿和小腿靠紧,臀部接近小腿,全脚掌着地,脚和膝外展,左腿挺直平仆,脚尖内扣,全脚掌着地;两手抱拳于腰间;眼向左平视。仆左腿为左仆步,仆右腿为右仆步。

● 歇步。并步直立抱拳。一腿用膝盖或插步成两脚交叉靠拢全蹲,左脚全脚掌着地,脚尖外展,右脚前脚掌着地,膝部贴于前腿外侧,臀部坐于后腿接近脚跟处;两手抱拳于腰间;眼向左前方平视。左脚在前为左歇步,右脚在前为右歇步。

二、24 式太极拳

太极拳是一种柔和、缓慢、轻灵的拳术,它具有养身、养心、养气的功能。练习时要求意识引导动作,精力集中,全神贯注,呼吸自然,姿态端庄;动作要轻灵、柔和、圆活、缓慢、连贯,整个套路如行云流水,连绵不断。各式太极拳还具有大架、小架、开合、刚柔相兼等各自不同的特点,是一种良好的体育医疗保健手段。

1. 24 式太极拳的动作名称

	(一) 起势		(十三) 右蹬脚
第一组	(二) 左右野马分鬃		(十四) 双峰贯耳
	(三) 白鹤亮翅		(十五) 转身左蹬脚
	(四) 左右搂膝拗步	第六组	(十六) 左下势独立
第二组	(五) 手挥琵琶		(十七) 右下势独立
	(六) 左右倒卷肱	第七组	(十八) 左右穿梭
第三组	(七) 左揽雀尾		(十九) 海底针
	(八) 右揽雀尾		(二十) 闪通臂
	(九) 单鞭	第八组	(二十一) 转身搬拦捶
第四组	(十) 云手		(二十二) 如封似闭
	(十一) 单鞭		(二十三) 十字手
第五组	(十二) 高探马		(二十四) 收势

2. 24 式太极拳动作图示

(一) ① **起势**:两脚开立,与肩同宽,脚尖向前,两臂自然下垂

② 两臂慢慢向前平举

③ 高于肩平,掌心向下

④ 屈膝下蹲,同时两掌轻轻下按

(二) ⑤ **左右野马分鬃**:上体微向右转,重心右移,右手在上,左手在下,成抱球状

⑥ 左脚收至右脚内侧

⑦ 上体微上右转，左脚向左前方迈步　　⑧ 左右手随转体，慢慢分别向左上右下分开　　⑨ 左手与眼平，肘微屈，右手落在右胯旁，掌心向下，指尖向前　　⑩ 上体慢慢后坐，左脚尖翘起　　⑪ 左脚尖外撇，左脚慢慢前弓　　⑫ 身体左转，重心移至左腿，两手抱球状

⑬ 右腿向右前方迈出，成右弓步　　⑭ 同时上体右转，左右手分开　　⑮ 以下动作同左野马分鬃，唯左右相反　　⑯　　⑰　　⑱

⑲　　（三）⑳ **白鹤亮翅**：上体向左转，左手翻掌向下，右手向左上划弧　　㉑ 右脚跟进半步，上体后坐，左脚稍向前移　　㉒ 两手慢慢向右上左下分开，右手提停于右额前，左手落于胯侧　　（四）㉓ **左右搂膝拗步**：右手从体前下落，划弧至右肩外侧　　㉔ 右手由左下向上，向右下方划弧至右胸前

㉕ 同时上体微向左，再向右转　　㉖ 上体左转，左脚向前迈出　　㉗ 同时右手屈回由耳侧向前推出，右手搂膝至胯侧　　㉘ 上体后坐，左脚尖翘起外撇　　㉙ 左腿前弓，身体左转，右脚收到左腿内侧　　㉚ 同时左手向外翻掌，由左向上划弧至左肩外侧，右手划弧落于胸前

㉛ 以下动作同左搂膝拗步，唯左右方向相反　　㉜　　㉝　　㉞　　㉟　　㊱

㊲

（五）㊳ **手挥琵琶**：右脚跟半步，上体后坐

㊴ 左手由左下向上挑举

㊵ 右手收回放在左臂肘部里侧，掌心向左

（六）㊶ **左右倒卷肱**：上体右转，手心向上，经腹前向后上方划弧平举

㊷ 左臂屈肘向前，经耳侧前推

㊸ 左臂屈肘后撤，手心向上至右肋外侧

㊹ 同时左腿轻轻提起向后退一步

㊺ 上体微向左转，同时左手向后上方划弧平举，右手随即翻掌

㊻ 以下动作重复一次

㊼

㊽

㊾

㊿

(51)

(52)

(53)

（七）(54) **左揽雀尾**：上体向左转，同时左手划弧平举，手心向下

(55) 左手划弧至右肋前，两手成抱球状

(56) 身体重心落于右脚，左脚收到右脚内侧

(57) 上体微左转，左脚向左前方迈出成左弓步

(58) 同时左臂向左前方掤出

(59) 身体微左转，左手前伸翻掌向下，右手向下，然后两手下捋

(60) 同时身体重心移至右腿

(61) 上体微左转，右臂屈肘附于左手腕里侧

(62) 双手同时向前慢慢挤出，同时重心前移成左弓步

(63) 左手翻掌，手心向下，右手经左腕上方向前，向右伸出，手心向下

(64) 两手左右分开，宽与肩同，上体后坐

(65) 两手屈肘，回收至腹前

(66) 重心前移，两手向前，向上按出

（八）(67) **右揽雀尾**：上体后坐并稍向右转，左脚尖里扣

(68) 右手向右，划弧至左肋前，手心向上

(69) 左臂平屈胸前，两手成抱球状

(70) 重心左移，右脚收至左脚内侧

(71) 以下动作同左揽雀尾，唯左右相反

(72)

(73)

(74)

(75)

(76)

(77)

(78)

(79)

(80)

（九）(81) **单鞭**：上体后坐，右脚尖里扣上体左转，左高右低，两手划弧

(82) 右手至左肋前，手心向后上方

(83) 重心右移，上体右移，左脚向右脚靠拢

(84) 右手向右划弧，至右侧变勾手，左手划弧停于右肩前

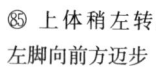

(85) 上体稍左转，左脚向前方迈步

(86) 重心前移，左手左转慢慢翻转向前推出

（十）(87) **云手**：重心右移，身体右转，左脚尖里扣，左手划弧至或肩前

(88)

(89) 右勾手变掌，右手心向右前

(90) 上体慢慢左转，重心左移，左手经脸前划弧

(91) 右手由右下向左划弧至左肩前，右脚靠向左脚，成小开步

(92) 上体再向右转，左手向右上划弧至右肩前，右手向右侧运转

(93) 随之左脚向左横跨一步

(94) 以下动作同前

(95)

(96)

㊉ ㊈ ㊈ ⑩ ⑩ (十一)⑩ **单鞭**：
上体右转

⑩ 右手向右运转至右侧方变勾手　⑩ 右手经腹前向右上划弧至右肩前，重心落于右脚　⑩ 同前次单鞭　⑩　(十二)⑩ **高探马**：右脚跟半步，右勾手变掌，身体微向右转　⑩ 右掌经耳前推，左手收至左侧腰前

(十三)⑩ **右蹬脚**：左手向上，两手交叉向两侧分开　⑩ 左脚提起向左前侧方迈步　⑪ 成左弓步　⑫ 两手由外向里划弧，交叉抱于胸前，右手向左脚靠拢　⑬ 两臂左右划弧分开平举　⑭ 右脚屈膝提起，右脚向右前方慢慢蹬出

(十四)⑮ **双峰贯耳**：右脚收回，两手落至体肯　⑯ 两手同时向下划弧分落于右膝两侧　⑰ 右脚向前落下，两掌慢慢变拳　⑱ 两拳分别从两侧向上、向前至面前，两拳相对　(十五)⑲ **转身右蹬脚**：左腿屈膝后坐，右脚尖里扣两拳变掌，由上向左右划弧分开平举　⑳ 以下动作同右蹬脚，左右相反

㉑ ㉒ ㉓ ㉔ (十六)㉕ **左下势独立**：左腿回收，上体右转　㉖ 右掌变勾，左掌划弧至右肩前

⑫ 右腿蹲，左腿伸出成左仆步　⑫ 左手下落向左下顺左腿内则向前穿出　⑫ 重心前移，左腿前弓，左掌继续前伸，右勾手下落　⑬ 右腿提膝，右勾手变掌，向前弧行摆出　⑬ 左手落于左胯旁　（十七）⑬ **右下势独立**：同左下势独立，左右方向相反

⑬　⑭　⑮　⑯　⑰　⑱

十八 ⑬ **左右穿梭**：身体微左转，左脚向前落地　⑭ 两腿屈膝半坐，两手在左胸前成抱球状　⑭ 右脚收到左脚内侧　⑭ 身体右转，右脚迈步，成右弓步　⑭ 左手由脸前上举停在右额前，手心斜向上　⑭ 左手经体前向前推出

⑭ 以下动作，同右穿梭，左右方向相反　⑭　⑭　⑭　⑭　（十九）⑮ **海底针**：右脚跟半步，重心后移，成左虚步

⑮ 身体稍后转，右手提起再下插，左手落于胯侧　（二十）⑮ **闪通臂**：上体稍右转，左脚向前迈步　⑮ 右手上提屈臂上举丁额前，左手向前推出　⑮ 重心前移成左弓步　（二十一）⑮ **转身搬拦捶**：上体后坐，身体右后转　⑮ 右手变拳向右、向下划弧至左肋旁，左掌上举于头前

⑮⑦ 右拳向前翻转撇出,左手落于左胯旁　⑮⑧ 右脚回收后向前迈出,脚尖外撇　⑮⑨ 左脚迈步,左手向前拦出,右拳收于腰间　⑯⑩　⑯① 左脚前弓,右拳打出,左手附于右前臂里侧　(二十二)⑯② **如封似闭**:左手由右腕下向前伸出,右拳变掌

⑯③ 两手左右分开回收　⑯④ 身体后坐,左脚尖翘起　⑯⑤ 两手在胸前翻掌,经腹前向上、前推出　⑯⑥ 腕与肩平,手心向前　⑯⑦ 同时左腿弓成左弓步　(二十三)⑯⑧ **十字手**:屈膝后坐,重心右移,右手向右平摆划弧

⑯⑨ 与左手成侧平举,转脚尖成右侧弓步　⑰⑩ 重心左移,右腿向左收,两腿与肩同宽,逐渐站起　⑰① 两手划弧合抱于胸前　⑰② 成十字手　(二十四)⑰③ **收势**:两手外翻,手心向下　⑰④ 两臂下落停于身体两侧

第二节　实用防身技术

一、各部被抓解脱法

1. 手腕部被抓解脱

(1) 上脱:甲左手腕被乙右手抓握,甲左前臂外旋,手心向上,左臂回屈并用力上举,左腕猛力向里扣压,即可解脱(图 13-1)。

图 13-1　　　　　图 13-2

---

① 实用防身术,视频链接网页来源于酷6网。

要点:解脱时要以乙的虎口薄弱处作为突破点,举臂、扣压用力要快、猛。

(2) 拉脱:甲左手被乙右手抓握,甲左拳向里、向左弧形下压乙右手虎口处,随即左手继续向左斜后方猛拉即可解脱(图13-2)。

要点:下压乙虎口与猛力回拉协调一致。

(3) 曲脱:甲右手被乙左手抓握腕部,甲随即左转腰、屈肘横压乙左手虎口,即可解脱(图13-3)。

要点:转腰、屈肘动作协调、连贯,横压用力要猛。

(4) 横扳脱:甲右手被乙双手抓握,甲左手扣握右手拳面,一脚向前踏出,同时身体猛转,屈肘向回扳脱(图13-4)。

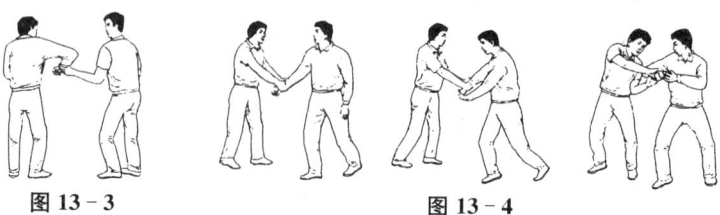

图13-3　　　　　　　　图13-4

要点:扣握拳面要稳,转腰、屈膝动作连贯,回扳用力要猛。

2. 胸部被抓解脱

(1) 压拧脱:乙左手抓甲胸部,甲左手用力将乙抓握的手固定压拧,同时蹬地转腰,右臂屈曲撞击乙左手肘部,即可解脱(图13-5)。

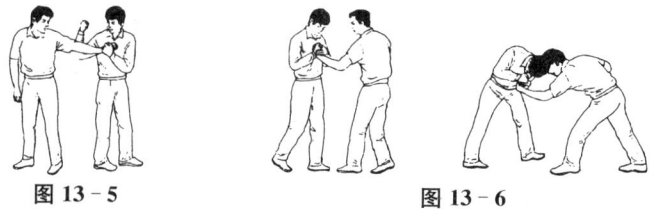

图13-5　　　　　　　　图13-6

要点:抓握、压拧与撞击肘部动作协调一致,快速连贯进行。

(2) 扳压脱:乙左手抓甲胸襟,甲双手用力将乙左手背固定下压切腕,同时弓腰退步,即可解脱(图13-6)。

要点:抓握、压腕与弓身退步动作快速完成。

(3) 肘压脱:乙左手抓甲胸部时,甲左手用力将乙左手固定压拧,同时右手臂屈肘由上向下撞击乙左小臂,即可解脱(图13-7)。

图13-7

要点:抓握要紧,撞击乙小臂发力要短促。

3. 肩部被抓解脱

(1) 外旋脱:乙左手抓住甲右肩,甲左掌扣住乙左手,四指扣压其掌外缘,掌跟压其掌背,配合身体左转同时内旋乙左腕,即可解脱(图13-8)。

要点:抓握要紧,拧压乙腕部力点要准。

图13-8　　　　　　　　　　图13-9

(2)坠肘脱:乙左手抓甲右肩部,甲右臂屈肘由上向下坠击乙左小臂,即可解脱(图13-9)。

要点:下坠砸击乙小臂要快速迅猛。

(3)压掀脱:乙右手抓甲右肩时,甲右臂上掀,并下压乙右肘部,即可解脱(图13-10)。

图13-10

要点:上掀与下压动作须协调用力。

4. 腰部被抱解脱

(1)撅指脱:乙从后双手交叉环抱甲腰部,甲随即抓握其中一指外撅,即可解脱(图13-11)。

要点:抓握其指与外撅动作要快速连贯,撅指有力。

图13-11　　　　　　　　　　图13-12

(2)拧脖脱:乙从前交叉环抱甲腰部,甲随即一手抓拧乙后脑部,一手拧推其下巴,向左或者向右扳拧,即可解脱(图13-12)。

要点:向左或者向右扳拧其头部时,用力要短促、干脆。

二、各部被抓擒拿法

1. 腕部被抓握擒拿法

(1)握手擒拿法:双方以右手相握,甲突然以左手上托乙右肘,同时右手向下拉撅其右腕,如乙用力沉肘,甲立即以右手向前迭撅其右腕,左手上托其右肘,两手垂直相对用力(图13-13)。

图 13-13

要点：第一步的托肘擒拿，两手用力近似力学中的杠杆作用，即左手向上、右手向下用力；第二步的迭腕擒拿，两手要上、下用力，使对方右前臂呈垂直，以拿腕为主。

（2）扣腕反压：甲左手腕部被乙右手抓握，甲右手手心朝下抓握乙右手掌背，用拇指扣压乙拇指，其他四指扣抓乙右手小指侧，解脱左腕后两手向前下撅拿乙右腕（图 13-14）。

图 13-14

要点：撅拿对方右臂和腕部时应边推边压，使其因腕部疼痛而被擒。

（3）缠腕拿法：甲左手腕被乙左手抓握，甲右手按抓乙左手，同时左掌翘起并向外、向左下拧转乙的左前臂，右手横向缠拿乙左腕部，腰向左转（图13-15）。

图 13-15

要点：右手按抓要紧，左手向左下用力切腕。

2. 头部被抓擒拿法

（1）压腕推肘：甲头部被乙右手抓按，甲右手迅速抓按其右手背，左手推压乙右肘，同时身体右转，头向右前下顶，右手横撅乙右腕（图 13-16）。

要点：甲右手撅腕、左手压肘和头向前下顶要同时用力，以撅腕为主。

图 13-16

（2）别臂擒拿：乙以右拳攻击甲头部，甲迅速以左手上架，右手由下向上经乙右臂外侧抄拉其前臂，两手一致向其右后下用力，同时右臂上挑乙的右肘（图 13-17）。

图 13-17

要点:左臂架挡与右手上抄要连贯、迅速,两手用力与右臂上挑要完整,以别臂挑肘为主。

(3) 扣肘压肩:乙以右拳攻击甲头部左侧,甲迅速以左手挂挡,再以右臂由下向上挑击乙右肘,同时左拳变掌抓握其右腕,臂内旋并向前推拧乙右臂,使其屈肘,继而右脚上步,身体右转,同时右手插至乙右肩,以食指、中指和无名指扣压其肩角部,左手向前下方推其右腕(图 13-18)。

图 13-18

要点:左手挂挡及抓握、右手挑击与双手推拿要连贯快速。

第三节　民间体育

一、拔河

1. 拔河的方法

(1) 握绳:一般有两种握法。一种是手心朝上,另一种是两手心相对。两手握绳后,两臂弯曲,向内收紧,靠绳一侧的腋窝夹住绳子,上体靠向绳子,使力量集中于一处。

(2) 脚的站法:一是"八"字步站法,即:两脚跟相距约一拳,两脚尖分开成"八"字,脚掌抓地,脚跟和脚的外沿用力,两膝微屈,以便启动时向后用力;二是"丁"字步站法,即:两脚前后成"丁"字站立,前脚跟与后脚弓相距约一拳,前腿自然伸直,后腿稍屈膝。用力方法和"八"字脚一样,但重点在后脚上,这种站法适合于快攻。

(3) 身体姿势:起动后蹬腿、挺腰、仰头,全身向后用力,形成45°左右的倾斜直线。

(4) 队员的排列:

● 站位。一种是单边站法,即全队站在绳子的同一侧;另一种是两边站法,在两边站法中,两边交错互站的方法较好。

● 距离。前后两个人的距离(从夹绳地方量起)以 10～20 厘米为宜,过近或过远都会影响用力。

● 排列。队员力量相差不多、身高基本一致,怎样排列都会是整齐有力的。如果队员的力量和身高都有很大的差异,应把身材较高、力量较大、反应快的队员排在前面作前锋,并选几个排在后面作后桩。

(5) 起动和起动以后:起动时,一定要拉在对方的前面,但不能抢拉犯规。起动后跟随指挥员的信号,用小步向后移动。

2. 拔河的指挥

(1) 号子指挥:喊号子,以旗子或两手进行配合,拉动后酌情选择适当位置。

(2) 手势指挥:指挥员站在本队排头的侧前方全队都能看到的位置上,背向本队,眼看对方,两手伸向背后,用手势进行指挥。

二、踢毽子

踢毽子在中小学中十分流行,有左脚踢、右脚踢、脚内侧踢、脚外侧踢、脚尖踢等各种形式。踢毽子运动通过跳跃、举腿和屈体等,做出有趣和多样的动作,可以进行各种游戏和比赛活动。

几种常见踢毽子的花样:
- 用脚绕毽子一圈,再用脚尖踢毽子。
- 脚内侧踢毽子,毽子从两手圆圈里落下。
- 用脚踢毽,用手托毽子。
- 旋转踢毽子。
- 左脚跨毽子,右脚踢毽子。

三、爬绳(竿)

学生都喜欢攀爬活动,练习爬绳(竿)能增强臂力、握力和腹部肌肉的力量。其常用种类有:

1. 手脚并用攀爬垂直(斜)绳(竿)

(1) 三拍法:屈腿上提夹绳(竿);屈臂引体向上,同时两腿夹绳蹬直;两腿夹住绳,两手依次向上换握。

(2) 二拍法:屈腿尽量上提,脚夹绳(竿);两腿用力蹬伸,同时直臂手引身体向上,另一手向上换握。

2. 只用手攀爬斜绳、垂直绳

四、荡秋千

1. 方法

(1) 起摆:起摆是荡秋千的关键技术,起摆技术掌握得好坏,直接影响荡秋千的质量。起摆前,人站在秋千横板上,两手握绳,两脚分开略同肩宽,秋千几乎不动。开始起摆先屈膝,秋千稍前摆,后猛地发力用脚前掌用力向后蹬板,臀部后坐,手臂后拉,秋千后摆,在后摆过程中,腿逐渐蹬直,到达极点往回摆时,腿再屈膝下蹲用脚后跟用力向前蹬板,使板加速前摆。如人坐在秋千横木上,起摆时则需由他人助摆,两手握绳于腋下部位,两臂自然弯曲,然后随着开始起摆的惯性而摆动,再通过腿和上体用力屈伸而增大摆动幅度。

(2) 摆动:起摆后,秋千前后摆荡,这时只需练习者双腿随势屈伸,即向下屈,向上伸,秋千便可自然摆动。

(3) 止摆:最简单的止摆方法就是人立于板上静止不动,秋千因克服器械摩擦力和空气阻力的能量得不到补充,摆幅会越来越小,直到停止。主动止摆的方法是人在后极点开始前摆时,主动下蹲,待秋千摆过垂直面后,腿前蹬,人后坐,秋千的摆幅便会骤然减小,直到停止。

2. 学练建议

(1) 应对学生加强保护,杜绝事故发生。

(2) 练习中经常采用游戏比赛形式,这样易激发学生的学习积极性和兴趣,提高教学效果。

(3) 练习时摆动幅度要由小到大,由低到高,循序渐进。

3. 注意事项

(1) 秋千所用的柱子和绳索,应经检查确认绝对牢固后,方可使用。在秋千摆动最大范围外应至少2米以内无障碍物,以免擦伤皮肤。平常应经常对秋千进行维护和修理。

(2) 最好在秋千上固定保护带。保护带的两端固定在两吊绳上,学生进行练习时,都要系保护带于腰上,以防万一。

第四节　民族传统体育的学练方法

一、武术套路练习步骤

武术套路由数十个动作组成,一般包含动作的方向路线、架势结构、劲力特点、停歇顿挫、心志意向等要素。要使学生学会动作套路,就要通过一定的练习步骤让学生逐步掌握动作的完整性。

(1) 弄清动作的方向路线:主要是通过讲解、示范、慢速领做,使学生初步掌握动作的运动方向、路线及手型步型的变化。

(2) 要求姿势准确、工整:在初步掌握动作的基础上,逐步改进学生的动作细节,力求动作姿势的准确、工整。

(3) 动作连贯完整:通过正常速度的、连贯的、完整的示范领做,带领学生把动作连贯起来完成,使学生掌握动作的完整性。练习时不仅要求动作与动作之间连贯完整,而且要求用力顺达、恰当,初步体会完整动作应有的手、眼、身、步的协调性。

(4) 分析体会动作的协调配合:学生在反复练习中领会武术动作的特点,体会精神与动作、呼吸与劲力以及动作节奏的配合,逐步使形体动作和心志意向结合起来,达到形神兼备的要求。

二、学练方法

(1) 模仿练习:学生进行模仿练习主要是为了弄清和记住动作的方向路线。学生模仿练习阶段,教师不要随意更换队形的方向,以提高全体学生模仿练习的效果。

(2) 重复练习:学生初步学会动作之后,必须在教师指导下反复练习,逐步形成正确的动作动力定型。教师对重复练习的形式、时间、次数要根据教材内容的难易、学生掌握的程度及每次课的总时间来决定。学生进行重复练习时,要根据教师提出的具体要求,一丝不苟地完成练习任务。

(3) 默想练习:练习者身体放松、两腿自然站立、双眼微闭、精神高度集中,按照动作顺序或在教师的提示诱导下回忆动作过程,以加深运动表象的正确性与清晰度。默想练习一般在新学动作之后或复习之前运用,它能帮助学生集中注意力、积极思维加深动作印象,而且也是消除疲劳、调节运动量的积极性休息手段。默想练习的时间一般不宜太长,每次约1~3分钟。初学阶段最好在教师的指导下集体练习为宜。

三、自我锻炼的注意事项

(1) 由浅入深,循序渐进:初学武术基本功和基本动作,要注意由易到难,循序渐进。如做"踢腿"这个动作,一般可先由低到高,速度由慢到快,用力也可由小到大,逐步提高要求。如果一开始过于用力或踢腿过高、过快,容易使腿部肌肉韧带拉伤,所以要随着技术的掌握和体质的增强,逐渐地增加运动量和动作难度,不断提高身体机能和技术水平。

在单个动作比较熟练的基础上,可以过渡到组合动作练习,在组合练习中要特别注意手、眼、身法和步法的紧密配合,还要注意动作与动作之间的衔接,为以后练习套路打下良好的基础。

(2) 坚持经常、持之以恒:人体内各组织器官在剧烈活动中要消耗能量物质,在一定的范围内,运动时能量物质消耗得越多,运动后的补偿作用就越明显。由于不间断地经常锻炼,这种"消耗"和"补偿"也一直在进行,久而久之,体内能量物质贮备就会增多,各组织器官营养得到改善,人体的各种机能也相应地提高了。如果训练中断,身体各器官的机能和运动技能都会出现消退现象。"练功一天三遍,一遍三回,一次不练,前功尽弃",从这句练功的格言中可看出武术训练必须坚持持之以恒。

(3) 不断掌握武术项目中的基本动作,体会其要点和难点,要注意培养自己吃苦耐劳、坚韧不拔的精神。

(4) 注意场地的选择,做好准备活动和放松活动。

四、自我评价

进入师范学习前,你了解了多少民族传统体育?学过哪些内容?进入师范后,你又懂得了多少民族传统体育知识?上述内容中你学习了哪几项?掌握情况如何?请将学习前后对动作的掌握情况按标准(表13-1)自评后分别填入表13-2的前后栏内,最后对所学内容的掌握情况作一比较,看看有何收获,认真分析一下取得进步的原因。

表13-1 评价等级表

优秀	态度认真,姿势正确,套路连贯,劲力顺达,手眼配合好,能基本体现套路的特征。
良好	态度认真,姿势正确,套路较连贯(遗忘不超过两次),劲力顺达,手眼能配合。
及格	态度较认真,姿势基本正确,套路不够熟练(遗忘不超过三次),劲力较顺达,手眼配合一般。
不及格	态度不认真,姿势不正确,不能完成套路练习。

表13-2 自我评价表

	学习前掌握情况打"√"								学习后掌握情况打"√"							
	技术情况					原因分析			技术情况					原因分析		
	优	良	及格	不及格	没学	思想	方法	素质	优	良	及格	不及格	没学	思想	方法	素质
武术基本功和基本动作																
少年拳(二)																

续　表

	学习前掌握情况打"√"									学习后掌握情况打"√"								
	技术情况					原因分析				技术情况					原因分析			
	优	良	及格	不及格	没学	思想	方法	素质	没学	优	良	及格	不及格	没学	思想	方法	素质	没学
形神拳																		
简化太极拳																		
防卫术																		
防偷盗招法																		

【思考与体验】

■ 冲拳时，出拳短而无力，毛病在哪里？如何纠正呢？

■ 侧踹腿与侧踢腿、马步侧冲拳与马步横打有何不同？

■ 任选一套简单的拳术套路，试着进行自学，看看自己的武术知识、技术的掌握情况及自学能力。

■ 想一想，当歹徒抓住你的手腕或胸部时，你将采用何种方法解脱。

第十四章
塑造俊俏形态的运动——韵律体操与健美操

【学习要点】
- 比较韵律体操与健美操，了解它们的内容、特点、分类及其价值
- 掌握少儿韵律体操、大学生健美操的基本动作组合
- 初步学会健身健美操的创编
- 懂得韵律体操及健美操的学法及自我评价

第一节　韵律体操的基本内容与方法

一、韵律体操的概述

韵律体操是在音乐的伴奏下，根据人体的解剖原理，通过徒手或手持轻器械做身体各部位的动作练习，以达到健身、健心、健美目的的一种新兴体育运动项目。学习韵律体操不仅能培养正确的身体姿势，形成正确的优美体态，而且具有促进身体的正常发育，增强肌肉、韧带和内脏器官的功能，促进身体的柔韧、灵敏等身体素质的发展。同时对培养正确的审美观念，良好的风度，乐观进取的精神，陶冶美的情操，提高音乐素养和表现能力等，都具有积极作用。

韵律体操可分为一般性韵律体操和竞技性韵律体操（也称艺术体操）两大类。一般性韵律体操的主要目的在于增进学生的身心健康，培养良好的身体姿态和树立正确的审美情趣；竞技性韵律体操主要目的在于获得高水平的竞技成绩。

在小学，韵律体操是以韵律活动的形式出现的。韵律活动可简称为律动，主要是把简单的带有节奏的活动配上节奏鲜明的音乐。在低年级可以做各种模仿动作，而到高年级则可开始练习组合动作，逐渐增加动作难度，并配以舞蹈动作，逐渐向韵律体操过渡。作为师范生，学习和了解韵律体操的基础知识，扎实地掌握韵律体操的基本动作，学好韵律体操，这既是为满足自身锻炼和塑造健美体型的需要，也是为将来从事小学教育工作打好基础。

二、韵律体操的基本动作与组合

1. 方位组合
（1）手臂方位组合：预备姿势，身体直立。
第一个八拍（图14－1）
1—两臂侧平举，掌心向下；
2—两臂前平举；
3—两臂上举；

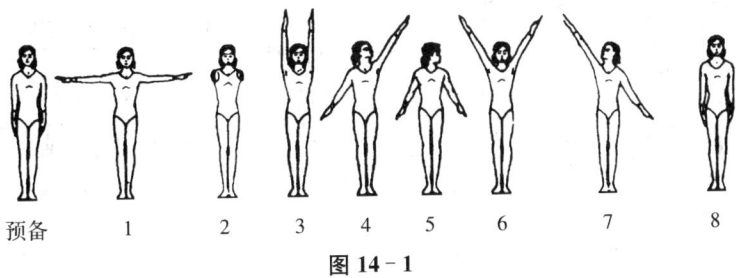

图 14 - 1

4—左臂侧上举,右臂侧下举;

5—两臂侧下举;

6—两臂经体前交叉绕至侧上举;

7—两臂经头上、体前交叉绕至左臂侧下举,右臂侧上举;

8—还原成预备姿势。

第二个八拍动作同第一个八拍,方向相反。

● 练习目的。培养正确优美的身体姿态,准确掌握手臂方位动作和气质训练。

● 学法提示。了解手臂各方位的动作路线;自喊口令练习组合动作;在熟练动作的基础上,配音乐练习。

● 音乐选择。应选择抒情的乐曲进行该部分组合动作的练习。

● 注意事项。身体始终保持正确的姿态(直腰、收腹、直体);每个手臂动作都要以肩带臂,手臂伸出时要有弧度。

(2) 身体方位组合:预备姿势,直立。

第一个八拍(图 14 - 2)

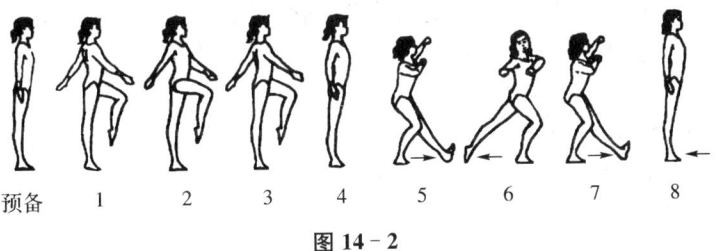

图 14 - 2

1—4 原地踏四步,两臂前后直臂摆动;

5—屈右腿后弓步,左腿前伸脚跟点地,同时左臂侧摆,右臂胸前平屈;

6—左腿后摆,脚尖点地,成屈右腿前弓步,同时两臂摆成右臂侧举,左臂胸前平屈;

7—同 5—;

8—还原成直立。

第二个八拍动作同第一个八拍,方向相反。

第三个八拍(图 14 - 3)

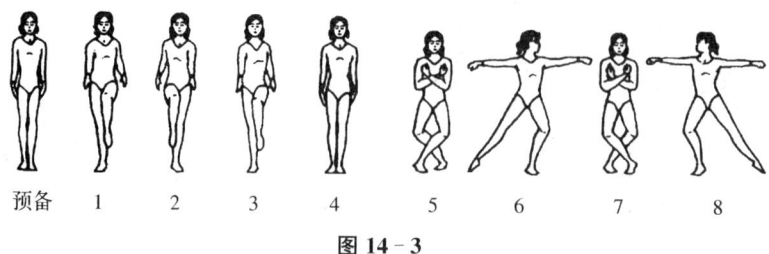

图 14 - 3

1—4 原地踏四步,两臂前后直臂摆动;
5—左腿在右腿前交叉,同时两腿屈膝,两臂胸前屈肘,交叉;
6—右腿直膝侧伸,脚尖点地,左腿屈膝,同时两臂打开至侧举,眼看左手;
7—同 5—;
8—同 6—,方向相反。
第四个八拍动作同第三个八拍,方向相反。
第五个八拍(图 14 - 4)

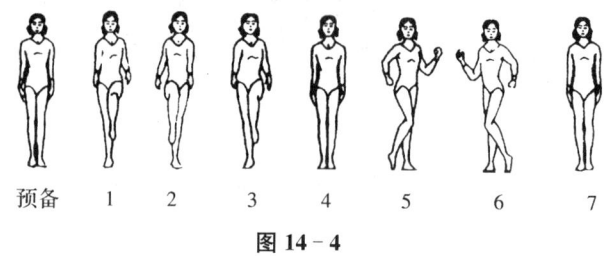

图 14 - 4

1—4 原地踏四步,两臂前后直臂摆动;
5—左腿直立,右腿屈膝,脚尖点地,右髋向前转,同时左臂肩侧屈,右臂体侧屈;
6—同 5—,方向相反;
7—同 5—。
8—还原成直立。
第六个八拍动作同第五个八拍,方向相反。
第七个八拍(图 14 - 5)

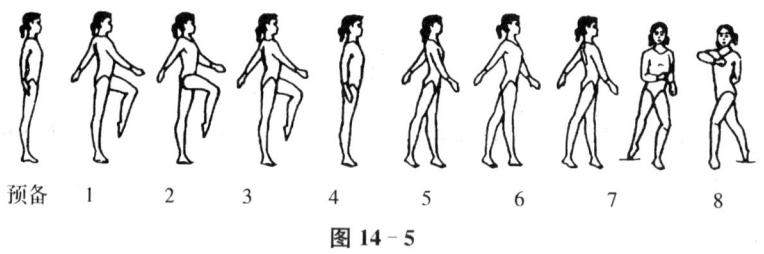

图 14 - 5

1—4 原地踏四步,两臂前后直臂摆动;
5—左脚向左方迈一步,同时直臂前后摆;
6—同 5—,方向相反;
7—同 5—;
8—左腿屈膝成左弓步,同时身体向左转,右臂胸前屈肘,左手背后。

第八个八拍动作同第七个八拍,方向相反。
- 练习目的。培养正确的踏步姿势;训练身体的协调性和上下肢的控制能力。
- 学法提示。了解该套动作组合的规律,重点练好后四拍动作变化;在掌握单个动作,小组动作的基础上,再做成套联合动作;注意音乐节奏和动作的形象表现协调配合,融为一体。
- 音乐选择。选择节奏较强的音乐;音乐速度不宜太快,以中速为宜。
- 注意事项。每组动作前四拍均为踏步,后四拍则有动作变化;做前、后、左、右点地动作时,上体保持立腰、挺胸,不要上下起伏。

2. 跳步组合
预备姿势:直立。
(1) 第一个八拍(图14-6):
1—叉腰,原地跳起左右分腿落地;
2—叉腰,分腿跳起并腿落地;
3—7同1—2;
8—跳起还原成直立。

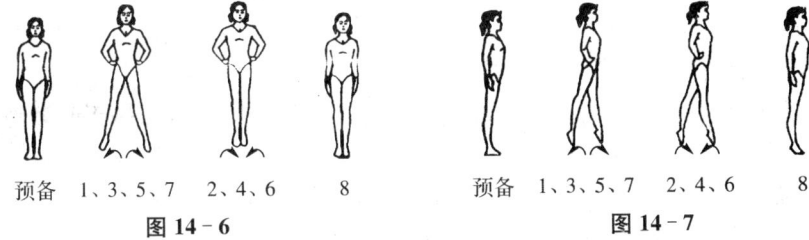

图14-6　　　　　　　图14-7

(2) 第二个八拍动作同第一个八拍。
(3) 第三个八拍(图14-7):
1—叉腰,原地跳起成左脚在前分腿落地;
2—叉腰,原地跳起交换腿落地;
3—7同1—2。
8—叉腰,跳起还原成直立。
(4) 第四个八拍动作同第三个八拍。
(5) 第五个八拍(图14-8):

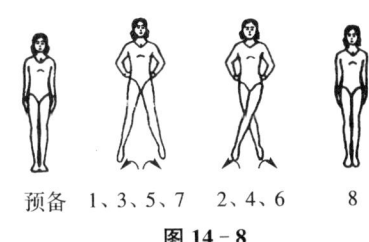

图14-8

1—叉腰,原地跳起左右分腿落地;
2—叉腰,分腿跳跃成左腿在前交叉腿落地;
3—、5—、7—动作同1—;4—、6—同2—,前后交叉腿落地时,两腿交替在前;

8—跳起还原成直立。

（6）第六个八拍动作同第五个八拍。

（7）第七个八拍（图14-9）：

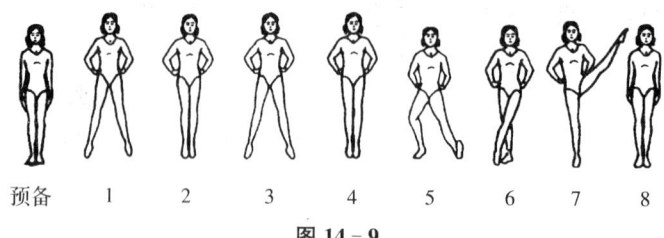

图14-9

1—叉腰,原地跳起左右分腿落地；

2—叉腰,分腿跳起并腿落地；

3—4同1—2；

5—叉腰,跳起右脚落地,同时左脚向左前方45°处伸出,脚跟着地；

6—叉腰跳起右脚落地,同时左脚在右脚外侧足尖点地；

7—叉腰跳起右脚落地,同时左腿向左前45°方向踢腿；

8—叉腰跳起还原成直立。

（8）第八个八拍动作同第七个八拍,方向相反。

● 练习目的。增强腿部力量及弹跳力；培养在空中控制身体,保持正确姿态的能力；激发练习兴趣和刻苦锻炼的精神。

● 学法提示。先做下肢分解动作练习,再做叉腰完整动作练习；先学会各小组动作,待熟练后,再做成套联合动作；上体姿态控制好,落地动作要轻巧而有弹性。

● 音乐选择。可选择节奏感强、速度较快的乐曲,给人轻快活泼的感受。

● 注意事项。跳动中,身体保持适度紧张（立腰、挺胸）；落地时,两腿稍屈膝,前脚掌先着地；踢腿时,直膝、绷脚面,向斜前45°方向踢。

3. 身体组合

（1）第一个八拍动作：

1—4左脚开始原地踏四步,同时两手握拳,两臂体侧屈前后摆动；

5—左脚侧出一步屈膝下蹲,同时两手叉腰,头向左转；

6—左脚收回；

7—右脚侧出一步屈膝下蹲；

8—右脚收回,同时两臂还原。

（2）第二个八拍同第一个八拍动作。

（3）第三个八拍动作：

1—4同第一个八拍的1—4；

5—左脚侧出一步,同时两臂前伸五指并拢掌心向下；

6—右腿后屈,同时两手握拳拉至腰间,拳心向上；

7—8同5—6,但方向相反。

（4）第四个八拍同第三个八拍动作。

（5）第五个八拍动作：

1—4 同第一个八拍 1—4，向前走四步；

5—面向右方 45°，左腿抬起屈膝，同时两手握拳拉至腰间，拳心向上；

6—左腿后伸脚掌着地，同时两臂前伸；

7—同 5—；

8—还原直立。

(6) 第六个八拍同第五个八拍动作，但动作相反。

(7) 第七个八拍动作：

1—4 同第一个八拍 1—4；

5—左脚侧出一步，同时两臂屈肘握拳向上摆动；

6—右脚向左脚前交叉，同时两臂向后摆动；

7—同 5—；

8—跳成直立，同时两手体前击掌下摆。

(8) 第八个八拍同第七个八拍动作，但方向相反。

● 练习目的。培养优美的身体姿态；发展协调性、灵活性及应变的能力。

● 学法提示。了解组合动作的规律和特点；先熟练地掌握好单个动作，再连结组合动作，最后配音乐练习。

● 音乐选择。应选择节奏感强的音乐配合练习。

● 注意事项。运动中身体要保持正确的姿态；踏步摆臂时，臂始终保持屈臂摆动，抬腿时上体要保持平稳。

三、少儿快乐韵律操

1. 第一组动作　2×8 拍

(1) 第一个八拍动作：预备姿势，直立。

1—3 左脚开始后踢跑三步，同时两臂胸前平屈、肘关节上下振动三次；

4—跳成直立；

5—身体向右转 45°，提臀立踵，同时两臂体侧 45°翘手腕；

6—身体转正还原；

7—同 5—，但方向相反；

8—同 6—。

(2) 第二个八拍同第一个八拍动作，但方向相反。

2. 第二组动作　4×8 拍

(1) 第一个八拍动作：预备姿势，直立。

1—左脚侧迈一步稍屈膝，同时左臂侧平举，右臂肩侧屈，五指伸开，头左转；

2—右脚并左脚稍屈膝，同时左臂肩侧屈，右臂侧平举，五指伸开，头右转；

3—同 1—；

4—同 2—；

5—同 1—；

6—同 2—；

7—同 1—；

8—还原直立。

(2) 第二个八拍动作:预备姿势,直立。

1—右脚侧迈一步稍屈膝,同时左臂体侧屈,右臂体侧伸,五指伸开,头右转;

2—左脚并右脚稍屈膝,同时左臂侧伸,右臂体侧屈,五指伸开,头左转;

3—同 1—;

4—同 2—;

5—同 1—;

6—同 2—;

7—同 1—;

8—还原直立。

(3) 第三个八拍动作:预备姿势,直立。

1—左脚侧迈一步稍屈膝,同时左臂肩侧屈,五指伸开;

2—右脚并左脚稍屈膝,同时右臂肩侧屈,五指伸开;

3—左脚侧迈一步稍屈膝,同时左臂体侧屈,五指伸开;

4—右脚并左脚稍屈膝,同时右臂体侧屈,五指伸开;

5—左脚侧迈一步稍屈膝,同时两臂肩侧屈,五指伸开;

6—右脚并左脚稍屈膝,同时两臂体侧屈,五指伸开;

7—左脚侧迈一步稍屈膝,同时两臂侧平举,五指并拢,掌心向下,眼睛看右手;

8—右脚并左脚,同时两臂还原直立。

(4) 第四个八拍同第三个八拍动作,但方向相反。

3. 第三组动作　4×8 拍

(1) 第一个八拍动作:预备姿势,直立。

1—2 右脚侧迈一步成侧弓步,同时左臂胸前平屈,右臂侧摆;

3—同 1—2 动作,但方向相反;

4—右脚收回还原直立;

5—左腿稍屈膝,右腿前伸脚跟着地,同时两手握拳胸前立屈;

6—右脚收回还原直立;

7—同 5 动作,但方向相反,身体左转 90°;

8—收回左脚还原直立。

(2) 第二、三、四个八拍同第一个八拍动作。

4. 第四组动作　6×8 拍

(1) 第一个八拍动作:预备姿势,直立。

1—左腿抬起向前跑跳步,同时左臂侧摆,右臂摆至胸前屈;

2—同 1—,但方向相反;

3—4 同 1—2;

5—7 左脚开始原地跑跳步三次,同时两臂腹前交叉向上摆至侧上举,转体 180°;

8—跳成直立。

(2) 第二个八拍同第一个八拍动作。

(3) 第三个八拍动作:预备姿势,直立。

1—左脚侧迈一步稍屈膝,同时两臂胸前立屈向左画弧;

2—右腿并左腿稍屈膝,同时两臂胸前画圆;

3—4 同 1—2;

5—左脚侧迈一步脚跟着地,右腿伸直提臀,同时两臂前伸推掌;

6—右腿并左腿直立,同时两手收回腰间;

7—同 5—;

8—还原直立。

(4) 第四个八拍同第三个八拍动作,但方向相反。

(5) 第五个八拍动作:预备姿势,直立。

1—2 左脚开始向左反髋一步,同时两臂伸直向左摆绕一周;

3—4 同 1—2 动作;

5—左脚侧前迈一步脚跟着地,右腿伸直提臀,同时两臂胸前平屈;

6—右脚并左脚直立,同时两臂腰间屈握拳;

7—同 5—;

8—还原直立。

(6) 第六个八拍同第五个八拍动作,但方向相反。

5. 第五组动作　10×8 拍

(1) 第一个八拍动作:预备姿势,直立。

1—左腿侧伸脚跟着地,右腿稍屈膝,同时左臂侧绕环一周;

2—左脚收回,同时左臂还原,直立;

3—4 同 1—2,但方向相反;

5—两腿跳起稍屈膝落地,同时身体左转 45°,左臂肩侧屈,右臂体侧屈;

6—同 5—,但方向相反;

7—同 5—;

8—跳成直立。

(2) 第二个八拍同第一个八拍动作,但方向相反。

(3) 第三个八拍动作:预备姿势,直立。

1—左腿侧伸脚跟着地,右腿稍屈膝,同时左臂侧绕环一周;

2—左脚收回,同时左臂还原;

3—同 1—,但方向相反;

4—同 2—;

5—向左跳转 90°,同时两臂由屈向前推掌;

6—向左继续跳转 90°;

7—左侧弓步跳,左腿屈,重心在左腿,两臂收回腰边,两臂向前推掌;

8—两腿直立,同时两臂还原。

(4) 第四个八拍同第三个八拍动作。

(5) 第五个八拍动作:预备姿势,直立。

1—2 左脚向左侧一步,同时左臂侧举,五指伸开,头向左转;

3—4 右脚向左并步,同时右臂侧举,五指伸开,头向右转;

5——左腿稍屈膝,同时左臂肩侧屈手扶头后;

6——右臂侧上屈;

7——同5—;

8——左脚收回,还原直立。

(6) 第六个八拍同第五个八拍动作,但方向相反。

(7) 第七个八拍动作:预备姿势,直立。

1——左脚侧迈一步稍屈膝,同时两臂胸前立屈握拳;

2——右腿并左腿稍屈,同时两臂胸前平屈;

3——左脚侧迈一步稍屈膝,同时两臂侧平举;

4——右腿并左腿,同时两臂还原;

5——左脚侧迈一步,同时两臂胸前平屈;

6——上体向左转90°;

7——上体转正;

8——左脚收回,同时两臂还原。

(8) 第八个八拍同第七个八拍动作,但方向相反。

(9) 第九个八拍动作:预备姿势,直立。

1——左脚迈一步稍屈膝,同时左臂肩侧屈,右臂上举;

2——右腿并左腿稍屈膝,同时左臂上举,右臂肩侧屈;

3—4 同 1—2;

5——左脚侧迈一步两腿稍屈膝下蹲,同时上体左转90°,左臂屈于腰间,右臂前伸直;

6——两腿直立,同时上体转正,左臂侧伸,右臂体侧屈;

7——两腿稍屈膝下蹲,同时左臂体屈,右臂侧伸至侧举,头向右转;

8——左脚收回,同时两臂还原。

(10) 第十个八拍同第九个八拍动作,但方向相反。

6. 第六组动作　4×8拍

(1) 第一个八拍动作:预备姿势,直立。

1—2 左脚侧迈一大步,右脚并步一次,同时两臂上摆再摆下还原;

3—4 同1—2动作,但方向相反;

5——左腿抬起勾脚尖踏一步,同时两臂胸前平屈肘向下振,臀右提。

6——同5—,但方向相反。

7——左脚左迈一步,同时向左转90°。

8——右脚并左脚,同时右臂还原。

(2) 第二、三、四个八拍动作,同第一个八拍动作。

7. 第七组动作　7×8拍

(1) 第一个八拍动作:预备姿势,直立。

1—4 左脚开始向左侧后踢腿跑跳四次,同时两臂肩侧屈打开四次,五指伸开;

5—6 再跑两次,同时两臂腹前交叉,向外绕环一周;

7——左脚侧伸脚跟着地,右腿稍屈膝,上体向左转45°,同时两臂击掌一次;

8——左脚收回,同时两臂还原。

(2) 第二个八拍同第一个八拍动作，但方向相反。

(3) 第三个八拍动作：预备姿势，直立。

1—4 左脚开始向前后踢腿跑跳四次，同时两臂胸前平屈上下振动四次；

5—向后退跳一步左腿前伸脚跟着地，右腿稍屈膝，同时左臂胸侧屈，右臂下摆伸直；

6—同5—，但方向相反；

7—同5—；

8—跳还原。

(4) 第四个八拍同第三个八拍动作。

(5) 第五个八拍动作：预备姿势，直立。

1—4 左脚开始向左侧走四步，同时两臂前后自然摆；

5—左腿侧伸脚跟着地，右腿稍屈膝，同时右臂肩侧屈竖拇指；

6—左腿后伸脚尖点地，同时右臂摆至体侧屈；

7—同5—；

8—左脚收回还原立正。

(6) 第六个八拍同第五个八拍动作，但方向相反。

(7) 第七个八拍动作：预备姿势，直立。

1—4 左脚开始向前走四步，同时两臂前后自然摆动；

5—6 原地踏两步，同时两臂胸前平屈向外绕环两周；

7—左腿前伸脚跟着地，右腿稍屈膝，同时两臂侧下打开；

8—左脚收回，同时两臂还原。

● 练习目的。培养练习兴趣及模仿少儿做动作的能力；发展身体的协调性、灵活性及表现力；培养快乐的性格。

● 学法提示。整套动作都是由左右对称和前后对称的小组合组成的大套路，因此在练习中，要以动作的左右前后组合动作来记忆；先练好单个动作和小组合动作，最后连成成套动作；多配音乐练习，熟悉音乐的节奏。

● 音乐选择。选择的音乐应欢快、节奏感鲜明，便于配合动作练习。

● 注意事项。成套动作突出了欢快和少儿的特点。因此在练习中，要重点模仿少儿的动作特点，如：提臀、挺胸等动作，同时还要注意节奏的变化。整个过程动作要大方、欢快，自然和优美。

第二节 健美操的基本内容与方法

一、健美操的概述

健美操是一项以有氧运动为基础，以健、力、美为特征，融体操、舞蹈、音乐为一体的身体练习。它既是健身美体、陶冶情操的大众健身方式，又是竞技运动的一个项目。其主要特征是：健身美体的特效性、鲜明的动律感、广泛的群众性。它具有增强体质、健美形体、提高素质、陶冶情操等锻炼价值。健美操内容丰富、形式多样、种类繁多，其主要内容有：徒手体操动作、艺术体操徒手动作、现代舞中的简单动作、民间舞中的许多动作以及基本体操中的队列、队形变化等。根据不同类型健美操所要达到的主要目的和侧重完成的任务,可将健美操归划为健身健美操和竞技健美操两大类。

健身健美操以健身为目的,通过全面活动身体,提高有氧代谢能力,增强体质,促进人体健美,焕发精神,陶冶情操。健身健美操面对大众,强度和难度相对较低,可为社会不同年龄、性别、职业、层次的人所选用。

竞技健美操以竞技为目的,有特定的比赛规则和评分方法,需完成一定的难度动作,对人的身体素质、技术能力和艺术表现力有较高要求。

下面着重介绍全国健美操大众锻炼标准(第三套)的二级规定动作及其肌肉训练,通过其练习,能为学生掌握健身操的锻炼方法打下一定的基础。

二、全国健美操大众锻炼标准(第三套)

1. 健美操大众锻炼标准二级规定动作

组合一

预备姿势:站立。

①

图 14 - 10

第一个八拍(图 14 - 10):

1—右脚向前十字步于左脚前交叉,同时右臂侧举;

2—左脚向前十字步于右脚前交叉,同时左臂侧举;

3—右脚向后一步,同时双臂上举;

4—左脚向后一步于右脚成开立,同时两臂体前下摆于体侧;

5—8 向后走 4 步,两臂自然摆动;

第二个八拍同第一个八拍,但向前走 4 步。

第三个八拍(图 14 - 11):

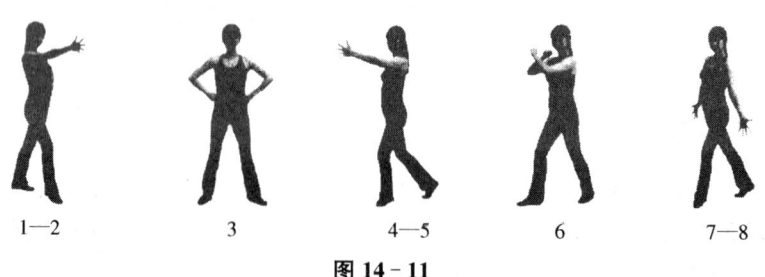

图 14 - 11

---

① 大众健美操表演,视频链接网页来源于酷 6 网。

1—2 右脚向前漫步,同时右手前举;
3—两脚平行开立,同时双手叉腰;
4—5 左脚向前漫步,同时左手前举;
6—两脚不动,双手胸前交叉;
7—8 两脚同上动作,同时双臂侧后下举。
第四个八拍(图 14-12):

图 14-12

1—2 右脚向右并步跳,屈左臂自然摆动;
3—4 左脚向右前方做漫步,同时左臂向前平举弹动 2 次;
5—6 左脚向右侧方做漫步,同时两臂成侧平举;
7—8 左脚向后方做漫步,同时两臂向后摆动成后斜下举。
第五个八拍同第四个八拍,方向相反。

组合二
第一个八拍(图 14-13):

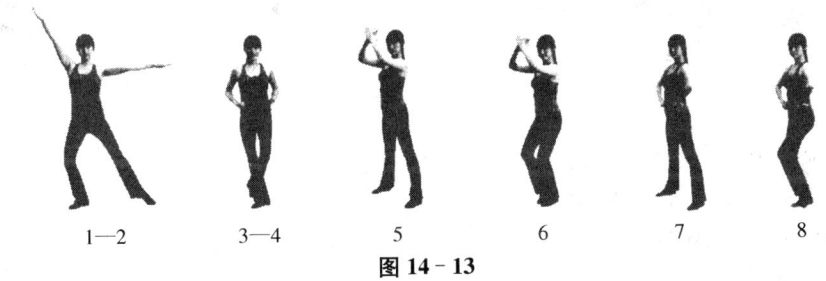

图 14-13

1—2 右脚向右侧滑步,同时右臂侧上举、左臂侧平举;
3—4(1/2)做后漫步,同时双臂屈臂后摆;
5—6 左脚向左前方开立成并步,同时两臂屈肘脸前击掌 3 次;
7—8 右脚向右后方开立成并步,同时做 3—4(1/2)后漫步双手叉腰。
第二个八拍(图 14-14):

图 14-14

1—2 左脚向左后方开立成并步,同时两臂屈肘脸前击掌 3 次;
3—4 右脚向右前方开立成并步,同时双手叉腰;
5—6 左脚向左侧滑步,同时左臂侧上举,右臂侧平举;
7—8(1/2)后漫步,同时双臂屈臂后摆。
第三个八拍(图 14-15):

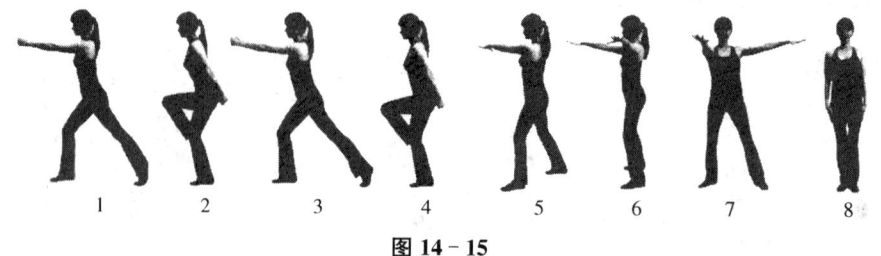

图 14-15

1—4 右转 90°,右脚上步吸腿 2 次,同时双臂向前冲拳,向后下冲拳 2 次;
5—8 左脚 V 字步左转 90°,同时双臂由右向左水平摆动至体侧。
第四个八拍(图 14-16):

图 14-16

1—左腿吸腿,同时双臂胸前平屈;
2—左腿侧点地,同时左臂上举;
3—动作同 1—动作;
4—还原成直立;
5—8 动作同 1—4 动作,方向相反。

组合三

第一个八拍(图 14-17):

图 14-17

1—4 右脚侧并步跳,4 拍时右转 90°,同时双臂上举、下拉;
5—8 左脚侧交叉步,同时双臂屈臂前后摆动,8 拍时,上体向左扭转 90°,朝正前方,双臂侧下举。

第二个八拍(图 14-18):

图 14-18

1—4 向左侧并步跳,4 拍时左转 90°,同时双臂上举、下拉;
5—6 左脚侧并步一次成直立,同时右臂前下举成两臂屈肘于背后;
7—8 左脚侧并步一次成直立,同时左臂前下举成两臂于体侧。

第三个八拍(图 14-19):

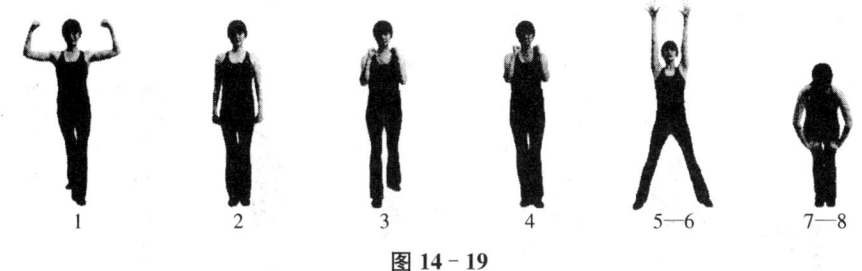

图 14-19

1—左脚向前一步,同时双臂肩上屈;
2—右脚并步,同时双臂下举于体侧;
3—4 右脚向前一步,同时双臂肩前屈;
5—6 两腿分腿一次,同时双臂上举掌心朝前;
7—8 两腿并腿一次,同时双手扶膝成半蹲。

第四个八拍(图 14-20):

图 14-20

1—2 左脚向后一步,同时两手侧下举;

3—4 右脚向后一步,同时两臂屈肘胸前交叉;
5—两腿分腿一次,同时两臂成侧上举;
6—两腿并腿,同时两臂屈肘胸前交叉;
7—两腿分腿一次,同时两臂成侧下举;
8—两腿并腿,同时两臂于体侧。

组合四

第一个八拍(图 14-21):

图 14-21

1—4 右脚开始小马跳二次,向侧向前成梯形同时右臂体侧向内绕环再换左臂做;
5—8 动作同 1—4 动作。

第二个八拍(图 14-22):

图 14-22

1—4 右脚开始弧形跑 4 步,右转 270°,同时臂自然摆动;
5—6 开合跳一次,同时双手扶撑大腿上;
7—并腿跑一次,同时双手屈肘于脸前击掌;
8—还原直立。

第三个八拍(图 14-23):

图 14-23

1—右脚向前一步成右弓步,同时双臂胸前交叉;

2——重心移到右腿上,左腿后屈腿,同时右臂侧举、左臂上举;

3——动作同 1——动作;

4——还原于直立,同时两手叉腰;

5—8 动作同 1—4 动作,方向相反。

第四个八拍(图 14-24):

图 14-24

1——左脚侧点地一次,右手左前下举;

2——还原成直立,两手叉腰;

3—4 动作同 1—2 动作;

5——左脚上步向前转脚跟,同时双臂胸前平屈;

6——左脚上步向前转脚跟,同时双臂胸前前推;

7——动作同 5——动作;

8——还原于直立。

第五至八个八拍动作同第一至四个八拍动作,方向相反。

力量训练部分

图 14-25

开始动作(1×4)

1—2 右脚向右迈步,左臂前平举,右臂上举;

3—4 左脚右后交叉迈步,双臂胸前交叉。

过渡动作一(图 14-25):1×8

1—2 右脚向侧迈步,同时屈膝内扣,再打开成分腿半蹲,同时 1 右手左下冲拳,2 右手侧下冲拳;

3—4 身体右转 90°成弓步,双手撑地;

5—8 成俯撑。

核心力量练习二(图 14-26):1×8

图 14-26

1—2 左、右脚依次点地;3—8 保持俯撑。

核心力量练习三:1×8

1—2 左、右腿依次屈膝着地,3—8 保持跪撑。

核心力量练习四:1×8

1—2 屈肘依次撑地;3—8 保持肘撑。

核心力量练习五:1×8

1—2 左、右腿依次伸直;3—8 保持肘撑。

图 14-27

过渡动作六(图 14-27):1×8

1—8 向左转体 180°成仰卧,分腿屈膝,双臂放于体侧。

腹肌练习七至十:1×8

1—4 收腹抬上体,1 屈左臂,2 屈右臂,3—4 双臂伸直,手重叠;

5—8 还原,双臂经上举至体侧。

过渡动作十一(图 14-28):1×8

1—8 依次吸左、右腿,向左转体 180°成俯卧,双臂屈臂放于肩侧。

背肌练习十二至十五:

十二 1—8 1—2 抬起上体和手臂,3—4 伸直右臂,转头向左看,5—8 还原;

十三 1—8 动作同上,但方向相反;

图 14－28

十四至十五 1—8 同第十二至十三 1—8。

图 14－29

过渡动作十六（图 14－29）：1×8

1—4 撑起成俯卧撑；

5—8 左转 90°，左脚放到右脚后，右手支撑，左手上举，保持身体平衡。

过渡动作十七：1×8

1—2 双手撑地，左腿屈膝撑地；

3—8 向右转体 270°，左脚向前迈步站起。

结束动作：右脚向侧迈步，左脚屈膝侧点地，同时右臂侧上举，左臂扶右髋。

2. 全国健美操大众锻炼标准（第三套）二级规定动作特点

（1）《二级健美操大众锻炼标准》练习目的是进行中低强度的有氧练习，以及简单的腰腹和身体核心部位的稳固性练习。每一个组合均有 4～5 个基本步伐动作，并有 45°—90°的方向变化，路线以简单的前后和左右动作为主。大部分的手臂动作是对称性的，个别是依次的手臂动作。力量练习难度较低。

（2）《二级健美操大众锻炼标准》成套动作时间约为 3 分钟，其中有氧操部分约 2 分钟,力量练习部分约 1 分钟。

(3)《二级健美操大众锻炼标准》成套动作的结构为有氧部分均为 4 组动作,每组动作为 32 拍×2,右左对称,即从右脚领做的组合开始,换为左脚领做,动作重复一次。

(4)《二级健美操大众锻炼标准》成套动作要求动作基本正确,身体姿态与协调性较好,成套动作连贯,动作与音乐协调。达标成绩为 6 分以上。

第三节 健身健美操的创编

一、健身健美操创编的原则

坚持健美操的创编原则是开展好健身健美操活动的前提。

1. 全面性原则

全面发展身体是健美操的锻炼宗旨。因此,全面性是健身健美操创编的基本原则。坚持全面性的原则主要体现在:

(1)身体各部位活动全面:为了达到全面发展身体的目的,在创编成套健身健美操时,要尽可能充分动员整个机体参与运动(有针对性的动作组合及短套路除外),使身体各部位的肌肉、关节、韧带及内脏器官得到全面锻炼。成套健身健美操的动作一般包括头、颈、肩、胸、髋、腰、腹、背和上下肢的运动,每个部位的动作类型尽可能全面,如头颈的屈、伸、转、绕、绕环;躯干的屈、伸、转、绕、绕环、倾;髋部的顶、提、摆、绕、绕环;上肢的屈、伸、举、摆、振、绕、绕环;下肢的屈、伸、举、摆、踢及各种走、跑、跳等动作。与广播体操、竞技体操相比,健美操更重视关节甚至是小关节的运动。因此,指、腕、髋、膝、踝等部位的动作设计不可忽视(尤其是髋关节的运动)。这不仅体现了健美操的特色,而且使人体得到更充分的运动和锻炼。同时健身健美操的动作设计讲究对称,如有左臂胸前屈,也要有右臂胸前屈;向左顶髋走后要向右顶髋走等,这样将有助于身体的全面均衡发展。此外,健身健美操应设计一些走、跑、跳动作,以锻炼人体的心肺功能。

(2)动作的时空变化丰富:和其他体育项目一样,健身健美操的动作也是在一定的时间、空间中进行的。它的时间表象(速度、路线、幅度、力度)的变化丰富与否直接影响健身健美操对人体锻炼的效果。因此,创编健身健美操时应当考虑动作的方向有上下、左右、前后、斜向等变化,动作的路线有长短、曲直的搭配,在动作的幅度、速度、力度方面有大小、快慢、强弱的对比。动作的时空变化丰富也有助于改善神经系统的功能状况,提高协调灵敏素质,进一步促进身体的全面发展。

2. 针对性原则

健身健美操的创编除自始至终要遵循全面性的基本原则外,在具体创编时还要针对不同的任务、对象、场地、器材等情况和特点,使创编切合实际,有所侧重,有的放矢,以取得实效。坚持针对性的原则主要体现在:

(1)视任务创编:健身健美操可以根据不同的锻炼任务分为姿态操、医疗保健操、素质练习操等,在创编时动作的选择和量的分配可根据不同的任务有所侧重。例如,为培养正确的身体姿态所创编的形体操,要选择比较规范的动作和造型,较系统地设计整个套路;为防治颈椎病创编医疗保健操时,要多设计一些以头颈动作为主,配以身体其他部位动作的全方位的运动;若为发展下肢力量而创编素质练习操时,则要多创编一些走、跑、跳跃的动作,并且变换节奏、速度以调节运动负荷。

(2) 因人而异创编:不同年龄、性别、职业、身体状况、运动水平、文化层次的练习者对健身健美操的需求、爱好及接受能力有所不同,因此创编时也要根据不同对象的生理、心理特点,在操的内容、风格、难度、速度及运动负荷等方面有所区别。

正值青春时期的大学生,体力充沛,精力旺盛,接受能力较强,具有较高的文化素养,因此在创编大学生健身健美操时应注意选择健美大方、充满青春活力、体现时代特征、富有艺术性和趣味性的动作,且动作幅度大、力度强、速度稍快、运动负荷较大,并配以明快动听、节奏强劲的音乐。同时由于这个时期男女特征已很鲜明,在创编男子青年操时要选择和设计体现男子阳刚之气、豪放之情、能展示男子强壮体魄、刚劲有力、健美性强的动作和造型,尤其强调力度、幅度,并要多编排些跳跃动作。在创编女子青年操时注意动作的编排舒展优美、柔中有刚、刚柔相济,小关节活动较丰富,多设计一些舞蹈性强的操化动作,以展示女子骄健身姿,满足其喜爱协调性活动的特点,同时还要特别注意多创编发展腰腹肌力量的动作。此外,在编排大学生健身健美操时,还要根据不同大学生的运动水平确定动作的难度。为普通高校学生编排的健身健美操难度,应比对体育教育专业的学生的要求低些,为初学者所编的基础性的健身操要较为简短易学,且选男女皆宜的动作,方有助于先引人入门、再力求提高。

(3) 因地制宜创编:健身健美操的创编除要针对不同的任务和对象外,还要考虑场地、器材等实际条件。如没有良好的地面条件,就不宜创编过多的卧地动作。若具备一定的器材设备,可创编一些轻器械健美操,以增加运动负荷,进一步增强肌力,丰富操的内容,变化动作形式。常用的健身健美操练习器材有踏板、小垫、椅子、哑铃、沙锤、花球、银环、实心球、体操棍等。

3. 合理性原则

健身健美操的锻炼功效首先取决于该操动作编选、动作顺序设计和运动负荷安排的合理性。因此合理性原则是体现健身健美操科学性从而取得锻炼实效的一项重要原则。坚持合理性原则主要体现在:

> **小贴士**
>
> **啦啦操**
>
> 啦啦操是一项集体操,是融健美操、舞蹈、音乐、各种技巧动作于一体、通过队形变换以及队员身体动作完美表现的为主场队员加油助威、渲染赛场气氛的一种运动形式,是力与美的完美结合,是团队精神的高度体现。

(1) 恰当编选动作:健身健美操的动作有益于健身,但对身体的影响和程度是不同的。健身健美操的每节操又有不同的锻炼侧重点,因此在创编每节操时要注意选择对完成该节锻炼任务有切实作用的动作,突出这节操的特点。如果每节操的动作都能使人体的某些部位得到充分的运动,那么整套操对人体的锻炼就会全面充分、切实有效。反之,若每节操名不符实,蜻蜓点水或花架子动作太多,则会影响操的锻炼实效。

(2) 合理设计动作顺序:根据人体运动的生理规律,成套健身健美操的动作顺序一般为三个部分。第一部分预备动作,包括脊柱伸展及深呼吸。第二部分主体动作,包括身体各部位的运动。一般从人体远端开始,自头或足始,逐渐过渡到肩、胸、腰、髋即整个上下肢和躯干运动。身体运动由局部到整体,由慢到快,由弱到强,高潮在跳跃运动。第三部分整理动作,一般为全身放松和踏步调整,动作速度渐慢,伴以深呼吸,使心率逐步恢复到安静状态。目前国际上还流行一种健美操——有氧操,它的动作设计基本上也是自远端至身体中心,由局部到整体,幅度由小到大,强度由弱渐强再渐弱,只不过这种操基本是在不停地走、跑、跳中进行,采用重复递进的方式逐步增加练习内容,最后部分往往安排身体牵拉伸展运动。

(3) 科学安排运动负荷:健身健美操运动的总时间可根据任务、对象来设计安排。成套健身健美操一般为 3～4 分钟(适合于早操、课间操),也有 20 分钟左右,甚至 1 小时左右的系列健身健美操(健身中心的专门锻炼,适合课外活动)。无论哪种操既然是健身操其运动强度就应当符合健身指标区的要求,同时其运动负荷的安排也应当符合人体运动合理的生理曲线要求。

国内外一些专家学者经研究认为,健身健美操最佳的运动强度标准是人体运动最高心率的 60%～80%。日本神户女子大学外园一仁教授,把同年龄组运动最高平均心率与实际运动中每分钟心率相比,划为 3 个强度区,当运动者的平均心率达到同年龄组最高平均心率的 60%～80% 时为健身指标区。当练习者心率值达 80% 以上则运动强度大的强化训练区,是提高身体素质的有效区。若心率值在 60% 以下属消遣活动,只起到一般活动的作用。

若使健身健美操运动负荷的安排符合人体运动的合理生理曲线要求,就要使心率变化由低向高逐渐呈波浪式上升,心率最高峰出现在操的后部分,随之慢慢下降,逐步恢复至安静状态。测定方法是每做完一节操或每分钟测一次,记录后绘制成曲线图,进行分析。

4. 艺术性原则

健美操既是一项锻炼身体的手段,又是一种形体艺术。它和艺术体操、花样滑冰等含有较多艺术成分的体育项目一样,其本身因具有较强的艺术魅力,所以吸引了广大练习者全身心地投入运动。因此,艺术性是健身健美操创编中应当遵循的一个体现健美操特点的原则。坚持艺术性的原则主要体现在以下几点。

(1) 音乐选配的艺术性:音乐是健美操的灵魂,它影响着操的风格、结构、速度、节奏,音乐选配得好容易激发编操者的创作灵感和练习者的锻炼激情。因此在选配音乐时除注意音乐要与操的风格统一外,还要注意健美操是健、力、美的统一体,强调美与力的结合,所以健身健美操的音乐旋律要动听,力求新颖,富于变化,节奏鲜明、强劲、规整,速度适中。健身健美操的音乐速度一般是 24 拍/10 秒以下。值得一提的是,面向我国广大群众的健身健美操的音乐,应以体现民族风格、突出时代特征的发展方向。

(2) 运动设计的艺术性:健身健美操动作设计的艺术性主要体现在:整套操的运动风格除符合创编任务和练习对象外,要求鲜明统一,切忌一节操老成持重,一节操稚气十足,一节操古朴典雅,一节则颇具爵士风度。只有在统一中求变化才符合形式美的基本法则。动作语汇应丰富新颖、富有特色。健身健美操的节数一般较多,往往几节操均为锻炼身体某一部位,创编时除要选择一些具有锻炼实效的动作外,动作语汇力求丰富变换、不断创新。为此广泛吸收和借鉴体操、舞蹈、武术等艺术性较强的运动项目的动作,并加以操化是十分必要的。创编大学生健身健美操时可多吸收迪斯科、爵士舞等具有时代特征、深受青年们喜爱的动作,也可把操化的芭蕾基本动作编入大学生形体健身操中,以培养大学生规范优美的体态和高雅大方的气质风度。与此同时,动作的组合与连接要自然流畅。健美操的基本动作是有限的,但巧妙多样的组合可以变有限为无限,产生新颖丰富的视觉效果。尤其是连接自然流畅会给人以完整舒畅、一气呵成的美感。因此连接动作的设计要注意顺势、连贯,使上节操的结束动作自然过渡到下节操的开始。健身健美操强调健、力、美的结合,动作设计要求幅度大、力度强、造型美。因此创编时注意不要选择那些柔弱小气的动作,且每节操的动作不宜太满、太急,使练习者能够充分做到位和充分发力。

二、健身健美操创编的方法和要求

(1) 创编前的准备:创编前的准备包括:明确创编的目的、任务、要求;了解练习者多方面的情况(性别、年龄、职业、文化水平、身体状况、运动基础等);了解锻炼时间、场地、器材设备等条件;学习有关创编健身健美操的文字和录像资料。

(2) 制定总体方案:在了解多方面情况的基础上,确定所编操的类别(健身健美操中的哪一种)、风格(活泼或稳健、优美或刚劲等)、难度(大、中、小)、长度(若干个八拍)、速度(×拍/10秒),设计操的结构顺序、主要动作类型(如头的屈、伸、转、绕、绕环)及高潮的安排等。在有了基本构思后选配剪接音乐,反过来音乐又可以启发编操者的构思,补充、修改总体方案。最后可通过总体方案表将总体构思归纳起来(表14-1),以便从整体上检查总体构思的完备性和合理性,并以此为纲进行下一步的具体动作设计。

表 14-1 健身健美操总体方案设计表

操名:		风格:		难度:	
音乐:		时间:	长度:	速度:	
内　容					
节序	每节操名		拍节	主要动作类型	

(3) 编排与记录:遵循健身健美操创编的原则,按照总体方案逐节设计具体动作,并用速记或速写的方法记录下来。

(4) 练习与调整:按设计好的动作进行练习。在练习过程中进行多方面的检查,包括运动量和强度的测试,对整套操结构顺序的合理性和艺术性的检查等。根据测试结果、练习者的反馈信息及创编者的观察研究,对操进行适当的修改调整。

(5) 撰写文字说明与绘图:此项是为长期保留、教学、研究、出版、交流而进行的工作。文字说明的格式可参考本章第二节的动作说明,图解可根据实际情况绘成详图或单线简图。

第四节 韵律体操和健美操的学法与评价

一、韵律体操学法指导

(1) 了解有关知识:学习有关书籍,在老师指导下,广泛地了解、学习、掌握有关韵律体操和舞蹈的基本知识,并通过实践,不断提高学习兴趣和水平。

(2) 加强修养:韵律体操是一项艺术性很强的项目。因此,在练习过程中,必须加强多方面的修养。如:运动美学、运动心理、音乐感受等修养,既要朝气蓬勃,又要落落大方,举止文明,有礼貌,互相帮助,共同提高。这将有利于高质量地感受和表现韵律体操的美。

(3) 练好基本功:要使动作优美,具有艺术感染力,起到练身、健心的作用,必须重视基本姿态、动作、心态、情绪等方面的训练,培养良好的站姿、坐姿、走姿。这样才能不断提高动作质量及表现力,这是练好韵律体操的重要条件。

(4) 多欣赏:充分利用现代信息传播媒介。如:电视、电影、录像和实地观摩等现代信息传播媒介,不断开扩眼界,丰富知识,积累经验。学习过程中勤看、勤问、勤想,反复实践,只有刻苦练习,才能掌握动作技能,提高身体素质,培养美的情操。

二、健美操学法指导

健美操锻炼首先要有明确的目的性,要明确自己参加健美操锻炼的主要目的是塑造美的形体,还是放松消遣,自娱自乐;是为参加健美操比赛还是为健体强身。之后根据不同的锻炼目的和任务,针对自身的特点选择不同类型的健美操,进行不同形式的锻炼。在锻炼初期,应进行身体方面的某些测试,如身高、体重和胸、腰、臀、上下肢等围度的测量,及力量、柔韧、耐力、协调、弹跳等素质和能力的测试,记录下各项指标的成绩,以便日后进行对比,检验锻炼效果,改进锻炼的内容和负荷。

在健美操锻炼之中,要特别重视基本功和基本动作的练习,形成正确的身体姿态,把握健美操的风格特点,达到规定的运动负荷。这样才能保证锻炼质量,为今后的发展打下良好的基础。特别要指出的是,健美操锻炼必须循序渐进,持之以恒,才能通过积累产生质的飞跃。

此外,为提高锻炼兴趣和质量应注意创造良好的锻炼环境和气氛(包括场地、器材、音响及音乐、锻炼群体、服装等方面),选配得力的健美操教师或指导员,经常观看一些健美操最新的录像资料或观摩一些比赛、表演,以开阔眼界,跟上时代发展的步伐。在恰当的时机可以参加一些比赛或表演活动,以提高锻炼兴趣,促进锻炼水平的提高。

三、韵律体操的自我检测与评价

见韵律体操自我测评表 14-2。

表 14-2 韵律体操的自我测评表

	运动兴趣参与意识	基本动作	组合与套路	锻炼坚持性	自测效果检测
优秀	热爱此项目,有浓厚兴趣,并有表现欲望	准确、规范,熟练、音乐合拍自如	连贯流畅、音乐合拍、动作协调、有感染力	积极主动参加,并能主动地帮助别人	练习后精神轻松愉快,能全面完成锻炼计划
良好	比较喜欢此项目,能按要求参加练习或集体表演	能做到准确、规范、节奏感强	能连贯地完成动作,并有一定的表现力	做到认真对待,按时参加	练习后精神状态良好,能完成锻炼计划

续表

	运动兴趣参与意识	基本动作	组合与套路	锻炼坚持性	自测效果检测
及格	在提醒下参加，被动应付	基本上准确、规范	动作基本正确，但欠流畅，基本上完成	基本上按时参加锻炼	练习后，感到不适，基本上完成锻炼计划
不及格	无兴趣，经常不参加活动	不能完成动作	动作不准确、不完整、不流畅	不能坚持经常性锻炼	不能完成锻炼计划

四、健美操锻炼的自我检测与评价

1997年国家体委审定的健美操竞赛规则（补充部分）对普及型健美操竞赛做了一系列规定。此规定是开展健美操锻炼，进行自我检测与评价的权威性依据。其主要内容为：

第一条 运动员分组与年龄

幼儿组（学龄前组）7岁以下；儿童组8～11岁；少年组12～17岁；青年组18～34岁；中年组35～49岁；老年组50岁以上。

第二条 成套动作时间

学龄前组为2分50秒～3分10秒，其他各组为3分20秒～3分40秒。

第三条 音乐速度

20～24拍/10秒。

第四条 服装与仪容

运动员可穿紧身健美服或适合于运动的服装，服装上可有装饰（如花边、亮片等），但不得有悬垂物。着运动鞋。比赛时，不得带任何首饰和手表（皮带和发卡除外），不得穿生活装、武术服装，中老年可穿运动服或适合运动的休闲服等。头饰要端庄大方，化淡妆。

第五条 比赛内容

比赛可分为：规定成套动作的比赛；自编成套动作的比赛；设有规定难度动作的自编成套动作的比赛。

第六条 成套动作评分

规定成套动作的评分因素包括规定动作质量、完成动作的一致性、队形的整齐性、表现力和总印象等。

自编成套动作和设有规定动作的自编成套动作比赛的评分因素包括成套动作编排、完成情况、总印象、成套动作时间和现场表现等。

1. 规定成套动作的分值与评分

（1）成套动作的分值分配：动作及完成情况，8分；一致性，1分；总印象，1分。

（2）评分方法：

● 根据成套动作中不同动作的难易程度，确定各部分动作的分值，并明确完成和未完成的界限，如有漏做或动作变质现象，均应扣除其分值，有必要追加扣分。

● 在完成动作时出现的各种姿态、技术、节奏、路线和方向等错误，要按轻微、显著、严重三种错误分别进行减分。

● 成套动作应整齐、协调、一致。

个别人不整齐、不协调、不一致扣0.1～0.2分。

三分之一的人不整齐、不协调、不一致扣 0.3～0.4 分
二分之一的人不整齐、不协调、不一致扣 0.5～0.6 分
● 总印象包括动作的优美性、表现力、服饰和化妆等。评分时应根据错误情况相应减 0.1～0.5 分。

2. 自编成套动作的分值与评分

(1) 自编成套动作的分值分配:组织编排 3 分;完成情况 5 分;总体印象 2 分;
(2) 组织编排的评分:
● 健身的全面性和编排的科学性。成套动作的编排,要以操化动作为主,操化动作应包括头颈、上肢、躯干及全身各部位、各关节的运动,并具有全面健身的作用。操化动作的设计和选择要符合年龄特点和健美操特点,运动量的安排要合理,不能选择对身体易造成损伤的动作。

如全面健身性不够,健美操特点不突出,内容不符合年龄特点以及出现对身体易造成伤害的动作,则视其程度分别扣 0.1～0.5 分。
● 艺术性。动作的编排设计要新颖、舒展、美观、大方,成套动作的连接要合理、巧妙、流畅,动作素材要多样,队形变化要自然清晰。

如出现编排不够新颖,连接不够合理,素材单调以及队形变化混乱时,则视其情况分别扣 0.1～0.5 分。成套动作的队形变化不得少于 5 次,否则每少一次扣 0.1 分。
● 音乐和动作风格的一致性。音乐的选择要和动作的风格协调统一,音乐曲调要动听、优美、健康,节奏明快并适合年龄组的特点,音乐的剪接要清楚完整,否则扣 0.1～0.3 分。音乐速度不符合规定扣 0.1～0.2 分。
● 利用场地的合理性。成套动作的编排要充分合理地利用场地,否则要扣 0.1～0.2 分。
● 成套动作的时间不足扣 0.2 分,时间超过扣 0.1 分。
(3) 完成情况的评分:裁判应对完成动作时出现的不同错误,分别按轻微错误、显著错误、严重错误三种情况扣分。轻微错误扣 0.1～0.2 分,显著错误扣 0.3～0.4 分,严重错误扣 0.5～0.6 分。

完成情况的评分因素如下:动作的准确性;动作的熟练性;动作的幅度;动作的力度;动作的一致性。

(4) 总印象的评分:总印象是指从整体上评价整套操的表演效果与气氛,体现出健美操的本质特征,它包括下列因素:
● 动作优美性。动作表现笨拙,缺乏优美,不协调应分别扣 0.1～0.3 分。
● 表现力。表情平淡,缺乏感染力扣 0.1～0.3 分。
● 装饰和化妆。服饰不符合规定扣 0.2 分,化妆不大方扣 0.1～0.3 分。

3. 设有规定动作的自编成套动作的分值与评分

(1) 规定动作的分值为 2 分(这 2 分是包括在完成情况的 5 分之内)。各年龄组的规定动作应在规程中另行公布,如有漏做或动作变质,要扣除其分值。
(2) 对成套动作中规定动作完成错误的扣分,根据其错误情况分别按轻微、显著和严重进行扣分。
(3) 对成套动作的编排和完成情况分别按自编成套动作的评分方法进行评分。

【思考与体验】

■ 谈一谈韵律体操与健美操的异同点。
■ 想一想韵律体操、健美操练习后的体悟。
■ 试一试创编一套健身健美操。

第十五章
彰显活力动感的运动——幼儿基本体操

【学习要点】
- 熟悉幼儿基本体操的概念、特点
- 学会幼儿基本体操创编的方法
- 了解幼儿基本体操的教学和训练方法
- 掌握幼儿基本体操自我检测和评价方法

第一节 幼儿基本体操的特点与创编

一、幼儿基本体操的特点

1. 徒手体操和轻器械操的特点

（1）小班幼儿肌肉力量较差，反应慢，动作不协调，不准确，但他们善于模仿，通过多次练习还是能达到徒手体操的要求的。小班幼儿对轻器械操则感到新鲜、好奇，容易分散注意，故轻器械操实施难度较大，因此小班幼儿不宜做较复杂的轻器械操。

（2）中、大班幼儿的肌肉力量、活动能力和抑制力都有所增强，能够有意识地控制自己的行为和动作。做操时姿势、部位比较正确，动作协调性也大大提高。因此他们对那些节奏感强、有变化、动作较复杂的轻器械操更感兴趣。

2. 排队和变换队形的特点

（1）小班幼儿不习惯集体生活，不懂得听口令做动作，不会排队，分不清左右，都愿意站在前面当排头或站在老师身边，不太理解队形变换的要求。经过训练，到小班后期能够完成听口令做简单动作，能完成由一路纵队走成圆形队形。

（2）中班幼儿已习惯集体生活，控制行动的能力也有所提高，能够完成听口令做简单的基本动作，开始学会分辨左右，但有时完成还不够准确。

（3）大班幼儿在集体活动中已开始形成集体观念，基本活动能力大大提高，对空间感知能力得到加强，大班孩子已能初步分清左右并能较好掌握一些较复杂的队形变换。

二、幼儿基本体操的创编

1. 创编徒手体操和轻器械操

幼儿园的体操一般需要根据教学目的、任务和要求以及本班幼儿的具体情况来进行创编。创编时，应注意以下几个问题。

（1）讲究科学性：创编体操时，应以幼儿身体得到全面锻炼为原则。体操中不仅要有以增强幼儿身体各大肌肉群力量和关节灵活性为主的不同类型动作，还要有促进幼儿身体各部位交替活动的动作。也就是说，既要有上肢动作、也要有下肢动作，还要注意上、下肢协调配合;既要有身体的前、后屈动作,也要有身体的侧屈和转体动作,还要适当加入腰、腹、背组合动作。做到以动为主,动静结合,使肌肉交替工作与休息。总之,一套操的动作要有上、有下,上下结合;有左、有右,左右结合;有前、有后,前后结合;有局部、有全身,局部全身结合。使幼儿身体得到全面有效锻炼。

创编体操时,还应注意合理安排体操的顺序和活动量。体操动作应该由易到难,由浅入深,由慢到快,由上肢到下肢,由局部到全身;体操的活动量应有小到大,大小结合,逐渐增加,以适合幼儿的生理负担量为准。幼儿体操一般是由活动量较小的上、下肢运动开始,逐渐转入活动量较大的肢体组合动作,随着身体运动能力的提升再次转入活动量较激烈的全身和跳跃运动,最后以整理和放松的运动来结束。开始几节是使人体的神经系统和各器官的机能系统,从原来的静止状态经过适宜的动作逐渐转入兴奋状态;中间几节运动量较大,是比较激烈紧张的动作;最后一、二节是比较轻松的,可以使身体各部分由兴奋状态逐渐恢复到相对平静的状态。

(2) 体现各类体操的特点:幼儿徒手体操可包括一般性徒手操、模仿操、拍手操、武术操和韵律操等。

编模仿操时,动作要形象逼真,可以适当植入艺术夸张,也可以配上儿歌,使歌词内容与动作统一起来,便于幼儿学习和尽快掌握。但要注意儿歌的句数是否与动作的节数相当,要避免儿歌还没唱完动作已经结束;或者动作还没结束,儿歌已经唱完。

编拍手操时,要突出拍手的特点。随着幼儿年龄增长,每节拍手的次数和节奏可以适当有所变化,可由慢向快变化或由少向多变化。

幼儿轻器械体操一般包括哑铃操、花操、红旗操、铃鼓操、纱巾操、筷子操、棍棒操等。轻器械体操的动作,基本上与徒手体操相同,但必须体现出所用器械的特点。例如:哑铃操,要使哑铃出现在身体的各个部位(身旁、腿间等)、各个方向(前、后、左、右、上、下),要做出各种击铃动作(正击、反击、双击、上下击等),利用铃声使幼儿的动作协调一致和整齐。编花操时,动作要优美富于表现力,要注意花面朝上,节奏稍慢一些。编红旗操时,要体现各个方向的、幅度较大的、刚劲有力的挥臂动作,使旗杆与手臂成一线,旗面展开时有挥旗的声音。编棍棒操时,可充分利用棍棒,选编一些限制性和安全性动作,对幼儿进行强化练习,以矫正他们身体的姿势和形成良好习惯。

辅助器械操,如椅子操、垫子操、皮筋操、踏板操、轮胎操等。在椅子操的练习中,除了培养幼儿的坐姿端正外,还要教育他们入座、起座时动作要轻缓、要彬彬有礼,不能粗俗、无礼和野蛮。

(3) 从幼儿实际出发:创编体操时,要考虑幼儿的生理与心理特点,选编一些简单、活泼、优美、轻快、富有表现力并有一定锻炼价值的动作。对于不同的年龄班,应选择节数不同、动作不同的操节。例如小班,可以选编三至四节以模仿动作为主的徒手操,如:打气、拉车等。需要注意的是,幼儿如果长期做一套操,会觉得枯燥无味,感到厌烦,以致动作松懈、随便,影响锻炼效果。为了延续幼儿做操的兴趣,每学期都应适当更换体操内容。

创编体操时,还要考虑本园的设备条件(如场地、器械等)和季节、气候等实际情况。要充分利用现有的设备条件,还要因地制宜,自己动手制作一些轻器械。天气冷时应注意选编一些活动量较大的动作,体操的节数也可适当增加;天气热时,可以选编一些活动量较小的动作,体操的节数可以适当减少。由于各地区情况不同,教师可以灵活选用纲要上的体操,再创编一些适合本地区、本幼儿园具体情况的各类体操。

2. 创编幼儿基本体操的队形

一套表演性幼儿基本体操是由许多单个动作与队形的变化所组成。一般来说,一套表演操除了入场和退场外,至少要有4次以上队形变化,丰富的队形变化对幼儿的智力发展和培养团队协作精神有着良好的促进作用。

(1) 入场和退场队形:适宜的队形安排是为表现主题服务的。整齐、迅速和流畅的入场,能马上抓住观者的眼球,引人入胜,从而期待着往下看。而经典自然的退场,又能给人以回味、留恋之感。所以精心创编入场和退场,可起到事半功倍的效果。创编时要注意,从场地的正面、两侧、三面或者四面同时或依次进入,既要体现操的特点,又要尽量做到新颖,别具一格。

入场(图15-1):

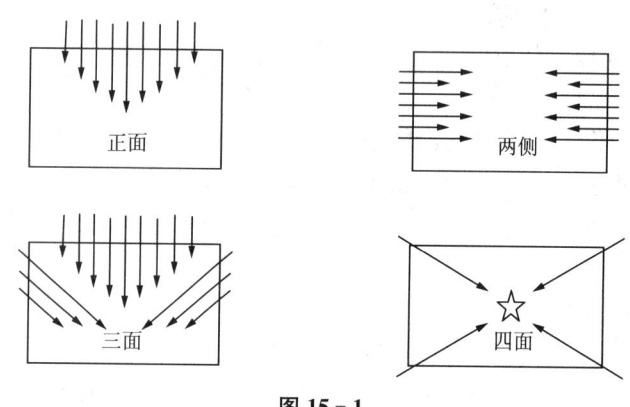

图 15-1

退场(图15-2):

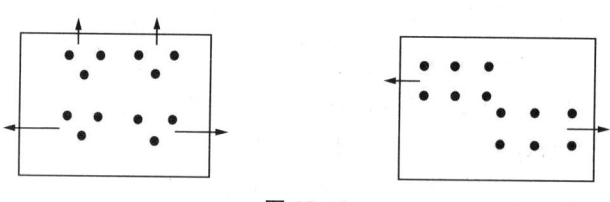

图 15-2

(2) 表演队形的选择与应用:一套幼儿基本体操的成功与否,队形变化和移动起着重要的作用。队形变化新颖美观、合理流畅,可衬托动作的质量、渲染情绪和气氛、产生良好的空间立体感。如:散点或直线队形时,可做整齐划一的动作,使人感到清晰、有力度;密集三角形时,可做一些整齐且节奏感强的动作,显示出强大的集体力量;圆形或者曲线队形则给人一种柔和、流畅之感;而综合队形使人感到活泼生动、丰富多彩。所以,在编排中要了解各种队形的特点以及与动作的相互关系,使队形与动作有机结合,让不同的队形结合不同的动作展现出彩的艺术效果。

如图15-3,①为散点队形;②为直排队形;③为斜排队型;④为三角队形;⑤为圆形队形;⑥为曲线队形。

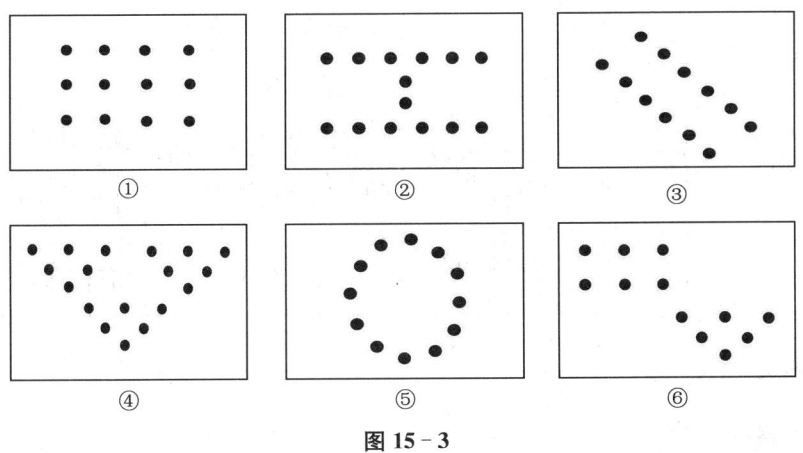

图 15‑3

第二节 幼儿基本体操的教学训练与自我评价

一、各年龄班的教学与训练要求

1. 小班要求

(1) 以模仿操为主,学习动作简单、变化较少的徒手操一至两套,每套三至四节。

(2) 第二学期开始学习听口令:立正、稍息、看齐、齐步走、跑步走、立定。

(3) 不按高矮顺序,一个跟着一个走成圆形队形。

2. 中班要求

(1) 以徒手操为主,选学一两套轻器械操(如铃鼓操、哑铃操、花操等),每套五至六节。

(2) 学会听口令:立正、稍息、看齐、原地踏步、齐步走、跑步走。

(3) 按高矮顺序排队,听信号切段分队。

3. 大班要求

(1) 在徒手操的基础上,选学三四套轻器械操(如旗操、棍棒操等),每套六至八节。

(2) 学习立正、稍息、看齐、向左(右)转、便步走、跑步走、左(右)转弯、立定。

(3) 按高矮顺序迅速、整齐地排队,听信号左右分队。

表 15‑1 各年龄班操节分布表

内容	小班	中班	大班
徒手体操	模仿操五套 徒手操一套	拍手操一套 徒手操一套	徒手操两套
轻器械操		哑铃操一套 花操一套	哑铃操一套 红旗操一套 棍棒操一套 花操一套

---

① 全国幼儿基本体操表演大会(乙组自编操),视频链接网页来源于酷6网。

表15-2 各年龄班排队和变化队形分布表

内容	小班	中班	大班
排队	立正、稍息、看齐、齐步走、跑步走、立定	立正、稍息、看齐、原地踏步、齐步走、跑步走	立正、稍息、看齐、向左（右）转、立定、便步走、跑步走、左（右）转弯
变化队形	一个跟着一个走成圆形队形	听信号切段分队走	听信号左右分队走

二、班操范例

1. 模仿操一套

模仿操是形象地模仿人的生活、劳动、运动和军事训练，以及模仿动物的各种姿态与动作，有此形成的劳动模仿操、体育运动模仿操、军事训练模仿操和动物模仿操等。内容丰富、形象活泼的模仿动作练习，符合幼儿心理和生理发展的特点。模仿操不仅能引发幼儿做操的兴趣，有利于幼儿身心健康，还能发展幼儿思维，扩大知识面，促进智力发展。因此，它是幼儿基本体操的主要内容之一。

第一节，上肢运动（仿游泳手臂动作）。

预备姿势：直立，两臂前举（掌心向下）。

第一个八拍（图15-4）：①—②左臂向下经后绕一周，同时向左转头眼看左手；③—④同①—②，但换右臂；⑤—⑥上体前屈仿蛙泳手臂动作一次；⑦—⑧仿蛙泳手臂动作一次。

第二个八拍动作同第一个八拍。

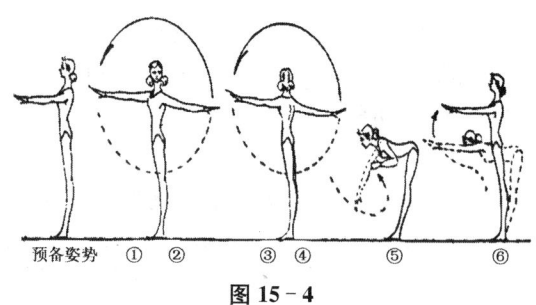

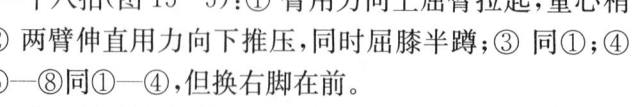

图15-4

第二节，下肢运动（仿打气）。

预备姿势：左脚前出半步，两腿微屈，上体稍前倾，两臂体前伸直。

第一个八拍（图15-5）：① 臂用力向上屈臂拉起，重心稍后移；② 两臂伸直用力向下推压，同时屈膝半蹲；③ 同①；④ 同②；⑤—⑧同①—④，但换右脚在前。

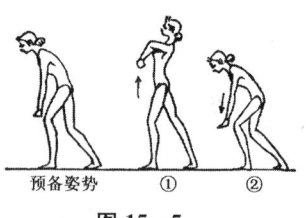

图15-5

第二个八拍动作，同第一个八拍。

第三节，四肢运动（仿拉锯）。

预备姿势：直立。

第一个八拍（图15-6）：①—②左脚向前一步成弓箭步，同时上体前倾，两臂屈肘于腰间(两手握拳,拳心向下)向前推伸(仿推锯);③—④两臂屈肘仿后拉锯,同时重心移至后脚;⑤—⑥同①—②;⑦—⑧还原成预备姿势。

第二个八拍动作,同第一个八拍,换出右脚。

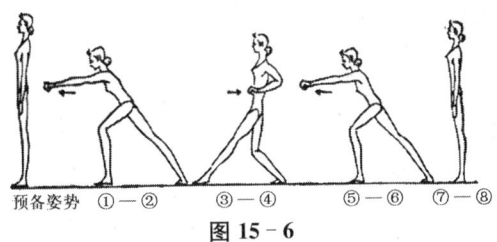

图 15-6

第四节,体转运动(仿吹号)。

预备姿势:立正。

第一个八拍(图15-7)①—②左脚侧出一步,重心移至左脚并向左转体90°,右脚尖点地,同时左手叉腰,右手半握拳经侧举向下摆至胸前屈(拳眼对着嘴);③—④还原成预备姿势;⑤—⑧同①—④,但方向相反。

第二个八拍动作,同第一个八拍。

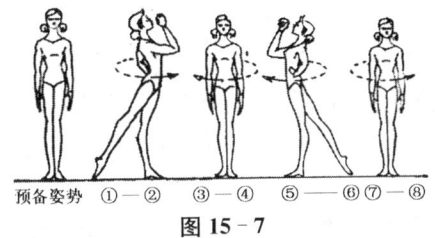

图 15-7

第五节,腹背运动(仿跳水)。

预备姿势:立正。

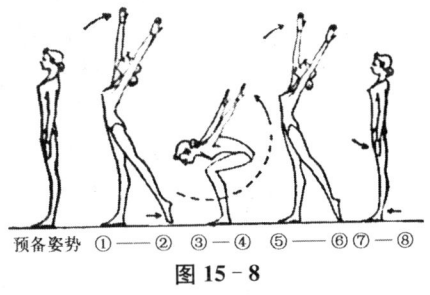

图 15-8

第一个八拍(15-8)①—②左脚后撤一步,脚尖点地,同时两臂经前摆至侧上举(掌心相对),上体前屈,眼看手;③—④左脚向前并步,两腿屈膝半蹲,同时上体前屈两臂下摆至后举;⑤—⑥上体抬起,两腿伸直,左脚后撤一步足尖点地,同时两臂前摆至侧上举(掌心相对),上体后屈,眼看手;⑦—⑧还原成预备姿势。

第二个八拍动作,同第一个八拍。

第六节,全身运动(仿举重)。

预备姿势:立正。

第一个八拍(图15-9):① 上体前屈,同时两臂下垂(仿握杠铃);② 上体直立,同时两手翻腕,两臂肩前屈(拳心向前);③ 跳成左脚在前的弓箭步,同时两臂伸至上举(拳心向上);④ 跳还原成预备姿势;⑤—⑧同①—④,但出右脚。

第二个八拍动作,同第一个八拍。

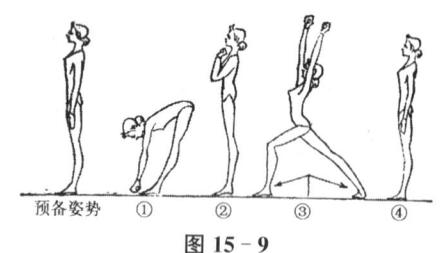

图15-9

第七节,跳跃运动(仿跳绳)。

预备姿势:立正。

第一个八拍:①—④原地并脚跳,同时两臂侧下举,两手半握拳小臂向前绕环(仿摇绳);⑤—⑧两臂同①—④,两腿左右交替向后踢腿跳。

第二个八拍动作,同第一个八拍。

2. 铃鼓操一套

铃鼓操是一种手持铃鼓来完成徒手体操动作的练习形式。在练习中可充分利用击鼓、摇铃等各种动作,形成节奏鲜明的鼓声和清脆的铃声,促使幼儿动作整齐、协调一致,激发幼儿做操兴趣,提高锻炼效果。

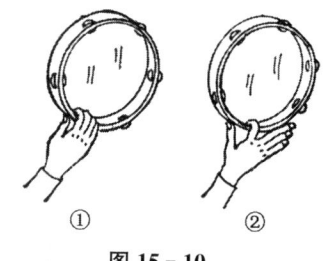

图15-10

教学中,应先教会学生取放铃鼓的方法和击鼓、摇铃等基本动作。铃鼓操中的击鼓与摇铃动作应适当结合,穿插进行,做操动作应尽量做到整齐一致,以使击鼓、摇铃节奏鲜明。

(1)持铃鼓的方法:右手大拇指在外,其余四指在内,自然弯屈握铃鼓木帮处(图15-10①);右手食指从里穿进木帮圆洞处,大拇指与其它三指自然伸直,分别扶木邦外沿(图15-10②)。

(2)铃鼓操基本动作:

击鼓。右手持鼓,用左手手指击鼓面;用左手掌根部位击鼓面与鼓帮连接处。

摇铃。右手持鼓,用手腕转动摇响铃鼓。

(3)铃鼓操一套:

第一节,上肢运动。

预备姿势:直立,右手持铃鼓于体侧下垂。

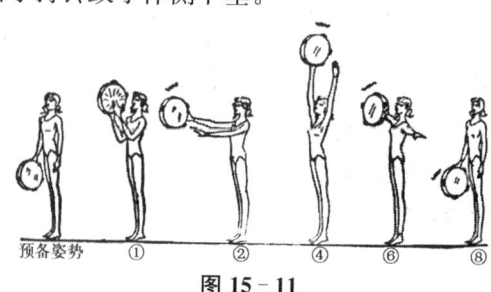

图15-11

第一个八拍(图 15-11):① 屈臂胸前击鼓一次;② 两臂前举,抖腕摇铃鼓一次;③ 同①;④ 两臂上举,抖腕摇铃鼓一次;⑤同①;⑥ 两臂侧举,抖腕摇铃鼓一次;⑦同①;⑧ 两臂侧下举,抖腕摇铃鼓一次。

第二个八拍动作,同第一个八拍。

第二节,踢腿运动。

预备姿势:直立,右手持铃鼓于体侧下垂。

第一个八拍(图 15-12):

① 左脚向前一步,重心移至左脚,右脚跟抬起,同时两臂上举击铃鼓一次;② 右腿向前上方踢,同时两手于右腿下击铃鼓一次;③ 右腿还原,同时两臂侧举,抖腕摇铃鼓一次;④ 还原成预备姿势;⑤—⑧同①—④,但出左腿。

第二个八拍动作,同第一个八拍。

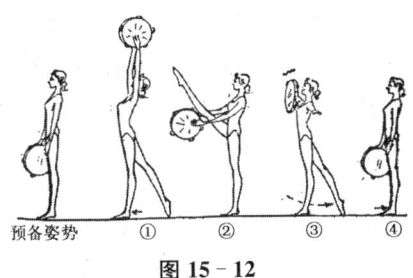

图 15-12

第三节,体转运动。

预备姿势:直立,右手持铃鼓于体侧下。

第一个八拍(图 15-13):

① 两臂经侧至上举击铃鼓一次;② 上体向左转,半蹲,同时两臂经侧打开,抖腕摇铃鼓一次;③同①;④同②,但向右转;⑤ 两手于胸前击铃鼓一次;⑥ 上体向左后转,半蹲,同时两臂左斜上举,抖腕摇铃鼓一次;⑦同⑤;⑧同⑥,但方向相反。

第二个八拍动作,同第一个八拍,但最后一拍还原成预备姿势。

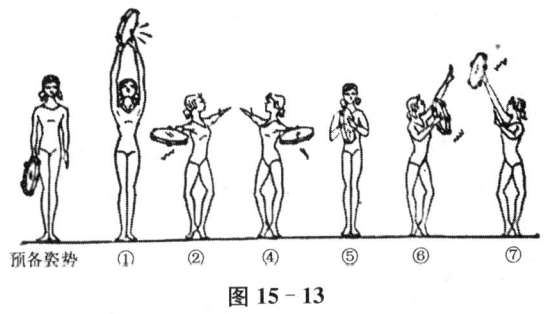

图 15-13

第四节,全身运动。

预备姿势:直立,右手持铃鼓于体侧下垂。

第一个八拍(图 15-14):① 两臂经侧至头上击铃鼓一次;② 全蹲,同时两臂经侧至小腿前击铃鼓一次;③ 左脚向前伸出足跟着地,右腿屈膝,同时上体稍后倾,左肘击鼓一次;④ 还原成预备姿势;⑤—⑧同①—④,但右腿前伸。

第二个八拍动作,同第一个八拍。

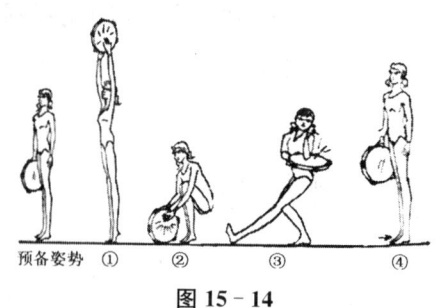

图 15-14

第五节,跳跃运动。

预备姿势:直立,右手持铃鼓于体侧下垂。

第一个八拍(图 15-15):① 跳起落地成两脚左右开立,同时两臂经前向两侧打开,抖腕摇铃鼓一次;② 跳起落地成并立,同时两手于胸前击铃鼓一次;③ 跳起落地成两脚左右开立,同时两臂侧上举,抖腕摇铃鼓一次;④ 跳还原成预备姿势;⑤—⑧同①—④。

第二个八拍动作,同第一个八拍。

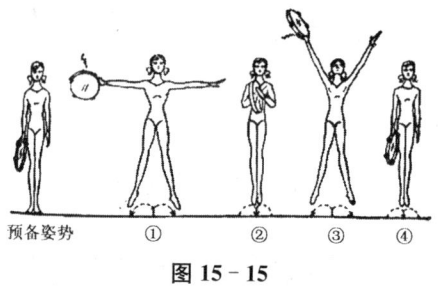

图 15-15

三、徒手操和轻器械操的教学与训练

1. 生动讲解正确示范

教幼儿做体操以前,教师要生动形象的告诉幼儿如何做体操,有哪些要求,并正确的示范给幼儿看。讲解要精练,要求要明确具体,使幼儿一听就明白。

2. 教给幼儿正确姿势

在讲解和示范的基础上,教师要一个动作、一个动作地教幼儿,让幼儿模仿教师的动作,跟着一起做,把动作做正确。教学中,教师要特别注意幼儿的动作是否正确,要严格要求。但又切忌成人化,不要用成人的标准来要求幼儿。

3. 教会幼儿正确自然地呼吸

做操时,一般来说当手臂向前、向上、向侧、向外举时是吸气,手臂向下、向内、还原时是呼气;身体伸展、扩胸、后屈时吸气,身体前屈、下蹲、还原时呼气。但对于幼儿来说,不需要细致讲解,只要他们呼吸自然就行了。为了避免幼儿憋气,可以让他们在做动作时发出一定的声音,用以调节呼吸。例如,扩胸时发出"嘿、嘿"声,下蹲打气时发出"嗳、嗳"声;身体前屈敲鼓时发出"咚、咚"声,转体打锣时发出"哐、哐"声等。

4. 分节教会幼儿成套操

在进行整套操的教学时,不可操之过急,应运用分节教学的方法,逐步教会幼儿一套操。例如:教一套模仿操时,可先教逐个模仿动作,再加上儿歌进行整套操的练习;又如:教一套轻器械操时,一次只教一至二节,下一次在复习的基础上,再教一至二节,分几次教完后再让幼儿连起来做。

教小班幼儿做徒手操时,一般每节做四个四拍,中、大班应根据幼儿的实际需要,每节做两个八拍或四个八拍。组织幼儿做模仿操时,有的可以让幼儿按口令做,有的则不宜常用口令,可以用形象的语言提示,让幼儿跟着老师一起做(特别是小班上学期)。

教轻器械操时,首先应教会幼儿取、放运动器械的方法和持器械的基本姿势,切不可任幼儿乱取、乱舞、乱放。

5. 注意一些细节

幼儿做操时排什么队形,应以全体幼儿都能看到教师的示范,教师能观察到全班幼儿的情况为标准。教师要注意不要让幼儿在有尘土的场地上逆风站立,或在太阳直射时面向太阳站立。

四、排队和变换队形的教学与训练

排队和变换队形的动作比较单调、枯燥,教学时应避免小学化、成人化地反复练习,可以和其他活动结合进行,不可专门搞队列训练。例如:小班做模仿操需要站成圆形队,教师可以先带领幼儿走成圆形队,然后再做操;中班做操需要站成四队,教师可以先教幼儿切段分队;大班幼儿为了便于拿、放器械和游戏分组,可以先学习左右分队。

排队和变换队形中的走、跑动作与基本动作要求相同,应结合起来练习,也可以通过各种游戏方式进行练习。例如:通过"看哪队排的快"游戏,让幼儿练习分组站队动作;小班幼儿通过"开火车"钻山洞的游戏,可以练习一个跟着一个走的动作。

教学中,教师必须正确运用口令,口令要清楚,声音要宏亮,力求做到规范化。完整的口令分预令和动令。预令:声音要拖长(人数少时可以不拖长),让幼儿对于教师要求他们做什么有个思想准备;动令:要短促、宏亮,一经发出,幼儿要立即做动作。有些字少的口令可以连起来喊,如"立正"、"稍息"等,遇到这种情况,教师可以在喊口令之前,先用语言提示一下,如:"大家注意"等。

为了帮助幼儿尽快理解口令"向左(右)转"或"左(右)转弯走"的意思,教师在发出口令的同时,可以用手势指出转体的方向。

初教幼儿一些左(右)转弯走或一些队形变化时,教师可以事先在场地上放标记物(如:插一面小旗或放一把椅子等),让幼儿绕过标记物后再转弯,等幼儿基本掌握后,可以逐步撤掉标记物。

小班练习排队和变换队形时,教师开始要直接参与当好排头,然后再指定大龄幼儿带队。中、大班初练变换队形时,教师可指定能力较强的幼儿当排头,然后根据需要让幼儿轮换当排头。

进行排队和变换队形练习时,教师应站在适当的位置,能看到全体幼儿,这样便于指挥。

教师还要注意让幼儿背风、背着阳光站立等。

五、幼儿基本体操的自我检测与评价

表15-3 幼儿基本体操自我检测与评价表

内容 标准	学习态度	动作掌握	综合能力
优	通过学习,表现出极大的热情,能自觉、认真、长期地坚持练习,并能带动全班的同学一起做,是班里的骨干力量,深受大家欢迎。	通过练习,整套动作完成准确流畅,并能在音乐的伴奏下顺利地完成整套动作,有一套好的学习方法,还能自找音乐练习。	通过练习,不仅能表现出自己动作的优美,而且还能对同学的动作进行指导、纠正和帮助,综合学练能力很强。
良	通过学习,对幼儿操具备了良好的学习态度,并能与同学一起学习,还能主动提一些问题,进行研究与讨论。	通过练习,肯动脑筋,善于思考,能独立地完成成套动作,有较好的音乐节奏感,并能提示同学一起做。	通过练习,能与同学合作并能主动地帮助他人,配合小组完成成套动作,有一定的表现力。
一般	通过学习,有一定的学习愿望,但个人的身体能力较弱,学习的主动性、积极性不够,表现出一种被动的学习态度。	通过练习,身体素质提高得不明显,主要是学习方法较差,只能在同学的帮助和提示下,完成动作的顺序,不敢独立表现自己。	通过练习,在原有的基础上有了一定的进步,但心理素质、表现能力、组织和帮助等综合能力还比较差。
差	通过学习,对学习的兴趣不高,主要是学习的目的不明确,学不学都行,是一种选择放弃的学习态度。	通过练习,动作掌握很难,特别是成套动作的连贯性练习,不能独立地完成,必须有同学的帮助和提示。	通过练习,只能跟着同学做动作,不能与音乐配合练习,表现出综合能力很弱。

【思考与体验】

■ 根据幼儿操的学练要求,自编一套模仿操,一套轻器械操。

■ 根据幼儿操的表演要求,自创一套幼儿足球宝贝操,可组成团队完成任务并以集体的形式完成相互间的观摩和展示,团队间相互打分和评价。

第十六章
体现一定规则的运动——体育游戏

【学习要点】
- 熟悉体育游戏的概念、起源、发展和分类
- 理清体育游戏的结构及其内容
- 了解体育游戏创编的原则、方法和步骤
- 掌握体育游戏教学的特点和技艺

第一节　游戏与体育游戏

一、游戏的概念与分类

在漫长的人类进化过程中，人类的活动可谓是丰富多彩。从科学构架的角度来讲，有人体生物节律性的活动，也有心理思维的活动。有些活动是为了满足人们生理性和物质性的需要，有些活动是为了满足人们社会性和精神性的需要。

游戏，其本质也是一种人体活动。心理学的动机与效应理论将游戏解释并阐述为："就是人们在生理及心理上的某一种需求，通过游戏这种活动形式，在现实社会中得到精神上或者假象中的一种满足与获得，它不能直接产生具有社会物质意义的成果或产物。"它的本质特点是趣味性，是人们在一定规则约束下进行的一种有目的，有意识的娱乐活动。

游戏可分为智力性游戏，娱乐性游戏和体能性游戏三大类。

智力性游戏是一种以趣味性手段发展学生智力为目的的游戏，它可以是学生学习，教师教学的一种辅助性手段，包括文字性游戏、数字性游戏、拼图性游戏、智力玩具性游戏（如棋类游戏、积木游戏）和网络性游戏等。

娱乐性游戏是一种生活休闲性的情感体验游戏。游戏的组织者和参与者都有一个相同的宗旨，即以情绪、情感体验为过程，感受娱乐，达到休闲、消遣、积极性休息的目的。常见的有：大型电视互动娱乐性游戏、网络互动性游戏、家庭互动性游戏等等，伴随着现代社会的发展，人类对大自然的向往，近些年来逐步时兴走热的户外拓展运动，也相应的把一些娱乐游戏设置为主要的项目内容，借此吸引更多的人们来参与。

体能性游戏，实际上是游戏发展中最为古老的一种。它曾是原始社会、氏族部落中教育下一代、传授生产技能和生活经验的一种主要手段。演变发展至今，由于科技的发展，生活经验和生产技能的传授更有了文字、书籍、影视、图画以及电子网络等现代化的传播手段，游戏的这种功能逐步衰退减弱，但是在军事、体育领域中，体能性游戏实质上已成为一种狭义的体育游戏，它主要是作为体育教师的辅助性教育手段，运用在体育课堂的教学过程中，使其有助于学生对某项技能的掌握，引发学生自主学习的兴趣，发展学生的体能，

增强学生的体质,促进学生的身体健康,培养学生养成终身体育锻炼的良好习惯。

二、体育游戏的概念

体育游戏是游戏的一部分。

狭义的体育游戏是指在相应规则的约束下,以体育运动作为主要内容,通过游戏的形式,把学会体育运动技能,促进学生身体健康为主要目标的一种体育活动。

而广义的体育游戏,从其定义的内涵来讲,它不隶属于上述三种游戏类型中的任何一种,但从游戏的目的和参加者的动机需求来考虑,体育游戏含概了这三种游戏的主要功能与作用,成为我国学校体育教育体系中不可缺少的重要组成部分。广义的体育游戏是指融教育性与趣味性于一体,在一定规则约束下,通过身体活动的方式来进行的一种有益于身心健康的娱乐活动。

三、体育游戏的分类

在学校教育领域中,体育游戏也逐步成为体育教育的重要内容和重要教学手段。尤其是在基础教育中,体育课时比重逐步加大,体育游戏特有的趣味性、娱乐性、教育性、体智并重性,让体育课堂的教学更加活跃,更加生动,更让少年儿童乐于接受、乐于参与,积极投入其中,充分锻炼身体,努力实现自我,促进健康水平的显著提高。

新一轮基础教育课程改革以来,学校体育课程的改革同样要坚持以人为本,确立学生"健康第一"的教育理念。在此前提下,可以说"一切有利于提高学生的健康水平和激发学生运动兴趣的教学组织形式、内容和方法都应纳入到体育课程中来。"因此,体育课程体系必然会作出极大的调整,教育目标也由原来的重竞技、重运动技能,逐步转到重健康、重视学生个性培养,促进学生身心健康发展的方向上来。而体育游戏作为体育教学的重要内容和形式手段,其鲜明的特点,能有利于教师和学生在课堂的教与学过程中,更好的实现课改后所要求达到的教学目标,充分体现出人性化的教育思想。

常见的体育游戏分类方法有以下几种:

(1)以人体基本活动技能作为分类依据,体育游戏可分为走跑类游戏、跳跃类游戏、投掷类游戏、攀爬类游戏、平衡悬垂类游戏、躲闪类游戏等。

(2)以身体素质作为分类依据,体育游戏可为速度类游戏、力量类游戏、耐力类游戏、灵敏类游戏等。

(3)以游戏活动形式作为分类依据,体育游戏可分为追逐类游戏、接力类游戏、攻防对抗类游戏、运输传递类游戏等。这里还包括几种游戏类型同时包含在一种游戏形式中的情况。

(4)以游戏的组织形式作为分类依据,体育游戏可分为个人竞争类游戏、分组竞争类游戏、集体竞争类游戏以及个人与小组、个人与集体之间竞争的游戏等。

(5)以游戏在体育课堂教学中的运用和目的作为分类依据,体育游戏可分为开始部分的集中注意力类游戏、准备部分的热身类游戏、基本部分的技能学习类游戏、结束部分的休息放松类游戏等。

(6)以体育运动项目作为分类依据,体育游戏可分为球类游戏(主要包括篮球、排球、足球、各种小球类游戏)、田径类游戏、体操类游戏和民族传统类游戏等。

（7）以游戏活动的场所作为分类依据，体育游戏可分为室内游戏、室外游戏、野外游戏和水上游戏。

（8）以游戏参与者的年龄作为分类依据，体育游戏可分为幼儿游戏、儿童游戏、青少年游戏、中老年游戏等。

体育游戏的分类多种多样，这使体育教师可视游戏对象、教学任务、场地器材设施等具体情况和要求，更加有针对性地进行合理安排与运用，体育游戏在上述依据基础上的分类还可细分。根据体育游戏本身的综合性特点，体育教师可以在实际教学过程中突破此分类界限和约束，针对教学实际，更加科学合理的进行分类。总之，不管体育游戏如何分类，它必须遵循一个宗旨：服务体育教学，方便体育教学，真正体现出体育游戏在体育教学中的应用价值。

第二节 体育游戏的结构

一、体育游戏的名称

体育游戏的合理命名，有"画龙点睛"之巧妙功效。可以使体育游戏的形象鲜活起来，也可以最大程度的调动学生的学习兴趣。体育游戏名称要简单易懂，新颖形象，并富有一定的启发性和教育性。体育游戏的命名方式有两种。

第一种是直接命名法：
（1）以游戏的素材内容命名，如"运球"、"障碍跑"、"掷沙包"等。
（2）以游戏的组织形式命名，如"往返接力"、"圆形追逐跑"等。
（3）以游戏的内容加形式命名，如"组句接力"、"投球跑垒"等。
（4）以游戏的规则命名，如"成双不拍"、"单号不跳"等。

第二种是拟喻命名法，又称形象命名。它是以体育游戏的主要内容、组织形式或所要完成的任务为主要特征，运用假设与虚构的拟喻手法，赋予体育游戏名称以一定的情节性、故事性。这种带有一定教育和启发意义的体育游戏名称，多出现和运用在小学体育游戏的教材之中。例如："老鹰捉小鸡"、"黄河与长江"、"万里长城"、"大森林里的故事"、"穿越生死线"等等。

二、体育游戏的方法

体育游戏的方法是体育游戏的主体结构和基本形式，是实现体育游戏功能目标的主要过程依据。它包含有以下几个部分的内容。

1. 游戏前的准备

有两个方面的准备：第一，是体育游戏所要使用的场地、器材、道具等设施方面的准备。具体包括游戏场地的大小范围，规格界限，器材的搬运放置，道具的制作等；第二，是体育游戏进行前学生的分队，队形的调动以及如何站位等准备。具体包括教师分队的依据，各队的男女生人数比例，实力的分配是否均衡等，如何安排队形站位，各队之间的间隔是否安全以及最终是否有利于游戏的顺利进行等。

2. 游戏的进行形式

体育游戏内容取材广泛，进行的方式也是丰富多彩。体育课堂上经常采用的就有接力、追逐、投掷、传递、运输、角力、争夺、攻防等多种形式。教师应根据体育游戏的具体目的与任务，结合游戏素材内容的特点来合理选用游戏的组织形式。

3. 游戏常用的队形

体育游戏的组织队形很多，但其变化基本上是建立在横队、纵队、圆形（同心圆）、疏散形以及各种不规则综合形基础之上的。

(1) 横队：一般适用于近距离的传递运输类游戏或集中注意力游戏等。

(2) 纵队：一般适用于远距离的接力、追逐、传递类游戏等。

(3) 圆形（同心圆又称环形）：一般适用于追逐、接力、攻防、争夺类游戏等。

(4) 疏散形：一般适用于追逐、攻防、角力类游戏等。

4. 游戏常用的运动路线

(1) 穿梭式：主要有单直线式（图 16-1）和单曲线式（图 16-2）。

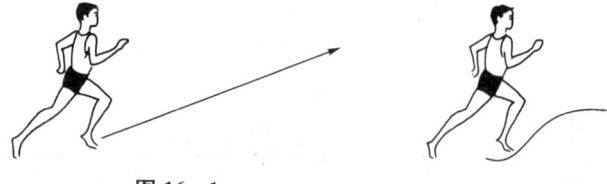

图 16-1　　　　　图 16-2

(2) 往返式：主要有双直线式（图 16-3）和双曲线式（图 16-4）。

图 16-3　　　　　图 16-4

(3) 围绕式：主要有圆周形式（图 16-5）；双圆形式又称环形式（图 16-6）；圆形曲线形式（图16-7）；矩形式（图 16-8）；三角形式（图 16-9）；螺旋形式（如图：16-10）；"8"字形式（图 16-11）。

(4) 聚散式：主要有内聚形式（图 16-12）和放射形式（图 16-13）。

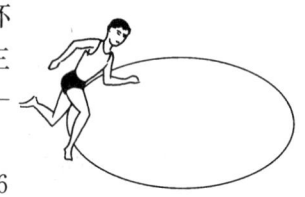

图 16-5

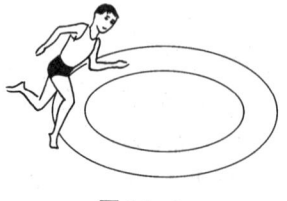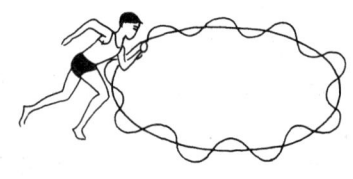

图 16-6　　　　　图 16-7

图 16-8

图 16-9

图 16-10

图 16-11

图 16-12

图 16-13

5. 游戏的接替方法

在接力或追逐等体育游戏中,两名同学之间相互交换或相互接力继续进行游戏时所采用的方法,称为游戏的接替方法。接替方法一般有:交物法、接触法以及过线法等几种。

(1) 交物法:是指学生之间采用接力棒、手帕、球或其他物品作为两人之间交换游戏的交替信号,在交替时,一般是前面完成游戏的同学直接或间接将信物交给后面要进行游戏的同学。

(2) 接触法:是指学生之间通过身体接触的方法进行游戏的接替轮换,通常情况下,以两人击拍手掌作为交替信号,轮换游戏。但也有通过拍肩或其他身体部位的接触来进行交替和轮换游戏的。

(3) 过线法:指前面完成游戏任务的同学以冲过起跑线或终点线向后面要进行游戏的同学发出交替信号,后面同学看到信号后,继续进行游戏的方法。

6. 游戏形式的配图

体育游戏的配图，是为了方便学生加深对游戏内容的理解，让游戏的进行方法更加直观形象地显现出来，它是游戏内容方法文字性表述的进一步说明与补充，使文字性表述能够更加的精练简单。

(1) 体育游戏的配图内容有以下几个方面：

- 游戏的分组情况。
- 游戏的场地范围、起止界线。
- 游戏的进行形式。
- 教师或裁判的位置。
- 游戏的动作。

(2) 游戏形式的配图符号：

- 人的符号(图 16－14)。

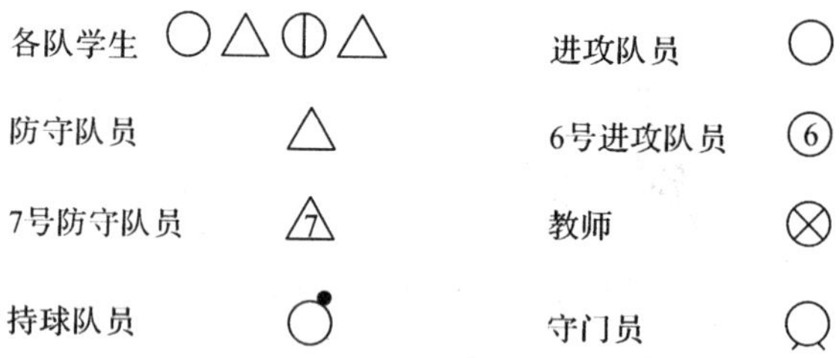

各队学生
进攻队员
防守队员
6号进攻队员
7号防守队员
教师
持球队员
守门员

图 16－14

- 动作符号(图 16－15)。

人移动路线
运球路线
传球路线
投篮或射门
掩护
急停
拦网
移动中转身
夹击
跳
跳过
绕过
钻过
前滚翻

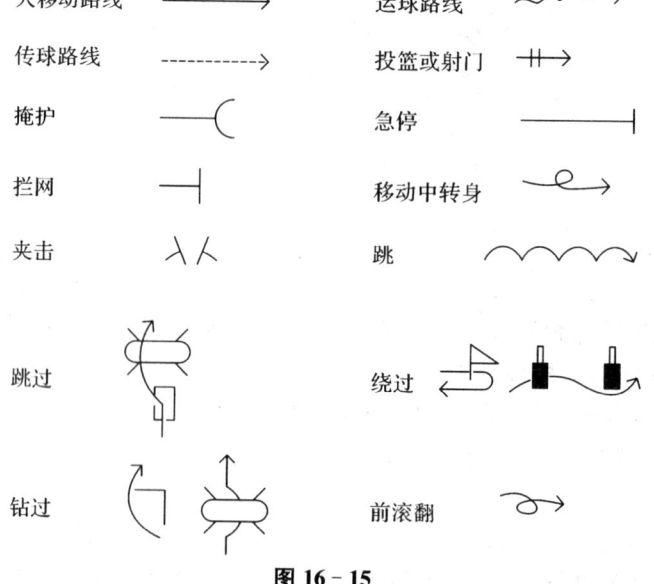

图 16－15

- 器材符号(图 16－16)。

7. 体育游戏配图顺序

(1) 画出场地与器材位置：场地用俯视图画，包括场地的各种标志点、线，如范围线

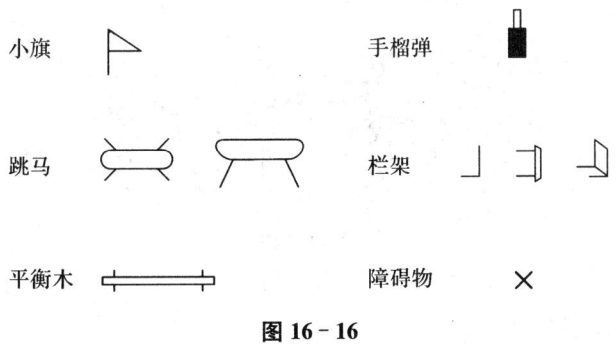

图 16-16

(圆形线、方形线等)、限制线、起点及起点线、中点及中点线、终点及终点线、回转点(包括回转点的标志物)等(图 16-17)。

器材一般也用俯视图,但有些器材难以用俯视图来表现,则可用正视图或侧视图表示,如插着的小红旗等。

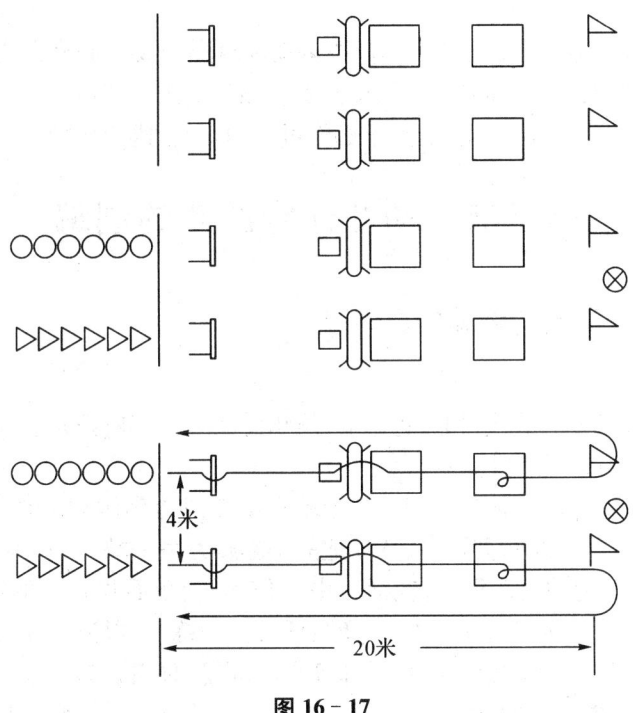

图 16-17

(2) 画出学生的站立位置:学生用符号图表示,如是分队游戏,可分别用几种符号表示各队学生。有的游戏有带头人,有些游戏需要教师的参与,则可用星号或其他特殊符号来表示带头人或教师,以示区别。

(3) 画出游戏进行的路线:游戏进行的路线一般是指接力游戏与集体竞快游戏的路线。游戏的路线用箭头线表示。

(4) 画出游戏中的特殊动作:在体育游戏中有一些特殊的动作,在用符号表示的组织形式图中无法表示,这时最好除文字叙述之外,再用体育动作简图画出该动作来,使人一看就知道是什么动作(图 16-18)。

图 16-18

三、体育游戏的规则

体育游戏规则是对体育游戏动作的规范与限定,是确保游戏顺利进行的准则,也是评定游戏最终胜负的依据。

体育游戏规则的内容包括了引导人的职责权限,游戏动作的合理程度,游戏组织形式的明确要求,评定游戏胜负、成败的方法,对游戏胜负者的赏罚以及游戏场地、器材道具的使用要求等。

体育游戏规则的制定,无须像体育竞技运动项目那样要求有详细周全的竞赛规则和裁判法,它只要能够保证体育游戏公平合理、安全顺利地进行即可。规则的文字书写要简单明了,公平准确,一般两至四条就行,不必作过多的限制,避免繁琐。

第三节　幼儿体育游戏的创编

一、幼儿体育游戏的创编的原则

1. 锻炼性原则

体育游戏不同于一般游戏(如角色游戏,娱乐游戏等),它应该是以增强幼儿体质为主要目的。创编时应考虑以下几点:

(1) 必须要有某些基本动作:将1~2个基本动作渗透到游戏的情节中,如:"小蚂蚁运粮",则让"小蚂蚁"(幼儿)背驮沙袋从场地的一端爬到另一端。

(2) 要有一定的运动负荷量:游戏活动中,要充分利用面积宽大的场地、数量充足的运动器械。尽可能采用共同活动的方式、鱼贯活动方式练习,保证幼儿实际活动的时间。

(3) 充分利用运动器械以及草地、树林等自然环境:体育游戏一般可选用1~2件运动器械,使幼儿活动更有兴趣,也可提高幼儿使用器械的能力。体育游戏还可以与自然环境中的草地、树林及大型运动器械等有机结合,使幼儿的活动充满生机,并将大自然与体育游戏融为一体。

2. 趣味性原则

体育游戏的趣味性,是体育游戏具有生命力的重要因素。因此,应选择幼儿熟悉和喜爱的角色,安排简单有趣的情节,使孩子对体育游戏感到十分有趣。托班、小班应该在动作设计中根据幼儿爱模仿的特点,做一些模仿操或做一些基础动作练习。中班大班在游戏中应更好的利用游戏的情节与体育器械的运用。

3. 智慧性原则

体育游戏过程要能够让幼儿有机会闪现出智慧的亮点。体育游戏除了担负"育体"的任务,同时还应包含"育智"的成分,通常在较大型的体育游戏中,都存在一个怎样完成游戏才能做到多、快、好、省以及提高游戏的成功率和取胜率的问题。故意给幼儿留下解决这些问题的思考空间,有利于促使幼儿积极开动脑筋,以最佳的方式完成游戏。体育游戏也只有体现出较多的智慧性,才有可能显示出较多的趣味性。

为了更好地体现智慧性原则,教师在设计体育游戏的过程中,应该在规则允许的范围内尽可能多地留有完成游戏的多种方法的选择余地,这样就能不断地拓展幼儿的想象空间和创造空间,提高他们的智力水平。如果一种体育游戏只有一种完成方法,就很难说它是一则好的体育游戏,同样是"穿山洞"、"过障碍"、"走下坡",就应该有不同的"穿法"、"过法"和"走法"。这正是优秀体育游戏的价值所在。

4. 教育性原则

体育游戏具有较多的竞技性、趣味性,除了能发展、完善幼儿精细动作和局部机能之外,更能在心理上使幼儿体验各种感受:或成功,或失败;或欢乐,或痛苦;或期望的实现,或期望的落空。这其中就有一个如何促进幼儿心理成熟与适时进行思想教育的问题。

体育游戏的教育性原则主要体现在培养幼儿自信、自强品质和团结友爱的集体主义精神等优良道德风貌的塑造上。一个好的体育游戏或者说一个能较好地体现教育性原则的体育游戏应该既能表现个人价值,又能体现集体力量为此,在设计体育游戏时,教师应有意识地把个人项目与集体项目有机结合在一起,既不搞单一的个人项目的游戏,也不能搞纯粹的集体项目游戏。

5. 安全性原则

在体育游戏的设计、组织过程中更应强化安全第一的观念。体育游戏具有竞争、竞技和趣味性强的特点,有一定的激烈程度和完成难度,幼儿参与的欲望一般都比较强烈。这就使得幼儿在参与游戏的过程中比较"忘乎所以",会不同程度地产生一些激动的情绪,再加上有允许自由发挥来完成游戏的余地,因此每个幼儿完成游戏的过程可能相同,也可能不同,老师也就无法完全事先预料游戏过程会发生什么事情。

因此在设计上注意,整个的游戏空间、场所、环境没有任何尖锐的棱角和坚硬的器具,不会产生撞击情况,不会因摔跤而造成伤害等等。这就要求游戏应在有草坪、有木地板或地毯覆盖的平面上进行;应采用质地轻柔、棱角圆滑的木材或塑料、橡胶、泡沫、海绵等制作的器材作游戏的道具;游戏材料的立体高度不能太高,坡度不能太陡,诸如"独木桥"、"跷跷板"、"平衡木"之类的安装设计高度离开地面二三十厘米即可;游戏的固体材料或液体材料均应无毒、无臭、无刺激性、无腐蚀性。

6. 发展性原则

由于3~6岁的幼儿,在身体、心理等方面的发展具有明显的差异性,他们在体育游戏活动中表现出来的行为也不同,因此在创编体育游戏时可参考下列表格中的内容。

表16-1 不同年龄幼儿体育游戏的基本要求

项目	小班	中班	大班
内容动作	内容简单,动作简单	内容开始复杂,喜欢有情节的游戏和追逐性的游戏	喜欢竞赛性的游戏和内容丰富、将体力与智力想配合的游戏,动作增多,难度加大

续表

项目	小班	中班	大班
情 节	简单	复杂性增加	较复杂
角 色	少,多为幼儿熟悉的角色	增多	较多,与情节的关系更复杂
规则和要求	简单,不带限制性	较复杂,带有一定的限制性	较复杂,限制性较强
结 果	幼儿不太注意	幼儿有所注意	喜欢有胜负结果
活动方式	集体做同一动作,共同完成一项任务	出现两、三个人合作的游戏	合作性游戏增多,增加了组与组的合作

二、幼儿体育游戏创编的方法

1. 制定目标

制定游戏目标,是幼儿体育游戏创编最重要的一环。长期以来,在幼儿园体育游戏创编和指导中,存在着只重视内容、形式,而忽略目标,或先选内容再定目标的现象,从而使幼儿体育游戏活动产生了极大的盲目性。

(1) 制定目标,必须从幼儿已有的水平出发,最终促进幼儿达到新的发展水平。

(2) 目标内容应从以下四个方面来选择确定,避免单纯以身体发展为唯一目标,以及太抽象、太笼统、不具体、不切实际的要求。

- 幼儿的活动参与(态度)。
- 身体发展(技能)。
- 心理健康(情感)。
- 社会适应。

(3) 应尽量运用幼儿体育活动时的行为来表述目标。如中班"拍球比多"游戏的目标是:体验和感受球性,尝试单手连续拍球的方法,感受"拍球比多"的快乐,培养玩球的兴趣。

2. 选择内容,确定设计方法

(1) 幼儿体育游戏,主要是以身体活动为主要内容。它包括以下几个方面:

- 走、跑、跳、投、钻、爬、攀登、各种滚动等基本动作。
- 利用各种球、绳、圈、棍、沙包、钻架等大、中、小型运动器械的体育游戏。
- 利用水、土、沙子、石头、冰雪、山坡、田野等大自然环境的各种体育游戏活动。
- 各种舞龙、斗鸡、跳竹竿、荡秋千等民族、民间地域性体育游戏活动。

(2) 幼儿体育游戏设计可以从角色、情节入手,结合开始信号、动作过程、结束姿势、游戏规则等。

情节也可成为体育游戏的方法。它可以以幼儿熟悉的生活为题材。如"妈妈找宝宝"、"给小动物喂食"、"郊游"等;也可以用电视、电影、画报、报刊中的童话故事为题材。如:"猫头鹰抓田鼠"、"小鲤鱼跳龙门"、"沙漠中的骆驼"等。

角色是幼儿在体育游戏中不可缺少的重要部分。在比较简单的幼儿体育游戏中,可以只设计一个角色；在较复杂的体育游戏中，也可选择多个角色。角色选择可以让幼儿自己承担，即小朋友为游戏角色；也可以冠以各种小动物的名称，如：小白兔、大象、大灰狼等；各种人物名称：爸爸、妈妈、运动员、机械人等；各种物体名称：树叶、雪花、小汽艇、卡车等。

角色安排方面，可以设计同一角色或不同角色共同完成一个任务。如："小小送货员"——全体幼儿都扮送货员，拖着车把"货"（水果、素菜）送到各个商店、学校、医院等。也可以选择不同角色相互对抗。如："坦克兵与投弹手"、"小猫抓鱼"等等。

规则具有组织教育及保证游戏合理、公正开展的作用。它从属于游戏的内容、情节和角色等。幼儿体育游戏规则，随着年龄及动作要求的变化而变化，具有很大的可变性和灵活性。小班幼儿不注意、不重视规则，常常以游戏方法及活动内容代替游戏，如：拖、推着各种玩具走各种弯弯曲曲的路，拖着玩具走路，既是方法又是规则。

而中、大班可以逐渐增加规则数量和难度要求。如：走过平衡木时必须两臂侧平举、头顶沙袋。如沙袋掉地，必须原地捡起，放回头顶，才能继续走平衡木，否则暂停走平衡木一次。

环境是重要的教育资源，应通过环境的创设和利用，有效地促进幼儿身心发展。幼儿园内的户外草地、塑胶地、土坡、沙池、水池、投掷墙、攀岩墙、室内大教室等各种场地的空间和设施、各种购置和自制的大、中、小型运动器材等，都是幼儿体育游戏环境创设的资源。在环境创设中，应充分利用场地和运动器材使幼儿体能得到发展，使锻炼身体的积极性、主动性得到激发；环境创设应有利于贴近幼儿的生活，使幼儿能够理解和接受。

第四节　体育游戏的教学

一、体育游戏的教学过程

这一教学过程共有四个具体步骤，分别是体育游戏的准备工作，游戏的讲解与示范，游戏的裁判结束工作和体育游戏中的指导与管理。

1. 体育游戏的准备工作

（1）体育游戏场地、器材道具的准备：首先，体育游戏的场地要平整、清洁、防滑。游戏活动的范围要明确，界限要清楚，游戏场地边界距建筑物或固定器械要有一定的距离，以免学生发生碰撞，产生不必要的伤害事故；其次，在某些体育游戏中，可以直接利用现成的体育场地来进行。例如：球类游戏可以利用现成的篮球场、排球场或足球场地直接进行游戏。但是大部分体育游戏仍然需要在课前或游戏前画好场地，标明游戏器材的摆放位置；第二，体育游戏器材、道具应在课前充分准备好或安放好，不要在游戏进行时再去临时寻找器材或道具。游戏器材、道具的大小、重量，要适合游戏的内容与方法，适合学生的正常使用。游戏的器材大部分可直接利用体育的各种器材设备，而道具则更多需要教师自己想方设法解决，如通过自制、购买、收集或让学生制作等途径来获得。

（2）体育游戏的分组：大多数体育游戏的活动形式都采用分组对抗竞争的方式进行。体育游戏的分组也是游戏开始前必做的一项重要准备工作。教师必须根据上课班级的确切人数，男女生人数比例，进行合理的分组并确定组数。在分组过程中，教师还必须注意平等性原则,做到各组人数要相等,男女搭配比例要平等,各组之间实力要均等,不能一组实力明显强于另一组。这要求教师对学生的身高、体重以及运动水平等方面要有所了解,真正确保分组的合理性和公平性。

(3) 裁判和助手的准备:有些体育游戏,场地布置比较复杂,器材道具数量要求较多,有些体育游戏需要一至多名裁判。为此,教师一个人常常不能面面俱到,也照顾不过来,必须在课前或游戏开始前首先将助手找到,协助自己布置场地、安放和分发器材道具。在游戏进行时,有些学生还能协助教师担当教学示范或裁判监督工作。

体育游戏的裁判或助手可从下列学生中选择:伤病的见习生,班级干部,体育委员,各组组长,分组后多出的一名学生(可轮换游戏与裁判)。

2. 体育游戏的讲解与示范

(1) 体育游戏的讲解:由于游戏内容和形式的不确定性,使得教师在对某种游戏讲解时难度增大,这要求教师应注意以下几点:

● 讲解位置要合理。首先,教师讲解的位置应能保证班级每名学生都能听得见。其次,应根据游戏形式的不同,采用合理正确的站位。例如:在纵队分组游戏中,教师可站于两队中间讲解,让学生面向教师听讲和观看,切不可站在纵队的前面讲解,尤其是当纵队拉得较长时;在圆周形游戏中,教师可站于圆心讲解;在分组做迎面接力游戏时,教师可站于两条起跑线的中心,左右游动讲解。

● 讲解的语言要精练、准确、清楚、周全。游戏一旦开始,教师尽量不要中断学生的活动。因此,教师在游戏开始前,要尽可能一次性将游戏的方法、规则等充分说清楚,尤其是规则的讲解,一定要周全、准确,防止学生在游戏时因规则的不明确、不周密而降低活动的积极性。此外,游戏的讲解也应注意一定的顺序。可以从游戏名称→游戏方法→游戏组织→游戏规则→游戏奖惩及注意事项等依次讲述。

(2) 体育游戏的示范:这是教师为使学生进一步了解游戏的方法、规则及注意事项等内容而使用的直观教学手段。

游戏的示范应尽量配合游戏的讲解同步或随后进行。这可让学生在理解教师语言讲解的基础上,在脑海中进一步明确游戏的方法,建立起游戏动作的正确表象,有利于学生快速掌握游戏的方法和游戏的动作,顺利地进行游戏。

游戏的示范,可由教师在游戏讲解后亲自演示操作,或者请学生配合教师讲解做示范。当游戏的方法内容要求双人或多人示范时,教师可请课前准备好的学生助手协助配合演示;当游戏的方法内容过于复杂,游戏动作要求较高时,教师还可以自己先示范一次,然后再请各组排头学生试做一次作为教学示范,以提示后面学生如何进行游戏。

体育游戏的素材内容来源广泛,它要求教师要具备精良、娴熟的生活技能和体育运动能力。在动作示范时,要求做到熟练、准确,形象、有趣,充分调动起学生的兴趣,引导他们积极地参与到游戏中来。

3. 体育游戏的裁判和结束工作

虽然,体育游戏是一种无任何功利色彩的身体活动,但是参与其中的学生肯定是认真对待的。因此,体育游戏的进行,要有胜负、成败的裁判,在游戏结束,还要有适度的赏罚措施。

在游戏过程中,无论是教师本人还是请学生担当裁判监督都要做到严肃认真、公正无私,决不能偏袒哪一方。游戏的赏罚,应以一种游戏形式完成,不必太过认真。赏罚的尺度要适宜,掌握好分寸,决不能采用带有侮辱性的惩罚。如让失败学生模仿猪叫、狗叫或叫学生在地上爬行等。

游戏结束后,教师要进行评价和小结。评价应以正面表扬为主,提倡学生向游戏中勇敢顽强、机智敏捷、精诚合作的团队或个人学习。同时,对失败的一方或个人要提出技术建议,鼓励他们争取下次游戏取得成功。

最后,一些有场地、器材道具要求的体育游戏,在游戏结束后,教师要安排学生打扫场地,收拾和归还游戏器材、道具等。

4. 体育游戏中的指导与管理

课中的指导与管理是体育游戏教学的一个重要方面,教师在游戏中应善于及时发现问题,正确指导,妥善处理,以保证游戏的正常进行。

(1) 及时按规则处理犯规现象:犯规是体育游戏中经常出现的现象。由于学生们在做游戏时一般都认为是在玩,因此对于游戏规则并不象对待其他规则那样重视,常有犯规出现。对于游戏中的犯规,如果不及时按规则严格处理,犯规现象就会蔓延开来,致使游戏的裁判无法判决,甚至游戏也无法进行。有经验的教师对于游戏中的犯规从一开始就严格处理,使学生知道"犯规必究",从而养成不轻易犯规的习惯,这对于游戏教学的顺利进行是十分重要的。

(2) 及时制止课中的争吵:在游戏课上,学生们由于自尊心强,又很兴奋,往往控制不了自己的情绪,经常会因为一点小事而争吵,甚至动手打架。对于这一类事件的处理教师应先制止住争吵,设法调和双方矛盾;对于双方各自的说法一般不要表态,需要表态和解决的问题等下课以后再处理。这样就不会因争吵而影响上课。

(3) 立即处理游戏中出现的不安全现象:在做体育游戏时,有时会因为游戏动作的设计不够周密或者因游戏器材出问题,而发生伤害事故。此时教师应果断地停止游戏,直到问题解决后再重新开始。

在做追逐游戏时,如同时有几个班上体育课,要限制学生的追逐范围,以防止学生进入其他班的上课场地,尤其是其他班在上铅球等投掷项目时,更要防止学生因进入投掷场地而被误伤。

(4) 适时地结束游戏:适时地结束游戏应从两个方面来考虑:一是锻炼效果;二是娱乐效果。从锻炼效果来讲,并不是运动负荷量愈大愈好,而是要适可而止。游戏的运动负荷量小了,对学生的锻炼作用不大,但运动负荷量过大,对学生的身体也有损害,并且会影响下面的课程;对于有趣的游戏,学生往往会不顾一切地尽情玩下去,一直到精疲力竭为止。教师应根据课的任务、学生的年龄、体质、气候等各方面的情况适时地结束游戏。从娱乐效果来讲,一方面要考虑学生的兴趣与情绪,但也不要为学生的情绪所左右。在一般的情况下,游戏的次数或时间应按原课时计划执行。如果学生兴趣很浓,情绪很高,在不影响教学任务完成的情况下,可适当增加游戏的次数和时间,但不要做到尽兴为止,而要"留有余味"。否则,以后再做这个游戏,学生就没有兴趣了。

游戏的次数或时间:接力游戏、角力游戏以及集体竞快游戏是以次数计算的,一般是"三局两胜"或"五局三胜",即做三次,有两次比对方快的队胜,如做五次则是三次比对方快的队胜。追逐游戏及其他游戏一般是以时间来计算的,在计时的分队游戏中,教师在组织时要注意各队时间应大致相等。

二、幼儿体育游戏教学的特点

1. 小班体育游戏的特点

3岁幼儿是身体生长发育的初期阶段,体力较弱对行走、奔跑、跳跃、投掷和平衡等基本动作处于初学阶段,许多生活需要的动作还没有正确掌握;游戏过程中活动还不够自如,动作缺乏协调性和准确性;集体观念、组织纪律、相互配合、协调一致的能力还很差;喜欢模仿,但注意力不易集中;对游戏中的动作、角色、情节感兴趣,而游戏的结果则不大注意。因此,小班幼儿体育游戏,动作内容和情节都要简单,角色也少,便于模仿,规则要容易遵守,每个体育游戏中最好只包含一种基本动作,主要角色一般由教师担任。

2. 中班体育游戏的特点

4～5岁的幼儿体力有所增强,动作有了明显的进步,活动也较协调,活泼好动,平衡能力提高,而且有信心完成一定难度的动作;他们的智力进一步发展,空间能力和独立活动能力也有明显提高,能辨别方向,注意力易集中,能控制自己,比较自觉遵守游戏规则;随着活动能力的提高,幼儿对周围生活以及对自然环境的认识领域逐步扩大,使得他们比较喜欢有情节、有角色、有追逐性的游戏。因此,游戏的动作可多样化,可进行攀登,投掷和跳跃动作的游戏,并可增加游戏的竞赛性、规则和角色。

3. 大班体育游戏的特点

5～6岁的幼儿比中班幼儿身体更壮实,体力更充沛,能较熟练地掌握各动作的基本要领,而且动作显得矫健有力,灵活自如。对周围生活已有进一步了解,知识范围更扩大了,观察分析和理解能力有了明显提高,开始具有组织性和控制注意的能力,增强了责任感,喜欢游戏有胜负结果。所以,在这个年龄阶段,竞赛性的追捉游戏可增多,游戏的动作可加多,难度也可增大,游戏中的情节和角色之间的关系可更复杂些,游戏时幼儿可接受语言讲解,并在讲解时可伴随以示范。另外,一些如"踢包算术"、"脚不沾地"等发展体力和智力密切结合的游戏,大班幼儿较为喜欢。

三、小学体育游戏教学的特点

小学生处在儿童期的第二发展阶段,并逐步向少年期发展,这是人体生长发育的又一个关键时期。该年龄阶段的小学生在生理和心理上还保留着学龄前儿童的大部分特征,体力与智力上的开发刚开始,人体的各项生理指标也正处于启动发育阶段。因此,小学体育游戏的教学必须要符合小学生的年龄阶段特征,对游戏教学的内容、形式、方法的选择与安排要有针对性。

1. 教学内容

小学生在学龄前虽然在几年的生活中对于人体基本活动能力的动作有了一定程度的掌握,但由于年龄小,且受到体力与智力上的限制,对一些较为复杂的、较难的动作难以较好的掌握。因此,小学阶段体育游戏的教学,除了锻炼身体、增强体质之外,还有培养基本活动能力的教学目标,并为他们日后掌握生活技能、生产劳动技能以及科学地进行体育锻炼奠定基础。

在安排教学内容时,应以走、跑、跳、投掷、攀登、爬越、钻越、追捕、躲逃等身体基本活动能力的动作为主。在小学高年级的游戏中,可适当采用一些简单的体育运动技术作为游戏的素材。例如,田径的起跑,篮球的传接球、运球,简单的体操动作等。另外,可适当进行力量练习,以提高神经系统对肌肉运动单位的动员能力,改善肌肉协调工作的能力,并为日后的锻炼奠定基础,但强度不宜过大。

2. 教学形式

小学儿童的体育游戏形式变化多样,趣味性较强。由于儿童大脑皮质神经过程的兴奋和抑制不均衡,兴奋点易转移,注意力不易集中,并且在小学儿童的注意形式中,有意注意正开始发展,无意注意还占着主导地位,因此游戏的形式要变化多样、趣味性强,才能将儿童的无意注意指向,引向注意力集中某一指向,使游戏教学取得较好的效果。

在小学低年级的游戏中,还可适当的采用一些具有表演情节的游戏。中、高年级可采用一些具有情节的分队竞赛游戏。这些情节对于该阶段年龄的孩子是具有较强的吸引力的。

小学中、高年级的男孩还特别喜欢那些能表现他们体力、敏捷、机智与主动精神的球类游戏及对抗赛游戏;女孩除喜欢对抗竞赛游戏之外,还特别喜欢一些优美协调的、韵律感强的或者平衡一类动作的游戏。

在教学过程中,教师要注意小学生的这些爱好,适当的投其所好,才会取得较好的教学效果。另外,教师在选用教学形式时,切忌以大人的心理来衡量儿童的爱好,很多在大人看来毫无趣味可言的游戏,但小孩却玩得津津有味。

3. 教学方法

(1) 多采用直观的方法:小学儿童的思维是以形象思维方式为主,抽象逻辑思维发展的水平还较低,年龄越小的孩子越是这样。因此在游戏教学时,应多采用直观的教学方法,这样效果会好些。例如:在使儿童了解游戏的路线时,多采用示范的方法,或采用图解;在讲解的语言上,多采用形象的语言,并要配合一定的手势等。

(2) 语言要生动形象:小学儿童的自我控制能力差,注意力易分散,无意注意比有意注意更能持久与集中。因此,在儿童的游戏教学中讲解应简短,只要能使儿童明白游戏的做法就行了。讲解的方式也要适合于儿童的年龄特点,要生动形象,多采用启发式、提问式的方法,以促使儿童开动脑筋,在游戏中开发他们的智力,同时也有助于他们注意力的集中。

4. 教学注意事项

在组织小学儿童做体育游戏时,要注意以下几点:

(1) 不宜采用以下各种练习:一是负重过多的练习及时间较长的静力性练习。儿童的骨骼正处于生长旺盛的时期,骨组织内有机物较多,无机盐较少,骨松质较多,骨密质较薄,骨骼富于弹性,骨的硬度小,不易骨折,但容易发生变形。长时间的站立和负重,容易影响下肢骨的发育,甚至造成下肢骨的弯曲变形及产生扁平脚;二是经常需要憋气,肌肉过分紧张以及运动负荷过大的练习。儿童的心血管系统发育不完善,心缩力弱,心率快,每搏输出量与每分输出量比成年人小,儿童在运动时主要靠增加心率来增加输出量,不适合大运动负荷量的练习。因此,在组织儿童做体育游戏时,运动负荷量不宜过大,时间不宜过长,不宜过多做经常需要憋气的练习、紧张性练习、静力性练习,以免心脏长时间负担过重,得不到恢复,造成心脏过度疲劳甚至损害;三是较长时间的耐力练习。儿童的胸廓狭小,呼吸肌力量弱,呼吸表浅,肺活量较小,呼吸频率较快,在进行激烈运动时,血乳酸含量的增长比成年人明显,说明无氧代谢功能的能力较低。因此,不宜进行时间过长的耐力练习,而应多采用以发展有氧代谢为主的练习。

（2）游戏的规则要少而简单:游戏是一种有规则的娱乐活动,游戏的规则是随着游戏本身的发展而发展的。学龄前幼儿的一些游戏还没有明显的规则,大一点的学龄前儿童的游戏,也只有极简单的规则。学龄期儿童,虽然比学龄前儿童大了几岁,但还是年幼无知,思维理解力还比较低,注意力也容易分散。因此,游戏规则要较简单,这样容易为他们所理解和执行。

【思考与体验】

■ 试比较游戏与体育游戏的异同点,谈谈它们的健身价值。
■ 试举两例体育游戏,剖析一下它们的结构。
■ 试编一个适合幼儿园大班学生的体育游戏。
■ 试在幼儿园中班上一堂以体育游戏为主要教学内容的体育课。

第十七章

显现美妙步伐的运动——体育舞蹈与排舞

【学习要点】

- 体育舞蹈包括国际标准舞和流行交际舞。国际标准舞是国际、国内体育竞赛项目之一,而流行交际舞则是广大群众自娱自乐,进行社交活动和身体锻炼的活动项目
- 街舞是青少年热衷的健身项目,它体现了青少年的活力与健美
- 初步学会排舞的编排及裁判法,并学会完整的成套动作与流行交际舞

第一节 国际标准舞

一、国际标准舞简介

国际标准舞按风格和结构,可分为现代舞(摩登舞)和拉丁舞两大类。按竞赛项目,可分为三类,即现代舞、拉丁舞和团体舞。现代舞包括华尔兹、探戈、狐步、快步和维也纳华尔兹5种舞。拉丁舞包括桑巴、恰恰恰、伦巴、斗牛舞和牛仔舞5种舞。团体舞是现代舞或拉丁舞的混合舞,由8对选手组成,借助音乐的引导,将5种舞蹈在变化莫测的队形中编织出丰富多样的图案,它将音乐、舞姿、队形、图案和选手们的和谐配合融为一体,达到完美的统一,使体育舞蹈的风格特点得到更为鲜明的表现。

二、现代舞(摩登舞)

1. 华尔兹(Waltz)

华尔兹舞亦称圆舞,是现代舞中历史最悠久、生命力最强的舞蹈形式。"华尔兹"一词最初来自德文 Walzel,意思是"滚动"、"旋转"或"滑动"。3/4拍的圆舞早在12世纪的德国巴伐利亚和奥地利维也纳地区的农民中流行,17世纪进入维也纳宫廷,18世纪被誉为"欧洲宫廷舞之王"。19世纪初传入美国波士顿,20世纪重返欧洲,并以新的"慢华尔兹"的形式席卷欧洲大陆。

音乐使华尔兹更为完美,莫扎特、肖邦、柴可夫斯基、施特劳斯等音乐大师都创作了不朽的华尔兹舞曲,尤其是施特劳斯,他使华尔兹成为"舞蹈之王"。

华尔兹的风格特点是庄重典雅、华丽多彩。其动作流畅起伏、婉转多变;舞姿飘逸优美、文静柔和。舞蹈时,男伴似王子气宇轩昂,女伴似公主温文尔雅、雍容大方。华尔兹音乐3/4节拍,节奏中等,每分钟28~30小节。

2. 探戈(Tango)

探戈舞起源于非洲中西部的民间舞蹈探戈诺布。16世纪末~17世纪初,随着贩卖黑人进入美洲,融合了美洲民间舞蹈风格,形成了舞姿优雅洒脱的墨西哥探戈和舞姿挺拔、舞步焕发健美的阿根廷探戈。随后传入欧洲,融汇欧洲民间舞蹈,尤其是受西班牙民间舞

蹈的影响,在原有豪放洒脱的基础上,渗入了幽雅含蓄的情趣,形成了西班牙探戈、意大利探戈和英国皇家式探戈。现在跳的探戈大家称之为欧洲闪式探戈。

探戈舞综合了世界各种探戈舞的精华,以其刚劲挺拔,潇洒豪放的风格和独有的魅力征服了舞坛。人称19世纪是华尔兹的时代,20世纪是探戈的时代。

探戈舞步独树一帜,斜行横进,步步为营,俗称"蟹行猫步"。探戈动作刚劲锐利,欲进又退,欲退还前,动静快慢,错落有致,沉稳中见奔放,闪烁中显顿挫。

探戈音乐速度中庸,气氛肃穆,以切分为主,听之铿锵有声,振奋精神。

3. 狐步舞(Slow Foxtrot)

狐步舞起源于美国黑人舞蹈。1914年夏,美国演员哈利·福克斯模仿马在慢步行走时的动作,并设计了一种舞蹈形式,迅速在全美风行。人们因此称狐步为福克斯。现在国际上跳的狐步舞是英国的约瑟芬·宾莉改编的。

狐步舞的风格特点除具有华尔兹的典雅大方、舒展流畅、轻盈飘逸之外,更具有狐步舞独有的平稳大方、悠闲自在、从容恬适的韵味。

狐步舞的舞步轻柔、圆滑、流畅,方位多变且不并步。在动作衔接中呈现出降中有升,升中有降的线行流动状。

狐步舞音乐4/4拍,速度中庸,节奏明快,情绪幽静而文雅,基本节奏与探戈相反,是慢快快(SQQ)。

4. 快步舞(Quick Step)

快步舞是从美国民间舞"P、E、E、P BODY"改编而成,早期快步舞吸收了快狐步动作,后又引入芭蕾的小动作,使动作更显轻快灵活。

快步舞的风格特点是轻松活泼,富于激情。舞步洒脱自由,饱含动力感和表现力。

快步舞音乐4/4拍,每分钟50小节,基本节奏是慢慢快快(SSQQ),慢快快慢(SQQS)。

5. 维也纳华尔兹(Viennese Waltz)

维也纳华尔兹起源于奥地利北部山区农民舞,是历史最悠久的舞蹈。维也纳华尔兹舞的风格特点是动作舒展大方,连绵起伏,节奏清晰,旋律活泼,动作优美;舞步轻快流畅,旋转性强。

维也纳华尔兹舞的音乐是3/4拍,每分钟60小节。在比赛中常放在第5个舞种进行,要求选手有充沛的体力才能从容地完成。

三、拉丁舞

1. 桑巴(Samba)

桑巴舞是从巴西农村的摇摆桑巴舞传入城市演变而来的,后在里约热内卢狂欢节上公开表演后,以它微妙的节奏和强烈的感情倾倒了巴西人,逐步形成为巴西的民族舞,是巴西音乐和舞蹈的灵魂。20世纪20~30年代桑巴舞传入欧美。桑巴舞的风格特点是创作粗犷,起伏强烈,舞步奔放、敏捷,富有强烈的感染力。由于它在移动时沿舞程线绕场进行,因此它是拉丁舞中行进性的舞蹈。桑巴舞音乐2/4拍,每分钟48~56小节。

2. 恰恰恰(Cha-Cha-Cha)

恰恰恰舞是由非洲传入拉美,后在古巴获得很大发展,它是模仿企鹅姿态创编的舞蹈;在动作编排上一反男子领舞的习惯,男、女动作不求统一整齐,且多半是男子随后。恰恰恰舞的音乐曲调欢快有趣,4/4拍。每分钟29~32小节。4拍跳5步SQQS(2、3、4&1)恰恰恰由于名称动听,节奏欢快易记,邦伐斯鼓和沙球的吟吟沙沙声与动作相吻合,舞蹈又有诙谐、花俏的风格,所以倍受欢迎,是拉丁舞中最流行的舞蹈。

3. 伦巴(Rumba)

现代伦巴舞是由古巴舞蹈吸收16世纪非洲黑人舞蹈和西班牙"波莱罗"舞蹈逐渐完善。舞蹈动作曾受雄鸡走路启发。20世纪20~50年代又受美国爵士乐和舞蹈的影响,风行欧洲。

伦巴舞的音乐缠绵、浪漫,舞蹈风格柔媚、抒情,是表现爱情的舞蹈,与其它拉丁舞不同的特点是在舞步运行中,髋部富有魅力地扭摆,上身自由舒展,在抑扬的韵律节奏下,具有文静、含蓄、柔媚的风格,更加展示了女性婀娜多姿的美态。伦巴舞因在拉丁舞中历史悠久,舞型成熟和它那异国情调的独特风格,被誉为"拉丁舞之魂"。伦巴舞音乐4/4拍。4拍走3步,每分钟27小节。

4. 斗牛舞(Paso Doble)

斗牛舞起源于西班牙,是模仿西班牙斗牛士动作,由西班牙风格的进行曲伴舞的一种拉丁舞。在舞蹈中,男士象征斗牛士,女士象征斗牛士的斗篷,因此,舞蹈应表现出男子强壮英武和豪迈昂扬的气概。斗牛舞音乐2/4拍,每分钟60小节,一拍跳一步。斗牛舞特色鲜明,风格迷人。

5. 牛仔舞(Jive)

牛仔舞原是美国西部,20世纪20、30年代盛行的牛仔舞蹈,舞步带有踢踏动作。节奏快速兴奋,动作粗犷,带有举持舞伴和甩动的技巧,是表现牧人强健体魄和自由奔放情绪的舞蹈,具有独特的魅力。后经规范进入社交界和表演舞范畴。二次大战期间传入英国,获得迅速推广。牛仔舞音乐4/4拍,每分钟40小节,舞曲欢快,有跃动感,舞步丰富多变,其强烈的扭摆和连续快速的旋转,常使人眼花缭乱,亢奋热烈。

四、流行交际舞

1. 舞会的礼节

交际舞具有广泛的社会功能,是社会交往的一种有益方式,男女结伴在美妙悦耳的乐曲伴奏下做同一种相同节奏运动,在和谐的旋律与节奏中增进友谊,加深了解,同时还可以培养人们各方面的能力和修养,如风度、礼节、语言和智慧等。特别是能使人学会在与异性的接触中如何彼此尊重、信任,做到落落大方、彬彬有礼,增强人们的文化修养。

在参加舞会时,要衣着整洁大方,女伴最好穿颜色活泼,鲜艳或素雅的裙装,不要穿灰暗的与舞会气氛不符的服装。在生活中,我们要讲究语言和行为的适当,在舞会中更要如此,要用"您好"、"请您跳个舞行吗"、"谢谢"、"对不起"、"我太累了"、"请原谅"、"没关系"等文明的语言。切不可大声喧哗,或是在跳舞过程中说得没完没了,更不可以用粗野的语言。也不可以用手指来指去、招手、或硬拉人的手请人跳舞。如果你是男士想请人跳舞,当音乐一响,你应有礼貌地走到女士的左侧前方或右侧前方,自然地伸出右手或左手,手掌心向上,手臂微指向舞池,做出一种"请"的姿势,向对方行一个15°左右的点头礼,和气地说一声:"请您跳个舞,行吗?"邀舞时不可站在被邀者正面发出邀请,以免挡住对方的视线。被邀请的一方应该面朝邀舞者微笑着点头,答声"谢谢"随即起立,同邀请方进舞池。

被邀请者如果实在不愿跳,可以说:"对不起,我太累了。"被邀者切不可在谢绝了一个人的邀请后马上又应另一个人的邀请,这是非常不礼貌的。一曲终了,请舞者与被请舞者要互相道声"谢谢",男士应把舞伴送回原坐,等对方坐定后,方可离开。

2. 慢三步舞

慢三步舞以旋转为主配合其它舞步花样,舞姿起伏回旋,柔和舒展,高雅流畅。几乎在所有比赛中慢三步舞均被列为首选舞。

慢三步舞以 3/4 拍的乐曲为舞曲,每小节有 3 拍,节奏为:强→次强→弱,形成一种自然波浪起伏的状态,每步占一拍,一个小节跳三步,第一步落在强的一拍上。这样才能使舞步与音乐和谐、融合为一体。迈第一步,左脚后跟柔和地先着地,步幅大,重心低。第二步、第三步,重心逐渐升高,前脚掌着地。运行呈波浪起伏状态。

(1) 正面直进、直退,见图 17-1,并见表 17-1。
(2) 方步,见图 17-2,并见表 17-2。

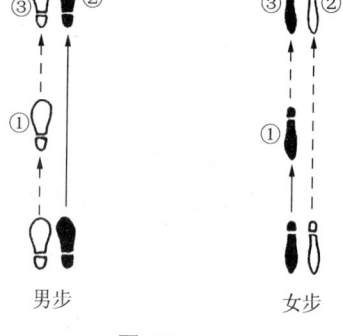

图 17-1

表 17-1 直进步

步序	男	节奏	女
1	左脚向前进一大步,重心移到左脚上	强	右脚向后退一大步,重心移到右脚上
2	右脚向前进一步,重心移到右脚上	次强	左脚向后退一步,重心移到左脚上
3	左脚向前进一步,重心移到左脚上。如第3步并步时左脚向右脚并步,重心右移,不并步左脚继续向前进步,重心移到左脚上	弱	右脚向后退一步,重心移到右脚上,女伴动作与男伴第3步相适应

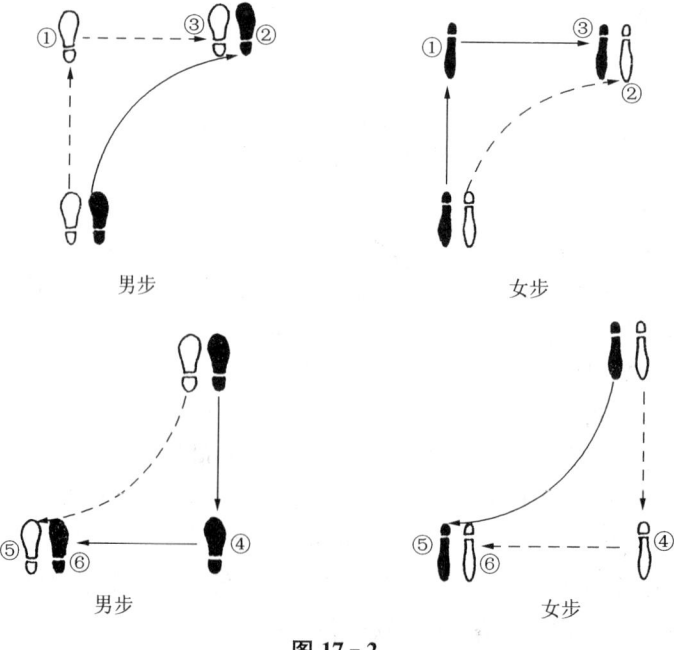

图 17-2

表 17-2　方步

步序	男	节奏	女
1	左脚向前进一大步，重心移到左脚上	强	左脚向后退一大步，重心移到右脚上
2	右脚向前向侧划一个弧进一步，重心移到右脚上	次强	左脚向后向侧划一弧退一步，重心移到左脚上
3	左脚向右脚靠拢，重心移到左脚上	弱	右脚向左脚靠拢，重心左移形成正步
4	右脚向后退一大步，重心移到右脚上	强	左脚向前进一步，重心移到左脚上
5	左脚向后向侧退一步，重心移到左脚上	次强	右脚向前向侧进一步，重心移到右脚上
6	右脚向左脚靠拢，形成正步闭式舞姿，重心移到右脚上	弱	左脚向右脚靠拢并形成正步，闭式舞姿，重心移到左脚上

3. 慢四步舞

慢四步舞的行进速度比较缓慢，给人以稳健、深沉、悠闲之感。由于它的舞步节奏有慢与快的变化，特别是在连续跳快快拍的花步动作时，更令人觉得稳健中有活泼、深沉中含朝气，悠闲而不松懈。慢四步舞节奏鲜明、步伐简练，每个小节的起步都固定在一只脚上，即男伴出左脚，女伴退右脚。学慢四步舞应特别注意，在运步过程中始终保持庄重（身体不能左右摇摆），身体重心移动趋于平稳。慢四步舞在我国是大家比较喜爱的交谊舞之一。

慢四步舞的舞步节奏，一般为慢、慢、快、快。每个慢步占两拍，每个快步占一拍，所以一个完整慢四步的舞步共需六拍完成，慢四步的起步是固定不变的，男伴以左脚先起步，左右脚轮换出步，男步迈步顺序为：左脚→右脚→左脚→右脚；女伴以右脚先退步，出脚顺序与男伴相反。

（1）直进步与直退步，见图 17-3，并见表 17-3。

预备姿势：闭合式舞姿。

表 17-3　直进步

步序	男	节奏	女
1	左脚向前进一步，重心移到左脚上	慢	右脚向后退一步，重心移到右脚上
2	右脚向前进一步，重心移到右脚上	慢	左脚向后退一步，重心移到左脚上
3	左脚向前进一步，重心移到左脚上	快	右脚向后退一步，重心移到右脚上
4	右脚向前进一步，重心移到右脚上	快	左脚向后退一步，重心移到左脚上

直退步与直进步其舞步基本相同，方向相反。

（2）横步：从步位开始，左脚向左侧横迈一步（步不要太大，大约与肩同宽），重心移到左脚上，左膝基本上处于伸直状态，右脚用半脚掌在左脚侧着地（左、右脚移动时，不要太高，基本上是擦地而过）。

（3）并步：向前并步。将身后的那一条腿向前支撑腿靠拢成正步位置。

向后并步：将身前的那一条腿向后支撑腿靠拢成正步位置。

向侧并步：将旁边的腿向支撑腿靠拢，成正步位置。

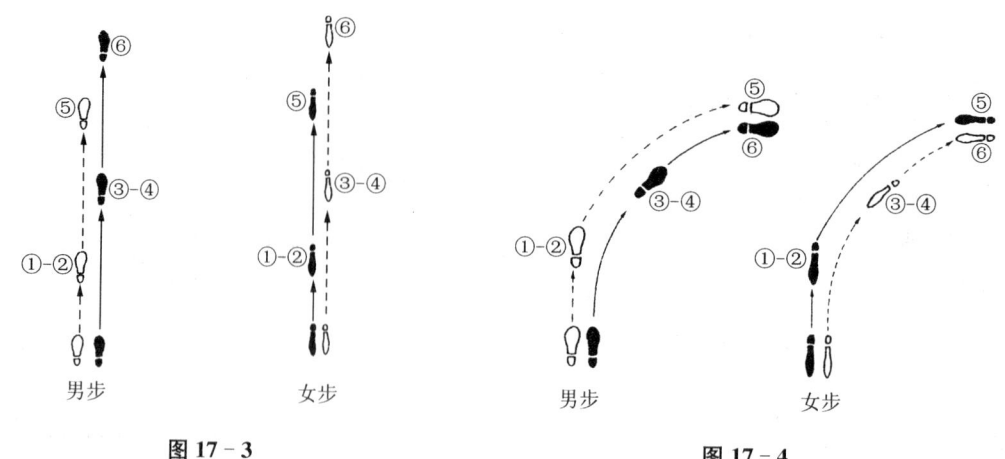

图 17-3　　　　　　　　　　　　图 17-4

（4）弧线向右转体 90°，见图 17-4，并见表 17-4。

表 17-4　弧线向右转体 90°

步序	男	节奏	女
1	左脚向前进一横步，重心移到左脚上	慢	右脚向后退一步，重心移到右脚上
2	右脚向前进一步，同时右转体 90°，重心移到右脚上	慢	左脚向后退一横步，同时右转体 90°，重心移到左脚上。
3	左脚向前进一步，重心移到左脚上	快	右脚向后退一步，重心移到右脚上
4	右脚向前进一步，重心移到右脚上	快	左脚向后退一步，重心移到左脚上

注：在跳第 2 步时，男右手和左手暗示右转体，并控制转体角度。

（5）弧线向左转体 90°：动作与弧线向右转体基本相同，但第 2 步时向左转体（图 17-5）。

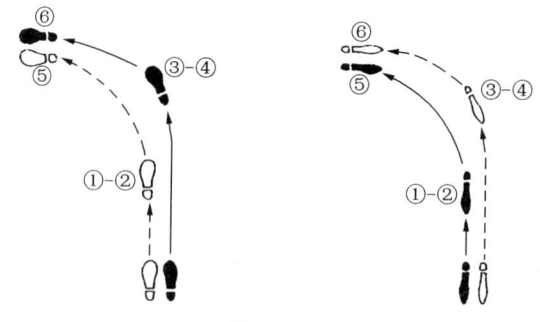

图 17-5

注：男在女伴肩胛骨下缘的右手轻放，左手同时向引带的方向引导。

第二节 街 舞

一、街舞简介

街舞（Hip-HopDance）是美国黑人由一种发泄情绪的运动演绎成的街边文化，它热情奔放、不拘一格。它的动作是由各种走、跑、跳及其变化，以及头、颈、肩、上肢、躯干等关节的屈伸、转动、绕环、摆振、波浪形扭动等连贯组合而成的。在舞动时，肢体动作较其他舞蹈夸张。最吸引人之处，就是以全身的活力带来热情澎湃的感觉。它是一种中低强度的有氧运动，有良好的健身塑体的作用。

街舞起源于美国纽约，是爵士舞发展到20世纪90年代的产物，最早的爵士乐和爵士舞是由非洲奴隶带到美国的。在第一次世界大战末期，爵士舞逐渐地发展起来。在经历了20世纪三四十年代的却尔斯登舞、摇滚狂舞，五六十年代的摇摆舞、队列舞，70年代的迪斯科舞，80年代的太空舞，到90年代，最耀眼的爵士舞已发展成今天的街舞。

街舞在英文中被称作Hip-HopDance。Hip-Hop的真正含义不仅是街舞，更是一个文化概念。从字面上来看，Hip是臀部，Hop是跳跃。从它的中文名子和英文名子便可以理解：在街边随着音乐的节奏或者干脆不要音乐，摆动自己的身体，是一件轻松、放纵、愉快的事情。街舞所要表达的是对一切都无所谓：无论是眼前的人群，还是跳舞的地点——只要是一块独立的、不妨碍别人的空地，如路边、广场、楼顶、舞厅、家中庭院、客厅等皆可以用于发泄情绪、愉悦身体。

街舞经过日本、韩国，辗转来到中国。在中国，街舞作为一种健身练习方式，最先是由北京体育大学孟宪军于1995年引入的。他舍去了街舞中难度较大、较有危险的地面动作，吸取了健美操中的有氧练习，使跳街舞者既能释放激情、体现活力，又能达到健身安全的效果，形成了中国式的街舞。中国式的街舞可以在街上跳，更多的是被人们作为健身房里的一项健身项目而选用。对此，虽然有争议，但并不影响人们学习街舞的激情。

1. 街舞的服饰

大的T恤、拖地的多兜裤、棒球帽、紧身背心、运动鞋。在追求时尚个性化的同时，不要忽视美观。如果穿着不适合你，让别人看上去只是感到你"怪"，但并不感到你美。

2. 街舞的音乐

可以选择一些适应Hip-Hop节奏特点的音乐，并可以随意舞动几下试试音乐与动作节奏是否合适。

3. 街舞的专用名词解读

Breaking：头顶地倒立。

大风车：以头为支点，利用头、颈、肩、腰的力量将双脚旋转起来。

Locking：像上足发条的玩具，当发条转到头时的停顿。

Poping：肌肉、关节的瞬间停顿。

Horse：各种漂亮的脚上动作，并带动身体旋转。

Updown：这个动作在街舞中非常重要，是根据对节奏向上或向下的理解，确定重力的所在，从而协调各部分的动作。

二、街舞练习

练街舞时通常要先做热身活动,将身体的各个关节、韧带,尤其是膝、踝关节要充分活动开,以免跳动时损伤,而后进入一定强度和时间的练习。初学街舞时,切不可一下子就加大运动量,要循序渐进,最后采用各种拉伸练习使身体放松。

跳街舞时最适宜的运动强度可以通过下列公式计算出来,即:(220－年龄)×(60%～75%)。

1. 六步基本动作

第一步:尽量让音乐放大声,跟着音乐的"咚哒"节奏练习肩部,只上下前后抖动肩部是最重要的感觉部分。

第二步:继续上一步骤,练习您的腿膝部的上下弹性。

第三步:跟着音乐练习左右腿一步一步向后退,同时也可练习向前进。

第四步:练习手关节的柔软性(像波浪一样从手指尖到您的肩膀,左右手都要练)。

第五步:练习脚尖。跟随音乐练习只用脚尖来走步,用您的脚尖前后左右弹跳。这样一来您的感觉也会更上一层楼。在练习此步骤时您一定要注意,不要让全部脚平面都搭地。

第六步:结合以上的所有步骤随意的摇摆您的全身。

2. 常见街舞技巧动作

(1) 大风车:大风车是霹雳舞动作中比较基本的动作,做大风车时不能让背着地(图17－6)。

图 17－6 作大风车动作

动作一:把左手放在腹部下面,然后把右腿向你左耳的方向拉,左脚在一个水平面上使劲踢出后使身体向右快速转动。

动作二:在两条腿上使劲,促使动作固定。

动作三:跟第一个动作很像,以两手做支撑点把右腿和左腿按一先一后的顺序向一个方向转动。要注意头部的安全。

动作四:利用腿部和腰部的力量回转身体,反复以上动作。

练习中常见的问题:起步时常摔倒是因为你起步时腰没抬高,着地点太低而导致成的;再接圈时脚会碰到地板是因为你腰没抬高,然后再接圈时身体必须比脚先转到半圈,才能接。

练习风车的关键:腰要抬高;起步时脚要用力扫;起步手放开的时机要对;转风车时切记脚一定要张得很开不能闭合。

(2) 托马斯:双脚张开成大字形,然后左手伸直撑地,左脚用力往右脚脚跟的方向扫,右脚朝头的方向用力踢高,同时左脚也必须往头的方向用力踢高,使两只手撑着地面,双脚腾空,腰往前挺直,然后左脚继续保持在空中,右脚往斜后方拉回原来右脚起步的方向,左手远离地面仅剩右手撑住整个身体(图 17-7)。

练习的要点:要有一定的臂力,脚扫地的力量和腰力要足够大;脚要有画圆的感觉;要掌握好换手的时间。

(3) 无限头转:无限头转是在做动作时看着自己所转方向的脚跟(图 17-8)。

图 17-7　托马斯动作　　　　　图 17-8　无限头转动作

练习的要点:固定腰部,将身体以垂直的角度转动,并保持好身体的重心;以不失重心为目标,使腰部延人体纵轴转动;转完一圈后用双手重新找回重心,在不断地增加回转圈数的同时注意速度;随着回转速度的加快,在重心平稳的同时放开双手。要以腰和腿平衡重心;弓腰,力用在脖子上,把腿慢慢往下拉,用手抓住腿,注意把握重心。

(4) 1990 双手转:1990(Nineteen ninety)双手转,意思是把地球举起来转,是霹雳舞动作之一,把支撑手一侧的肩膀用力挺直(图 17-9)。

练习的要点:为了回转身体,在准备时就要转动身体;为了让身体倒立,所以右手要靠近左脚,而后让左脚向上;左手在适当的时候要调整位置,把右腿向后上方提起后做出树一样的动作;把分叉的腿回收,用左肩支撑身体后,使身体和腿部转动。

图 17-9　1990 双手转动

三、街舞的编排

1. 动作组合原则

编排动作要合理,动作的难度要循序渐进,要保持有氧运动,杜绝猛烈突然的动作。

2. 六大技巧

技巧一:难度选定。要选择自己有十分把握完成的难度动作,切记不要单纯求难。

技巧二:了解音乐。要清楚自己选择的音乐要表达的是什么样的情节。

技巧三:分析音乐。要把音乐分成主旋律、副旋律、过渡等不同的段落。

技巧四:路线设计。编排操化前,先把要出现的路线或队型设计出来。

技巧五:步伐设计。有了明确的路线,步伐则可根据路线的方向来选择。

技巧六:手臂设计。步伐设计把成套框架组成起来之后,用手臂操化来体现音乐的情绪。例如,主旋高潮时,手臂操化设计可选用放射性的动作或难度动作等。

四、街舞比赛的评分

1. 自由式(Freestyle)的评分标准

编排分 25、难度分 25、音乐分 20、整体协调分 20、服装分 10。

2. 劲舞(Battle)的评分标准

编排分 20、难度分 40、创意分 20、现场发挥分 10、礼仪分 10。

两组比赛满分均为 100 分,附加裁判评语作为参考。比赛结果为各位裁判的平均分,均分高者名次列前。

第三节 校园集体舞

①

一、校园集体舞简介

校园集体舞是一种普及型的体育舞蹈,它的形式有多人共同表演的群舞或以男女为伴的步行式的对舞、圈舞、行列舞。是适合于青少年学生参加的一项有益的集体体育活动。

校园集体舞舞蹈动作由基本舞步(如弹跳步、踏点步、并步、横跨步、华尔兹步等)、手臂动作(如击掌、拉手、背手、搭手、搭肩等)和身体配合(如鞠躬、转体、倾斜、拧身、翻身等)组成。舞蹈时,一般有相配套的乐曲或歌曲伴奏。

校园集体舞一般是双人配合跳舞,舞伴可以是同性,也可以是异性;舞伴可以是固定的,也可以交换的,或者是临时寻找的。舞蹈中,对待舞伴要有风度,有礼貌。男生要有绅士风度,彬彬有礼;女生要显高贵典雅,落落大方。

参加校园集体舞活动,有益于青少年的健康成长。科学试验证实,学生参加一次校园集体舞活动,平均心率可达到 120~170 次/分钟,是一次很有价值的有氧锻炼。经常参加校园集体舞活动,能促使学生身体各内脏器官的健康发育;身体的姿态优美;骨骼、肌肉得

---

① 第一套全国中小学校园集体舞(小学),视频链接网页来源于酷 6 网。

到增强；身体的灵活性、协调性、节奏感和韵律感得到提高。通过校园集体舞活动,能让学生感受美、感受爱、感受团结、感受友谊、感受集体和谐,还能培养学生高雅的气质、风度以及互帮互助和团结协作的精神(图 17-10)。

图 17-10

为促进青少年学生健康成长、全面发展,教育部组织创编了《第一套全国中小学校园集体舞》,已经于 2007 年 9 月 1 日新学期开始,在全国中小学校全面推广,其中男女生手拉手共跳的华尔兹舞成为高中学生的指定舞蹈。其中高中组的《青春风采》、《校园华尔兹》正适合我们高师学生学习和锻炼。小学组的《好朋友》、《阳光校园》、《小白船》可作为职业培训的教材进行学习。

二、《青春风采》

1. 舞蹈的风格和特点

《青春风采》舞蹈轻松、愉快、节奏鲜明,吸纳了不同民族舞蹈的文化精华和富有美感的舞蹈动作元素。通过舞蹈的文化内涵唤起心中的美感,在跳动中释放着自己的青春热情,展示出积极向上的精神风貌与学习热情。

2. 舞蹈的基本动作

舞蹈的基本动作分为脚的基本动作、手的基本动作和身体的基本动作。

(1) 脚的基本动作:

- 自然位。双脚脚跟并拢,脚尖向外自然打开,双腿直立。
- 跳点步。双脚原地跳落同时左右脚向两侧交叉点地。
- 向后分踏步。双脚原地起跳,同时右脚向后分落,左脚向前分落,身体重心在一拍内由后移到前。
- 原地踏步。左右脚交替在原地抬落,膝盖前屈 45°,左脚为先,一拍一动。
- 行进踏步。左右脚交替抬落行走,膝盖前屈 45°,一拍走一步,左脚先行。

(2) 手的基本动作:

- 自然位。双臂体侧自然下垂。
- 击掌。双手掌心向外与对方拍击。
- 男生邀请手位。双手从身体前方由内向外,掌心向上伸出邀请。
- 女生搭手手位。双手从身体前方自然抬起,掌心向下与男生搭手。
- 拉手。男生掌心向上,女生掌心向下,男女手自然向握。

● 背手。手自然贴于身后腰部,五指并拢,掌心向外。

(3) 身体的基本动作:

● 直立(准备动作)。目视对方,抬头、挺胸、立腰、拔背、压肩、提胯。

● 翻身(男女双人配合)。男、女生双手体侧平伸拉手,女生右手向上撩,身体随手向右翻转一圈,左手盖手,翻转后双手形成胸前交叉拉手。

● 钻转身(男女四人配合)。男、女生四人面对面手拉手,两人原地踏步,另两人行进踏步拉手钻出前两人之间的搭手之圈外,同时两人原地踏步向外转身180°,拉手自下而上交叉落胸前,再按照原路线反向动作踏步退回原位。

(4) 学习要点:加强身体协调能力的锻炼;培养自身的乐感和节奏感;分解学习脚部动作、手臂动作、身体动作,然后与舞伴配合练习;注意掌握好音乐的节奏和身体的方位。

三、《校园华尔兹》

1. 舞蹈的风格和特点

《校园华尔兹》选用舒适而浪漫的、优美而流畅的华尔兹音乐,给人以舞蹈美和音乐美的体验。这种体验能增进对社交礼仪知识的了解和认识;培养大方优雅的气质和健康、挺拔的体态。《校园华尔兹》的舞蹈动作注重协调配合,上身直立挺拔,脚下起伏流畅,女同学高贵典雅,男同学绅士翩翩,之间彼此默契,相互尊重。

《校园华尔兹》是华尔兹三拍子节奏的舞蹈,旋律优美、节奏显明。用流动的长步、左右晃动的荡步,结合旋转等动作,构成了《校园华尔兹》的基本结构特点。

2. 舞蹈的基本动作

(1) 脚的基本动作:

● 男生横跨步、并步。右脚向右旁横跨,左脚并右脚成自然位。

● 男生撤步、并步。右脚向后退步,左脚并右脚成自然位。

● 女生上步、并步。左脚向前上步,右脚并左脚成自然位。

● 华尔兹横并步。右脚用脚掌向左前方迈出,左脚并上;左脚用脚掌向右前方迈出,右脚并上。

● 华尔兹荡步。原地左右脚交替进退,走下弧路线。

● 华尔兹长步。左右脚交替用脚掌向前迈出,前行。

● 正步。双脚平行站立。

● 半脚尖。脚跟离地,脚掌支立。

(2) 手的基本动作:

● 男生行礼邀请。左手背手,右臂抬起向上划弧线,右手放回左肋位置,再向前伸出,掌心向上,邀请女生。

● 女生行礼搭手。左手向旁,右手向前自然抬起,右手自然搭在男生右手掌中。

● 单手合掌。男、女生手指尖向上,掌心相对,于胸前上方合在一起。

● 背手。双手或单手放于体后腰部,掌心向外,五指并拢。

● 搭手。女生五指并拢自然放在男生掌心位。

● 拉手。男生掌心向上,女生掌心向下,自然相握。

● 向外伸展。手臂在体侧上方伸出。

(3) 身体基本动作:
- 男生行礼。目视对方,后背直立,身体前倾 45°,侧点头微笑。
- 女生行礼。目视对方,后背直立,身体前倾 25°,侧点头微笑。
- 华尔兹基本体态。直立挺拔,男生身体微微后倾,女生胸部微微上仰,头随身体自然转动,男、女生对视。

(4) 学习要点:学习社交舞蹈的文化背景和礼仪知识;舞蹈时姿态要美,男生要有绅士风度,女生要落落大方;学习好舞蹈的基本动作,特别是要反复练习好华尔兹长步;华尔兹舞一般都采用 3/4 拍的音乐伴奏,舞蹈前要熟悉伴奏音乐的旋律;学习步骤一般先学单个动作,再学完整动作;先练习脚步动作和学手臂动作,再练习身体动作和行礼动作。

第四节 排 舞

一、排舞简介

排舞属于全球化健身运动类别的一个分支,英文叫 Line dance。Line 就是排和线的意思,dance 是舞蹈。翻译过来就是排成排跳的舞蹈。它起源于美国 20 世纪 70 年代的 Western Country Dance(西部乡村舞蹈)。排舞既可以集体共舞,又可以个人独享,形式多样,丰富多彩。

排舞是将健身性、娱乐性、观赏性、趣味性和群众性等融为一体的运动形式,并与现代生活方式密切相关,目前这项运动在世界上已被列在几大最具健身性项目的首位。

二、排舞的基本术语及分类

排舞术语是排舞理论和技术等方面的专门用语。它以简明、扼要的词汇,准确而又形象地反应出排舞的舞步形式和技术特征。排舞术语是在排舞的演变和发展过程中不断完善的,它来自排舞实践又指导排舞实践,是排舞教学、交流不可缺少的工具。

1. 动作方向术语

动作方向是指人体或人体某一部分运动的指向或位置。为了正确的辨别身体方向和检查动作旋转的角度,方便理解和记忆套路动作,国际排舞协会以时钟的方向作为运动方向。因此,动作方向的参照体前者是时钟,后者是人体(图 17-11)。

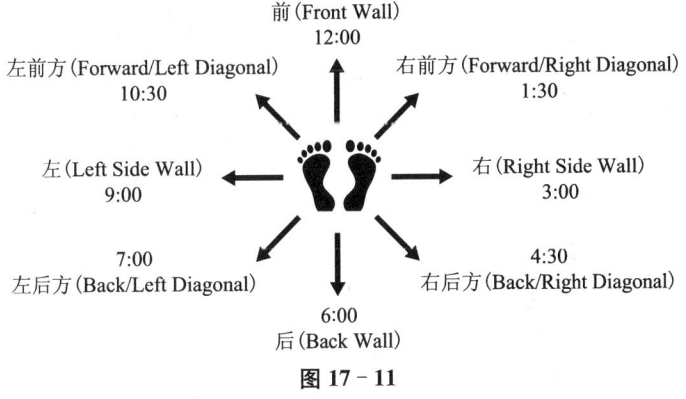

图 17-11

(1) 时钟 12:00 钟方向：人体直立时胸部所对的方向。
(2) 时钟 3:00 钟方向：人体直立时右肩所对的方向。
(3) 时钟 9:00 钟方向：人体直立时左肩所对的方向。
(4) 时钟 6:00 钟方向：人体直立时背部所对的方向。
(5) 顺时针方向：按时钟的 12:00、3:00、6:00、9:00 钟方向依次完成动作的方法。
(6) 逆时针方向：按时钟的 12:00、9:00、6:00、3:00 钟方向依次完成动作的方法。

2. 排舞基本名词术语（中英文）

排舞 Line Dance	编舞者 Choreographer	音乐名 Music	演唱者 Singer
每分钟拍数 BPN	拍子 Count	方向、遍 Wall	舞蹈水平 Level
初级 Beginner	中级 Intermediate	高级 Advance	前奏、介绍 Count In/Intro
开始 Start	舞蹈顺序 Sequence	小节、章节 Section	段落、部分 Part
结束 End	间奏 Tag/Bridge	重头开始 Restart	重复 Repeat
步伐 Step	脚 Foot(Ft)	右脚 Right(Rf)	左脚 Left(Lf)
脚尖 Toe	脚跟 Heel	归位 Home	原地 In Place
前面 Front	后面 Back	侧面 Side	斜角 Diagonal
头 Head	手 Hand	面向 Face	膝盖 Knee
切分音 Syncopated	顺时针 Clockwise(CW)	逆时针 Counter-Clockwise(CCW)	

3. 排舞动作术语（Standing Step）

刷地 Brush/Scuff	退 Back	击掌 Clap	交叉 Cross	拖步 Drag
扇步 Fan	进 Forward	轻弹 Flick	跟弹 Heel Bounce	跟点 Heel Dig
跟磨 Heel Grind	跟开 Heel Split	跟拍 Heel Tap	顶髋 Hip Bump	抬、吸起 Hitch
停顿 Hold/Freeze	勾提 Hook	单足跳 Hop	跳 Jump	踢 Kick
提起 Lift	锁步 Lock	弓步 Lunge	点 Point	抖肩 Shimmy

滑冰步 Skate	滑步 Slide	踏步 Stomp	摇摆 Sway	扫步 Sweep
旋步 Swivel	踢踏步 Tap	触点 Touch	并步 Together	转 Turn
扭转 Twist				

4. 排舞步伐术语（Traveling Step）

编号	舞步名称	节拍	基本类型	舞步描述
1*	抛锚\支撑步 Anchor Step	1&2	右抛锚\支撑步 Right Anchor Step	1. 右脚退，& 左脚前踏 2. 右脚后踏
			左抛锚\支撑步 Right Anchor Step	1. 左脚退，& 右脚前踏 2. 左脚后踏
2*	苹果杰克 Apple Jack	1&2&	苹果杰克 Apple Jack	1. 左脚尖向左同时右脚跟向右，& 复原 2. 左脚跟向左同时右脚尖向右，& 复原
3***	平衡步 Balance Step (Waltz)	123	右前进平衡步 R Forward Balance	1. 右脚进，2. 左脚并步，3. 右脚原地踏
			左前进平衡步 R Forward Balance	1. 左脚进，2. 右脚并步，3. 左脚原地踏
			右后退平衡步 R Back Balance	1. 右脚退，2. 左脚并步，3. 右脚原地踏
			左后退平衡步 R Back Balance	1. 左脚退，2. 右脚并步，3. 左脚原地踏
4***	恰恰步 Cha Cha Cha Shuffle Chasse	1&2	进恰恰 Forward Shuffle	1. 右脚进 &. 左脚并步，2. 右脚进
			退恰恰 Back Shuffle	1. 右脚退 &. 左脚并步，2. 右脚退
			左恰恰 Left Chasse	1. 左脚侧步 &. 右脚并步，2. 左脚侧步
			右恰恰 Right Chasse	1. 右脚侧步 &. 左脚并步，2. 右脚侧步
5**	查尔斯顿步 Charleston	1~4	查尔斯顿步 Charleston Step	1. 右脚进，2. 左脚前点，3. 右脚退，4. 右脚后点
			查尔斯踢步 Charleston Kick	1. 右脚进，2. 左脚前踢，3. 右脚退，4. 右脚后点

续 表

编号	舞步名称	节拍	基本类型	舞步描述
6***	海岸步 Coaster Step	1&2	右海岸步 R Coaster Step	1.右脚退,&.左脚并步,2.右脚进
			左海岸步 R Coaster Step	1.左脚退,&.右脚并步,2.左脚进
			反向海岸步 Reverse Coaster	1.右脚进,&.左脚并步,2.右脚退
			海岸交叉步 Coaster Cross	1.右脚退,&.左脚并步,2.右脚前交叉
7**	骆驼步 Camel Step	1~4	骆驼步 Camel Step	1.右脚进,2.左脚锁在右脚后,3.右脚进,4.左脚锁在右脚后
8*	兜风步 Cruising	1~8	兜风步 Cruising	1.右脚侧步,2.左脚后交叉,3.右转1\4右脚进,4.左脚进,5.右转1\2重心放右脚,6.转1\4左脚侧步,7.右脚后交叉,8.左脚侧步
9**	桃乐茜步 Dorothy	12&	右桃乐茜步 Right Dorothy	1.右脚右斜角进,2.左脚锁在右脚后,&.右脚右斜角进,
			左桃乐茜步 Left Dorothy	1.左脚左斜角进,2.右脚锁在左脚后,&.左脚左斜角进
10**	扇形步 Fan	12	脚尖扇形步 Toe Fan	1.脚尖向外平展,2.脚尖还原
			脚跟扇形步 Heel Fan	1.脚跟向外平展,2.脚跟还原
11***	藤步 Grapevine\Vine	1~4	右藤步 Right Grapevine	1.右脚侧步,2.左脚后交叉 3.右脚侧步,4.左脚前交叉(左脚并、点、刷等)
			左藤步 Left Grapevine	1.左脚侧步,2.右脚后交叉,3.左脚侧步,4.右脚前交叉(右脚并、点、刷等)
			藤转 Rolling Vine	1.右转1/4右脚进,2.右转1/2左脚退,3.右转1/4右脚侧步,4.左脚并步(点、刷等)
12**	跟掌交叉步 Heel Ball Cross	1&2	右跟掌交叉步 R Heel Ball Cross	1.右脚跟侧点,&.左脚还原,2.左脚前交叉
			左跟掌交叉步 L Heel Ball Cross	1.左脚跟侧点,&.右脚还原,2.右脚前交叉
13***	爵士盒步 Jazz Box	1~4	右爵士盒步 Right Jazz Box	1.右脚前交叉,2.左脚退,3.右脚侧步,4.左脚前交叉(并步、侧点等)
			左爵士盒步 Left Jazz Box	左脚前交叉,2.右脚退,3.左脚侧步,4.右脚前交叉(并步、侧点等)

续　表

编号	舞步名称	节拍	基本类型		舞步描述
14**	跳 Jump	1	双脚跳 Jump		双脚同时起跳,双脚落地
			爵士跳 Jazz Jump		单脚起跳,双脚落地
		1&2	开合跳 Jump Jack		1. 双脚起跳,分开落地;2. 双脚起跳,并脚落地
15***	踢换脚 Kick Ball Change	1&2	踢换脚 Kick Ball Change		1. 右脚踢,&. 右脚原地踏,3. 左脚原地踏
			踢换点 Kick Ball Touch		1. 右脚踢,&. 右脚原地踏,3. 左脚侧点
			踢换旁点 Kick Ball Point		1. 右脚踢,&. 右脚原地踏,3. 左脚侧旁点
			踢换交叉步 Kick Ball Cross		1. 右脚踢,&. 右脚原地踏,3. 左脚前交叉
			踢旁旁 Kick Out Out		1. 右脚踢,&. 右脚侧步,3. 左脚侧步
16***	锁步 Lock	1&2	前锁步 Forward Lock		1. 右脚进,&. 左脚锁在右脚后,2. 右脚进
			后锁步 Back Lock		1. 右脚退,&. 左脚锁在右脚前,2. 右脚退
17***	曼波步 Mambo Step	1&2	前曼波 Forward Mambo		1. 右脚进,&. 左脚原地踏,2. 右脚并步
			后曼波 Back Mambo		1. 右脚退,&. 左脚原地踏,2. 右脚并步
			左曼波 Left Mambo		1. 左脚侧步,&. 右脚原地踏,2. 左脚并步
			右曼波 Right Mambo		1. 右脚侧步,&. 左脚原地踏,2. 右脚并步
			曼波交叉步 Mambo Cross		1. 右脚侧步,&. 左脚原地踏,2. 右脚前交叉
18**	夜总会二步 Night Club (Basic)	12&	右夜总会二步 Right Basic Step		1. 右脚大侧步并拖左脚,2. 左脚后交叉,&. 右脚原地踏
			左夜总会二步 Left Basic Step		1. 左脚大侧步并拖右脚,2. 右脚后交叉,&. 左脚原地踏

续 表

编号	舞步名称	节拍	基本类型	舞步描述
19***	摇摆 Rock	12	前摇摆 Rock Forward	1.右脚进,2.左脚后踏
			后摇摆 Rock Back	1.右脚退,2.左脚前踏
			左摇摆 Left Rock	1.左脚侧步,2.右脚原地踏
			右摇摆 Right Rock	1.右脚侧步,2.左脚原地踏
20***	摇椅步 Rocking Chair	1~4	右摇椅步 R Rocking Chair	1.右脚进,2.左脚后踏,3.右脚退,4.左脚前踏
			反向摇椅步 Reverse Rocking Chair	1.右脚退,2.左脚前踏,3.右脚进,4.左脚后踏
21***	伦巴盒步 Rumba Box	1~8	右伦巴盒步 Right Rumba Box	1.右脚侧步,2.左脚并步,3.右脚进,4.左脚停顿,5.左脚经右脚前走侧步,6.右脚并步,7.左脚退,8.右脚停顿
			左伦巴盒步 Left Rumba Box	1.左脚侧步,2.右脚并步,3.左脚进,4.右脚停顿,5.右脚经左脚后走侧步,6.左脚并步,7.右脚退,8.左脚停顿
22***	水手步 Sailor Step	1&2	右水手步 Right Sailor Step	1.右脚后交叉,&.左脚侧步,2.右脚侧步
			左水手步 Left Sailor Step	1.左脚后交叉,&.右脚侧步,2.左脚侧步
			水手交叉步 Sailor Cross	1.右脚后交叉,&.左脚侧步,2.右脚前交叉
23***	桑巴步	1&2	右桑巴步 Right Samba Step	1.右脚前交叉,&.左脚侧步,2.右脚原地踏
			左桑巴步	1.左脚前交叉,&.右脚侧步,2.左脚原地踏
24***	剪刀布 Scissors Step	1&2	右剪刀步 R Scissors Step	1.左脚侧步,&.右脚并步,2.左脚前交叉
			左剪刀步 L Scissors Step	1.右脚侧步,&.左脚并步,2.右脚前交叉
25***	趾踵步 Strut	1&2&	尖趾步 Toe Strut	1.右脚尖前点地,&.右脚跟踏下,2.左脚尖前点地,&.左脚跟踏下
			跟趾步 Heel Strut	1.右脚跟前点地,&.右脚掌踏下,2.左脚跟前点地,&.左脚掌踏下

续 表

编号	舞步名称	节拍	基本类型	舞步描述
26**	糖果步 Sugar Step	123	右糖果步 Right Sugar	1. 有脚尖点地,右膝关节内收,2. 右脚跟点地,右膝关节外展,3. 右脚前交叉
			左糖果步 Left Sugar	1. 左脚尖点地,左膝关节内收,2. 左脚跟点地,左膝关节外展,3. 左脚前交叉
27*	旋步 Swivel	12	左旋步 Left Swivel	1. 左脚跟、右脚尖同时向左转动,2. 左脚尖、右脚跟同时向左转动
			右旋步 Right Swivel	1. 左脚跟、右脚尖同时向右转动,2. 左脚尖、右脚跟同时向右转动
			跟旋步 Heel Swivel	1. 双脚跟一起向左(右)转动,2. 双脚跟复位
28**	开关步 Switch	1&2&	脚尖开关步 Toe Switch	1. 右脚尖前点地,&. 右脚复位,2. 左脚尖前点地,&. 左脚复位
			脚跟开关步 Heel Switch	右脚跟前点地,&. 右脚复位 左脚跟前点地,&. 左脚复位
29***	闪亮步 Twinkle (Waltz)	123	右闪亮步 Right Twinkle	1. 右脚前交叉,2. 左脚并步,3. 右脚原地踏
			左闪亮步 Left Twinkle	1. 左脚前交叉,2. 右脚并步,3. 左脚原地踏
30**	纺织步 Weave	123	右纺织步 Right Weave	1. 右脚前交叉,2. 左脚侧步,3. 右脚后交叉
			左纺织步 Left Weave	1. 左脚前交叉,2. 右脚侧步,3. 左脚后交叉

三、排舞的动作、编排及音乐

1. 成套动作要求

成套动作必须是大会组委会指定排舞舞码版本及配套音乐,必须是在音乐伴奏下完成。

2. 编排要求

根据表演的需要、风格的把握以及对曲目的理解,在不改变原舞码基本风格、基本舞步和音乐节奏的前提下,编导者可以对原排舞曲目的前奏、上肢动作、队形变化以及入场、退场等进行编排。编排部分不能离开音乐的整体风格。

(1) 单首曲目编排:在一首完整的排舞音乐伴奏下,全体选手必须完成一个完整的方向循环。其余可做队形或方向的变化。结尾可以有不超过2个8拍脱离原舞码的编排。

(2) 串烧曲目编排:几首排舞串联表演称为串烧表演。每首曲目全体选手必须要面对评委完成原舞码规定的一个方向的完整动作;其中组与组之间的重复动作可进行编排。每首排舞之间要衔接流畅、过渡自然。

3. 排舞伴奏音乐的统一和规范

（1）所有表演过程中所用的音乐，必须是本队所选表演曲目的排舞音乐。

（2）在上、下场以及每首曲目衔接的过程中，不允许添加表演曲目以外的音乐。

（3）规定曲目必须是一首完整的歌曲或乐曲，未经剪辑、组合、拼接。

（4）串烧曲目可以根据情绪需要对原表演曲目音乐剪辑、组合、拼接，但不得改变原曲音乐风格。

四、排舞欣赏

1.《幸福排舞》
编舞：朱冬喜

2.《跳起来》
编舞：秦建伟

3.《烟花三月》
编舞：秦建伟

【思考与体验】

■ 国际标准舞可分哪两大类？你能说出其 10 个舞种的名称吗？
■ 学会交际舞，能增强人们的文化修养，你有体会吗？
■ 试跳一段街舞，体会跳街舞给你带来的感觉。
■ 你喜欢跳校园集体舞吗？为什么？
■ 学会排舞的编排和体验完整的成套动作完成的乐趣。

---

① 幸福排舞，视频链接网页来源于糖豆网。
② 跳起来，视频链接网页来源于酷 6 网。
③ 烟花三月，视频链接网页来源于酷 6 网。

第十八章
成就轻盈体态的运动——瑜 伽

【学习要点】

● 瑜伽起源于古印度,因其温和的运动方式和对人体健康、塑身方面所产生的惊人效果而风靡全球

● 每天练上二三十分钟,坚持练习几个月,定会有效果

第一节 概 述

一、瑜伽练习的内容

瑜伽起源于5000多年前的古印度。瑜伽"yoga"来自梵文,意为自我和原始动因的结合。它的含义是心灵、肉体和精神结合到最和谐的状态,即是身心处于相对稳定、平衡的状态,相似于我国气功中所称的"天人合一"。①

瑜伽练习由呼吸法、体位法(姿态功)和冥想三部分组成。

1. 呼吸法

呼吸是生命的特征之一。呼吸节律的变化,表明着我们的情绪、行为和健康也发生着变化。瑜伽的呼吸法训练,能让人掌握正确、科学的深呼吸方法,即:瑜伽的完全呼吸法。它对身体的健康非常有益处。深呼吸还能安抚人的情绪,使心灵获得平衡。所以,瑜伽的精髓是由呼吸来控制身体的放松、稳定、平衡,以达到身心合一的境界,从而调动起我们内在生命的智慧和力量。

2. 体位法

瑜伽体位法(姿态功),梵文asana。意为保持在很舒适的姿势中。远古的时候,瑜伽的修行者在大自然中仔细观察动物的习性,模仿动物的典型姿态,创造出了瑜伽体位法。所以,许多姿势都被冠以动物名称,像猫式、鱼式、狮子式等,意在要获取动物身上的神秘力量——自然康复能力,以使人的精神和肉体保持健康状态。瑜伽体位法的每个伸展动作都是配合呼吸来完成的。它柔和地按摩人体各个器官,活化僵硬的关节部位,通畅经络,矫正不良体态,调整植物神经系统和内分泌系统,减少赘肉和脂肪,使体形更为紧凑、健美。

> **小贴士**
>
> **练习瑜伽的时间**
>
> 练习瑜伽可以在进餐以外的所有时间,最好在饭后的三四小时为宜。
>
> 早晨或傍晚是不错的选择。
>
> 傍晚时练习有助于消除一天的疲劳,让人恢复精力。

---

① 清晨瑜伽,视频链接网页来源于土豆网。

3. 冥想法

冥想就是在排除一切杂念后,沉思、静虑的过程。冥想帮我们放松大脑、释放压力和紧张情绪,使我们身心产生平衡和安宁,使心灵更易产生反思、直觉、灵感和创造意识。而且冥想还能改善血液循环,调节身体荷尔蒙水平。当我们意识集中、身体充分放松时,体内元气和能量就能达到充分的恢复和凝聚。

二、瑜伽练习的注意事项

(1) 选择通风好的场地,在地上铺一块垫子或毯子。

(2) 穿着宽松的天然面料的服装,赤脚最佳。首饰、手表摘掉。

(3) 练习前空腹 2～3 小时(因人而宜,低血糖的人可食少量饼干、牛奶类食物来补充血糖和热量)。

(4) 瑜伽练完后的 30 分钟内,不洗澡、不吃食物、不做剧烈运动,以免破坏体内能量的平衡。

(5) 女生月经期间可选择些较轻松的姿势来做,不做犁式、肩立式和一些增加腹压的姿势。

(6) 大病初愈或手术后不要立即做瑜伽练习。

(7) 有心脏病、高血压、糖尿病的患者以及有脊柱关节伤病的人,须经医生同意后,才可练习。

(8) 做瑜伽前要做好热身操,以免运动损伤。

(9) 每一个瑜伽动作都应平缓地完成,并配合有规律的深呼吸来帮助身体放松。

(10) 练习时要将意识专注到被伸展和被刺激的部位上。不可存有杂念,不可说笑。

(11) 练习时不跟别人比,只跟自己的过去比,即使每天进步一点点,也是进步。

第二节　瑜伽组合练习

一、瑜伽静坐冥想的坐式与手印

如果你平时工作、学习压力很大,以致觉得很难静下心来,那么你可以通过做瑜伽的静坐冥想来放松身心。你只需选一个舒适的坐姿,尽量放松身体,什么也不想,只是专注呼吸。待身体完全放松后,你的呼吸会变得深长而平稳,情绪会变得平静而愉悦,身体也会变得松弛而柔软。心灵和身体达到了稳定和谐的状态。

静坐冥想能直接影响人的大脑和植物神经,是非常有效的放松精神和肉体的训练方法。

1. 简易坐(散盘坐)

做法:双腿交叉,左脚压在右腿下方,右脚压在左腿下方。挺直脊背,收紧下巴(图18-1)。

图 18-1

图 18-2

图 18-3

2. 金刚坐

做法：曲起双腿，将臀部坐在脚跟上；放松肩部，收紧下巴，挺直脊背，这样会减轻腿部的压力，腿部自然就不会麻痹(图 18－2)。

3. 莲花坐

做法：坐正，双腿向前伸直。曲起右腿，将右腿放在左大腿上，脚心朝上；再曲起左腿，将左脚放在右大腿上方，脚心朝上；挺直脊背，收紧下巴，让鼻尖同肚脐保持在一条直线上(如果腿部疲劳，可换腿再做，图 18－3)。

效果：活化髋部、膝关节和脚踝。增加对头和胸部区域的血液供应，有助于使人的身心平和稳定，增强专注力。

4. 半莲花坐

做法：坐正，双腿向前伸直；曲起右腿，将右腿放在左大腿上，脚心朝上；曲起左腿，将左腿放在右大腿下方。挺直脊背，收紧下巴，让鼻尖同肚脐保持在一条直线上(图 18－4)。

效果：具有莲花坐的相同功效，但程度稍逊。

图 18－4　　　　　图 18－5　　图 18－6

5. 秦手印

做法：选一种瑜伽静坐姿势坐好；双手的拇指和食指相抵，其余三个手指伸直放松；把双手放在膝上，掌心朝上(图 18－5)。

6. 智慧手印

做法：手势同秦手印一样，只是两手掌心朝下，放于两膝上(图 18－6)。

效果：这两种瑜伽手印有助于使身心更平衡、稳定，意识更专注，使冥想静坐练习更完善、更具高质量。

二、瑜伽心灵减压组合练习

1. 分腿脊柱弯曲练习

做法：站立，双腿分开略比肩宽；双手从正面举起，掌心向前；保持伸肘状态，双手与上半身向后弯曲；身体前倾，双手握住脚踝，头尽量贴近双腿；慢慢回复上半身，呼吸 10 次 (图 18－7)。

图 18－7

效果：按摩整个脊柱，调整脊柱弯度，改善紧张和不正姿势。消除肩、背、颈的疼痛，强化脊椎，舒缓神经系统，有效改善失眠和大脑皮层神经，使身心得到放松，调整紧张的情绪。

2. 侧弯脊柱练习

做法：站立，双腿分开略比肩宽；吸气，右手向上伸展；呼气，左手抓住左脚，右手伸直与地面平行；直立身体，慢慢还原，调整呼吸；呼气，换边练习。右手抓住右脚，左手伸直与地面平行（图18-8）。

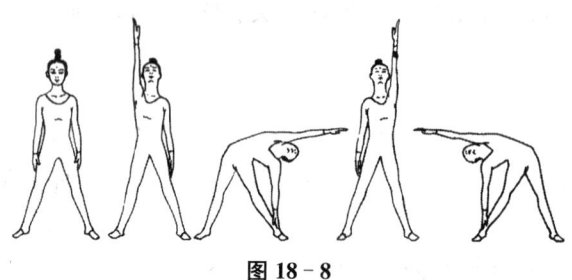

图 18-8

3. 脊柱扭转练习

做法：站立，双腿分开略比肩宽，双手左右打开，吸气；保持手臂伸直，向左转身；慢慢还原，换另一侧（图18-9）。

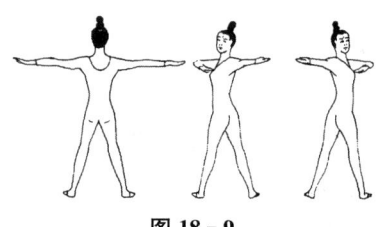

图 18-9

效果：伸展脊柱，重新分布囤积在腰围的脂肪。促进浊气排出体外，纳入更多新鲜气体，放松大脑皮层神经，使身心得到放松，调整紧张情绪。

4. 头颈部练习

做法：自然坐下，手放在膝盖上，食指和拇指相扣，成瑜伽秦手印；吸气，让头向后放松；呼气，头向前低；再吸气时头倒向左边；呼气时头倒向右边，然后吸气，头向后倒，遵循后前左右这个顺序。2～3分钟（图18-10）。

图 18-10

效果：放松头颈部肌肉，消除颈部疲劳。保护颈椎润滑，保持大脑清醒、平静情绪，提高记忆力。

5. 坐姿放松练习

做法：自然坐下，双手于胸前合十；打开双手，呼气仰头；双手于头顶合十；搓热手掌；伸直搓热的手掌，然后捂住双眼，调息；感觉双手没有热量了，可伸直放松后再来一次（图18-11）。

图18-11

效果：伸展双手，放松大脑皮层神经，利用手掌的热量放松视觉神经，预防因长时间、近距离地使用眼睛所产生的视力问题，消除眼部疲劳，改善眼睛干涩不适等症状。

6. 骶椎按摩练习

做法：自然坐着，手放膝盖上，呼气，尽量收紧腹部；吸气，腹部向前突出，放松脊柱。在能保持身体平衡和舒适时，你可以逐渐将节奏加快（图18-12）。

效果：放松脊柱，按摩内脏器官，调节内分泌，改进身体平衡感。另外，还可解除紧张，消除胸闷与心浮气躁，使人心平气和。

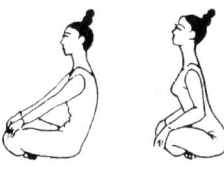

图18-12

7. 胸腔呼吸练习

做法：坐姿，展开手臂，头略向后仰；双手于头顶合十，保持手臂伸直；展开手臂，深呼吸；举起手臂，掌心相对；双手松动地握拳，先由右向左轻轻地击打胸腔，然后再由左向右轻轻地击打胸腔，重复2～3次（图18-13）。

图18-13

效果：轻轻捶击胸腔，既可以消除胀气，又可以锻炼手臂，使自己恢复良好的精神状态，亦能增加身体的抵抗力。

8. 动态蝗虫式练习

做法：趴在地面上，下腭着地，双手放于身体两侧，双腿打开与肩同宽；双手放于身体两侧，左腿离地向上举高，额头着地，停留一会做深呼吸；左腿慢慢还原，举起右腿再做，如此重复3～5次（图18-14）。

效果：增强和调节肝脏及其他腹部脏器，强壮心脏、下脊柱和坐骨神经。减压、改善失眠，保持充沛的精力和体力。

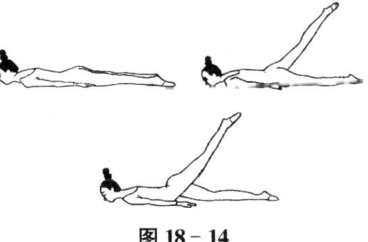

图18-14

9. 眼镜蛇式练习

做法：跪在运动垫上，双手自然放在大腿上；将身体前倾，趴在运动垫上，双手掌心朝下，手臂伸直；将手肘弯出，小手臂紧靠于运动垫上，脚背贴于运动垫上，两腿内侧并拢；用手臂力量和腰部力量，将上半身抬起。往上抬起时吸气，身体往下、鼻尖靠近运动垫时呼气。身体由下往上抬的速度约为4秒钟，反复8次（图18-15）。

图 18-15

效果：不但锻炼了腰部和手臂的力量，也使脸部、颈部肌肤紧实，富有弹性，预防双下巴，塑造脸、背部线条。给生命注入新鲜活力，防止抑郁症，舒缓压力，让你保持良好的精神状态。

10. 鞠躬式练习

做法：跪姿准备，双手自然放于两腿上；前额贴地，双手交叉放于身前，深呼吸，放松（图18-16）。

效果：弯曲姿势给脑部供应充足的新鲜血液，消除大脑神经的紧绷状态，让你时刻保持清晰的思维，做事更有条理。

图 18-16

11. 平衡海龟式练习

做法：双腿尽量分开，双手五指分开，放于身前；曲起双腿，身体略向前倾；保持双腿左右分开，利用曲起的双臂支撑起身体的重量（图18-17）。

图 18-17

效果：美化及改善腿部和双臂线条，促进血液循环，稳定情绪。

12. 婴儿放松式练习

做法：跪姿，调整呼吸；上身向前弯，双手分别放于脚背边。彻底放松约2~3分钟（图18-18）。

效果：这是放松神经的最好姿势，用心聆听来自身体的声音，使自己完全放松下来。这样可以放松大脑皮层神经，消除一天的疲劳，促进深层睡眠。

图 18-18

三、瑜伽纤体瘦身组合练习

1. 直角转腰式练习

做法：挺直身子站立，两腿分开略比肩宽，两臂靠体侧下垂；两手十指相交紧握，高举过头；抬头，两眼注视相握的双手；呼气，用你的脊柱基座作为支点，向前弯腰，直到背部和双腿形成直角。在此期间，两眼始终注视十指相交的两手；吸气，向右转动90°；呼气，向左转动90°。左右转动的动作重复4次以上，然后，上体收回到原来的位置，调整呼吸（图18-19）。

图18-19

效果：加强双臂、腰、背和髋关节的锻炼。对于体态不良的人来说，这是一个极佳姿势。它有助于纠正双肩下垂和脊柱弯曲，也是消除肌肉紧张的姿势。

2. 四步蹲功练习

做法：挺身直立，在感到舒适的情况下将两脚左右分开，两脚趾指向外侧。两手十指相交，两臂轻松下垂；弯曲双膝，慢慢将身躯向下降低；再次弯曲双膝，把身躯下降得比第一次略低一些；伸直双腿，调整呼吸后把身躯降低到两大腿与地面平行（图18-20）。

效果：对于大腿内侧容易堆积赘肉的人来说，这是一个极好的练习，它强化双踝、双膝、两大腿内侧和子宫肌肉，降低这些位子的脂肪层增厚状态，塑造优美的双腿。

图18-20　　　　图18-21

3. 单腿平衡练习

做法：站立，举起两臂，直接越过头顶，掌心向外。重心放在左腿上，右腿向后伸展；上体慢慢向前倾斜，使头、身体和伸直的两臂在一条线上。同时向后举起右腿，使右腿与身体成一直线。停留的时间越长越好；放下右腿，还原。换腿继续做（图18-21）。

效果：此姿势紧实双臂、双腕和腿部肌肉，矫正骨骼，有助于取得全身性的协调和平衡，经常练习，使人增强自信、坚强等品质。

4. 头顶基础式练习

做法：直立，两腿分开略比肩宽。双手向上伸展，十指相贴，掌心相对；双手放于髋部，在髋部屈体；两手分别抓住两腿踝。头顶放在两足之间的地上；举起双臂，两手在背后握紧。用头顶和双脚平衡身体。维持片刻，调整呼吸（图18－22）。

图 18－22

效果：此式给大脑带来新鲜血液，提高脑部血流速度，刺激脑垂体分泌生长激素，有增高功效。同时有效地锻炼了四肢和背部、腰部肌肉，令身形更修长、舒展。

5. 三点支撑练习

做法：站立，两腿分开略比肩宽，手臂左右展开；重心放在左脚，右腿向后伸直，保持身体平衡；伸直右手臂，左手伸向天花板，利用右手和双脚支撑整个身体（图18－23）。

图 18－23

效果：此姿势调节神经系统的平衡，消除焦虑。它使腿肌柔软，消除侧腰部赘肉，美化腰、臀、腿间的曲线。

6. 单手平衡练习

做法：两臂与地面垂直成俯撑，抬起臀部，伸直双腿，使身体笔直绷紧；右手臂单独支撑身体；左手臂则放在左大腿外侧；将左手向上举起，停留做深呼吸（图18－24）。

效果：此姿势发展神经系统，锻炼身体的平衡感，美化双臂曲线。

图 18－24

7. 莲花坐冥想练习

做法：坐姿，双手拇指与食指相对（秦手印）放于膝上；双手十指相对，举过头顶，目光看向双手吸气；双手于胸前十指相对呼气；还原，调整呼吸（图18－25）。

图 18-25

效果：此姿势可以消除胀气，预防便秘，刺激女性荷尔蒙正常分泌。常期练习，可以培养清雅脱俗的气质。

8. 伏莲式练习

做法：将双腿盘成莲花坐或半莲花坐，坐好；双臂背后曲起，双手合十；呼气，上身缓缓前倾，前额贴地，保持20秒，自然地呼吸；直起上身，还原，放松手臂和腿部。交换腿的上下位置再做1次（图18-26）。

图 18-26

效果：此姿势能有效按摩脊柱神经和背部肌肉。配合深呼吸，吸入大量新鲜氧气，促进体内脂肪燃烧，经常练习可以美化背部曲线，净化心灵，提高气质。

9. 磨豆式练习

做法：坐姿，两腿向前伸直；两臂作圆周水平运动，手指相叉手臂伸直，想像你正在用双手推石磨磨豆子。只从腰部移动身体。朝顺时针方向做此练习10次；调整呼吸，然后朝逆时针方向10次（图18-27）。

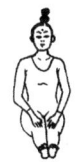

图 18-27

效果：这个姿势能大量燃烧腰腹部脂肪，有细腰、平腹的优良功效。同时深层按摩子宫肌和腹腔器官，促进胃肠的消化功能，排除体内积存废物和毒素，保养子宫。

10. 独身者式练习

做法：坐姿，双腿在身前并拢；全身用力，伸直双腿，绷直身体；用双臂抬起身体，离开地面；双腿保持平直，继续向上指，整个身体应支撑在手上，保持平衡，慢慢放下身体，调整呼吸（图18-28）。

效果：此练习能紧实腹部肌肉，按摩内脏器官，保养性功能。

11. 桌式练习

做法：仰卧于运动垫上，双手自然放于身体两侧；曲起双腿，调整呼吸；双手置于体

图 18－28

后,十指向内;抬起臀部,用四肢支撑身体,头向后仰(图 18－29)。

图 18－29

效果:这个姿势可用来预防和治疗椎间盘突出,按摩直肠及腹部其他内脏器官,特别是对脊柱、腰背部及脚踝后面的肌肉有帮助,纠正驼背等不良体态。

12. 莲花肩倒立式练习

做法:坐莲花坐,调整呼吸;吸气,向空中举起屈曲的双腿,双手可以放在腰部帮助头部支撑身体(图 18－30)。

效果:此式充分锻炼了肩部肌肉,打造迷人的香肩;刺激甲状腺,改善血液和淋巴循环,保持内分泌系统的平衡。

图 18－30

13. 半莲花犁式练习

做法:席地而坐,一腿前伸,另一腿屈曲成半莲花坐;用两手向下推,并向后翻滚;伸直的一腿越过头,脚趾着地;举起身体回复原来直坐的位置(图 18－31)。

图 18－31

效果:此式可以伸展骨盆,按摩内脏器官,消除腹部赘肉,打造纤纤细腰。

【复习思考题】

■ 瑜伽练习由哪三部分组成?
■ 做瑜伽练习时,应注意哪些事项?
■ 你能掌握一套瑜伽组合练习吗?

第十九章
注重礼仪礼节的运动——跆拳道

【学习要点】
- 了解跆拳道的起源与发展
- 熟悉跆拳道两个体系的区别
- 了解奥运会跆拳道比赛中,允许攻击的部位

第一节 跆拳道运动概述

一、跆拳道起源和发展

跆拳道(英文:TAEKWONDO)是起源于朝鲜半岛的一项运用手脚技术进行格斗的民族传统体育项目,距今已有 2000 多年的历史。跆拳道的"跆"代表腿的技术体系;"拳"代表手和躯干的技术体系;"道"代表的是思想体系和训练方法,是通过对身体的磨练达到崇高精神境界的一种体育项目。

1955 年 4 月 11 日,韩国人崔泓熙将唐手道、空手道、拳法、韩国古典武道等各种叫法不同的武道统一为跆拳道。1961 年 9 月,韩国成立了唐手道协会,后更名为跆拳道协会。1966 年,韩国成立了第一个国际性跆拳道组织——国际跆拳道联盟(简称 ITF)。1973 年 5 月,在韩国汉城(今首尔)成立了第二个跆拳道联盟——世界跆拳道联合会(简称 WTF)。1975 年,世界跆拳道联合会被接纳为国际体育联盟正式委员。1980 年,国际奥委会正式承认了世界跆拳道联合会。2000 年悉尼奥运会上,跆拳道正式列入奥运会比赛项目。

二、跆拳道的内容和分类

现代跆拳道主要有两种类型:一种是以参加比赛为目的的竞技跆拳道,它是奥运会正式比赛项目,主要以腿法为主,在比赛中禁止用拳击打对手的头面部,不能使用膝、肘的击打动作,不能抱摔对手;另一种是武道跆拳道,也被人们称为大众跆拳道,其训练内容比较丰富,包括踢、打、摔、拿等格斗技术以及品势、功力测试、特技表演等。它不但能使用拳击打对手面部,而且还能摔、擒拿制服对手。

三、跆拳道的礼仪

跆拳道的礼仪是指练习者发自内心深处的、自然的、表现在人的行为上的、高尚的、有价值的举止。跆拳道练习者在学习技术之前,首先要学习的是跆拳道的礼仪知识,只有懂得了跆拳道的礼仪知识,才可以练好跆拳道,从而达到最高境界。跆拳道礼仪的学习对于一个跆拳道练习者来说非常重要。谦虚和正确的言语、忍让和友好的态度、虚心和好学的作风,是跆拳道练习者应当遵循的重要礼仪。

跆拳道推崇"以礼始,以礼终"的尚武精神,它贯穿了"礼义、廉耻、忍耐、克己和百折不屈"的根本宗旨。跆拳道运动极其重视礼仪,要求练习者在学习与训练中一定要严格遵守礼仪,要学会敬礼。跆拳道中的敬礼表示尊重、礼貌、友好、谦虚和感谢,是内心思想的外在表达方式。跆拳道的敬礼要求是:身体面向对方,并步直立,两臂自然置于身体两侧,上体前倾15°,头部前倾45°,目视地面稍停后,还原成直立姿势。

第二节　跆拳道基本技术

一、入门技术

1. 手形

（1）拳（图19-1）:四指并拢,屈曲卷握,拇指紧压于食指与中指第二指骨上。

（2）平拳（图19-2）:手指第二指关节弯曲,四指尖贴紧手掌,拇指扣于虎口处,这种拳动作短促、有力。

（3）指节拳（图19-3）:拳握紧后使第二指关节特别突出形成中指节拳。指节拳攻击上唇、眼睛、太阳穴、两肋等效果极佳。

（4）手刀（图19-4）:手形和刀相似,中指和食指微屈,基本保持指尖平齐,大拇指紧贴于掌内。

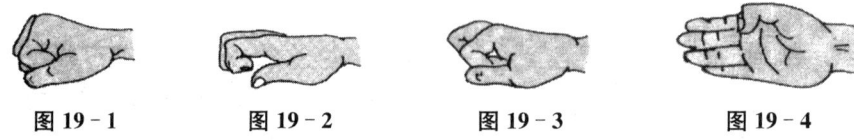

图19-1　　　　图19-2　　　　图19-3　　　　图19-4

2. 臂

（1）腕（图19-5）:腕的使用部位即腕关节的内、外、上、下四个部位。

（2）肘（图19-6）:肘是大、小臂之间的骨连结部位即肘关节。

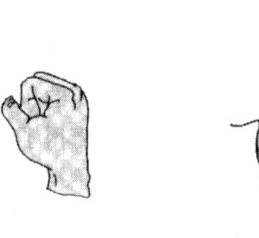

图19-5　　　　图19-6

3. 膝（图19-7）：

膝是股骨和胫、腓骨之间的连接部分,是人体最典型的骨关节。组成膝的骨骼大而粗,股肌和腓肌直接作用于膝关节,因而膝既灵活又有力量,杀伤力极大,既可进攻又可防守。

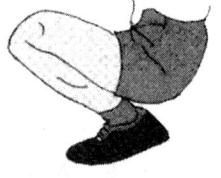

图19-7

---

① 少儿跆拳道教学视频,视频链接网页来源于酷6网。

4. 足

（1）前脚掌（图 19-8）：前脚掌是指脚底前部的骨和肌肉。前脚掌进攻时主要是用脚趾前部位攻击。

（2）后脚跟（图 19-9）：后脚跟是指脚后部踝关节以下部位。进攻脚法是后踢劈腿与后摆动作。

（3）脚后掌（图 19-10）：脚后掌是指脚的后跟祁的跟骨下缘和肌肉部分。进攻脚法是转踢与蹬踢。

（4）正脚背（图 19-11）：正脚背是指踝关节以下至第一趾关节以上部位。进攻脚法是横踢、摆踢、跳踢、飞踢，使用时距离远、力量大。

（5）足刃（图 19-12）：足刃是脚底和脚背相连的脚外侧部位。主要脚法是侧踢和侧铲。

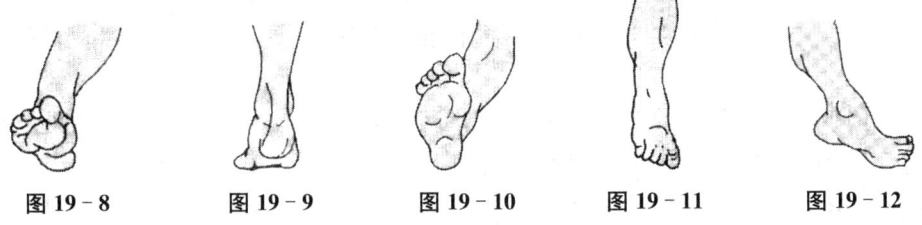

图 19-8　　图 19-9　　图 19-10　　图 19-11　　图 19-12

5. 步形

（1）并步（图 19-13）：身体直立，两脚内侧贴紧并拢。

（2）开立步（图 19-14）：身体自然直立，两脚开立与肩同宽，两膝微屈，两手握拳置于体侧。

（3）马步（图 19-15）：马步即骑马式站立。两脚开立，较肩宽，两脚平行或略内扣，挺胸直背，腿屈膝下蹲，重心在两腿之间。

（4）弓步（图 19-16）：两脚分立相距一步半，一腿屈膝，另一腿伸直，大部分重心放在前脚上。

（5）后弓步（图 19-17）：前脚与弓步的前脚相同，后脚与前脚相距一步，后脚尖外展约 90 度，后膝微屈，膝关节与后脚尖垂直。

图 19-13　　图 19-14　　图 19-15　　图 19-16　　图 19-17

（6）前行步（图 19-18）：前行步也称高前屈立，两脚之间距离小于弓步，姿态和平时向前走路时相似，重心在两脚之间。

（7）交叉步（图 19-19）：一脚向另一脚的前侧（前交叉步）或后侧（后交叉步）落步，脚尖着地，两腿屈膝。

（8）三七步（图 19-20）：两脚前后相距一步，后脚尖外展约 90°，后膝屈曲，前腿膝微屈,脚尖朝前。

(9) 虚步(图 19-21):虚步也称猫足立,身体姿势与三七步相似,只是前脚的脚尖点地,脚跟提起,两腿膝关节微内扣,重心落于后脚。

(10) 独立步(图 19-22):独立步也称金鸡独立步。一腿直膝站立,脚尖外展约 90°,另一腿屈膝上提,脚贴于支撑腿内侧或膝窝处。

图 19-18　　　图 19-19　　　图 19-20　　　图 19-21　　　图 19-22

6. 步法

(1) 上步:上步的目的在于逼迫对方后撤,或引诱对方进攻,而自己可利用相应的进攻技术攻击对方。

(2) 刺步:刺步常用于快速接近对方,从实战姿势开始,以后脚的前脚掌为轴,前脚稍稍抬起,后脚快速蹬起,两脚同时向前移动。

(3) 后退步:从实战姿势开始,前脚掌用力蹬地,后脚先退后一步,前脚随即后退,两腿之间的距离与姿势保持原状。

(4) 后撤步:从实战姿势开始,以前脚的前脚掌为轴,后脚轻轻抬起,前脚的前脚掌向后蹬起,两脚同时向后移动,姿势与开始时保持不变。

(5) 侧移步:从实战姿势开始,两脚前脚掌同时向左(右)侧蹬地,使身体向右(左)侧移动,这种步法多用于移到对方侧面准备进攻。

(6) 弧形步:前脚的前脚掌原地蹬住地面,后脚向左(右)蹬地后向右(左)跨移一步,与原来的姿势成不同方向的姿势。

(7) 变向步:前脚的后脚跟与后脚的后脚跟贴进的同时,后脚快速踏向前脚的脚尖部位。

(8) 前进步:

● 前脚掌移动,此步法以攻击型为主。对方向后撤退时,我以左脚的前脚掌为轴,以后脚小弧形步的动作向前,重心从前脚往后脚移动,同时,上体为进攻的姿势,这是左脚轮踢或下劈动作经常使用的技术。

● 两脚同时移动步法,即一、二步前进的步法,此步法是以攻击对方为主。对方后退时,我两脚利用前脚掌迅速前后移动一步或是两步,主要使用技术为(右)摆踢、(右)下劈、(右)后旋等。

● 两脚交叉移动步法。此步法是对方向中后移动时,我前脚快速向后退半步,后脚向前迈一大步的同时利用左脚向对方进攻的技术,有(右)摆踢、(右)下劈、(左)侧踢等。

● 后脚跟进的步法。后脚向前跟的同时,抬起前脚向对方攻击,这时身体重心瞬间移动到后脚,并可运用前脚摆踢、下劈、侧踢等技术动作。

(9) 后撤步:

● 以后脚的前脚掌为轴移动的步法。以后脚前脚掌为轴,前脚迅速向左或向右弧形移动,这时可以利用左脚下劈、摆踢或右脚摆踢、下劈、侧踢等技术动作。

● 两脚同时向后移动步法。利用前脚的前脚掌蹬地的同时,身体迅速向后撤一步或两步,这时可使用右脚的摆踢、下劈或左脚的摆踢、前踢等动作。

● 两脚变向移动步法。对手利用近距离攻击时,我右脚向前迈一小步的同时左脚迅速以弧形步撤一大步,这时身体重心不变或上身可稍靠后。使用技术为下劈、摆踢、后旋等动作。

(10) 连续步:

● 前移。以前脚为轴,后脚向前弧形步移动一步后,两脚同时利用前脚掌作刺步动作1~2次。

使用技术为左脚前踢、下劈、后踢、后旋、侧踢等动作。

● 后撤。这种步法是当对方连续攻击时,我以后脚前脚掌为轴,前脚向后退一步后,两脚同时各后撤一步或两步。攻击技术为(左)摆踢,后踢、后旋踢等,而右脚以摆踢、下劈等动作最为有效。

● 这种步法是前脚向后脚的45°角移一大步的同时,两脚向左侧快速移半步。这种步法可用于防守反击,攻击技术为左脚摆踢,下劈,右脚可与前脚作同样的攻击技术。

● 原地移动变向法。后脚向前脚的方向旋转360°以后,前脚向后脚的后脚跟并拢,同时后脚向前迈一步,这时身体重心稍向前。使用技术为左脚摆踢、侧踢等。

7. 拳法

左脚蹬地,腰部与肩部快速有力地向左前方扭转以增加出拳的速度和力量。在右脚蹬地的同时,右臂肘关节不要抬起,前臂内旋,拳心向下方转动,使拳面、前臂、肘关节与肩成一条直线并处在一个水平面上快速弹伸。攻击时身体重心从右移到左,用拳击打对方胸腹部。攻击时用蹬地转髋、转腰顺肩、一气呵成,击打时全身各关节要有弹性。

注意:如果没有用力蹬腿和快速转腰,出拳击打时腕关节会放松,缺乏击打力度且易受伤。

二、基本腿法

1. 前踢

前踢时,右脚蹬地,髋关节向左旋转,两手握拳置于胸前,膝关节朝前,脚面稍绷直;膝关节抬到与大腿水平或稍高时,快速向前踢出小腿,用脚面或前脚掌击打目标,击打后快速右转髋,使小腿折叠回原位(图19-23)。

图 19-23

前踢时要注意膝关节夹紧,小腿放松,有弹性。髋往前送,高踢时髋往上送。小腿回收与前踢的速度一样快。主要攻击对方的面部、下颌、腹部,也可用于防守。

2. 摆踢

摆踢时,左脚以脚掌为轴内旋180°,右腿以膝关节为轴抬到一定高度以后,右小腿迅速有力弹出,顺鞭打之势上体右转,右腿屈膝回收,右脚落回原处,成实战姿势(图19-24)。

图 19-24

摆踢转身、踢腿要连贯,一气呵成;头、肩、腰、髋、膝、腿、踝成一直线;踝关节要向下扣。

3. 侧踢

侧踢时,右脚蹬地屈膝提起,左脚要以脚掌为轴内旋180°,同时右脚向右前方直线踢出,力点在脚刃与脚跟,原路收回落地,仍成左势实战姿势(图19-25)。

图 19-25

侧踢起腿时,大小腿、膝关节夹紧;头、肩、髋、腰、膝、腿、踝在同一直线上;踢击时提膝、转体、展髋,一气呵成;上体略侧倾。

4. 后旋踢

后旋踢要以左势实战姿势开始,左脚以前脚掌为轴内旋约90°,右脚同时贴着左腿内侧旋转,顺势起右脚,运动轨迹呈弧形,身体重心在左脚;以左脚为轴身体原地旋转360°,右腿向后方伸的同时用力向左屈膝鞭打后顺势放松,收回原地,仍成左势实战姿势(图19-26)。

图 19-26

后旋踢时,转身、旋转、踢腿动作要连贯,一气呵成,不要停顿;屈膝抬腿的速度要快,保持身体重心在原地旋转360°;以蹬地、转腰、转上体、摆腿的顺序发力,击打点在正前方,呈水平弧线。

5. 下劈

下劈要从左势实战姿势开始，右脚向后蹬地，身体重心前移至左腿，右脚蹬地提膝向前起腿，右脚提起时，左腿伸直，右腿提膝提到一定高度以后小腿迅速打开，右脚尽量上举至头部上方，然后放松，快速下落，以脚掌与脚跟击打目标，成右势实战姿势（图 19-27）。

图 19-27

下劈时，身体重心往高起，脚尽量往高、往后举；起腿要快速、果断；脚、踝关节放松往下劈落，落地要有控制。

6. 推踢

推踢时，右脚蹬地屈膝提起，身体重心前移至左脚，左脚以脚掌为轴内旋约 90°；同时右脚迅速向前方推踢，力点在脚掌，推踢后迅速屈膝，身体重心前落成左势实战姿势（图 19-28）。

推踢提膝时要收紧小腿；身体重心往前移，增加前推的力度；推踢时腿往前伸展，送髋；推的方向为水平向前。

图 19-28

7. 后踢

后踢时，左脚蹬地，以脚掌为轴外旋约 90°，右脚同时以前脚掌为轴，脚跟向内旋，随右脚前蹬，右腿大小腿折叠，屈髋关节收紧大腿，左腿稍屈膝，右脚向右后方随展膝回收，向前落下（图 19-29）。

图 19-29

后踢时，起腿后上体和大小腿收成一团，收紧后蓄势待发；转身、提腿、出腿、发力一次完成，不能停顿；击打目标位置为正前方稍偏右。

第三节　跆拳道比赛规则简介

一、比赛场地

跆拳道的比赛场地是长 10 米、宽 10 米的水平的、无障碍物的正方形场地。场地的地面应为有弹性的垫子。场地中央长 8 米、宽 8 米的区域为比赛区，其余部分为警戒区。警戒区和比赛区表面用两种不同颜色划分，同色时用 5 厘米宽的白线划分。

二、比赛规则要点

跆拳道比赛时,双方运动员都要穿道服和护具,戴头盔,用脚或直拳击打对手的合法部位。即只能击打对手被护具包裹的锁骨以下、髋骨以上的躯干部位和头部(禁止用拳击打对手头部)。

1. 行礼

比赛开始前,双方运动员互相敬礼以表示尊重。场上裁判发出"准备(joonn-bi)"和"开始(shi-jak)"后,比赛正式开始。

2. 比赛时间

跆拳道比赛分为3局,每局2分钟,局间休息1分钟。蓝方和红方选手使用规则允许的技术动作努力击败对手。比赛结果根据双方运动员三局的得分总和来计算,得分多者为胜者。

3. 允许攻击的部位

规则允许攻击的部位只有两个:一是头部,二是躯干。在对抗中,允许使用拳和脚的技术攻击躯干被护具包裹的部分,但禁止攻击后背脊柱。允许使用脚的技术攻击对手头部,但不能攻击对手的后脑部位。即可以用脚踢击对手头部和被护甲包裹的躯干部位,但不能用脚踢击对方后脑部分,同时禁止用拳击打头部。运动员可使用拳的技术击打被护甲包裹的躯干的前面和侧面部位。

4. 得分

在比赛中,用脚踢击对手躯干部位一次只能得1分,而用脚击打上对手头部则可以得2分;如果击倒对手,裁判员读秒后再加1分。因此,虽然用脚踢技术击打上对手头部的难度比较大,但许多运动员在比赛中也还是千方百计的使用脚击打头部的技术以尽可能地多得分。比赛由一名主裁判员在场上主持,其他四名边裁判员根据运动员的技术使用情况负责评判并打分。

5. 如何判断得分

在比赛中,判断一名运动员是否得分,关键要看运动员的技术是否准确、被允许、有力及有效。跆拳道赛场上加油声、呐喊声总是不断,判断一方运动员是否得分,可以看双方运动员的进攻和反击时的动作,并随时看一下计分板;一个运动员如果得分了,在1秒钟内裁判员会按压手中的采分器,该运动员的得分也就及时公布在计分板上了。

6. 警告和扣分

现在的跆拳道规则对运动员倒地的判罚比较严厉。一般来说,运动员故意倒地就有可能被裁判员判罚一个警告。但如果是意外滑倒和破对手重击倒地或是技术性倒地(即在使用动作时无法控制身体平衡而倒地)则不被判罚。如果一名运动员被对方合理技术击中而身体摇晃或摔倒(一般是被击中头部),裁判员要数秒数到八。如果数到八时,该运动员站起来表示能继续比赛,则比赛继续进行;如果运动员没有站起来,则另一方赢得比赛。

在比赛中,如果一方采用搂抱、推拉对手、消极逃避比赛,用肘、膝顶击对手,摔倒对手、故意用拳攻击对手面部等犯规动作则会被判罚警告或扣分(一个扣分为1分)。

场上的教练员打断比赛进程或使用过激言语、行为,严重违反体育道德也会被主裁判警告或扣分。如果一名运动员累计被扣掉 4 分,则要被判"犯规败",也就意味着输掉了这场比赛。

7. 加时赛

在一场比赛中,如果双方打满 3 局而出现平分的情况时,要进行加时赛。加时赛实行"突然死亡法",即先得到 1 分的一方获胜。比赛结束后,运动员在比赛区域内相对而站,听到裁判员的口令后互相行礼,等候裁判员的判定。裁判员举起哪一侧的手臂,就说明哪一侧的运动员获胜。

8. 跆拳道比赛的获胜方式

击倒胜(K·O胜);

主裁判终止比赛胜(RSC胜);

比分或优势胜(判定胜);

对方弃权胜(弃权胜);

对方失去资格胜(失格胜);

主裁判判罚犯规胜(犯规胜)。

【思考与体验】

■ 简述跆拳道的起源与发展。

■ 跆拳道可分为哪两个体系?

■ 奥运会跆拳道比赛中,允许攻击的部位有哪些?

第二十章
挑战极限可能的运动——轮　滑

【学习要点】
- 了解轮滑运动的起源、发展与分类
- 掌握轮滑运动的基本技能与训练方法
- 熟悉轮滑运动的安全防护措施

第一节　轮滑运动概述

一、轮滑运动的起源与发展

轮滑（Roller skating），又称滚轴溜冰、滑旱冰，是穿着带滚轮的特制鞋在坚硬的场地上滑行的运动，从滑冰运动过度而来。目前多数滚轴溜冰者主要使用直排轮，因此直排轮也几乎成了轮滑运动的代名词。轮滑运动是一项休闲运动，同时也是竞技项目，随着它的不断完善，现在已形成多项轮滑竞技项目。目前的奥运会、亚运会已出现轮滑的身影。

最早的滚轴溜冰鞋于1818年诞生于德国柏林，很快，在法国巴黎大街上也出现了滚轴溜冰。在英国，这种运动被称为溜冰。1861年，轮滑项目在巴黎世博会上的精彩表演，确立了其在体育运动大家庭中的地位。1863年，美国的詹姆斯.普利莫普顿发明了一种金属轮子的轮滑鞋，推动了各国轮滑运动的发展。1866年在美国成立了世界上第一个轮滑运动组织——"纽约轮滑运动协会"，并开展轮滑比赛。从此轮滑运动迅速传到欧洲各国。

1884年，英国首次举办了全国轮滑锦标赛。1892年4月1日，国际轮滑联盟在瑞士成立，使得轮滑运动向正规化、国际化进一步发展。后来由德国、法国、英国和瑞士4个国家发起，于1924年成立了国际轮滑联合会（FIRS）。1936年，德国斯图加特举行了首届世界轮滑锦标赛；1937年，美国制定了第一个速度轮滑比赛规则；1947年，美国华盛顿举行了首届世界花样轮滑锦标赛。从此，轮滑运动在世界各地得到迅猛发展，并真正走上轮滑竞赛的道路。

轮滑作为一种娱乐项目在19世纪末传入我国，当时仅出现于沿海个别城市，直到在20世纪80年代初才有正式比赛出现。我国于1980年成立中国轮滑协会，并于同年加入世界轮滑联合会，1986年加入亚洲轮滑联盟，从1985年参加国际比赛。作为一种休闲运动，目前轮滑在我国各地已非常普及了，尤其深受广大青少年喜爱，我们常常能在街上看到背着书包的追风少年驾着"风火轮"从身边飞驰而过的情景。目前，在一些城市，许多大、中、小学还开设了轮滑课。

二、轮滑运动的项目分类

现代轮滑运动主要有极限轮滑、速度轮滑、花样轮滑、自由式轮滑和轮滑球等项目。

1. 极限轮滑

极限轮滑也叫特技直排轮滑,玩极限轮滑的人被称为 ROLLER BLADING。极限轮滑是现在年轻人的追捧,主要分为街式和专业场地,专业场地又分为街道赛和半管赛(U型池)。

2. 速度轮滑

以单排、双排轮滑鞋为比赛工具的竞赛项目,分场地跑道比赛和公路比赛两种。世界锦标赛场地跑道正式比赛距离为:300 米计时赛、500 米淘汰赛、1000 米、5000 米、10000 米积分赛、20000 米积分赛;公路比赛包括女子 21 千米半程马拉松赛、男子 42 千米马拉松赛。场地跑道像自行车场一样呈盆形。

3. 花样轮滑

花样轮滑分为男女单人滑(规定图形滑、自由滑)、男女双人滑和舞蹈(男女双人,规定舞、创编舞、自由舞)3 个项目。比赛场地至少 50 米长、25 米宽。每项比赛参赛队可以派 3 人参加,男女总计 12 人。根据动作的难易程度、舞姿的优美程度打分确定胜方。

4. 自由式轮滑(Free Style)

自由式轮滑最有代表性的就是 Slalom,即平地花式(简称平花),其他还包括速降、FSK、休闲、花式刹停、跳高、轮舞。平地花式包括花式绕桩和速度过桩,讲究过桩的足部花式技巧,同时也要全身性的节奏感,具有非常高的观赏性。世界轮滑皇帝圣巴斯蒂安(Sebastien Laffargue)简称 SEBA,可以说是 Slalom 的鼻祖。

5. 轮滑球

轮滑球早在 1896 年就已经在英格兰出现了,算得上是历史最悠久的轮滑运动。轮滑球的外形看上去像是冰球和曲棍球的结合体,比赛用球形如棒球,重量为 155.925 克;打法同冰球相似,比赛双方各 5 人上场竞技,每场比赛分两局进行,每局 20 分钟。该项目融合了冰球和马球两种运动项目的特点,以个人技巧和团体协作为基础,比赛规则宽松,具有很强的对抗性。

三、轮滑运动的设施装备

1. 轮滑鞋的分类与选购

(1) 轮滑鞋的分类:目前我国市场上有单排轮滑鞋和双排轮滑鞋两种,目前流行的是单排轮滑鞋。购鞋时要根据自己想学的项目而选择不同种类的轮滑鞋(图 20-1)。

双排轮滑鞋　　　　　单排速滑鞋　　　　　单排花样鞋

图 20-1

依项目分类:休闲鞋、平花鞋、FSK、极限鞋、轮滑球鞋、速滑鞋。

依轮架分类:PVC 架、铝合金架(两片式、一体式、3D 复合式)。

依轮子的材质分类:PVC(弹性差,磨损快,易滑,属于较低档的一类)、PU(聚胺酯,国内大部分轮滑鞋都使用的材料,弹性好、耐磨、抓地力强)。

依轮子的大小分类:55毫米、68毫米、70毫米、72毫米、76毫米、78毫米、80毫米、82毫米、84毫米、90毫米、100毫米(轮子越大,续航能力越强)。

依轮子的硬度分类:74A、76A、80A、82A、84A、86A、90A等(数字越小硬度越小,滑起舒服噪音小,数字越大硬度越高,速度快耐用)。

依轴承精度的分类:ABEC-1、ABEC-3、ANEC-5、ABEC-7等(数字越大精确度越高,滑起来稳定,但也容易受磨损)。

(2) 轮滑鞋的选购:轮子和轴承是最重要的部件,轴承的配置等级和质量很重要,应选用轴承配合紧密、转动柔和、无噪音的轮滑鞋。此外,在选购时应注意以下问题:

● 穿着舒适,松紧适度。
● 扣带使用灵活,不出现滑脱现象。
● 底座应牢固,目测它应是垂直、不偏斜的。
● 轮滑鞋的外观应完好无损。

(3) 轮滑鞋平常的保养:

● 切勿在草地、泥地上经过,因为这样做会让碎石磨损轮滑鞋的轮子,而且沙子会跑到轴承中,需要经常清洗。
● 下雨天尽量不要玩轮滑,因为水会让轴承生锈。
● 轴承生锈了须买一小瓶润滑脂(机油也可)。首先用汽油把轴承里里外外彻底的清洗干净,然后把润滑脂涂抹在轴承里面的滚珠上,不用抹的太多,只要滚珠上都覆盖一层就可以。滑行频繁的话建议两周保养一次轴承,不频繁的话可以一个月保养一次。
● 注重轮子的保养与调整。轮子会随着使用时间的增加而渐渐磨损,所以轮鞋保养最重要的是轮子的检查,滑行频繁的话最好每周检查轮子一次,查看轮子的磨损程度,如果轮子有某一边磨损较严重,则须要早一点调换位置,不然轮子可能会因为偏刃而废掉。
● 如果鞋套太薄,可以买一个气囊鞋垫。

2. 护具的选购与保养

(1) 选购护具:不论你为何、如何玩或在哪里玩;单排轮滑最重要的就是上路前都该戴上护具,戴上护具是心理及生理双重的准备动作。护具的功用在于保护您的身体,不会因滑倒而受伤。整套装备包括头盔、护肘、护膝、护掌。优质的护具强调包覆性、透气性、吸震效果及坚固等要求。

(2) 护具保养:

● 定期清洗。内衬的清洗步骤:将衬垫类放在洗衣盆里加温水——再加入浸泡专用、不必冲洗的洗涤剂——浸泡一个晚上,第二天再取出,放在阴凉处晾干,即可。(记得要用温水,若用冷水或热水浸泡,会造成衬垫破损。)
● 及时更换刹车片。一些轮滑鞋的鞋后跟上的煞车装置如果经常使用,很快就会磨损,一旦磨损严重,踩煞车时容易失去平衡,还可能导致

> **小贴士**
>
> **轮滑注意事项**
>
> 初学轮滑者一定要有耐心;滑行前要做准备活动;进行轮滑活动时要戴护具;滑行后不要立即喝水。
>
> 初学时一定要注意培养正确姿势,滑行时腰、膝、踝关节保持自然弯曲,降低身体重心,身体失去平衡时要向下蹲。

煞车不灵,因此煞车片磨平之后,必须马上更换。

四、轮滑运动的安全措施

1. 要首先选择一双正规厂家生产的、适合自己的轮滑鞋,这对于初学者来说至关重要。开始练习前应先做好热身活动,尤其是手腕和下肢各关节及韧带,要充分活动开。

2. 要有必要的安全保护措施

如有可能,应穿戴上全套或一些护具。练习前要检查轮滑鞋的螺丝等紧固部件,以免滑行中因轮滑鞋出问题而受伤。

3. 要有正确的技术指导

首先,练习者应运用常识判断,选择安全的场合练习,不要在车道、斜坡、有油渍或积水的地面等地方玩轮滑,以安全为要。其次,了解自己的程度、知道自己的极限,依自己的情况玩轮滑,要学习新的技巧或动作时应有人指导,并且特别小心。特别是初学者,不要任意滑行,最好有滑行熟练的同伴或辅导员进行辅导。

4. 要学会在摔跤时做自我保护

方法是:当要向前或向侧摔倒时,要主动屈膝下蹲,用双手撑地缓冲,减小摔倒的力量;当要向后摔倒时,也要主动屈膝下蹲,降低重心,尽量让臀部先坐下,并注意保护尾骨处,同时低头团身,避免头部向后仰磕地;摔倒时应尽量避免直臂单手撑地,这样很容易损伤手腕。

5. 禁止做危险或妨碍他人的动作

特别是在人多的公共轮滑场内,如几人拉手滑行,在速滑跑道上逆行或与大家滑行方向逆行,乱蹦乱跳,在场内横插乱窜,追逐打闹,突然停止等,这都是既妨碍他人,又容易发生危险的事情。如果在公路上滑行,更要注意交通安全,最好要在人少车少的地方练习。

6. 身体不好不宜参加

患有严重疾病的人(如有心脏病、高血压等)不宜参加激烈的轮滑活动,最多可以慢速滑锻炼一下。此外,饮酒后和过度疲劳的人也不宜参加轮滑活动。

第二节　轮滑基本技术

①

一、站立

学习轮滑首先要从站立和维持身体平衡开始。初学者初次穿上轮滑鞋后,一般情况下能够做到独立站立,但往往都会感觉到踝关节力量不足而使得身体前仰后倾甚至摔倒。这是因为轮滑鞋由数个小轮子构成,穿上它站立时,因为脚下的轮子会前后滚动,初学者不能准确地控制自身重心,身体难以维持平衡而导致的。因此,掌握正确的站立姿势是学习轮滑的基础。下面介绍几种正确的站立方法。

---

① 轮滑入门技巧教学视频,视频链接网页来源于酷6网。

  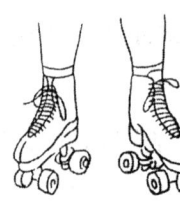

图 20-2　　　　　图 20-3　　　　　图 20-4

1. "T"字形站立

先穿戴好轮滑鞋和护具,然后站起来,站好后,可以试着让自己的两臂从体侧平举至肩高,为了防止轮子前后滚动,可先将左脚跟靠在右脚的内侧(或将右脚紧靠左脚的内侧),使双脚形成"T"字形。此时,两膝微屈,重心稍偏于位置居后的脚上,上体略微前倾,抬起头目光平视前方,两臂在体侧自然打开控制身体平衡。因为双脚形成了"T"字形站立,所以脚下的轮子不能滑动,站立时比较稳定(图 20-2)。

2. 平行站立

双脚分开,与肩同宽。双脚脚尖稍微内扣,两臂保持平举至肩高以辅助身体平衡,上体稍微前倾,双腿膝关节微屈,身体重心放在双脚中间,抬头目光平视——这时你已经可以平稳地站立了(图 20-3)。

3. "八"字形站立

双脚呈"八"字形自然分开,双脚脚跟靠近,双腿膝关节微屈,上体稍微前倾,身体重心放在双脚中间——这样的站立姿势可以防止脚下的轮子前后滚动(图 20-4)。

二、寻求平衡

对于初学者而言,能够尽快地掌握在滑行状态下保持身体的平衡的技巧。

人们日常生活中的行走习惯与进行轮滑运动时的滑行方法完全不同的。两者的区别主要是:行走时双脚直接后蹬,身体重心由后脚移至前脚;滑行时则是用双脚的两侧蹬地产生滑行动力,身体重心先移至支撑腿然后一只脚蹬地产生向前的动力,同时获得一个稳定的支点。

在练习滑行技术时,应从保持身体平衡开始,逐渐提高身体重心的移动,增强平衡能力。

1. 踏步

(1)原地移重心:在平行站立的基础上,上体向一侧移动,逐渐将身体重心移到这一侧的支撑腿上。当平衡站立后,再以此方法做向另一侧移重心的练习。

(2)踏步练习:在原地移重心的基础上,双脚分开与肩同宽,双腿膝关节微屈,上体稍微前倾。踏步时先讲身体重心放在左脚上,提起右脚向前抬起,离开地面后平稳迈出,待右脚落地站稳后再将身体重心放在右脚上,提起左脚向前抬起,离开地面后平稳迈出,双脚交替,反复练习。在进行踏步练习时,应注意步幅要小,抬腿要低,动作要慢。

2. 原地双脚交替前后移动

平行站立,左脚向前滑动,右脚向后滑动,双脚在滑行时要始终保持平行。身体重心放在双脚中间,反复练习此动作。这个动作能提高轮滑者对身体重心的控制能力和对滑行的适应能力。

3. 原地蹲起练习

双脚分开,与肩同宽,平行站立,做下蹲、起立动作。身体重心放在双脚上,两臂自然打开。练习时应由慢到快,注意保持上体直立,动作屈伸要协调,当能够熟练掌握此动作时,可逐渐加大下蹲的幅度,直至达到深蹲。

4. 借助外力滑行

在老师、家长和同伴的协助下,进行借助外力的滑行练习,顺脚向前滑动,体会滑行的感觉和滑行时的平衡。如果在外力的推动下双脚能够借助惯性前滑,说明你已经获得滑行条件下的平衡了。

三、摔倒与自我保护

1. 摔倒后的自我保护

初学者在光滑的地面上练习难免摔倒。为了防止受伤,要掌握安全跌倒的方法,通过护具及全身来分解跌倒时的冲击力,跌倒时保持身体向前扑倒,避免向后跌坐或让身体某一部分完全承受撞击,如臀部、下巴、手腕、手肘、膝盖等,以减少单一部位受伤的程度。

快摔倒时,要尽量使身体前倾,膝盖跪下,身体趴地,以护掌触地向前爬出,并让身体同时伸展出去,然后完全扑倒在地,经过一连串的动作后,跌倒时的撞击力会被完全分散出去,不至于是单一部位承受太多、太重的伤害。

2. 摔倒后的站立

当你摔倒后准备站立时,你要面对滑行方向,双手扶地,双腿跪立。然后先将左脚(或右腿)膝关节离开地面呈90°,再将右腿(或左腿)膝关节也离开地面呈90°,双手离地,慢慢站立起来(图20-5)。

图 20-5

四、向前滑行

1. 双脚前葫芦滑行

站立时双脚脚尖稍微向外分开,双腿膝关节弯曲,身体重心放在滑轮鞋的后轮上。开始滑行时,身体稍微前倾,双脚同时用力,用内侧的后轮向外侧蹬地,双脚(脚尖向外)向前滑行,两臂自然打开。当滑行的双脚距离与肩同宽时,双脚脚尖同时内扣,双腿膝关节逐渐伸直,恢复站立姿势。反复练习此动作(图20-6)。

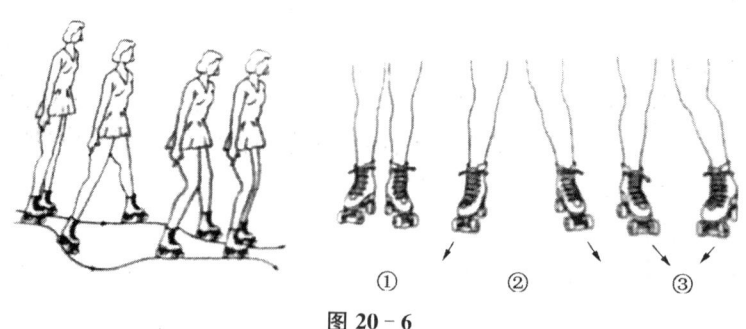

图 20－6

2. 单脚蹬地、双脚向前滑行

平行站立,用左脚内侧轮向外蹬地,右脚同时向前滑出,左脚离地后靠近右脚落地,双脚同时向前滑行,再用右脚内侧轮向外蹬地,左脚同时向前滑出,右脚离地后靠近左脚落地,双脚同时向前滑行,两臂自然摆动。反复练习此动作。

要注意蹬地时双腿膝关节微屈,用内侧轮蹬地,蹬地的脚离地后应注意身体重心要转移到滑行的脚上,以免出现脚蹬地后收不回来的现象(图 20－7)。

图 20－7

3. 单脚向前滑行

"丁"字形站立,左脚在前,右脚在后,双腿膝关节弯曲。右脚蹬地后,慢慢将身体重心移动左脚上,右脚蹬地后抬起,左脚向前滑行,然后右脚在侧面落地。接着左脚蹬地,慢慢将身体重心移动右脚上,左脚蹬地后抬起,右脚向前滑行。双脚交替进行直线滑行。

单脚向前滑行时将身体重心完全放在左(右)脚上的滑行技术,左(右)腿膝关节适当弯曲才能控制好身体的平衡,两臂自然打开能更好地控制身体重心的移动,换脚时双脚要靠近一些(图 20－8)。

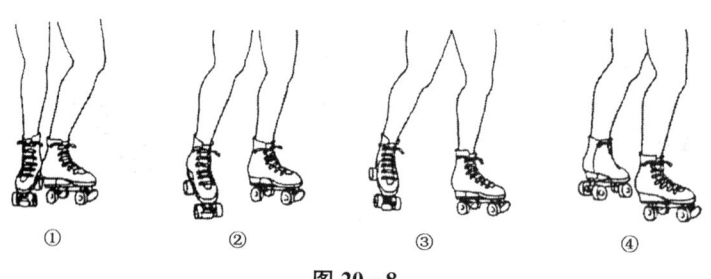

图 20－8

五、向后滑行

1. 双脚后葫芦滑行

平行站立,双脚脚尖稍微内扣,双腿膝关节自然弯曲,两臂自然打开。双脚内侧轮向前蹬地,身体重心放在双脚前轮部位,双脚脚跟同时向侧分开,向后滑行至双脚距离稍宽于肩部时双脚脚跟内收,双腿膝关节同时用力,直到回到开始姿势。反复练习此动作。

在滑行时,身体的重心保持在两脚中间,以两脚前轮为主,双腿膝关节屈伸动作要协调,两腿(脚)不要分得过大(图20-9)。

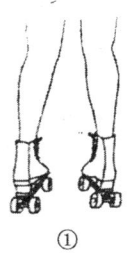①　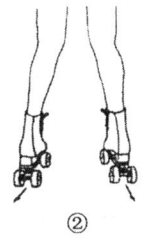②　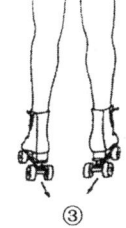③

图20-9

2. 单脚蹬地、双脚向后滑行

两脚平行站立,用左脚前内侧轮向前蹬地,右脚向后滑出。左脚蹬地后靠近右脚落地,双脚滑出,然后用右脚前内侧轮蹬地向后滑出,两臂自然打开。重复上述动作连续滑行。

练习时,蹬地脚及滑行脚不能离开地面,蹬地及滑行时双腿膝关节微屈,保持身体平衡,还要注意用内侧轮蹬地(图20-10)。

图20-10

3. 单脚向后滑行

平行站立,当蹬地开始时,双腿膝关节弯曲,身体重心移到左脚上,右脚内侧轮向前蹬地的同时左脚向后滑出,右脚蹬地后抬离地面,靠近左脚后落地,左脚内侧轮向前蹬地的同时右脚向后滑出,两臂自然打开。重复上述动作,双脚交替进行向后滑行的练习。

单脚向后滑行时,身体的重心完全放在滑行腿上,滑行时上体不要过分前倾,膝关节适当弯曲,两臂自然打开以保持身体平衡,双腿要靠近以便换脚(图20-11)。

①　②　③　④

图20-11

六、停止方法

当你学会了滑行以后,还要能够处理活动场所可能发生的各种情况(避免冲撞等意外事故的发生),所以,你应该学会简单的停止方法,以便掌握身体的运动方向和滑行速度。

1. "T"形停止法

(1) 前滑"T"形停止法:单脚向前滑行开始,浮足在滑行脚的后跟处成"T"形,将浮足慢慢放在地面上,以内侧轮柔和地压紧地面,减速滑行,直至停止滑行(图20-12)。

(2) 后滑"T"形停止法:后滑"T"形停止法与前滑"T"形停止法类似,在停止滑行的过程中双脚呈倒"T"形即可。

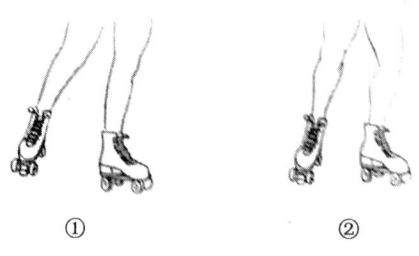

① ②

图 20-12

（3）转弯减速法：在滑行过程中，用惯性转弯的动作消耗掉滑行的惯性。根据停止的需要，可向左（向右）减缓滑行速度，直到停止滑行。

【思考与体验】

■ 初学者学习轮滑时有几种站立方法？

■ 轮滑有几种滑行方法？简述其中一种方法。

■ 练习轮滑时需要注意的安全措施有哪些？

附件1 《国家学生体质健康标准》评分表

一、有关事项的说明

2014年进行修订的《国家学生体质健康标准》(以下简称《标准》)是国家学校教育质量基本标准,是评价学生综合素质、评估学校工作和衡量各地教育发展的重要依据,《国家体育锻炼标准》适用于全日制普通小学、初中、普通高中、中等职业学校、普通高等学校的学生。

《标准》从身体形态、身体机能和身体素质等方面综合评定学生的体质健康水平,是促进学生体质健康发展、激励学生积极进行身体锻炼的教育手段,是国家学生发展核心素养体系和学业质量标准的重要组成部分,是学生体质健康的个体评价标准。

《标准》将普通高中按每个年级为一组,共设3组,普通高校设置大学一、二年级为一组,三、四年级为一组。

高中、大学各组别的测试指标均为必测指标。其中,身体形态类中的体重指数(BMI),身体机能类中的肺活量,以及身体素质类中的50米跑、坐位体前屈、立定跳远为学生共性指标。此外,男生引体向上、1000米跑,女生1分钟仰卧起坐、800米跑也为必测项目。

《标准》的学年总分由标准分与附加分之和构成,满分为120分。标准分由各单项指标得分与权重乘积之和组成,满分为100分。附加分根据实测成绩确定,即对成绩超过100分的加分指标进行加分,满分为20分;高中、大学的加分指标为男生引体向上和1000米跑,女生1分钟仰卧起坐和800米跑,各指标加分幅度均为10分。

根据学生学年总分评定等级:90.0分及以上为优秀,80.0~89.9分为良好,60.0~79.9分为及格,59.9分及以下为不及格。

每个学生每学年按照《标准》进行一次测试与评定,并记入《〈国家学生体质健康标准〉登记卡》。学生毕业时的成绩和等级,按毕业当年学年总分的50%与其他学年总分平均得分的50%之和进行评定。

学生测试成绩评定达到《标准》良好及以上等级者,方可参加评优与评奖;成绩达到优秀者,方可获体育奖学分。测试成绩评定不及格者,在本学年度准予补测一次,补测仍不及格,则学年成绩评定为不及格。普通高中和高等学校学生毕业时,《标准》测试的成绩达不到50分者按结业或肄业处理。

学生因病或残疾可向学校提交暂缓或免予执行《标准》的申请,经医疗单位证明,体育教学部门核准,可暂缓或免予执行《标准》,并填写《免予执行〈国家学生体质健康标准〉申请表》,存入学生档案。确实丧失运动能力、被免予执行《标准》的残疾学生,仍可参加评优与评奖,毕业时《标准》成绩需注明免测。

二、单项指标与权重

测试对象	单项指标	权重(%)
小学一年级至大学四年级	体重指数(BMI)	15
	肺活量	15
初中、高中、大学各年级	50米跑	20
	坐位体前屈	10
	立定跳远	10
	引体向上(男)/1分钟仰卧起坐(女)	10
	1000米跑(男)/800米跑(女)	20

注:体重指数(BMI)=体重(千克)/身高^2(米^2)。

三、评分表

1. 单项指标评分表

表1-1 男生体重指数(BMI)单项评分表(单位:千克/米^2)

等级	单项得分	高一	高二	高三	大学
正常	100	16.5~23.2	16.8~23.7	17.3~23.8	17.9~23.9
低体重	80	≤16.4	≤16.7	≤17.2	≤17.8
超重		23.3~26.3	23.8~26.5	23.9~27.3	24.0~27.9
肥胖	60	≥26.4	≥26.6	≥27.4	≥28.0

表1-2 男生肺活量单项评分表(单位:毫升)

等级	单项得分	高一	高二	高三	大一大二
优秀	100	4540	4740	4940	5040
	95	4420	4620	4820	4920
	90	4300	4500	4700	4800
良好	85	4050	4250	4450	4550
	80	3800	4000	4200	4300
及格	78	3680	3880	4080	4180
	76	3560	3760	3960	4060
	74	3440	3640	3840	3940
	72	3320	3520	3720	3820
	70	3200	3400	3600	3700
	68	3080	3280	3480	3580
	66	2960	3160	3360	3460
	64	2840	3040	3240	3340
	62	2720	2920	3120	3220
	60	2600	2800	3000	3100

续 表

等级	单项得分	高一	高二	高三	大一大二
不及格	50	2470	2660	2850	2940
	40	2340	2520	2700	2780
	30	2210	2380	2550	2620
	20	2080	2240	2400	2460
	10	1950	2100	2250	2300

表1-3 男生50米跑单项评分表(单位:秒)

等级	单项得分	高一	高二	高三	大一大二
优秀	100	7.1	7.0	6.8	6.7
	95	7.2	7.1	6.9	6.8
	90	7.3	7.2	7.0	6.9
良好	85	7.4	7.3	7.1	7.0
	80	7.5	7.4	7.2	7.1
及格	78	7.7	7.6	7.4	7.3
	76	7.9	7.8	7.6	7.5
	74	8.1	8.0	7.8	7.7
	72	8.3	8.2	8.0	7.9
	70	8.5	8.4	8.2	8.1
	68	8.7	8.6	8.4	8.3
	66	8.9	8.8	8.6	8.5
	64	9.1	9.0	8.8	8.7
	62	9.3	9.2	9.0	8.9
	60	9.5	9.4	9.2	9.1
不及格	50	9.7	9.6	9.4	9.3
	40	9.9	9.8	9.6	9.5
	30	10.1	10.0	9.8	9.7
	20	10.3	10.2	10.0	9.9
	10	10.5	10.4	10.2	10.1

表1-4 男生坐位体前屈单项评分表(单位:厘米)

等级	单项得分	高一	高二	高三	大一大二
优秀	100	23.6	24.3	24.6	24.9
	95	21.5	22.4	22.8	23.1
	90	19.4	20.5	21.0	21.3
良好	85	17.2	18.3	19.1	19.5
	80	15.0	16.1	17.2	17.7

续　表

等级	单项得分	高一	高二	高三	大一大二
及格	78	13.6	14.7	15.8	16.3
	76	12.2	13.3	14.4	14.9
	74	10.8	11.9	13.0	13.5
	72	9.4	10.5	11.6	12.1
	70	8.0	9.1	10.2	10.7
	68	6.6	7.7	8.8	9.3
	66	5.2	6.3	7.4	7.9
	64	3.8	4.9	6.0	6.5
	62	2.4	3.5	4.6	5.1
	60	1.0	2.1	3.2	3.7
不及格	50	0.0	1.1	2.2	2.7
	40	−1.0	0.1	1.2	1.7
	30	−2.0	−0.9	0.2	0.7
	20	−3.0	−1.9	−0.8	−0.3
	10	−4.0	−2.9	−1.8	−1.3

表 1-5　男生立定跳远单项评分表（单位：厘米）

等级	单项得分	高一	高二	高三	大一大二
优秀	100	260	265	270	273
	95	255	260	265	268
	90	250	255	260	263
良好	85	243	248	253	256
	80	235	240	245	248
及格	78	231	236	241	244
	76	227	232	237	240
	74	223	228	233	236
	72	219	224	229	232
	70	215	220	225	228
	68	211	216	221	224
	66	207	212	217	220
	64	203	208	213	216
	62	199	204	209	212
	60	195	200	205	208
不及格	50	190	195	200	203
	40	185	190	195	198
	30	180	185	190	193
	20	175	180	185	188
	10	170	175	180	183

表1-6 男生引体向上单项评分表(单位:次)

等级	单项得分	高一	高二	高三	大一大二
优秀	100	16	17	18	19
优秀	95	15	16	17	18
优秀	90	14	15	16	17
良好	85	13	14	15	16
良好	80	12	13	14	15
及格	78				
及格	76	11	12	13	14
及格	74				
及格	72	10	11	12	13
及格	70				
及格	68	9	10	11	12
及格	66				
及格	64	8	9	10	11
及格	62				
及格	60	7	8	9	10
不及格	50	6	7	8	9
不及格	40	5	6	7	8
不及格	30	4	5	6	7
不及格	20	3	4	5	6
不及格	10	2	3	4	5

表1-7 男生1000米跑单项评分表(单位:分·秒)

等级	单项得分	高一	高二	高三	大一大二
优秀	100	3′30″	3′25″	3′20″	3′17″
优秀	95	3′35″	3′30″	3′25″	3′22″
优秀	90	3′40″	3′35″	3′30″	3′27″
良好	85	3′47″	3′42″	3′37″	3′34″
良好	80	3′55″	3′50″	3′45″	3′42″
及格	78	4′00″	3′55″	3′50″	3′47″
及格	76	4′05″	4′00″	3′55″	3′52″
及格	74	4′10″	4′05″	4′00″	3′57″
及格	72	4′15″	4′10″	4′05″	4′02″
及格	70	4′20″	4′15″	4′10″	4′07″
及格	68	4′25″	4′20″	4′15″	4′12″
及格	66	4′30″	4′25″	4′20″	4′17″
及格	64	4′35″	4′30″	4′25″	4′22″
及格	62	4′40″	4′35″	4′30″	4′27″
及格	60	4′45″	4′40″	4′35″	4′32″

续　表

等级	单项得分	高一	高二	高三	大一 大二
不及格	50	5'05"	5'00"	4'55"	4'52"
	40	5'25"	5'20"	5'15"	5'12"
	30	5'45"	5'40"	5'35"	5'32"
	20	6'05"	6'00"	5'55"	5'52"
	10	6'25"	6'20"	6'15"	6'12"

表 1-8　女生体重指数（BMI）单项评分表（单位：千克/米²）

等级	单项得分	高一	高二	高三	大学
正常	100	16.5~22.7	16.9~23.2	17.1~23.3	17.2~23.9
低体重	80	≤16.4	≤16.8	≤17.0	≤17.1
超重		22.8~25.2	23.3~25.4	23.4~25.7	24.0~27.9
肥胖	60	≥25.3	≥25.5	≥25.8	≥28.0

表 1-9　女生肺活量单项评分表（单位：毫升）

等级	单项得分	高一	高二	高三	大一 大二
优秀	100	3150	3250	3350	3400
	95	3100	3200	3300	3350
	90	3050	3150	3250	3300
良好	85	2900	3000	3100	3150
	80	2750	2850	2950	3000
及格	78	2650	2750	2850	2900
	76	2550	2650	2750	2800
	74	2450	2550	2650	2700
	72	2350	2450	2550	2600
	70	2250	2350	2450	2500
	68	2150	2250	2350	2400
	66	2050	2150	2250	2300
	64	1950	2050	2150	2200
	62	1850	1950	2050	2100
	60	1750	1850	1950	2000
不及格	50	1710	1810	1910	1960
	40	1670	1770	1870	1920
	30	1630	1730	1830	1880
	20	1590	1690	1790	1840
	10	1550	1650	1750	1800

表1-10　女生50米跑单项评分表（单位:秒）

等级	单项得分	高一	高二	高三	大一大二
优秀	100	7.8	7.7	7.6	7.5
优秀	95	7.9	7.8	7.7	7.6
优秀	90	8.0	7.9	7.8	7.7
良好	85	8.3	8.2	8.1	8.0
良好	80	8.6	8.5	8.4	8.3
及格	78	8.8	8.7	8.6	8.5
及格	76	9.0	8.9	8.8	8.7
及格	74	9.2	9.1	9.0	8.9
及格	72	9.4	9.3	9.2	9.1
及格	70	9.6	9.5	9.4	9.3
及格	68	9.8	9.7	9.6	9.5
及格	66	10.0	9.9	9.8	9.7
及格	64	10.2	10.1	10.0	9.9
及格	62	10.4	10.3	10.2	10.1
及格	60	10.6	10.5	10.4	10.3
不及格	50	10.8	10.7	10.6	10.5
不及格	40	11.0	10.9	10.8	10.7
不及格	30	11.2	11.1	11.0	10.9
不及格	20	11.4	11.3	11.2	11.1
不及格	10	11.6	11.5	11.4	11.3

表1-11　女生坐位体前屈单项评分表（单位:厘米）

等级	单项得分	高一	高二	高三	大一大二
优秀	100	24.2	24.8	25.3	25.8
优秀	95	22.5	23.1	23.6	24.0
优秀	90	20.8	21.4	21.9	22.2
良好	85	19.1	19.7	20.2	20.6
良好	80	17.4	18.0	18.5	19.0
及格	78	16.1	16.7	17.2	17.7
及格	76	14.8	15.4	15.9	16.4
及格	74	13.5	14.1	14.6	15.1
及格	72	12.2	12.8	13.3	13.8
及格	70	10.9	11.5	12.0	12.5
及格	68	9.6	10.2	10.7	11.2
及格	66	8.3	8.9	9.4	9.9
及格	64	7.0	7.6	8.1	8.6
及格	62	5.7	6.3	6.8	7.3
及格	60	4.4	5.0	5.5	6.0

续　表

等级	单项得分	高一	高二	高三	大一大二
不及格	50	3.6	4.2	4.7	5.2
	40	2.8	3.4	3.9	4.4
	30	2.0	2.6	3.1	3.6
	20	1.2	1.8	2.3	2.8
	10	0.4	1.0	1.5	2.0

表1-12　女生立定跳远单项评分表（单位：厘米）

等级	单项得分	高一	高二	高三	大一大二
优秀	100	204	205	206	207
	95	198	199	200	201
	90	192	193	194	195
良好	85	185	186	187	188
	80	178	179	180	181
及格	78	175	176	177	178
	76	172	173	174	175
	74	169	170	171	172
	72	166	167	168	169
	70	163	164	165	166
	68	160	161	162	163
	66	157	158	159	160
	64	154	155	156	157
	62	151	152	153	154
	60	148	149	150	151
不及格	50	143	144	145	146
	40	138	139	140	141
	30	133	134	135	136
	20	128	129	130	131
	10	123	124	125	126

表1-13　女生一分钟仰卧起坐单项评分表（单位：次）

等级	单项得分	高一	高二	高三	大一大二
优秀	100	53	54	55	56
	95	51	52	53	54
	90	49	50	51	52
良好	85	46	47	48	49
	80	43	44	45	46

续 表

等级	单项得分	高一	高二	高三	大一大二
及格	78	41	42	43	44
	76	39	40	41	42
	74	37	38	39	40
	72	35	36	37	38
	70	33	34	35	36
	68	31	32	33	34
	66	29	30	31	32
	64	27	28	29	30
	62	25	26	27	28
	60	23	24	25	26
不及格	50	21	22	23	24
	40	19	20	21	22
	30	17	18	19	20
	20	15	16	17	18
	10	13	14	15	16

表 1-14 女生 800 米跑单项评分表（单位：分·秒）

等级	单项得分	高一	高二	高三	大一大二
优秀	100	3'24"	3'22"	3'20"	3'18"
	95	3'30"	3'28"	3'26"	3'24"
	90	3'36"	3'34"	3'32"	3'30"
良好	85	3'43"	3'41"	3'39"	3'37"
	80	3'50"	3'48"	3'46"	3'44"
及格	78	3'55"	3'53"	3'51"	3'49"
	76	4'00"	3'58"	3'56"	3'54"
	74	4'05"	4'03"	4'01"	3'59"
	72	4'10"	4'08"	4'06"	4'04"
	70	4'15"	4'13"	4'11"	4'09"
	68	4'20"	4'18"	4'16"	4'14"
	66	4'25"	4'23"	4'21"	4'19"
	64	4'30"	4'28"	4'26"	4'24"
	62	4'35"	4'33"	4'31"	4'29"
	60	4'40"	4'38"	4'36"	4'34"
不及格	50	4'50"	4'48"	4'46"	4'44"
	40	5'00"	4'58"	4'56"	4'54"
	30	5'10"	5'08"	5'06"	5'04"
	20	5'20"	5'18"	5'16"	5'14"
	10	5'30"	5'28"	5'26"	5'24"

2. 加分指标评分表

表2-1 男生引体向上评分表(单位:次)

加分	高一	高二	高三	大一大二
10	10	10	10	10
9	9	9	9	9
8	8	8	8	8
7	7	7	7	7
6	6	6	6	6
5	5	5	5	5
4	4	4	4	4
3	3	3	3	3
2	2	2	2	2
1	1	1	1	1

表2-2 男生1000米跑评分表(单位:分·秒)

加分	高一	高二	高三	大一大二
10	$-35''$	$-35''$	$-35''$	$-35''$
9	$-32''$	$-32''$	$-32''$	$-32''$
8	$-29''$	$-29''$	$-29''$	$-29''$
7	$-26''$	$-26''$	$-26''$	$-26''$
6	$-23''$	$-23''$	$-23''$	$-23''$
5	$-20''$	$-20''$	$-20''$	$-20''$
4	$-16''$	$-16''$	$-16''$	$-16''$
3	$-12''$	$-12''$	$-12''$	$-12''$
2	$-8''$	$-8''$	$-8''$	$-8''$
1	$-4''$	$-4''$	$-4''$	$-4''$

表2-3 女生一分钟仰卧起坐评分表(单位:次)

加分	高一	高二	高三	大一大二
10	13	13	13	13
9	12	12	12	12
8	11	11	11	11
7	10	10	10	10

续 表

加分	高一	高二	高三	大一 大二
6	9	9	9	9
5	8	8	8	8
4	7	7	7	7
3	6	6	6	6
2	4	4	4	4
1	2	2	2	2

表 2-4 女生 800 米跑评分表(单位:分·秒)

加分	高一	高二	高三	大一 大二
10	−50″	−50″	−50″	−50″
9	−45″	−45″	−45″	−45″
8	−40″	−40″	−40″	−40″
7	−35″	−35″	−35″	−35″
6	−30″	−30″	−30″	−30″
5	−25″	−25″	−25″	−25″
4	−20″	−20″	−20″	−20″
3	−15″	−15″	−15″	−15″
2	−10″	−10″	−10″	−10″
1	−5″	−5″	−5″	−5″

注:1000 米跑、800 米跑均为低优指标,学生成绩低于单项评分 100 分后,以减少的秒数所对应的分数进行加分。

附件2 《国家学生体质健康标准》登记卡

一、《国家学生体质健康标准》登记卡（高中样表）

姓名				性别			学号					
班级				民族			出生日期				学校	

		高一		高二			高三			毕业成绩	
	成绩	得分	等级	成绩	得分	等级	成绩	得分	等级	得分	等级
单项指标											
体重指数（BMI）（千克/米²）											
肺活量（毫升）											
50米跑（秒）											
坐位体前屈（厘米）											
立定跳远（厘米）											
引体向上（男）/1分钟仰卧起坐（女）（次）											
1000米跑（男）/800米跑（女）（分·秒）											
标准分											
加分指标	成绩	附加分		成绩	附加分		成绩	附加分			
引体向上（男）/1分钟仰卧起坐（女）（次）											
1000米跑（男）/800米跑（女）（分·秒）											
学年总分											
等级评定											
体育教师签字											
班主任签字											
家长签字											

学校签章：

年　月　日

注：中等职业学校参照本样表执行。

二、《国家学生体质健康标准》登记卡(大学样表)

姓名		性别		学号			
院(系)		民族		出生日期		学校	

	单项指标	大一			大二			大三			大四			毕业成绩	
		成绩	得分	等级	成绩	得分	等级	成绩	得分	等级	成绩	得分	等级	得分	等级
标准指标	体重指数(BMI)(千克/米^2)														
	肺活量(毫升)														
	50米跑(秒)														
	坐位体前屈(厘米)														
	立定跳远(厘米)														
	引体向上(男)/1分钟仰卧起坐(女)(次)														
	1000米跑(男)/800米跑(女)(分·秒)														
加分指标		成绩		附加分	成绩		附加分	成绩		附加分	成绩		附加分		
	引体向上(男)/1分钟仰卧起坐(女)(次)														
	1000米跑(男)/800米跑(女)(分·秒)														
学年总分															
等级评定															
体育教师签字															
辅导员签字															

学校签章: 　　　　　　　　　　　　　　年　月　日

注：高等职业学校、高等专科学校参照本样表执行。

附件3　教师教育课程标准(试行)

为落实教育规划纲要,深化教师教育改革,规范和引导教师教育课程与教学,培养造就高素质专业化教师队伍,特制定《教师教育课程标准(试行)》。

教师教育课程广义上包括教师教育机构为培养和培训幼儿园、小学和中学教师所开设的公共基础课程、学科专业课程和教育类课程。本课程标准专指教育类课程。

教师教育课程标准体现国家对教师教育机构设置教师教育课程的基本要求,是制定教师教育课程方案、开发教材与课程资源、开展教学与评价,以及认定教师资格的重要依据。

一、基本理念

(一) 育人为本

教师是幼儿、中小学学生发展的促进者,在研究和帮助学生健康成长的过程中实现专业发展。教师教育课程应反映社会主义核心价值观,吸收研究新成果,体现社会进步对幼儿、中小学学生发展的新要求。教师教育课程应引导未来教师树立正确的儿童观、学生观、教师观与教育观,掌握必备的教育知识与能力,参与教育实践,丰富专业体验;引导未来教师因材施教,关心和帮助每个幼儿、中小学学生逐步树立正确的世界观、人生观、价值观,培养社会责任感、创新精神和实践能力。

(二) 实践取向

教师是反思性实践者,在研究自身经验和改进教育教学行为的过程中实现专业发展。教师教育课程应强化实践意识,关注现实问题,体现教育改革与发展对教师的新要求。教师教育课程应引导未来教师参与和研究基础教育改革,主动建构教育知识,发展实践能力;引导未来教师发现和解决实际问题,创新教育教学模式,形成个人的教学风格和实践智慧。

(三) 终身学习

教师是终身学习者,在持续学习和不断完善自身素质的过程中实现专业发展。教师教育课程应实现职前教育与在职教育的一体化,增强适应性和开放性,体现学习型社会对个体的新要求。教师教育课程应引导未来教师树立正确的专业理想,掌握必备的知识与技能,养成独立思考和自主学习的习惯;引导教师加深专业理解,更新知识结构,形成终身学习和应对挑战的能力。

二、教师教育课程目标与课程设置

(一) 幼儿园职前教师教育课程目标与课程设置

幼儿园职前教师教育课程要帮助未来教师充分认识幼儿阶段的特性和价值,理解"保教结合"的重要性,学会按幼儿的成长特点进行科学的保育和教育;理解幼儿的认知特点和学习方式,学会把教育寓于幼儿的生活和游戏中,创设适宜的教育环境,保护与发展幼儿探究、创造的兴趣,让幼儿在愉快的幼儿园生活中健康地成长。

1. 课程目标

目标领域	目标	基本要求
1 教育信念与责任	1.1 具有正确的儿童观和相应的行为	1.1.1 理解幼儿阶段在人生发展中的独特地位和价值,认识健康愉快的幼儿园生活对幼儿发展的意义。 1.1.2 尊重和维护幼儿的人格和权利,保护幼儿的好奇心和自信心。 1.1.3 尊重幼儿的个体差异,相信幼儿具有发展的潜力,乐于为幼儿创造发展的条件和机会。
	1.2 具有正确的教师观和相应的行为	1.2.1 理解教师是幼儿学习的引导者和支持者,相信教师工作的意义在于帮助幼儿健康成长。 1.2.2 了解幼儿园教师的职业特点和专业要求,自觉提高自身的科学与人文素养,形成终身学习的意愿。 1.2.3 了解教师的权利和责任,遵守教师职业道德。
	1.3 具有正确的教育观和相应的行为	1.3.1 理解教育对幼儿成长、教师自身发展和社会进步的重要意义,相信教育充满了创造的乐趣,愿意从事幼儿教育事业。 1.3.2 了解幼儿教育的历史、现状和发展趋势,认同素质教育理念,理解并参与教育改革。 1.3.3 形成正确的教育质量观,对与幼儿教育相关的现象进行专业思考与判断。
2 教育知识与能力	2.1 具有理解幼儿的知识和能力	2.1.1 了解儿童发展的主要理论和儿童研究的最新成果。 2.1.2 了解儿童身心发展的一般规律和影响因素,熟悉幼儿年龄阶段特征和个体发展的差异性。 2.1.3 了解幼儿认知发展、学习方式的特点及影响因素,熟悉幼儿建构知识、获得技能的过程。 2.1.4 了解幼儿情感、社会性发展的特点,熟悉幼儿品德和行为习惯形成的过程和规律。 2.1.5 掌握观察、谈话、倾听、作品分析等基本方法,理解幼儿发展的需要。 2.1.6 了解幼儿期常见疾病、发展障碍、学习障碍的基础知识和应对方法。 2.1.7 了解我国教育的政策法规,熟悉关于儿童权利的内容以及维护儿童合法权益的途径。
	2.2 具有教育幼儿的知识和能力	2.2.1 了解我国幼儿园教育的目标和任务,熟悉健康、语言、社会、科学、艺术等各领域的教育目标,学会以此指导自己的学习和实践。 2.2.2 了解幼儿教育的基本原理,理解整合各领域的内容、综合地实施教育活动的重要性,学会设计和实施幼儿教育活动。 2.2.3 了解幼儿的生活经验,学会利用实践机会,积累引导幼儿在游戏等活动中建构知识、发展创造力的经验。 2.2.4 掌握照顾幼儿健康地、安全地生活的基本方法和技能。 2.2.5 了解教育评价的理论与技术,学会通过评价改进活动与促进幼儿发展。 2.2.6 了解与家庭、社区沟通的重要性,学会利用和开发周围的资源,创设有利于幼儿发展的环境。 2.2.7 掌握幼儿心理健康教育的基本知识,学会处理幼儿常见行为问题。 2.2.8 了解0—3岁保育教育的有关知识和婴儿保育教育的一般方法。 2.2.9 了解小学教育的有关知识和幼小衔接的一般方法。

续 表

目标领域	目 标	基 本 要 求
2 教育知识与能力	2.3 具有发展自我的知识与能力	2.3.1 了解教师专业素养的核心内容,明确自身专业发展的重点。 2.3.2 了解教师专业发展的阶段与途径,熟悉教师专业发展规划的一般方法,学会理解与分享优秀教师的成功经验。 2.3.3 了解教师专业发展的影响因素,学会利用以课程学习为主的各种机会,积累发展经验。
3 教育实践与体验	3.1 具有观摩教育实践的经历与体验	3.1.1 结合相关课程学习,观摩幼儿的生活和教育活动的组织与指导,了解幼儿园教育的规范与过程,感受不同的教育风格。 3.1.2 深入幼儿园和班级,参与幼儿活动,获得与幼儿直接交往的体验。 3.1.3 了解幼儿园保教工作的特点和幼儿园各部门工作的职责和要求,感受幼儿教育实践的丰富性和复杂性。
	3.2 具有参与教育实践的经历与体验	3.2.1 了解实习班级幼儿的实际情况,在指导下设计教育活动方案,组织一日活动,获得对教育过程的真实感受。 3.2.2 参与各种教研活动,获得与幼儿园教师直接对话或交流的机会。 3.2.3 与家庭和社区合作,提高沟通能力,获得共同促进幼儿发展的实践经历与体验。 3.2.4 参与不同类型的幼教机构活动和幼儿教育实践活动。
	3.3 具有研究教育实践的经历与体验	3.3.1 在日常学习和实践过程中积累所学所思所想,形成问题意识和一定的解决问题的能力。 3.3.2 了解研究教育实践的一般方法,经历和体验制订计划、开展活动、完成报告、分享结果的过程。 3.3.3 参与各种类型的科研活动,获得科学地研究幼儿的经历与体验。

2. 课程设置

学习领域	建议模块	学分要求		
		三年制专科	五年制专科	四年制本科
1. 儿童发展与学习 2. 幼儿教育基础 3. 幼儿活动与指导 4. 幼儿园与家庭、社会 5. 职业道德与专业发展	儿童发展;幼儿认知与学习;特殊儿童发展与学习等。 教育发展史略;教育哲学;课程与教学理论;学前教育原理等。 幼儿游戏与指导;教育活动的设计与实施;幼儿健康教育与活动指导;幼儿语言教育与活动指导;幼儿社会教育与活动指导;幼儿科学教育与活动指导;幼儿艺术教育与活动指导;0—3岁婴儿的保育与教育;幼儿园教育环境创设;幼儿园教育评价;教育诊断与幼儿心理健康指导等。 幼儿园组织与管理;幼儿园班级管理;家庭与社区教育;教育资源的开发与利用;幼儿教育政策法规等。 教师职业道德;教育研究方法;师幼互动方法与实践;教师专业发展;教师语言技能;音乐技能;舞蹈技能;美术技能;现代教育技术应用等。	最低必修学分 40 学分	最低必修学分 50 学分	最低必修学分 44 学分

续 表

学习领域	建议模块	学分要求		
		三年制专科	五年制专科	四年制本科
6. 教育实践	教育见习;教育实习等。	18 周	18 周	18 周
教师教育课程最低总学分数(含选修课程)		60 学分+18 周	72 学分+18 周	64 学分+18 周

说明:
(1) 1 学分相当于学生在教师指导下进行课程学习 18 课时,并经考核合格。
(2) 学习领域是每个学习者都必修的;建议模块供教师教育机构或学习者选择或组合,可以是必修也可以是选修;每个学习领域或模块的学分数由教师教育机构按相关规定自主确定。

(二) 小学职前教师教育课程目标与课程设置

小学职前教师教育课程要引导未来教师理解小学生成长的特点与差异,学会创设富有支持性和挑战性的学习环境,满足他们的表现欲和求知欲;理解小学生的生活经验和现场资源的重要意义,学会设计和组织适宜的活动,指导和帮助他们自主、合作与探究学习,形成良好的学习习惯;理解交往对小学生发展的价值和独特性,学会组织各种集体和伙伴活动,让他们在有意义的学校生活中快乐成长。

1. 课程目标

目标领域	目 标	基 本 要 求
1 教育信念与责任	1.1 具有正确的学生观和相应的行为	1.1.1 理解小学阶段在人生发展中的独特地位和价值,认识生动活泼的小学生活对小学生发展的意义。 1.1.2 尊重学生学习和发展的权利,保护学生的学习兴趣和自信心。 1.1.3 尊重学生的个体差异,相信学生具有发展的潜力,乐于为学生创造发展的条件和机会。
	1.2 具有正确的教师观和相应的行为	1.2.1 理解教师是学生学习的促进者,相信教师工作的意义在于创造条件帮助学生快乐成长。 1.2.2 了解小学教师的职业特点和专业要求,自觉提高自身的科学和人文素养,形成终身学习的意愿。 1.2.3 了解教师的权利和责任,遵守教师职业道德。
	1.3 具有正确的教育观和相应的行为	1.3.1 理解教育对学生成长、教师专业发展和社会进步的重要意义,相信教育充满了创造的乐趣,愿意从事小学教育事业。 1.3.2 了解学校教育的历史、现状和发展趋势,认同素质教育理念,理解并参与教育改革。 1.3.3 形成正确的教育质量观,对与学校教育相关的现象进行专业思考与判断。

续表

目标领域	目标	基本要求
2 教育知识与能力	2.1 具有理解学生的知识与能力	2.1.1 了解儿童发展的主要理论和儿童研究的最新成果。 2.1.2 了解儿童身心发展的一般规律和影响因素,熟悉小学生年龄特征和个体发展的差异性。 2.1.3 了解小学生的认知发展、学习方式的特点及影响因素,熟悉小学生建构知识、获得技能的过程。 2.1.4 了解小学生品德和行为习惯形成的过程,了解小学生的交往特点,理解同伴交往对小学生发展的影响。 2.1.5 掌握观察、谈话、倾听、作品分析等方法,理解小学生学习和发展的需要。 2.1.6 了解我国教育的政策法规,熟悉关于儿童权利的内容以及维护儿童合法权益的途径。
	2.2 具有教育学生的知识与能力	2.2.1 了解小学教育的培养目标,熟悉至少两门学科的课程标准,学会依据课程标准制定教学目标或活动目标。 2.2.2 熟悉至少两门学科的教学内容与方法,学会联系小学生的生活经验组织教学活动,将教学内容转化为对小学生有意义的学习活动。 2.2.3 了解学科整合在小学教育中的价值,了解与小学生学习内容相关的各种课程资源,学会设计综合性主题活动,创造跨学科的学习机会。 2.2.4 了解课堂组织与管理的知识,学会创设支持性与挑战性的学习环境,激发学生的学习兴趣。 2.2.5 了解课堂评价的理论与技术,学会通过评价改进教学与促进学生学习。 2.2.6 了解课程开发的知识,学会开发校本课程,设计、实施和指导简单的课外、校外活动。 2.2.7 了解班队管理的基本方法,学会引导小学生进行自我管理和形成集体观念。 2.2.8 了解小学生心理健康教育的基本知识,学会诊断和解决小学生常见学习问题和行为问题。 2.2.9 掌握教师所必需的语言技能、沟通与合作技能、运用现代教育技术的技能。
	2.3 具有发展自我的知识与能力	2.3.1 了解教师专业素养的核心内容,明确自身专业发展的重点。 2.3.2 了解教师专业发展的阶段与途径,熟悉教师专业发展规划的一般方法,学会理解与分享优秀教师的成功经验。 2.3.3 了解教师专业发展的影响因素,学会利用以课程学习为主的各种机会积累发展经验。

续 表

目标领域	目 标	基 本 要 求
3 教育实践与体验	3.1 具有观摩教育实践的经历与体验	3.1.1 结合相关课程学习,观摩小学课堂教学,了解课堂教学的规范与过程。 3.1.2 深入班级,了解小学生群体活动的状况以及小学班级管理、班队活动的内容和要求,获得与小学生直接交往的体验。 3.1.3 密切联系小学,了解小学的教育与管理实践,获得对小学工作内容和运作过程的感性认识。
	3.2 具有参与教育实践的经历与体验	3.2.1 在有指导的情况下,根据小学生的特点和教学目标设计与实施教学方案,经历1—2门课程的教学活动。 3.2.2 在有指导的情况下,参与指导学习、管理班级和组织班队活动,获得与家庭、社区联系的经历。 3.2.3 参与各种教研活动,获得与其他教师直接对话或交流的机会。
	3.3 具有研究教育实践的经历与体验	3.3.1 在日常学习和实践过程中积累所学所思所想,形成问题意识和一定的解决问题能力。 3.3.2 了解研究教育实践的一般方法,经历和体验制订计划、开展活动、完成报告、分享结果的过程。 3.3.3 参与各种类型的科研活动,获得科学地研究学生的经历与体验。

2. 课程设置

学习领域	建议模块	学分要求		
		三年制专科	五年制专科	四年制本科
1. 儿童发展与学习 2. 小学教育基础 3. 小学学科教育与活动指导 4. 心理健康与道德教育 5. 职业道德与专业发展	儿童发展;小学生认知与学习等。 教育哲学;课程设计与评价;有效教学;学校教育发展;班级管理;学校组织与管理;教育政策法规等。 小学学科课程标准与教材研究;小学学科教学设计;小学跨学科教育;小学综合实践活动等。 小学生心理辅导;小学生品德发展与道德教育等。 教师职业道德;教育研究方法;教师专业发展;现代教育技术应用;教师语言;书写技能等。	最低必修学分 20 学分	最低必修学分 26 学分	最低必修学分 24 学分
6. 教育实践	教育见习;教育实习。	18 周	18 周	18 周
教师教育课程最低总学分数(含选修课程)		28 学分+18 周	35 学分+18 周	32 学分+18 周

说明:
(1) 1学分相当于学生在教师指导下进行课程学习18课时,并经考核合格。
(2) 学习领域是每个学习者都必修的;建议模块供教师教育机构或学习者选择或组合,可以是必修也可以是选修;每个学习领域或模块的学分数由教师教育机构按相关规定自主确定。

附件4　幼儿园教师专业标准(试行)

为促进幼儿园教师专业发展,建设高素质幼儿园教师队伍,根据《中华人民共和国教师法》,特制定《幼儿园教师专业标准(试行)》(以下简称《专业标准》)。

幼儿园教师是履行幼儿园教育教学工作职责的专业人员,需要经过严格的培养与培训,具有良好的职业道德,掌握系统的专业知识和专业技能。《专业标准》是国家对合格幼儿园教师专业素质的基本要求,是幼儿园教师实施保教行为的基本规范,是引领幼儿园教师专业发展的基本准则,是幼儿园教师培养、准入、培训、考核等工作的重要依据。

一、基本理念

1. 师德为先

热爱学前教育事业,具有职业理想,践行社会主义核心价值体系,履行教师职业道德规范,依法执教。关爱幼儿,尊重幼儿人格,富有爱心、责任心、耐心和细心;为人师表,教书育人,自尊自律,做幼儿健康成长的启蒙者和引路人。

2. 幼儿为本

尊重幼儿权益,以幼儿为主体,充分调动和发挥幼儿的主动性;遵循幼儿身心发展特点和保教活动规律,提供适合的教育,保障幼儿快乐健康成长。

3. 能力为重

把学前教育理论与保教实践相结合,突出保教实践能力;研究幼儿,遵循幼儿成长规律,提升保教工作专业化水平;坚持实践、反思、再实践、再反思,不断提高专业能力。

4. 终身学习

学习先进学前教育理论,了解国内外学前教育改革与发展的经验和做法;优化知识结构,提高文化素养;具有终身学习与持续发展的意识和能力,做终身学习的典范。

二、基本内容

维度	领　域	基　本　要　求
专业理念与师德	职业理解与认识	1. 贯彻党和国家教育方针政策,遵守教育法律法规。 2. 理解幼儿保教工作的意义,热爱学前教育事业,具有职业理想和敬业精神。 3. 认同幼儿园教师的专业性和独特性,注重自身专业发展。 4. 具有良好职业道德修养,为人师表。 5. 具有团队合作精神,积极开展协作与交流。
	对幼儿的态度与行为	6. 关爱幼儿,重视幼儿身心健康,将保护幼儿生命安全放在首位。 7. 尊重幼儿人格,维护幼儿合法权益,平等对待每一位幼儿。不讽刺、挖苦、歧视幼儿,不体罚或变相体罚幼儿。 8. 信任幼儿,尊重个体差异,主动了解和满足有益于幼儿身心发展的不同需求。 9. 重视生活对幼儿健康成长的重要价值,积极创造条件,让幼儿拥有快乐的幼儿园生活。

续 表

维度	领 域	基 本 要 求
专业理念与师德	幼儿保育和教育的态度与行为	10. 注重保教结合,培育幼儿良好的意志品质,帮助幼儿养成良好的行为习惯。 11. 注重保护幼儿的好奇心,培养幼儿的想像力,发掘幼儿的兴趣爱好。 12. 重视环境和游戏对幼儿发展的独特作用,创设富有教育意义的环境氛围,将游戏作为幼儿的主要活动。 13. 重视丰富幼儿多方面的直接经验,将探索、交往等实践活动作为幼儿最重要的学习方式。 14. 重视自身日常态度言行对幼儿发展的重要影响与作用。 15. 重视幼儿园、家庭和社区的合作,综合利用各种资源。
	个人修养与行为	16. 富有爱心、责任心、耐心和细心。 17. 乐观向上、热情开朗,有亲和力。 18. 善于自我调节情绪,保持平和心态。 19. 勤于学习,不断进取。 20. 衣着整洁得体,语言规范健康,举止文明礼貌。
专业知识	幼儿发展知识	21. 了解关于幼儿生存、发展和保护的有关法律法规及政策规定。 22. 掌握不同年龄幼儿身心发展特点、规律和促进幼儿全面发展的策略与方法。 23. 了解幼儿在发展水平、速度与优势领域等方面的个体差异,掌握对应的策略与方法。 24. 了解幼儿发展中容易出现的问题与适宜的对策。 25. 了解有特殊需要幼儿的身心发展特点及教育策略与方法。
	幼儿保育和教育知识	26. 熟悉幼儿园教育的目标、任务、内容、要求和基本原则。 27. 掌握幼儿园各领域教育的学科特点与基本知识。 28. 掌握幼儿园环境创设、一日生活安排、游戏与教育活动、保育和班级管理的知识与方法。 29. 熟知幼儿园的安全应急预案,掌握意外事故和危险情况下幼儿安全防护与救助的基本方法。 30. 掌握观察、谈话、记录等了解幼儿的基本方法和教育心理学的基本原理和方法。 31. 了解0—3岁婴幼儿保教和幼小衔接的有关知识与基本方法。
	通识性知识	32. 具有一定的自然科学和人文社会科学知识。 33. 了解中国教育基本情况。 34. 具有相应的艺术欣赏与表现知识。 35. 具有一定的现代信息技术知识。

续 表

维度	领 域	基 本 要 求
专业能力	环境的创设与利用	36. 建立良好的师幼关系,帮助幼儿建立良好的同伴关系,让幼儿感到温暖和愉悦。 37. 建立班级秩序与规则,营造良好的班级氛围,让幼儿感受到安全、舒适。 38. 创设有助于促进幼儿成长、学习、游戏的教育环境。 39. 合理利用资源,为幼儿提供和制作适宜的玩教具和学习材料,引发和支持幼儿的主动活动。
	一日生活的组织与保育	40. 合理安排和组织一日生活的各个环节,将教育灵活地渗透到一日生活中。 41. 科学照料幼儿日常生活,指导和协助保育员做好班级常规保育和卫生工作。 42. 充分利用各种教育契机,对幼儿进行随机教育。 43. 有效保护幼儿,及时处理幼儿的常见事故,危险情况优先救护幼儿。
	游戏活动的支持与引导	44. 提供符合幼儿兴趣需要、年龄特点和发展目标的游戏条件。 45. 充分利用与合理设计游戏活动空间,提供丰富、适宜的游戏材料,支持、引发和促进幼儿的游戏。 46. 鼓励幼儿自主选择游戏内容、伙伴和材料,支持幼儿主动地、创造性地开展游戏,充分体验游戏的快乐和满足。 47. 引导幼儿在游戏活动中获得身体、认知、语言和社会性等多方面的发展。
	教育活动的计划与实施	48. 制定阶段性的教育活动计划和具体活动方案。 49. 在教育活动中观察幼儿,根据幼儿的表现和需要,调整活动,给予适宜的指导。 50. 在教育活动的设计和实施中体现趣味性、综合性和生活化,灵活运用各种组织形式和适宜的教育方式。 51. 提供更多的操作探索、交流合作、表达表现的机会,支持和促进幼儿主动学习。
	激励与评价	52. 关注幼儿日常表现,及时发现和赏识每个幼儿的点滴进步,注重激发和保护幼儿的积极性、自信心。 53. 有效运用观察、谈话、家园联系、作品分析等多种方法,客观地、全面地了解和评价幼儿。 54. 有效运用评价结果,指导下一步教育活动的开展。
	沟通与合作	55. 使用符合幼儿年龄特点的语言进行保教工作。 56. 善于倾听,和蔼可亲,与幼儿进行有效沟通。 57. 与同事合作交流,分享经验和资源,共同发展。 58. 与家长进行有效沟通合作,共同促进幼儿发展。 59. 协助幼儿园与社区建立合作互助的良好关系。
	反思与发展	60. 主动收集分析相关信息,不断进行反思,改进保教工作。 61. 针对保教工作中的现实需要与问题,进行探索和研究。 62. 制定专业发展规划,积极参加专业培训,不断提高自身专业素质。

三、实施建议

各级教育行政部门要将《专业标准》作为幼儿园教师队伍建设的基本依据。根据学前教育改革发展的需要,充分发挥《专业标准》引领和导向作用,深化教师教育改革,建立教师教育质量保障体系,不断提高幼儿园教师培养培训质量。制定幼儿园教师准入标准,严把幼儿园教师入口关;制定幼儿园教师聘任(聘用)、考核、退出等管理制度,保障教师合法权益,形成科学有效的幼儿园教师队伍管理和督导机制。

开展幼儿园教师教育的院校要将《专业标准》作为幼儿园教师培养培训的主要依据。重视幼儿园教师职业特点,加强学前教育学科和专业建设。完善幼儿园教师培养培训方案,科学设置教师教育课程,改革教育教学方式;重视幼儿园教师职业道德教育,重视社会实践和教育实习;加强从事幼儿园教师教育的师资队伍建设,建立科学的质量评价制度。

幼儿园要将《专业标准》作为教师管理的重要依据。制定幼儿园教师专业发展规划,注重教师职业理想与职业道德教育,增强教师育人的责任感与使命感;开展园本研修,促进教师专业发展;完善教师岗位职责和考核评价制度,健全幼儿园教师绩效管理机制。

幼儿园教师要将《专业标准》作为自身专业发展的基本依据。制定自我专业发展规划,爱岗敬业,增强专业发展自觉性;大胆开展保教实践,不断创新;积极进行自我评价,主动参加教师培训和自主研修,逐步提升专业发展水平。

附件5 小学教师专业标准(试行)

为促进小学教师专业发展,建设高素质小学教师队伍,根据《中华人民共和国教师法》和《中华人民共和国义务教育法》,特制定《小学教师专业标准(试行)》(以下简称《专业标准》)。

小学教师是履行小学教育工作职责的专业人员,需要经过严格的培养与培训,具有良好的职业道德,掌握系统的专业知识和专业技能。《专业标准》是国家对合格小学教师专业素质的基本要求,是小学教师实施教育教学活动的基本规范,是引领小学教师专业发展的基本准则,是小学教师培养、准入、培训、考核等工作的重要依据。

一、基本理念

1. 师德为先

热爱小学教育事业,具有职业理想,践行社会主义核心价值体系,履行教师职业道德规范,依法执教。关爱小学生,尊重小学生人格,富有爱心、责任心、耐心和细心;为人师表,教书育人,自尊自律,做小学生健康成长的指导者和引路人。

2. 学生为本

尊重小学生权益,以小学生为主体,充分调动和发挥小学生的主动性;遵循小学生身心发展特点和教育教学规律,提供适合的教育,促进小学生生动活泼学习、健康快乐成长。

3. 能力为重

把学科知识、教育理论与教育实践相结合,突出教书育人实践能力;研究小学生,遵循小学生成长规律,提升教育教学专业化水平;坚持实践、反思、再实践、再反思,不断提高专业能力。

4. 终身学习

学习先进小学教育理论,了解国内外小学教育改革与发展的经验和做法;优化知识结构,提高文化素养;具有终身学习与持续发展的意识和能力,做终身学习的典范。

二、基本内容

维度	领域	基本要求
专业理念与师德	职业理解与认识	1. 贯彻党和国家教育方针政策,遵守教育法律法规。 2. 理解小学教育工作的意义,热爱小学教育事业,具有职业理想和敬业精神。 3. 认同小学教师的专业性和独特性,注重自身专业发展。 4. 具有良好职业道德修养,为人师表。 5. 具有团队合作精神,积极开展协作与交流。
	对小学生的态度与行为	6. 关爱小学生,重视小学生身心健康,将保护小学生生命安全放在首位。 7. 尊重小学生独立人格,维护小学生合法权益,平等对待每一位小学生。不讽刺、挖苦、歧视小学生,不体罚或变相体罚小学生。 8. 信任小学生,尊重个体差异,主动了解和满足有益于小学生身心发展的不同需求。 9. 积极创造条件,让小学生拥有快乐的学校生活。

续 表

维度	领 域	基 本 要 求
专业理念与师德	教育教学的态度与行为	10. 树立育人为本、德育为先的理念,将小学生的知识学习、能力发展与品德养成相结合,重视小学生全面发展。 11. 尊重教育规律和小学生身心发展规律,为每一个小学生提供适合的教育。 12. 引导小学生体验学习乐趣,保护小学生的求知欲和好奇心,培养小学生的广泛兴趣、动手能力和探究精神。 13. 引导小学生学会学习,养成良好学习习惯。 14. 尊重和发挥好少先队组织的教育引导作用。
	个人修养与行为	15. 富有爱心、责任心、耐心和细心。 16. 乐观向上、热情开朗、有亲和力。 17. 善于自我调节情绪,保持平和心态。 18. 勤于学习,不断进取。 19. 衣着整洁得体,语言规范健康,举止文明礼貌。
专业知识	小学生发展知识	20. 了解关于小学生生存、发展和保护的有关法律法规及政策规定。 21. 了解不同年龄及有特殊需要的小学生身心发展特点和规律,掌握保护和促进小学生身心健康发展的策略与方法。 22. 了解不同年龄小学生学习的特点,掌握小学生良好行为习惯养成的知识。 23. 了解幼小和小初衔接阶段小学生的心理特点,掌握帮助小学生顺利过渡的方法。 24. 了解对小学生进行青春期和性健康教育的知识和方法。 25. 了解小学生安全防护的知识,掌握针对小学生可能出现的各种侵犯与伤害行为的预防与应对方法。
	学科知识	26. 适应小学综合性教学的要求,了解多学科知识。 27. 掌握所教学科知识体系、基本思想与方法。 28. 了解所教学科与社会实践、少先队活动的联系,了解与其他学科的联系。
	教育教学知识	29. 掌握小学教育教学基本理论。 30. 掌握小学生品行养成的特点和规律。 31. 掌握不同年龄小学生的认知规律和教育心理学的基本原则和方法。 32. 掌握所教学科的课程标准和教学知识。
	通识性知识	33. 具有相应的自然科学和人文社会科学知识。 34. 了解中国教育基本情况。 35. 具有相应的艺术欣赏与表现知识。 36. 具有适应教育内容、教学手段和方法现代化的信息技术知识。

续 表

维度	领 域	基 本 要 求
专业能力	教育教学设计	37. 合理制定小学生个体与集体的教育教学计划。 38. 合理利用教学资源,科学编写教学方案。 39. 合理设计主题鲜明、丰富多彩的班级和少先队活动。
	组织与实施	40. 建立良好的师生关系,帮助小学生建立良好的同伴关系。 41. 创设适宜的教学情境,根据小学生的反应及时调整教学活动。 42. 调动小学生学习积极性,结合小学生已有的知识和经验激发学习兴趣。 43. 发挥小学生主体性,灵活运用启发式、探究式、讨论式、参与式等教学方式。 44. 发挥好少先队组织生活、集体活动、信息传播等教育功能。 45. 将现代教育技术手段整合应用到教学中。 46. 较好使用口头语言、肢体语言与书面语言,使用普通话教学,规范书写钢笔字、粉笔字、毛笔字。 47. 妥善应对突发事件。 48. 鉴别小学生行为和思想动向,用科学的方法防止和有效矫正不良行为。
	激励与评价	49. 对小学生日常表现进行观察与判断,发现和赏识每一位小学生的点滴进步。 50. 灵活使用多元评价方式,给予小学生恰当的评价和指导。 51. 引导小学生进行积极的自我评价。 52. 利用评价结果不断改进教育教学工作。
	沟通与合作	53. 使用符合小学生特点的语言进行教育教学工作。 54. 善于倾听,和蔼可亲,与小学生进行有效沟通。 55. 与同事合作交流,分享经验和资源,共同发展。 56. 与家长进行有效沟通合作,共同促进小学生发展。 57. 协助小学与社区建立合作互助的良好关系。
	反思与发展	58. 主动收集分析相关信息,不断进行反思,改进教育教学工作。 59. 针对教育教学工作中的现实需要与问题,进行探索和研究。 60. 制定专业发展规划,积极参加专业培训,不断提高自身专业素质。

三、实施建议

各级教育行政部门要将《专业标准》作为小学教师队伍建设的基本依据。根据小学教育改革发展的需要,充分发挥《专业标准》引领和导向作用,深化教师教育改革,建立教师教育质量保障体系,不断提高小学教师培养培训质量。制定小学教师准入标准,严把小学教师入口关;制定小学教师聘任(聘用)、考核、退出等管理制度,保障教师合法权益,形成科学有效的小学教师队伍管理和督导机制。

开展小学教师教育的院校要将《专业标准》作为小学教师培养培训的主要依据。重视小学教师职业特点,加强小学教育学科和专业建设。完善小学教师培养培训方案,科学设置教师教育课程,改革教育教学方式;重视小学教师职业道德教育,重视社会实践和教育实习;加强从事小学教师教育的师资队伍建设,建立科学的质量评价制度。

小学要将《专业标准》作为教师管理的重要依据。制定小学教师专业发展规划,注重教师职业理想与职业道德教育,增强教师育人的责任感与使命感;开展校本研修,促进教师专业发展;完善教师岗位职责和考核评价制度,健全小学绩效管理机制。

小学教师要将《专业标准》作为自身专业发展的基本依据。制定自我专业发展规划,爱岗敬业,增强专业发展自觉性;大胆开展教育教学实践,不断创新;积极进行自我评价,主动参加教师培训和自主研修,逐步提升专业发展水平。

参 考 文 献

[1] 常生.高校体育.苏州:苏州大学出版社,2000.
[2] 王兴林.大学体育与健康.南京:南京大学出版社,2002.
[3] 杜伟,周兵.体育比赛与欣赏.南京:江苏少年儿童出版社,2001.
[4] 王占春.体育.北京:人民教育出版社,2000.
[5] 王占春.体育与健康.北京:人民出版社,2001.
[6] 全国高等学校体育教学指导委员会.形体健美与健美操.北京:高等教育出版社,1997.
[7] 崔熙芳.最新现代交际舞教程.北京:农村读物出版社,1997.
[8] Diannehalesa.相约健康.北京:中国轻工业出版社,2000.
[9] 陈文峰.休闲娱乐新概念.北京:中国林业出版社,2002.
[10] 周燕.教师指导手册.北京:人民教育出版社,2006.
[11] 何倩倩.美体健身瑜伽.北京:农村读物出版社,2003.
[12] 谢向阳,潘明亮. 轮滑运动. 上海:华东理工大学出版社,2012.
[13] 王皋华,张威. 大学体育与健康教程. 北京:北京体育大学出版社,2014.
[14] 华宝元. 大学生体育与健康教材. 北京:教育科学出版社,2015.
[15] 刘馨编. 学前儿童体育. 北京;北京师范大学出版社,1997.01.
[16] 许卓娅. 学前儿童体育. 北京;北京师范大学出版社,2010.08.
[17] 顾荣芳,薛菁华. 幼儿园健康教育. 北京;人民教育出版社,2010.07.
[18] 王占春. 幼儿体育的理论与方法. 北京;人民教育出版社,2002.